기적의
한국경제 70년사

- 농지개혁에서 K-POP까지 -

기적의
한국경제 70년사

- 농지개혁에서 K-POP까지 -

최 광 편저

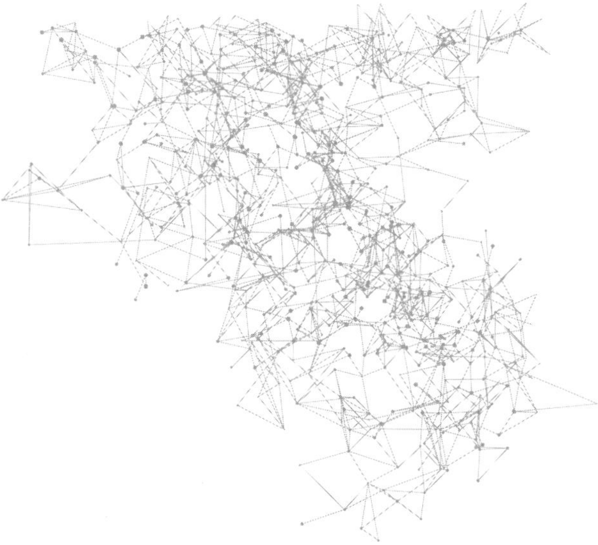

북앤피플

서언(序言)

한국경제가 성취한 것은 기적이었다

단군왕검이 고조선을 새운 이래로 4351년, 일본으로부터 해방된 지 73년, 대한민국이 건국된 지 70년이 되었다. 짧지만 긴 역사에서 영(榮)과 욕(辱)이 교차했으나 지난 70년의 역사는 기적이 충만한 성공의 역사이었고, 그 성공은 기적의 결과이다.

역사적으로 일본 식민통치의 강한 유산 속에서, 지정학적으로 동북아의 한 귀퉁이, 세계열강의 이해가 상충하는 시기에, 기술과 자원이 태부족한 상태에서, 국토분단의 휴전선을 맞대고 이념과 군사력의 포효가 넘치는 와중에서, 근대 시민사회에 대한 의식이 부재한 상태에서, 그리고 분열과 상호비방이 체질화된 국민성 속에서 미개에서 문명으로, 식민통치에서 민주정치체제로, 빈곤에서 풍요로 이제는 건국초기 초라하기 짝이 없었던 최빈국에서 인류역사에서 전대미문의 자랑스러운 나라 대한민국이 되었다.

대한민국이 성취한 것은 한마디로 기적이다. 세계가 부러워하는 성공의 기적은 기본적으로 불굴의 정신을 가진 국민들과 지도자들의 합심 노력의 결과이지만, 역사의 매 순간들을 되돌아보면 알 수 없는 기적의 힘들이 작용했다. 해방 후 국토분단의 와중에 자유민주주의 대한민국이 건국된 것도, 해방 후 좌파 사회주의 공산주의가 우세한 이념공간에서 자유민주주의체제와 자유시장경제체제가 나라 정체성의 중심으로 자리매김한 것도, 건국 후 채 2년이 안된 시점에서 북한 공산세력의 정복 야욕을 분쇄해 나라가 보전된 것도, 세계가 부러워하는 경제 기적을 이뤄 원조 받던 나라에서 유일하게 원조 주는 국가로 전환한 것, 이 모두가 논리적·체계적 논의나 노력의 결과이기보다는 무언가 신의 섭리가 작용한 결과라는 것이 본 편집자의 판단이다.

본 책자는 제2차 세계대전 이후 세계에서 유일하게 개도국에서 선진국으로 진입한 대한민국의 경제정책 70년을 전문가가 아닌 일반 국민들을 주된 대상으로 하여 집필된 것이다. 전문가를 대상으로 경제정책 40년사, 50년사 그리고 60년사 등이 학자, 국책 연구원, 민간 단체들에 의해 상당수 발간되어 왔었다. 기존의 경제정책사 책자는 관변(官邊) 관점을 대변하기도 하고, 연대별로 주제를 사전(辭典)적으로 망라하기도 하면서 성공을 강조하기도 하고, 실패를 강조하기도 하고, 성공과 실패를 아우르기도 하는 등 다양하며 각기의 편집 집필 목적과 방향을 갖고 있다.

본 책자는 건국 이후 70년 동안 전개된 53개의 사건과 정책을 역대 9명의 대통령을 중심으로 시대별로 해설하고 있다. 당초 10명 이내의 집필진이 모여 핵심적 정책이나 사건 30~40개를 중심으로 간략히 집필할 계획이었으나 진행과정에서 집필진 19명, 주제 53개로 확대되기에 이르렀다. 초기 편집계획에서는 모든 주제들에 대해 공통의 집필 가이드라인이 주어졌으나 결과적으로 집필진이 개성을 다양하게 발휘하고 있다. 53개 주제는 초기에 통합적 설계에 대한 논의를 바탕으로 참여자 개개인의 전공과 관심에 따라 각자의 제안이 수용된 결과이다. 한 주제만 집필한 분이 5명이나, 5~7편을 집필한 분도 있다. 집필진의 이념적 성향은 대체로 자유시장경제 신봉자들이다.

개별 주제는 시대를 대표하는 정책과 사건들 중에서 중요한 의미를 갖는 것을 선택했다. 일제 식민지를 벗어나 미국 군정을 거쳐 대한민국이 건국되는 과정에서 우리나라의 각종 제도가 그 구색을 갖추어 가는 길은 참으로 험난했다. 전문 인력이 거의 없는 상태에서 법을 만들고, 조직을 만들고, 그 법과 조직을 바탕으로 정책을 수립하고 집행하여 오늘의 경제를 일궈냈다.

1948년 건국 이래 현재까지 70년 동안 역대 지도자들과 우리 국민들은 인류 역사상 초유의 기적을 창출하는 위업을 달성했다. 역대 대통령들은 각기 훌륭히 시대적 사명을 수행했다. 특히, 이승만 대통령과 박정희 대통령의 지도력은 단연 돋보인다. 이승만 대통령은 건국과 전쟁 과정에서 자유민주주의를 지켜내어 국가의 초석을 훌륭하게 쌓았다. 국가 살림과 전쟁을 원조로 치러내야 하는 어려움은 참으로 컸을 터인데도 나라를 지켰다. 4편의 글이 이승만 대통령의 건국과 국가 초석 쌓기를 다룬다.

이승만 대통령이 세우고 지킨 자유민주주의를 바탕으로 박정희 대통령은 자본주의 시장경제를 활용해 전무후무한 한강의 기적이라는 경제적 기적을 일궈냈다. 18년이라는 장기집권 때문이기도 하지만, 원체 많은 일을 해냈기에 14편에 달하는 방대한 글이 박정희 대통령 시대의 경제정책과 사건을 설명하고 있다.

전두환, 노태우, 김영삼 세 정부는 서로 다른 성격을 가지는 듯하지만, 거시적 관점에서 보면 정부주도의 개발중심 정책에서 개방과 자율을 바탕으로 한 민간중심의 시장경제체제 구축에 힘을 썼다는 공통점을 지니고 있다. 전두환 정부는 격동기에 안정화 정책으로, 노태우 정부는 민주화 정책으로, 김영삼 정부는 세계화 정책으로, 시장경제의 기반을 조성하는데 기여했다. 이들 세 정부는 국가발전의 필수 요건인 안정화, 민주화, 세계화라는 세 기둥을 견고하게 세움으로써 경제 선진화의 발판을 마련했다. 경제정책 자체를 두고는 전두환 대통령 관련 3편, 노태우 대통령 관련 2편, 김영삼 대통령 관련 3편의 글이 수록되어 있다.

사실 1997년 복합적 요인으로 외환위기에 처했을 때 김대중 정부가 금융구조조정과 사회안전망구축에 막대한 공적자금을 투입할 수 있었던 것은 전두환 정부 이후 재정이 건전 기조를 유지하고 있었기 때문에 가능했다. 김대중 대통령(3편)과 노무현 대통령(3편) 그리고 이명박 대통령(2편)과 박근혜 대통령(2편)도 당대 자신들에게 주어진 과업을 나름 무난히 수행했다.

마지막 17편의 글은 특별한 주제를 다루는바 특정 정부의 특정 정책을 설명하기보다는 여러 정부에 걸쳐 문제가 된 과제를 선별하여 분석하고 있다. 부동산 정책의 성공과 실패, 대기업관련 정책, 소득과 부의 분배 및 재분배 정책 등과 더불어 역대 정권별로 금융통화, 조세재정, 노동, 복지, 농업 등에 관한 정책들이 서술되고 있다.

역대 대통령들에 대한 평가는 관점에 따라 그리고 사람에 따라 다를 수 있다. 세계가 놀란 높은 경제성장과 역동적인 민주화의 성취로 국가발전에 크게 성공했지만 그 과정에서 중심적 역할을 했던 역대 대통령들은 오히려 비판의 대상이 되고 있다. 자유와 풍요 속에 자란 오늘의 세대들은 파란만장했던 과거를 오늘의 기준으로 평가하며, 세계가 경탄해 마지않는 기적을 자랑스럽게 여기기는커녕 잘못된 역사로 매도하는 경향도 있다.

모든 나라에서 건국의 아버지가 추앙받고 있다. 심지어 성공한 대한민국과는 대조적으로 실패한 조선민주주의인민공화국에서 조차도 김일성의 동상이 즐비하다. 그러나 건국은 물론 나라의 초석을 쌓은 위에 공산화의 위기에서 나라를 지킨 이승만 대통령의 기념관과 동상은 찾아 볼 수 없다. 경제적 부흥과 발전이야말로 안보와 통일과 민주주의라는 국가적 과제를 해결하는 열쇠라고 확신하고 신명을 바쳤던 박정희 대통령은 세계가 칭송하는 지도자임에도 초라한 기념관 하나 딸랑이고 공개된 장소에서의 동상은 없다.

박정희 대통령에 이어 전두환 대통령과 노태우 대통령 두 분은 군 출신이다. 미국의 경우 역대 대통령 45명 중 12명이 장군 출신이다. 이스라엘도 3명의 지도자가 군 출신이다. 문인 우대의 유교적 전통과 유신체제와의 연관 때문에 군 출신 대통령에 대해 평가절하가 일반적 인식이나 긴박한 안보 현실에 적극 대처하며 당시 엘리트 집단인 군에서 나온 대통령들도 나름 기여하였다. 서구의 근대국가 건설은 수백 년에 걸쳐 점진적으로 이루어졌기 때문에 무리한 정책으로 인한 부작용과 모순, 그리고 시행착오가 상대적으로 적었다. 우리의 경우 70년이라는 짧은 기간에 모든 면에서 압축적 성장을 하였다. 지도자는 시대적 상황의 산물로, 상황이 바뀌면 지도자에게 요구되는 역할도 달라진다. 문민정부 이후 5분의 대통령 모두 각자의 리더십으로 대한민국호의 순항을 위해 최선을 다했으며 그들에 대한 평가는 역사의 몫으로 좀 더 시간을 필요로 한다.

우리경제는 외형적으로 볼 때 성공의 심벌로 칭송받고 있다. 그러나 최근에 올수록 크고 작은 문제가 부문마다에 표출되고 있다. 53편의 글을 개괄할 때 성공을 칭송하기보다는 실패를 비판하는 글이 더 많다. 정부정책의 성공 덕분에 우리경제가 오늘에 이른 측면도 있으나 정부정책의 실패에도 불구하고 우호적 대외여건에 힘입어 오늘의 우리경제가 탄생했다.

문제는 앞으로이다. 대내적 온갖 갈등과 정책실패로 경제의 성장률이 지속적으로 하락하고 있으며, 저출산 고령화에 따른 인구의 구조적 변화는 경제는 물론 정치와 사회에 미증유의 충격을 가져와 정책대응을 계속 옥죌 것이며, 남북 화해가 언제 이뤄질지 알 수 없는 상황에서 핵 위협 속에 남북대치가 계속되든 화해가 이뤄져 통일이 되더라도 엄청난 통일비용을 어떻게 감당할지, 통제를 벗어난 이익집단의 발호 속에 이념 간, 지역 간, 소득계층 간, 세대 간 갈등이 심화되어 가는 제반 여건들을 생각하면, 우리 경제의 앞날은 결코 순탄하지 않을 것이 확실하다.

경제가 성숙하고 혁신 동력이 하락함에 따라 경제의 성장률이 지속적으로 감소하고 있다. 1970년대와 1980년대에 연평균 경제성장률이 10.5%와 8.8%에 달하였으나 1990년대에 6.2% 수준으로 하락하더니 2000~2009년 기간에는 4.7%로 하락했고 2012년 이후의 경제성장률은 2.3~3.3%로 급락하였다. 성장률의 하락은 세입기반 확대의 축소를 의미하기에, 저출산·고령화·통일·갈등해소에 필요한 재정조달을 어렵게 하여 재정 건전성과 지속가능성을 근본적으로 위협한다.

무엇을 어떻게 해야 하는가? 역사에서 배우고 기본과 원칙에 충실하는 것 외에 다른 대안이 없다. 국민 다수가 자신들의 역사를 제대로 모른다면, 역사에서 교훈을 얻을 수 없다. 공자도 "미래를 설계하려면, 과거를 알아야 한다"고 했다. 역사는 결코 비판과 청산의 대상이 아니라 성찰과 교훈의 대상이다. 우리는 역사 앞에 좀 더 겸허해야 하고, 역사를 긍정적으로 평가할 필요가 있다. 특히, 지도자들은 역사 공부를 열심히 해야 한다. 나라의 번영 여부와 정책의 성공 여부는 지도자들의 인기 여부에 좌우되는 것이 아니고, 지도자들이 지나간 역사에서 성공 사례와 실패 사례를 얼마나 인지하고, 그 교훈을 거울로 삼느냐에 달려있다.

오늘날 우리가 개인적으로 그리고 국가적으로 고민하는 그 어떤 문제도 인류의 역사에서 보면, 새로운 것이 없고, 문제에 대한 답도 역사 속에 이미 나와 있다. 세상에는 세 가지 부류의 사람이 있다. 첫째 부류는 현명한 사람으로 경험을 하지 않고도 아는 사람이고, 두 번째 부류는 보통 사람으로 경험을 하고나서 아는 사람이며, 세 번째 부류는 아둔한 바보로 경험을 하고도 모르는 사람이다. 아마도 국내외의 지도자 중 상당수는 세 번째 부류에 속하는 것 같다. 역사로부터 배우려하지 않았기 때문이다. 전임 정권을 부정하고, 역사와 대화하지 않았기에 실패했으며, 비극적 종말은 예상된 것이었다. 본 책자에 포함된 정책실패의 교훈만도 사실 충분하다. 역사는 반복되기에 그 교훈을 익히면 된다. 미래가 우리 자신들의 손에 달려있다고 해서 선조들의 지성과 지혜의 산물을 함부로 비웃는 우를 범해서는 안 된다.

바늘허리에 실을 꿰어 옷을 깁을 수 없다. 편법은 통하지 않는다. 경제는 경제논리에 따라 운영되어야지 정치논리에 따르면, 시장이 엄청난 보복을 하고, 경제는 파멸에 이른다. 시장의 자율화는 서민을 위하는 길이고, 시장의 개방화는 경제의 도약을 위한 첩경이다. 박정희 대통령 시대를 국가주의나 개입주의로 지칭하지만, 이는 표피적인 관찰이고 세부적 내용을 살펴보면 자율화·개방화의 논리가 구석구석에 배어있다. 자유는 번영의 증대와 빈곤의 감소에 필수적이다. 시장은 경이롭기 짝이 없다. 시장은 수백만의 다양한 사람들의 노력들을 조정하여 전 세계의 사람들을 평화로운 교역으로 연결한다. 시장은 우리 모두에게 우리가 원하지 않는 것을 우리가 원하는 것과 교환할 수 있게 한다. 시장은 자원들을 가장 가치가 있는 곳으로 돌린다.

큰 정부보다 작은 정부가 국가운영의 대안이다. 잠재적 생산성이 높은 곳을 찾아내어 자원을 선택적·집중적으로 배분하는 일은 시장이 할 일이지 정부가 할 일이 아니다. 작은 규모의 예산을 가진 나라가 자원관리를 효율적으로 했으며 작은 정부는 국가의 생산성을 저하시킨 경우는 없다. 그러나 국가예산이 방대하고 민간부문에 원칙 없이 적극 개입하는 큰 나라는 언제나 곧장 난관에 봉착한다는 것이 역사의 교훈이다.

편집자의 호소에 19명의 대한민국 최고의 전문가들이 호응해 본 책자가 출간되게 되었다. 바쁜 중에도 편집 취지에 공감해 귀한 글을 주신 집필진 모두에게 편집자로서 감사에 감사드린다. 비록 하나의 작은 책자이나 집필진의 정성과 열정으로 쓰여진 본 책자를 통해 지난 70년 간 우리가 이룬 기적의 역사를 국민들이 이해하고 향후 새로운 도약을 마련하는 지침으로 활용되길 기대해 본다.

이 책의 목적과 필요성을 말씀드렸을 때 흔쾌히 출판을 허락해 주시고 편집자를 격려해 주신 북앤피플의 김진술 대표님께 감사의 말씀을 드린다. 편집과정에서 수고를 하신 박원섭 실장님께도 감사드린다.

2018년 10월

집필진을 대표하여

최 광

차례

서언(序言) 한국경제가 성취한 것은 기적이었다(최 광) 005

1 이승만 대통령의 건국과 초석

01. 농지개혁(정기화) 021
02. 귀속 사업체 불하정책 (정기화) 030
03. 한미방위조약과 미국원조(박동운) 038
04. 자유시장경제의 초석 쌓기(송원근) 044

2 박정희 대통령 시대의 경제정책

05. 1962년 화폐개혁(안재욱) 055
06. 1962년 개헌에 나타난 박정희 대통령의 자유시장경제 철학(박동운) 065
07. 1964년 환율 현실화(안재욱) 071
08. 1965년 금리 현실화(안재욱) 080
09. 수출급증은 어떻게 시작되었나(유정호) 088
10. 수출촉진 정책과 세계시장 진출(유정호) 094
11. 8·3조치와 장·단기 영향(유정호) 102
12. 1970년대의 중화학공업정책(송원근) 108
13. 새마을 운동: 엄청난 '절반'의 성공 스토리(김이석) 116
14. 베트남 파병: 한국 경제성장의 도화선(권혁철) 124
15. 고속도로 건설(김영용) 132
16. 부가가치세 도입과 재정건전화 정책(이영환) 140
17. 기업가를 경제 건설의 주역으로 세우다(김정호) 155
18. 최초의 외국인 직접투자(김정호) 161

3 전두환 대통령 시대의 경제정책

19. 경제안정화정책(남상우) 169
20. 1980년대 금융개혁(안재욱) 176
21. 1984년 예산동결(최 광) 187

4 노태우 대통령과 김영삼 대통령 시대의 경제정책

22. 시장흉내내기로서의 주택 200만호 건설(김정호) 195
23. 민주화 운동과 노사관계(김승욱) 201
24. 금융실명제 도입(최 광) 208
25. 금융시장 개방과 외환위기(김승욱) 218
26. 김영삼 정부의 신경제정책(송원근) 226

5 김대중 대통령과 노무현 대통령 시대의 경제정책

27. 1997년 외환위기 극복정책: 4대 개혁(박동운) 237
28. 5+3 원칙과 기업지배구조 정책(황인학) 244
29. 기업지배구조 개선정책: '치명적 자만'의 산물(권혁철) 251
30. 노무현 정부의 주택 규제정책(박동운) 258
31. 한·칠레 FTA 및 한·미 FTA 체결(정인교) 264
32. 노동시장의 변화에 역행하는 비정규직 보호정책(권혁철) 271

6 이명박 대통령과 박근혜 대통령 시대의 경제정책

33. 공정사회에 포획된 동반성장정책의 허와 실(조동근) 281
34. 2008년 세계경제위기 대책(안재욱) 291
35. 창조경제정책(황인학) 302
36. 형용모순 오류를 범한 경제규제로서의 경제민주화(조동근) 308

7 특별 주제

37. 경제정책 70년의 회고: 성공과 실패(이영훈) 319
38. 시장경제와 경제개발 5개년 계획(강영욱) 338
39. 역대 정부별 금융통화정책의 평가(안재욱) 350
40. 역대 정부별 조세재정정책의 평가(이영환) 371
41. 역대 정부별 노동정책의 평가(박동운) 387
42. 역대 정부별 복지정책의 평가(김원식) 401
43. 역대 정부별 농업정책의 평가(정기화) 417
44. 소득과 부의 분배 및 재분배 정책 (송원근) 433
45. 재정적자 및 국가채무와 재정건전성(최 광) 450
46. 자본형성과 기업가의 출현(김영용) 460
47. 1990년대 수입자유화와 시장개방(안재욱) 467
48. 시장개방: GATT WTO FTA(정인교) 479
49. 공정거래법 제정과 이후 대기업정책(김영용) 486
50. 경제력 집중에 대한 우려와 대기업정책(황인학) 495

51. 부동산정책의 성공과 실패(김정호) 502
52. 영화산업 진입자유화와 천만 관객 영화의 등장(김정호) 511
53. 자유방임 하에서 이뤄진 케이팝의 성공(김정호) 517

1

이승만 대통령의 건국과 초석

01. 농지개혁
02. 귀속 사업체 불하정책
03. 한미방위조약과 미국원조
04. 자유시장경제의 초석 쌓기

01. 농지개혁

정기화

(1) 농지개혁이란

농지개혁이란 정부가 농지를 농민에게 분배하는 정책을 말한다. 정부는 타인을 통해 경작되거나 일정 규모 이상 소유한 사람의 농지를 분배한다. 농지를 소유하지만 자신의 농지를 직접 경작하지 않는 사람을 지주라고 하고 이들로부터 농지를 빌려 경작하는 사람을 소작인이라고 한다. 이러한 방식으로 농업생산이 이루어지는 것을 지주·소작관계라 한다. 1945년 해방 당시 농가의 86%가 다른 사람의 농지를 경작하는 소작농이었고 농지의 65%가 소작농이 경작하던 소작지였다. 자신이 직접 경작하더라도 일정규모를 이상을 소유하면 이를 초과한 농지도 분배된다. 우리나라는 3정보를 초과하여 경작하는 농지를 분배하였다.

정부는 분배대상이 되는 농지의 소유자로부터 이를 강제로 매수하여 농민에게 분배한다. 정부가 강제 매수할 때 소유자에게 대가를 지불하는 유상 매수와 대가를 지불하지 않는 무상 몰수가 있다. 유상 매수라 하더라도 농지의 시장 가격보다 낮게 지불하는 경우가 대부분이다. 그리고 소작인에게 농지를 분배할 때 대가를 받고 분배하는 유상 분배와 대가를 받지 않는 무상 분배가 있다. 유상 분배라 하더라도 농지의 시장가격보다 낮은 가격에 분배되는 경우가 대부분이다. 우리나라는 시장가격보다 낮게 지주에게서 매수하였고 이를 시장가격보다 낮게 소작인에게 분배하였다. 북한에서는 무상 몰수와 무상 분배가 이루어졌지만 소작인들이 실제 농지의 소유권을 갖지 못하였다.

(2) 농지개혁의 배경

농지개혁은 기본적으로 농민들의 정치적 지지를 얻기 위한 것이다. 고려 초기나 조선 초기에도 과거 왕조의 권력층에 집중된 토지를 빼앗아 농민들에게 분배하였다. 그것은 새로운 왕조에 대한 농민들의 지지를 얻기 위해 이루어졌다. 해방 당시에도 농민들의 농지개혁에 대한 기대가 컸다. 특히 1946년 3월 북한이 토지개혁을 실시하자 '토지를 농민에게'라는 좌파의 구호는 농민들에게 큰 호소력을 가졌다. 따라서 신생 독립국의 정치적 안정을 위해 농지개혁은 긴요한 일이었다.

그 당시 대부분의 정치세력은 농지개혁을 지지하였다. 중요한 정치지도자였던 이승만도 새로운 정부가 들어서면 '농지개혁법이 가장 먼저 제정될 것'이라고 언급하였다.[1] 초대 대통령이 된 이승만 대통령은 공산주의자에서 전향한 조봉암을 초대 농림부 장관으로 기용하여 농지개혁을 추진하였다.

지주들도 '공산주의'를 막기 위해 농지개혁을 불가피한 것으로 여겼다. 지주들이 정치적 이해를 대변하는 것으로 여겨지는 한국 민주당도 농지개혁을 지지하였다. 그 당시 헌법기초위원이었던 유진오는 한국 민주당의 당수였던 김성수를 방문하여 '농지개혁만이 공산당을 막는 최량의 길'이라고 설득하였고 결국 김성수는 '농지개혁은 꼭 해야 한다'고 여기게 되었다. 지주들이 농지개혁을 불가피한 것으로 여기기는 하였지만 정부의 농지 매수가격에 대해서는 크게 반발하였다.

(3) 농지개혁의 과정

미군정의 농지개혁

해방 후 농지개혁은 2차례에 걸쳐 시행된다. 첫 번째는 미군정이 일본인이 소유하던 토지를 농민에게 배분한 것이다. 미군정은 군정 초기에 일본인 개인의 재산권을 부정하지 않았다. 승전국이라도 적국 민간인의 재산을 임의로 처리할 수 없기 때문이다. 그래서 처음에는 농민

1) 1946년 3월 19일 이승만이 의장인 민주의원은 임시정책 대강을 발표하는데 거기에는 (일본인의) 몰수 토지를 농민의 경작능력에 따라 재분배하고 대지주의 토지도 동일한 원칙에 따라 재분배한다고 밝히고 있다.

의 지지를 위해 소작료를 1/3로 제한하는 정책을 시행하였지만 농민들의 농지개혁에 대한 요구가 거세지면서 농지개혁을 적극 고려하기 시작하였다. 그것은 일본의 맥아더 사령부가 일본의 농지개혁을 추진하였고 미군정의 경제고문관들이 농지개혁을 제안하였기 때문이다.

미군정은 1946년에 토지개혁의 초안을 작성하여 그 당시 국회기능을 대행하던 과도입법의원에 넘겼다. 이것은 1947년 12월 본회의에 상정되었으나 정원미달로 통과되지 못하고 1948년 3월 입법의원이 해체되자 자동 소멸되었다. 그러자 미군정은 1948년 3월 과정법령을 통해 일본이 소유였던 농지를 소작인들에게 분배하였다.

이승만 정부의 농지개혁

제2차 농지개혁은 갓 출범한 이승만 정부에 의해 시행되었다. 정부는 1949년 1월에 농지개혁 법안을 국회에 제출하였다. 그러나 국회는 정부와 별도로 작성한 법안을 상정하고 정부안을 폐기하였다. 국회 법안에 따르면 정부가 지주로부터 매수하는 가격은 농지에서 생산되는 생산물의 150%였으며 농지를 분배받은 농민이 정부로부터 매수하는 가격은 생산물의 125%였다. 이러한 안은 1949년 4월 27일 국회에서 통과되어 정부에 이송되었으나 농지의 매수가격과 매도가격 차이를 보조하기 위한 재정이 확보되지 않았다는 등의 이유로 정부의 반대에 부딪혔다. 이에 대해 정부는 농지개혁법의 개정안을 제출하였는데 개정된 농지개혁법이 1950년 2월 2일 통과되어 3월 10일 공포되었다. 그리고 1950년 4월부터 농지분배가 시작되었다.

(4) 농지개혁의 내용

미군정의 농지개혁

미군정에 의해 시행된 농지개혁은 일본인 소유의 농지를 농민에게 분배하는 것이었다. 그 당시 일본인 소유농지는 신한공사가 소유하고 있었다. 그래서 1948년 4월에 신한공사가 관리하던 농지의 74.3%가 매각되었다. 그중 논은 154,050정보, 밭 44,979정보로 총 199,029정보에 달하였다. 매각은 농가 1호당 2정보를 상한으로 이루어졌다. 매각가격은 연간 생산량의 300%였으며 매년 20%씩 15년간 현물로 상환하는 조건이었다.

이승만 정부의 농지개혁

이승만 정부에 의해 시행된 농지개혁은 농지 소유자로부터 이를 강제 매수하는 것부터 시작하였다. 강제 매수되는 농지는 농민 아닌 사람이 소유한 농지, 농민이 소유하더라도 자신이 직접 경작하지 않는 농지, 자신이 직접 경작하더라도 3정보를 초과한 농지였다. 이들 농지의 매수가격은 해당 농지의 평년 생산량 150%였으며 정부는 매수대금을 한꺼번에 지급하지 않고 지가증권을 발행하여 5년 간 30%씩 균등하게 지급하였다. 지가증권은 매수가격만큼의 생산량으로 표시되었는데 실제 지급시점에 이르러 지가증권에 표시된 생산물의 가격을 정부가 계산하여 지급하였다.

정부가 매수한 농지의 분배는 농가 1호당 3정보를 상한으로 하여 이루어졌다. 농민이 정부로부터 매수하는 가격은 정부가 농지의 소유자로부터 매수한 가격과 동일하게 평년 수확량의 150%였으며 5년간 년 30%씩 상환하도록 하였다. 미군정 때 분배된 농지에 대해 농민이 매수한 가격은 연간 생산량의 300%였지만 1951년 특별조치법에 의해 150%로 조정되었다. 한국정부의 농지개혁에 의해 분배된 면적은 논 215,266정보와 밭 101,595정보 합계 316,862정보였다. 미군정 때 매각된 농지를 포함하면 논 417,959정보와 밭 166,678정보 합계 584,638정보가 분배되었다. 이 면적은 1945년 말 소작지 면적의 40.4%에 해당된다. 소작지의 49.2%는 농지개혁이 시행되기 전에 처분되었다.[2] 농지개혁의 결과 해방 직후 농지의 65%나 차지하던 소작지는 1951년 8%까지 줄어들었다.

(5) 농지개혁의 평가

정치적 안정에 기여

농지개혁은 신생독립 국가였던 대한민국의 정치적 안정에 크게 기여하였다. 북한의 농지개혁은 농민들에게 무상으로 분배되었지만 농민은 분배받은 농지를 거래할 수 없었다. 농민에게 소유권이 주어진 것이 아니었기 때문이다. 더군다나 농지를 분배받은 농민들은 매년 생산량의 25%를 세금으로 납부하여야 했다. 이에 비해 대한민국

2) 국가기록원, 농지개혁사업,
http://www.archives.go.kr/next/search/listSubjectDescription.do?id=003655,

의 농민들은 생산량의 30%를 5년간 납부하면 농지를 자신의 소유로 할 수 있었다. 따라서 농지를 분배받은 농민은 좌파의 정치적 선동에 쉽게 넘어가지 않았고 신생 정부의 중요한 정치적 지지자로 남게 되었다.

농촌 사회의 신분 변동 초래

해방 당시 농촌사회에는 여전히 신분제가 잔존하고 있었다. 그러나 농지개혁을 통해 지주의 경제적 영향력이 사라지면서 농촌에 잔존하던 양반과 상민의 신분차별이 없어지고 노비와 같은 처지에 있던 천민이 자취를 감추었다. 그래서 농촌사회의 구성원들은 신분에서 보다 자유롭고 평등해졌다.[3] 상민들도 양반과 마찬가지로 문중이나 시제와 같은 유교적 전통을 따를 수 있게 되었다. 나아가 가문의 사회적 지위를 높이기 위한 경쟁은 자식세대에 더 많은 교육투자를 유도하였다. 이러한 인적자본에 투자가 이후 산업화 과정에서 밑거름으로 작용하였다.

재산권 침해의 단초 제공

농지개혁은 정부가 정치적 목적을 위해 개인 재산권을 침해할 수 있는 길을 열어 놓았다. 개인의 재산권은 경제적 번영을 위해 대단히 중요하다. 개인의 재산권이 보호되어야 농지가 가장 효율적으로 이

3) 이영훈, 『한국경제사 II』, 일조각, 2016. 320~321쪽. 이영훈은 양반만이 누리던 유교적 전통을 상민들이 자유롭게 따라할 수 있게 된 것을 '유교적 민주화'라고 말하고 있다.

용될 수 있다. 농지개혁과정에서 정부가 농지를 시장가격보다 지나치게 낮게 매수함으로써 사실상 개인의 재산권을 침해한 것이라 할 수 있다. 건국 초기에 이루어진 농지개혁은 정치적 목적을 위한 재산권침해를 합리화함으로써 한국의 정치적 격변기마다 정권의 지지를 위한 개인의 재산권 침해가 자주 발생하게 되었다.

농업 생산구조의 왜곡

농지개혁은 단기적으로 농업생산성을 증가시킬 수 있다. 소작제가 비효율적으로 여겨지는 것은 소작인이 자작일 때에 비해 노동투입을 줄여 농업 생산량이 줄어들기 때문이다. 하지만 소작제는 지주와 소작인이 위험을 분담하게 하는 장점이 있다. 그리고 지주는 소작인의 노동투입을 늘이기 위해 다양한 거래관행을 통해 소작인에게 제약을 부과한다. 실제 비료 등의 비용을 지주가 부담하면 소작제에게도 자작과 비슷한 노동투입이 이루어질 수 있다.[4] 그래서 농지개혁이 이루어지더라도 증가가 크지 않을 수 있다.

장기적으로 보면 농지개혁은 농업의 생산구조를 왜곡시켜 생산성 증가를 어렵게 하였다. 농지개혁은 3정보 이상의 농지소유를 어렵게 하였고 소작을 금지시켰다. 그 결과 경작규모를 영세한 수준에 머물게 하고 대규모 경작을 어렵게 하였다. 이에 따라 농업의 경쟁력이 줄어들었다. 실제 1960년대 초까지 노동생산성은 후퇴하였다. 1960년대 이후 노동생산성이 증가하지만 그것은 1인당 경지면적이 증가

4) 설광언, 『농촌지역 토지자원의 효율적 이용에 관한 연구』, 한국개발연구원, 1995. 21쪽.

하고 토지생산성이 노동생산성의 증가에 크게 기여한 때문이다. 토지생산성의 증가는 주로 비료나 농약투입이 늘어난 결과이다.[5] 결국 농지개혁으로 농지의 소작(임대차)나 경작규모의 확대가 제한되면 장기적으로 농지의 효율적 사용은 기대하기 어렵다.

소작지(임차지) 금지라는 목표달성이 의문시

소작의 금지라는 농지개혁의 목표는 장기적으로 달성되지 못하였다. 실제 농지개혁 이후 소작지는 꾸준히 증가하였다. 소작지는 농지개혁 직후인 1951년 8%에 지나지 않았지만 1960년 11.2%, 1980년에는 21.3% 그리고 1990년에는 37.4%로 증가하였다. 자작농의 비율은 1960년 73.6%에서 1980년 55.9%로 그리고 1990년에는 30.5%로 감소하였다. 이에 비하여 자작 겸 임차농가의 비율은 1960년 19.6%에서 1980년에는 39.6% 그리고 1990년에는 61.2%로 증가하였다.[6] 이것은 농민들이 생산성 개선을 위해 경제여건의 변화에 적응한 결과라 할 수 있다. 소작금지는 농민에 의해 스스로 부정되었다고 볼 수 있다.

---

5) 반성환, 『한국농업의 성장(1918~1971)』, 한국개발연구원, 1974, 101쪽.

6) 이영기, "농지개혁이후 농지소유 및 이용구조의 변화", 『지역사회 연구』, 제10권 제1호, 2002.

02. 귀속 사업체 불하정책

정기화

(1) 귀속사업체란 무엇인가

귀속사업체란 일본이 패전 후 한국에 남기고 간 일본 정부 및 일본인 개인의 사업체를 말한다. 미군정은 1945년 8월 9일 이후의 일본인 재산을 몰수하여 미군정에 귀속시켰는데 이를 귀속재산이라고 한다. 귀속재산은 토기 건물 등 부동산, 사업체, 농지 등인데 이중 농지는 미군정시기에 농지개혁을 통해 농민에게 분배되었다. 그리고 일부 주택과 소규모 사업체는 미군정시기에 매각되었다. 매각되지 않은 귀속재산은 정부수립 후 1948년 9월 11일 '한미 재정 및 재산에 관한 협정'에 의해 한국정부에 이양되었다.

1948년 정부수립으로 한국정부에 이관된 귀속재산의 가치는 약 3천억 원으로 추정되고 있다.[1] 이것은 당시 정부세출예산의 9배에 해

1) 김기원, 『미군정기의 경제구조-귀속사업체의 처리와 노동자 자주관리운동을 중심으

당하는 것이었다. 이중 기업체의 수는 자료에 따라 다르지만 재무부의 자료에 따르면 총 2,203개이다. 이것은 대부분의 대기업과 미군정 때 매각되지 않았던 일부 소규모 기업이 포함된 것이다.[2] 이들 기업체의 가치는 귀속재산의 71%에 해당되었다.

귀속사업체 중에서 핵심 대기업은 1949년 당시 상공부나 교통부 등 중앙정부가 관리하였는데 그 수는 1949년 조선은행 조사부의 경제연감에는 403개로 나타나지만, 1958년의 재무부 자료에는 345건으로 나타난다. 그것은 1949년의 자료에 농림부관리 기업 등이 포함된 것으로 미루어 대규모 농업회사 등이 포함된 것으로 여겨진다. 따라서 실제 사업체 수는 345개가 현실에 가까울 것으로 여겨진다.[3]

귀속사업체의 처리는 식민지에서 해방된 신생독립국의 경제에 대단히 중요한 문제였다. 사업체의 소유권이 불명확하면 사업체에 보관된 원료나 제품 등이 유실될 뿐 아니라 정상적인 기업 활동이 이루

로』, 푸른산. 1990.

2) 1949년 조선은행조사부의 자료에 의하면 귀속사업체는 총 3,555개로 나오는데 이 자료는 미비한 점이 많은 것으로 여겨지고 있다. 이 중 해산 또는 조사 불능의 기업체가 920개 정도로 나온다. 이것은 비교적 정확할 것으로 여겨진다. 따라서 약 4천개의 남한 소재 사업체 중에서 1,000개 정도가 해산 또는 유실되고 미군정 때 매각된 500건이 넘는 기업체를 고려하면 한국정부에 귀속된 2,203개의 사업체의 수는 비교적 현실에 가깝다고 할 수 있다.

3) 1958년의 재무부 자료에 따르면 중앙관리 귀속재산은 476건인데 이중 부동산이 38건, 기타가 93건이며 사업체는 345건이다. 해방 당시 귀속사업체가 병합 또는 분리되어 관리되거나 사업체를 분리 매각하는 경우도 있을 수 있어 통계가 불일치한 것으로 여겨진다. 귀속사업체에 대한 매수는 실제 생산 활동이 가능한 단위로 이루어졌을 것이기 때문에 재무부의 통계가 해방 후 귀속사업체의 역할을 설명하는 데 도움이 될 것으로 여겨진다.

어지기 어렵다. 기업이란 단순히 생산설비만을 뜻하지 않는다. 기업이란 위험을 감수하면서 이윤기회를 찾아 움직이는 생산조직을 말한다. 여기에서 가장 중요한 역할을 하는 것이 기업가다. 귀속사업체의 처리과정은 생산설비를 이윤기회에 사용하는 기업가를 찾아주는 과정인 것이다.

(2) 귀속사업체의 처리과정

귀속재산의 처리를 위해 1949년 12월 19일에 귀속재산처리법이 제정되어 시행되었다. 이에 따르면 운수, 통신, 금융, 보험, 전기, 수리, 수도, 가스 등은 국영 또는 공영기업으로 지정되어 매각대상에서 제외되었다. 그리고 주요한 광산, 제철소, 기계공장 기타 공공성을 가진 기업체는 국영 또는 공영으로 한다고 규정하여 매각대상에서 제외되었다. 결국 주로 소비재 산업의 기업이 매각대상이 되었다고 할 수 있다.

매각방법은 공개입찰 방식을 택하였다. 공개입찰방식이라고 하지만 매수자의 우선순위가 정해진 제한적 공개입찰방식이었다. 우선매수자의 순위는 임차인 및 관리인, 주주·사원·조합원·2년 이상 계속 근무한 종업원, 그리고 농지개혁법에 의해 농지를 매수당한 자의 순서로 되어 있다. 공개입찰을 통해 드러난 최고액 입찰자가 우선 매수 자격자가 아니면 최고 입찰가격으로 우선 매수 자격자의 순위에 따라 매각되었다. 그리고 최고 입찰가격이 정부 사정가격보다 낮으면 정부의 사정가격으로 매각하도록 하였다. 정부의 사정가격은 2개 이상의 금융기관이 행한 감정가격으로 정하였다. 1954년 법이 개정되면서 대규모 기업체에 대해서는 우선순위를 인정하지 않고 최고가 입찰자에게 매각하도록 하였다.

매수대금은 지가증권으로 납부할 수 있었는데[4] 지가증권의 가치는 증권에 표시된 농산물의 법정 환산 가격으로 결정되었다. 매수대금은 전액 현금 납부를 원칙으로 하되 최고 15년 분할납부할 수 있었다. 그리고 분할납부의 경우 일반물가의 변동이 현저할 때에는 납부금액을 법률로서 변경할 수 있었다. 분할납부에 적용되는 이자율은 연 7%였는데 그 당시 은행의 대출이자율이 11~18%였고 당시 은행으로부터의 대출이 쉽지 않았다는 점을 고려하면 분할납부는 매수자에게 유리하였다고 할 수 있다.

귀속사업체의 처리는 1953년 12월에 한·미 정부간에 '경제재건과 재정안정계획에 관한 합동경제위원회 협약'이 체결되면서 본격적으로 진행되었다. 재무부의 『재정금융의 회고』에 따르면 미군정시기를 포함하여 1958년까지 처분된 귀속사업체는 총 2,542건이다.[5] 그리고 1950년대 주요 대기업 89개 사 중에서 40%인 36개 회사가 귀속기업이었다. 특히 면방직의 경우 16개 회사 중에서 12개 회사, 금

---

4) 귀속재산 불하대금으로 납입된 지가증권은 발행된 총량의 41.7%였다. 김윤수, 『8·15이후 귀속사업체 불하에 관한 일 연구』, 1988.

5) 같은 자료에 귀속사업체 수가 2,203건인데 매각 건수가 이보다 많은 것은 분할 매각되었기 때문으로 여겨진다.

속공업 및 기계공업은 10개 회사 중 8개 회사가 귀속기업이었다.[6] 귀속사업체의 처리는 1963년 5월 '귀속재산처리에 관한 특별조치법'으로 종결되었고 후에 청산 귀속법인의 처리가 계속되었다.

(3) 귀속사업체 처리의 평가

귀속사업체는 원료의 조달, 생산설비의 유지, 판로의 확보 등에서 일제 때와 전혀 다른 새로운 환경에 직면하였다. 이에 적응해 신속하게 기업을 변모시킬 수 있는 것은 기업가들이지 관료들은 아니었다. 따라서 이들 기업의 경영을 담당할 기업가를 신속히 찾는 과정은 신생독립국인 대한민국에 대단히 중요한 일이었다.

귀속 사업체는 한국전쟁 후 비교적 신속하게 매각되었다. 그것은 전후 복구과정에 필요한 재원을 확보하기 위해 불가피한 것이었다. 그리고 1954년 헌법 개정에서 중요산업의 국영 및 공영 원칙이 폐지되면서 귀속사업체의 매각은 확대되었다. 이러한 귀속사업체의 대대적 매각을 통하여 자유시장경제의 기초가 마련되었다고 할 수 있다.

하지만 귀속사업체의 처리는 처음부터 '특혜'의 시비가 많았다. 귀속사업체가 '헐값'에 정치권력에 가까운 임차인이나 관리인에게 우선 매각되었다는 것이다. 그리고 매각대금도 분할 납부를 허용하여 물가가 급등하는 당시에 매수자에게 큰 이익을 주었다는 것이다.

귀속사업체의 '헐값' 매각여부는 귀속사업체의 적정 가치를 알기

6) 김재호, 『대체로 무해한 한국사』, 생각의 힘, 2016.

전에는 평가할 수 없다. 그런데 공개입찰 방식에 의한 매각 이외에 적정 가격을 알 수 있는 방법은 없다. 물론 금융기관이 귀속사업체의 자산 가치를 평가하여 최저입찰 가격을 정할 수 있다. 하지만 6·25를 거치면서 파괴되고 원료나 판로가 확보되지 않은 생산설비의 가치를 정확히 알기는 쉽지 않다.

정치권력에 가까운 임차인이나 관리인에게 우선 매각된 것도 '적정가치'로 매각되었다면 특혜라고 할 수 없다. 오히려 관리인에게 매각하는 것이 귀속사업체를 효율적으로 관리하도록 하는 인센티브를 제공하는 측면이 있다. 예를 들어 조선우선주식회사는 해방 전 일본인이 소유하던 선박운송회사였다. 해방 후 귀속사업체로 편입되었다가 1949년 대한해운공사로 전환되었다. 그런데 해방 당시 선박은 1척뿐이었는데 그것마저 고장으로 수리가 필요하였다. 그래서 당시 관리인들이 개인자금을 들여 이를 수리하였는데 그것마저 운송 중 침몰하고 말았다.[7] 즉 관리인들이 인수 가능성을 고려하여 사비를 들여 선박을 수리하였던 것이다.

귀속 사업체의 매수 대금을 분할납부하도록 한 것은 매수자에게 유리하였던 것은 분명하다. 분할납부액에 적용된 이자율은 7%인데 1952년~1960년 사이에 서울지역의 소비자물가는 연평균 25.3% 상승하였다.[8] 매년 이자를 7%를 받는 금융 자산의 10년 후 가치는 10년간 물가상승률이 25%일 때 처음에 비해 21.5%에 지나지 않는

7) 최재수, "김용주와 대한해운공사의 설립", 『해양한국』, 2008.10. 28일자.

8) 낙성대 연구소, 『한국의 장기통계(1911~2010)』에서 계산한 것임.

다. 그래서 물가상승률이 높은 상태에서 매수대금을 연체하려는 인센티브가 컸다고 볼 수 있다.[9)]

일부는 한국의 재벌기업이 귀속사업체의 불하를 통해 성장하였다고 주장한다. 귀속사업체의 인수가 일부 재벌기업의 성장에 계기가 되었던 것은 분명하다. 그러나 귀속사업체의 인수가 재벌기업 성장의 원인은 아니다. 귀속사업체를 인수한 모든 기업이 재벌기업으로 성장한 것은 아니기 때문이다. 귀속사업체가 재벌기업의 계열사로 성장한 것은 일부에 불과하다. 2007년을 기준으로 재벌기업 계열사로 존재하는 기업 중 직접 불하받은 귀속사업체는 19개이며 다른 사람에게서 인수한 귀속사업체는 20개 업체였다.[10)] 재벌기업의 성장은 기업가의 경영능력이 가져다준 것이지 귀속사업체의 불하가 가져다준 것은 아닌 것이다.

실제 서울지역의 귀속사업체에 대한 사례연구를 보면 1950년대 서울지역 귀속사업체의 불하는 대규모 사업체의 소유자가 대기업가로 성장하는 과정에서 그 역할이 한정적이었다.[11)] 1950년대 후반 서울지역 100인 이상 고용한 귀속사업체는 16개인데 소유권이 변경된 곳이 7곳이었다. 즉 비교적 규모가 큰 귀속사업체의 종업원 수와 소

9) 비교적 대규모 기업에 속한 중앙 직할기업의 경우 불하를 받아 대금을 연체중인 기업은 1958년 5월 당시 43업체에 달하였다.

10) 이한구, "귀속기업불하가 재벌형성에 미친 영향", 『경영사학』, 제22집 제1호, 2007, 212~213쪽

11) 최봉대, "1950년대 서울지역 귀속사업체 불하실태 연구", 『국사관논총』, 제94호, 국사편찬위원회.

유자에 적지 않은 변동이 있었던 것이다.

귀속사업체는 이를 잘 경영할 수 있는 사람에게 '적정가격'으로 매각하는 것이 가장 바람직하였을 것이다. 그러나 당시의 현실에 비추어보면 누가 잘 경영할지 알 수 없었고 '적정가격'을 알기는 더욱 어려웠다. 비록 귀속사업체가 엉뚱한 사람에게 매각되어 잘못 경영되더라도 그러한 기업은 거래를 통해 이를 가장 잘 운영할 수 있는 사람에게 넘어가게 된다. 중요한 것은 귀속사업체의 주인을 빨리 정해주는 것이지 가장 잘 경영할 수 있는 사람을 찾는 것이 아니다. 그리고 '적정'한 매각가격의 결정도 공개입찰 이외의 다른 방법을 찾기가 쉽지 않았을 것이다. 오히려 공개입찰 과정이 공정하였다면 입찰가격이 적정가격에 가깝다고 여길 수 있는 것이다.

03. 한미방위조약과 미국원조

박동운

(1) 한·미안보동맹

나는 초등학교 4학년 때 6·25 전쟁을 겪었다. 어느 날 20여 가구가 사는 조용한 시골마을에 피난민들과 인민군들이 거의 동시에 들이닥쳤다. 삽시간에 작은 마을은 소용돌이에 휩싸였다. 얼마 후 우리들은 초등학교로 불려가 인민군들이 가르치는 '북한 국가'와 '김일성 장군 노래'를 열심히 따라 불렀다. 그 무렵 같은 마을에 사는 면서기 한 분이 죽창에 찔려 죽은 채로 길바닥에서 질질 끌려 다녔다. 그 분은 성실하고 점잖았는데 면서기라는 이유 하나로 죽임을 당했다고 어른들은 수군거렸다.

그로부터 68년이 흘러 소년은 80세를 눈앞에 둔 노년에 이르렀다. 그동안 전쟁 분위기가 아슬아슬하게 한반도를 스쳐가기도 했지만 전쟁은 한 차례도 일어나지 않았다. 이 사실에, 나는 이따금씩 놀라곤 한다. 한·미안보동맹[1] 덕분에 나는 평화를 누려온 것이다.

1950년 6월 25일에 북한의 남침으로 시작된 6·25 전쟁은 발발 3일 만에 서울을 초토화시켰다. 미군과 유엔군의 참전으로 전세(戰勢)가 역전되기도 했지만 중공군의 참전으로 서울이 또 함락되었다. 6·25 전쟁은 시간이 지날수록 어느 편도 확실한 승기를 잡지 못했다. 전쟁이 질질 끌자 미국을 비롯한 유엔 참전국들은 지쳐갔다. 휴전이 대안으로 등장했다.

유엔 주재 소련 대표 야코브 말리크가 휴전을 제안했다. 휴전을 반대하는 사람은 오직 이승만 대통령뿐이었다. 이승만은 한국 단독으로라도 북진통일을 하겠다고 버텼다. 그때 나는 중학교 1학년생이었는데, 우리들은 날마다 운동장에 모여 목이 터져라고 '북진통일'을 외쳐댔다. 미국 언론은 이승만을 '칼을 품고 춤추는 늙은 고집쟁이'라고 비난했다. 이승만은 "자유와 공산주의는 반대되는 개념이다. 이 둘은 결합될 수 없다. 공산주의와의 타협은 불가능하다"는 이유를 내세워 휴전을 결사반대했다. 이승만의 반대에도 불구하고 개성에서, 이어 판문점에서 휴전회담이 계속 열렸다. 전투는 계속되고 있었다.

미국은 여론에 밀려 휴전을 강행하려 했지만 단독으로라도 북진하겠다는 이승만이 걸림돌이었다. 미국은 이승만을 제거할 계획까지 세웠다가 그만두었다. 반공주의의 상징인 이승만, 국민의 절대적 지지를 받는 이승만을 강제로 제거하면 미국도 손실을 감수할 수밖에

1) 권혁철, "내 집 지키는 것보다 더 중요한 게 있나", 남정욱·윤서인 엮음, 『시간을 달리는 남자』, 백년동안, 2016, 101~119쪽.

없기 때문이었다. 유엔 참전국들은 자국 군대가 희생은 물론 패배도 당하지 않도록 전진도 후퇴도 하지 않은 채 전선만 유지하고 있었다.

이런 상황에서 이승만은 겉으로는 북진통일을 고집하면서도 속으로는 무엇을 얻어낼 것인가를 열심히 생각했다. 마침내 이승만은 한·미상호방위조약 체결을 선택했다.

그러던 중 1952년 말 유엔총회는 인도의 주도로 남북한 포로들을 중립국 송환위원단에 넘기기로 결의했다. 이 결의안에 분노한 이승만은 반공포로를 석방해버렸다. 세계가 요동쳤다. 아이젠하워 미국 대통령은 즉각 반공포로 석방을 비난하는 성명을 발표했고, 브리그스 주한 미 대사는 이승만에게 항의하면서 손으로 책상을 내리쳤다. 아이젠하워는 월터 로버트슨 국무부 차관보를 대통령 특사로 한국에 급파했다. 로버트슨과 2주간의 치열한 협상 끝에 한국과 미국은 휴전협정 성사를 위해 "정전 후 한·미 양국은 상호방위조약을 체결한다"는 등 몇 가지 안건들에 합의했다.

1953년 7월 27일, 3년 넘게 지속된 전쟁이 끝나고 드디어 휴전이 이뤄졌다. 1953년 8월 3일, 한·미상호방위조약을 구체적으로 협의하기 위해 덜레스 미 국무장관이 서울로 왔고, 8월 8일에 한·미상호방위조약이 가조인되었다. 한·미상호방위조약은 1953년 10월 1일에 변영태 외무부장관과 덜레스 미 국무장관이 워싱턴에서 공식 조인한 후 1954년 1월 15일에 한국 국회가, 이어 1월 26일에 미국 상원이 비준함으로써 정식으로 발효되었다.

이승만 대통령은 한·미상호방위조약 체결을 앞두고 성명서를 발표했다. "한·미상호방위조약이 성립됨으로써 우리는 앞으로 여러 세대에 걸쳐 많은 혜택을 보게 될 것이다. 이 조약이 있기 때문에 우리는 앞으로 번영을 누리게 될 것이다. 한국과 미국의 이번 공동조치는 외부 침략으로부터 우리를 보호함으로써 우리의 안보를 확보해줄 것이다."

성명서에 명시된 이승만의 예견(豫見)대로, 한·미상호방위조약 덕분에 나는 북한의 적화통일(赤化統一)에서 벗어나 68년 동안 평화롭고 자유롭게 살아 왔고, 대한민국은 경제발전에 성공하여 세계 10대 경제대국의 반열에 오를 수 있게 되었다.

(2) 미국 원조

미국은 우리를 한·미상호방위조약을 통해 북한의 적화통일로부터 지켜주었을 뿐만 아니라 원조를 통해 가난으로부터 구해주기도 했다.

1960년대의 한국은 참으로 가난했다. 1961년에 한국의 1인당 국민소득은 89달러로 세계 125개국 가운데 101번째로 최빈국 그룹에 속했다. 당시 북한은 320달러로 세계 50위 안에 들 정도로 잘 살았다. 가난은 춘궁기(春窮期)를 뜻하는 '보릿고개'로 표현되었다. 음력 4~5월경에 보릿고개를 넘지 못하고 못 먹어 얼굴이 누렇게 뜨거나 죽는 사람이 적잖았다. 보릿고개를 조금 완화시킨 것이 미국 원조였다.

한국은 1945~1961년간 미국과 유엔으로부터 총 31억 3730만 달러의 원조를 받았다.[2] 이 기간 동안 한국은 세계에서 미국 원조를 가장 많이 받은 나라였다. 미국은 1953년부터 한국에 대한 원조체계를 바꿨다. 미국은 1955년에 대외사업처(FOA)를 폐지하고 국무성에 국제협조처(ICA)를 설치하여 FOA원조를 계승할 수 있게 했다. 가장 규모가 컸던 원조는 1953~1961년간 FOA-ICA원조로 17억 4380만 달러였다. 원조 내역을 보면, 연료 및 비료 25.9%, 시설재 22.4%, 최종소비재 19.3%, 공업원료용 농산물 16.8% 순서였다.

이와 별도로 미국정부는 1954년에 자국의 농산물 가격을 유지하고 후진국에 식량을 원조할 목적에서 공법480(PL480)호로 '농업수출진흥과 원조법'을 제정했다. PL480호로 미국 원조가 들어오면 우리 정부는 동일한 액수의 화폐를 특별계정에 적립했는데, 이를 대충자금(對充資金)이라고 불렀다. 대충자금은 10~20%는 한국 내 미국기관이, 나머지 80~90%는 우리 정부가 사용했다. 우리 정부는 원조의 대부분을 생필품 수입을 위해, 상당 부분은 미국산 무기 구입을 위해 사용했다.

미국 원조는 1970년에 끝났다. 미국 원조는 1954~1961년간 FOA-ICA원조로 17억 4380만 달러, PL480 원조로 2억 260만 달러 등 모두 20억 8834만 달러에 이르렀다.

그런데 미국 원조, 특히 PL480는 성격의 양면성 때문에 논쟁이 되기도 한다. 김성진은 이렇게 썼다. "미국은 잉여 농산물을 처리함과 동시에 대충자금으로 미국 무기를 사게 함으로써 군수산업도 발전시

2) 이영훈, 『한국경제사II』, 일조각, 2016, 332~4쪽.

키려는 의도가 있었다는 것이다. 이를 통해 항구적으로 한국을 지배하기 위한 미국의 교묘한 정치 계산이 포함되어 있었다는 비난이 있다. 또 값싼 미국 농산물의 유입으로 한국 농업이 걸음마 단계에서 치명상을 입었다는 주장도 있다."[3]

그러나 중요한 것은 우리가 미국 원조에 힘입어 보릿고개를 넘을 수 있었고, 정부 재정이 파산되지 않았다는 사실이다. 뿐만 아니라 미국 원조를 발판 삼아 오늘날의 대한민국이 있게 되었다는 사실이다.

3) 김성진, 『박정희』, 살림, 2007, 15쪽.

04. 자유시장경제의 초석 쌓기

송원근

(1) 서론

돌이켜보면 20세기 후반 한국경제의 고도성장은 최빈국이 선진부국에 도달한 세계사적으로도 매우 드문 사건이었다. 그런데 이런 한국경제의 성공신화가 가능했던 원인을 주로 1960년대 박정희 정부가 들어서면서 채택한 수출주도 공업화정책에서 찾는다. 반면 이승만 정부 시기의 한국경제에 관해서는 이후 시기와는 달리 부정적인 평가가 주를 이룬다. 수출주도 공업화정책과 더불어 본격적인 고도성장의 시대에 들어섰던 1960년대 이후의 시기와 비교해볼 때 해방 이후 1950년대까지의 한국경제는 전쟁, 혼란, 부패, 인플레, 빈곤 등으로 점철된 이미지를 지니고 있다. 정부의 무능과 부패, 수입대체공업화라는 잘못된 정책이 한국경제를 성장이 아닌 침체의 길로 이끌었으며 1950년대의 한국경제는 한마디로 '빈곤의 악순환'이었다는 것이다.

이와 같은 부정적 평가는 한국경제의 방향 정립과 발전에 기여했던 이승만 정부 시기 마련되었던 정책과 제도적 기반을 간과한 데에서 기인한 것일 수 있다. 또한 고도성장 과정에서의 정부의 계획 및 지원에 대한 과도한 의미 부여가 이승만 정부의 정책 및 역할을 과소평가로 이어진 것일 수도 있다. 본고에서는 먼저 한국경제의 고도성장의 원인을 자유주의적 관점에서 찾아보고 이승만 정부의 역할에 대해 평가해보고자 한다.

(2) 한국경제 고도성장의 원인에 대한 고찰

수출주도 공업화로의 정책적 전환이 한국경제 고도성장의 계기가 되었다면 수출주도 공업화의 어떤 요인이 고도성장을 촉발시켰을까? 1960년대 박정희 정부의 수출주도 공업화정책은 경제개발 계획과 수출지원 정책이라는 정책적 특징을 가지고 있었다. 따라서 수출주도 공업화정책을 비롯한 박정희 정부의 경제정책을 계획경제적 성격이 강한 정책이었을 것으로 생각하기 쉽다. 그렇다면 이승만 정부 시절 자유방임적이고 무계획적이었던 경제정책이 박정희 정부가 들어서면서 계획경제적 성격으로 전환되었기 때문에 수출주도 공업화로의 전환과 고도성장이 가능하게 되었다는 유추도 해볼 수 있다.

그러나 박정희 정부가 추진했던 경제개발계획은 시장경제와 민간기업의 자율성을 전제로 한 것으로 중앙의 계획에 따라 지시하고 실행하는 사회주의 계획경제와는 근본적으로 그 성격이 달랐다. 물론 경제개발 계획의 핵심 정책인 수출지원 정책에서 수출 촉진을 위해 정부의 행정력이 광범위하게 동원되었던 것은 사실이다. 그러나 정부가 시행했던 수출지원의 내용은 정부의 자의적 지원과 보호, 그에 따른 정치권력에 대한 기업들의 줄서기와는 거리가 있었다. 수출에 대한 지원은 산업과 기업을 차별하지 않았고 수입으로부터의 보호도 일부 산업을 제외하고는 그리 크지 않았다. 기본적으로 기업에 대한 수출 지원은 기업의 수출실적과 연계되어 있었다. 예를 들면, 수출신용장만 있으면 품목에 상관없이 자동적으로 대출이 이루어지도록 하는 등 각종 수출우대금융은 수출 실적과 직접적으로 연계되어 있었다. 즉, 기업 입장에서는 세계시장에서 인정받을 수 있는 국제경쟁력을 갖춰야 수출지원을 받을 수 있었던 것이다. 또한 이러한 수출지원 정책의 수출확대 효과는 기존 연구에 따르면 환율 등 다른 왜곡효과를 상쇄하는 수준으로 시장가격을 크게 왜곡하지 않는 대체적으로 중립적인 정책으로 평가받고 있다. 정리하면 수출지원 정책은 기본적으로 기업들로 하여금 세계시장에서 경쟁할 인센티브를 제공하면서도 시장가격을 왜곡시키지 않는 시장친화적인 정책이었다고 할 수 있다. 자유주의적인 관점에서 보면 한국경제의 고도성장을 이끈 박정희 정부의 경제정책은 정부의 계획과 개입보다는 대외지향적인 시장의 확대를 통한 경쟁의 촉진이라는 시장친화성에 더 무게를 두고 있었다고 평가할 수 있다.

(3) 이승만 정부 시기의 한국경제와 경제정책

그렇다면 경제정책의 시장친화성은 이승만 정부에서는 나타나지 않았던 특징일까? 이승만 정부의 경제정책의 특징을 파악하기 위해서는 해방 이후 한국경제가 처했던 정치·경제적 상황에 대한 이해가 필요하다. 해방과 분단은 한국경제에 심대한 영향을 미쳤다. 식민지 시절 일본, 만주 등과 경제권을 형성하고 있었던 한국경제는 해방과 더불어 이 경제권의 붕괴와 함께 산업생산의 급격한 감소를 경험하게 되었고 분단으로 인해 상호의존적이던 남북한 경제의 단절도 정상적인 경제활동을 영위하기 어려울 정도로 심각한 충격을 주었다. 이런 혼란으로 인해 해방 이전의 경제규모나 생산 수준을 회복하는 데에 상당 기간이 걸렸으나 이어진 6·25 전쟁은 해방과 분단의 혼란을 극복해가던 한국경제를 거의 붕괴시키는 결과를 초래했다. 섬유산업 관련 시설의 60% 이상이 파괴되었고 발전시설의 80%가 파괴되었으며, 이와 같은 산업시설의 파괴로 제조업체수가 절반 이상 감소하였고 실업자가 급증하였다. 또한 전쟁비용의 조달을 위한 한국은행의 통화 남발로 1950년대 내내 한국경제는 높은 인플레이션에 시달려야 했다. 1951~1955년 기간 동안 한국은행의 연평균 통화량 증가율은 104.2%, 연평균 물가상승률은 164.66%에 달했다. 이런 상황 속에서 1950년대 이승만 정부가 당면했던 과제는 전후 복구와 더불어 극심한 인플레이션의 폐해에서 벗어나는 것이었다.

1950년대 한국경제는 전후 복구와 경제안정을 위한 미국의 원조,

정부의 대규모 재정투융자, 그리고 악성 인플레이션 해소와 경제안정화를 위한 정책의 시행으로 요약할 수 있다. 1951년 제정된 '임시토지수득세법'을 보면 당시 인플레이션이 얼마나 심했는지를 짐작할 수 있다. 이 법은 계속되는 통화팽창에 대처하여 계절적 재정수요의 주요인이 되는 미곡수집자금의 방출을 억제하고 군량미를 확보한다는 명목 하에 토지수익에 대한 조세를 통합 단일화시켜 현물세로 납부하도록 한 것이다. 미곡의 경우 생산량의 15~28%의 누진세율로 토지세를 현물 미곡으로 수취하도록 하였다. 임시토지수득세는 1950년대 초반 총조세수입의 20~30%를 차지하였는데 정부수매가인 공정가격이 아닌 시장가격으로 환산하면 실제비중은 총조세수입의 70~90%에 달하는 막대한 규모였다. 전시의 급격한 인플레이션 속에서 재정의 부담을 농민에게 전가한 셈이었다.[1].

위와 같은 역사적 사실들을 고려해보면 이승만 정부의 경제정책을 1960년대 이후 수출주도 공업화정책과 대비해서 평가하는 것은 적절치 못하다. 휴전 이후의 기간은 6년에 불과했고 오히려 이 기간 한국경제는 미국의 대규모 경제원조와 정부의 적극적인 재정투융자에 힘입어 비교적 빠른 속도로 회복되었다. 제조업을 비롯한 산업생산과 경제성장이라는 측면에서 보면 1950년대는 고도성장의 기반이 마련된 시기였다고 평가할 수 있다. 김두얼(2017)[2]에 따

1) 송원근, 『1950년대 정부관리양곡확보정책에 관한 일 연구 - 미곡을 중심으로 -』, 연세대학교 경제학과 석사학위 논문, 1989.

2) 김두얼, 『한국경제사의 재해석: 식민지기·1950년대·고도성장기』, 도서출판 해남,

르면 1954~60년의 기간 동안 제조업 생산은 두 배 이상 증가하였고, 1950년대 후반 산업생산 증가율이 1960년대 전반보다 더 높았다. 따라서 1960년대부터 시작된 한국경제 고도성장의 기반은 이미 1950년대 후반에 형성되고 있었다고 볼 수 있다.

(4) 자유시장경제의 초석이 된 이승만 정부의 정책 및 제도

위와 같은 사실들은 이승만 정부에서 형성된 정책과 제도의 틀이 이후 한국경제 고도성장의 발판이 되었음을 보여준다. 제2차 세계대전의 종전과 함께 소련은 미국과 함께 승전국으로써 식민지에서 독립한 신생국가들에 엄청난 영향력을 행사하였다. 따라서 기존 식민지의 사회주의 세력과 소련의 영향력이 결합되어 신생국들은 중국이나 북한과 같이 공산화되지 않은 경우라도 사회주의적인 정책을 추구하는 경우가 대부분이었다. 반면 대한민국은 개인의 자유와 재산권을 존중하는 자유민주주의와 시장경제의 국가체제로 수립되었다. 이승만 정부는 반공을 천명하였고 6·25 전쟁을 거치면서 사회주의 세력은 완전히 몰락하였다. 따라서 다른 신생국들과는 달리 재산권과 기업 활동에 대한 제약이 월등히 낮았다.

성공적인 경제성장을 이룩한 국가가 갖는 가장 중요한 조건은 '재산권의 보장'이다. 6·25 전쟁의 경험과 이승만 정부의 공산주의에

2017, 제4장 "한국의 산업화와 근대 경제 성장의 기원, 1953~1965: 전통설과 새로운 해석", 116~118쪽.

대한 확고한 태도는 법적, 제도적으로도 확립되었다. '개인'과 '법인'을 사권(私權)의 주체로 규정한 기존 법체계를 계승하여 개인과 기업의 재산권을 보장하게 되었고 헌법에서도 건국헌법에서 규정했던 중요 자원의 국유 원칙과 중요 산업의 기업 국영화 원칙을 폐기함으로써 자유기업주의와 시장경제체제로의 지향을 명확히 하였다.

또한 경제정책 및 제도의 시장친화성을 높이는 데에는 미국의 영향력도 무시할 수 없었다. 미국은 해방 이후 건국과 전쟁을 거치면서 한국에 대규모 원조를 하였고 '합동경제위원회'를 통해 한국의 정책방향에 큰 영향을 미쳤다. 미국의 원조는 전후 복구와 이후 성장을 가능하게 한 핵심 요인이었다. 미국은 원조를 통한 한국경제의 안정화에 초점을 맞추었고 한국정부의 시장에 대한 과도한 개입을 경계하였다. 비교우위가 없는 생산재 중심의 공업화를 추진하여 실패했던 여타 신생국들과는 달리 소비재 중심으로 이루어진 미국의 원조는 한국정부의 시장과 산업에 대한 과도한 개입을 제약하였다. 또한 비교우위를 가지고 있던 소비재공업의 발전을 촉진시켜 1950년대 비교적 높은 수준의 산업화와 경제성장을 가능하게 했고 1960년대부터 시작되는 고도성장을 촉발시켰다고 평가할 수 있다.

정치적 안정과 민주주의의 진전도 경제성장을 촉진시키는 중요한 요인이다. 해방 후 이념 대립 및 6·25 전쟁의 와중에서 이승만 정부에서 시행했던 농지개혁은 신생 국가인 대한민국의 정치적 안정과 통합에 기여하였다. 농지개혁은 기존 재산권에 대한 막대한 타격이었고 전후 인플레이션으로 인해 지가증권의 가치가 급락하면서 지주계층의 몰락을 가져왔다. 그러나 농지개혁으로 인한 지주제의 해체와 자작농체제의 창출은 농촌의 신분 차별을 없애 전후 대한민국의 정치적 안정에 결정적으로 기여하였다. 신분제가 사라진 자작농체제에서 자식 세대에 대한 교육투자 유인이 높아져 두터운 인적자본이 축적되었고 이는 1960년대 이후 한국경제의 고도성장에 밑거름이 되는 역할을 하였다.

인적자본의 형성은 경제성장에 필수적이다. 이승만 정부 시기에는 '교육혁명'이라고 할 만한 제도의 확립과 사회적 성취가 있었다. 모든 국민에게 의무교육을 받도록 하고 문맹을 퇴치시키기 위한 교육이 적극적으로 이루어졌다. 1949년 12월 '교육법'이 제정되어 6년의 초등교육을 의무교육으로 규정하였고 현대 국가의 기본적인 학제를 정립하였다. 1945년 해방 당시 2,900여개였던 국민학교 수는 1960년 4,602개로 증가하였고, 적령기 아동 취학률은 1943년 47%에서 1960년 99.8%로 급등하여 전국민 의무교육의 목표를 달성하는 수준에 이르렀다. 이승만 정부는 교육투자에도 적극적이었다. 교육에 대한 재정지출은 6·25전쟁 이후부터 급증하여 1959년에는 총세출의 18.4%에 달했다. 의무교육인 국민학교 교육이 일반화되고 정부의 교육투자가 늘어남에 따라 중학교와 고등학교의 학생 수와 교원 수도 크게 증가하였다. 또한 이승만 정부 시기 정립된 학제에는 정규 경로 외에도 기술학교-고등기술학교와 같이 실업(實業)교육에 특화된 경로도 포함되어 있어 다양한 산업에 필요한 기술인력 양성의 기반도 마련되었다. 1950년대의 이와 같은 전국민적인 교육의 확대는 고도성장을 가능하게 만드는 인적자본을 형성시켰다고 평가할 수 있다[3].

결론적으로 이승만 정부 기간 행해졌던 시장경제체제와 자유기업주의의 확립, 전후 복구와 경제안정화 과정에서의 정부의 과도한 개입의 억제, 농지개혁을 통한 정치적 안정, 그리고 교육체제의 확립 및 전국민 교육 확대를 통한 인적자본의 축적 등이 자유시장경제의 초석을 다지고 향후 한국경제의 고도성장을 위한 기반을 마련했다고 할 수 있다.

3) 이영훈, 『한국경제사 II』, 일조각, 2016, 370~374쪽 참조

2

박정희 대통령 시대의 경제정책

05. 1962년 화폐개혁

06. 1962년 개헌에 나타난
박정희 대통령의 자유시장 경제 철학

07. 1964년 환율 현실화

08. 1965년 금리 현실화

09. 수출급증은 어떻게 시작되었나

10. 수출촉진 정책과 세계시장 진출

11. 8·3조치와 장·단기 영향

12. 1970년대의 중화학공업정책

13. 새마을 운동: 엄청난 '절반'의 성공 스토리

14. 베트남 파병: 한국 경제성장의 도화선

15. 고속도로 건설

16. 부가가치세 도입과 재정건전화 정책

17. 기업가를 경제 건설의 주역으로 세우다

18. 최초의 외국인 직접투자

05. 1962년 화폐개혁

안재욱

(1) 시대적 환경과 정책의 배경

1961년 5월 16일 군사혁명으로 정권을 잡은 박정희 정부는 1962년 1월 제1차 경제개발5개년계획을 발표하였다. 제1차 5개년계획의 기본목적은 1966년까지 자립경제 달성을 위한 기반 구축이었다. 이 계획을 실행하는데 필요한 자금이 총 3조2,145억 환이었다. 이 투자자금의 74.9%는 내자로 25.1%는 외자로 충당한다는 계획을 세웠다.[1)]

1차 5개년계획의 성공 여부는 자금 확보에 달려 있었다. 그러나 5개년계획을 실행할 자금 확보가 쉽지 않았다. 당시 국민소득이 낮아 가용할 투자자원이 매우 부족했으며, 정부의 재정수입의 상당부분이

1) 대한민국정부(1962). 『제1차경제개발5개년계획 1962~1966』, 22쪽.
http://theme.archives.go.kr/next/economicDevelopment/primary.do

미국의 원조에 의존하고 있었기 때문이었다. 1961년 한국이 미국으로부터 받은 원조액이 2억9,720만 달러였고, 그로부터 발생한 대충자금 전입금은 전체 재정수입의 31%를 차지하고 있었다. 박정희 군사정부는 투자자금을 확보하기 위해 갖가지 노력을 했다. 내자 확보 방법의 일환으로 선택한 것이 화폐개혁이다.

(2) 화폐개혁의 목적과 주요내용

화폐개혁의 목적은 1962년 6월 9일 밤 10시 박정희 의장이 10일 0시를 기해 통화개혁을 실시한다고 발표한 담화문에 잘 나타나 있다.[2] "부정축재와 부정부패 등 음성적으로 축적된 자금이 상당히 온존해 있으나 이것이 산업자금화나 장기저축으로 되어 있지 않으며, 그동안 누증된 통화량이 투기화할 위험성을 내포하고 있어 악성 인플레의 요인이 되고 있다. 그래서 음성자금과 과잉구매력을 진정한 장기 저축으로 유도하여 이를 투자재원으로 활용하는 동시에 인플레를 방지하는 조치가 불가피하다"고 했다.

이러한 내용이 '긴급통화조치법' 제1조에 반영되어 있다. '본법은 국민경제의 건전한 질서를 확립하고 경제개발5개년계획수행상의 애로를 제거하기 위하여 통화에 관한 특별조치를 하는 것을 목적으로 한다.' 이것을 보면 통화개혁의 목적은 두 가지였음을 알 수 있다. 첫째는 누적된 과잉통화를 흡수하여 인플레이션 요인을 미연에 제거하

2) 동아일보(1962). "인플레방지에 주안", 6월 10일 1면.

여 국민경제의 건전한 질서 확립하기 위함이었다. 〈표1〉을 보면 1961년 통화증가율이 40.4%나 되고 도매물가 상승률이 13.2%로서 인플레이션 우려가 있었음을 알 수 있다. 그러나 화폐개혁을 통해 인플레이션을 잡으려고 했던 것만큼 인플레이션이 심각했는지는 의문이다.

〈표1〉 통화증가율, 도매물가상승률, 성장률(1960~66)

	통화증가율(%)	도매물가상승률(%)	성장률(%)
1960	5.3	10.7	2.3
1961	40.4	13.2	4.2
1962	18.6	9.4	3.5
1963	1.3	20.6	9.1
1964	17.5	34.6	8.3
1965	33.2	10.0	7.4
1966	30.1	8.9	13.4

자료: 한국은행

두 번째 목적은 바로 경제개발5개년계획을 수행하기 위한 자금을 확보하기 위한 것으로서 퇴장자금을 끌어내기 위한 것이었다. 이 목적은 「긴급통화조치법」과 그 후속조치인 「긴급금융조치법」에 잘 드러나 있다. 「긴급통화조치법」의 주요 내용은 다음과 같다.

첫째, 화폐단위를 환화에서 원화로 바꾸고 10환=1원으로 1/10의 명목절하한다.

둘째, 1962년 6월 10일부터 구권의 유통과 구권에 의한 거래를 금지한다.

셋째, 특별한 경우를 제외하고 구권과 구권으로 표시된 수표 등 지불지시는 6월 17일까지 금융기관에 예입해야 한다.

넷째, 구권과 수표 등 지불 지시를 예입한 자연인에 대하여는 6월 17일까지의 생활비로서 일인당 500원을 한도로 하여 신권으로 지불 받을 수 있다.[3)]

한편 이러한 긴급통화조치법에 근거하여 6월 18일 금융기관에 예입된 예금을 동결하는 내용의 「긴급금융조치법」을 공포하였다. 그 주요 내용을 보면 첫째, 긴급통화조치 기간 동안에 예입된 '구권예금'과 긴급통화조치 이전부터 있었던 '재래예금'은 일정한 누적률에 의해 봉쇄계정이 동결되고 동결되지 않는 나머지 부분에 대해서는 지불 상 하등의 제한을 받지 않는 자유계정으로 전환토록 했다(〈표2〉 참조). 둘째, 봉쇄계정은 산업개발공사의 주식으로 전환하고 동 자금에 대해서 연 15% 배당을 지급하기로 했다.

〈표2〉 예금 금액별 봉쇄계정으로의 전환 비율

금 액	전환비율(%)
3만원 이하	0
3만원 ~ 5만원	20
5만원 ~ 10만원	30
10만원 ~ 50만원	50
50만원 ~ 100만원	65
100만원 ~ 500만원	85
500만원 ~ 1,000만원	95
1,000만원 초과	100

주: 「긴급금융조치법」 제8조1항

3) 일인당 500원 교환한도는 긴급통화조치법에는 명시되어 있지 않고 1962년 6월 10일 일간지에 재무부에서 발행한 긴급통화조치법 공고문 "긴급조치법에 관한 해설"에 나와 있다.

(3) 화폐개혁 추진 과정

화폐개혁은 1961년 최고회의 재경위원이었던 유원식이 제안하여 시작되었다. 그의 통화개혁 구상은 2차 세계대전 이후 서독이 통화개혁을 통하여 산업자금을 조성하여 경제성장을 이룬 선례가 있으며, 또 당시 한국사회에는 부패 재벌, 그리고 한국에 거주하고 있는 화교들이 당시 통화량(2,830억 환)의 1/3이 넘는 1천억 환의 음성자금을 보유하고 있다는 인식을 가지고 있었다.[4] 그해 9월 박정희 의장이 최종적으로 통화개혁을 하겠다는 결정을 내리고 11월에 정래혁 상공장관이 영국에 신은행권 인쇄를 발주했다. 그리고 당시 재무장관 천병규를 비롯한 5명의 화폐개혁준비반이 계획안을 만들었다. 여기에서 실무를 담당한 책임자가 1차 통화개혁에 참여했던 김정렴 씨였다. 김정렴 씨가 통화개혁과 관련해 군사정부와 첫 접촉을 갖는 시점은 1962년 2월이었으므로 이미 화폐개혁 작업은 비밀리에 진행중이었다는 점을 짐작할 수 있다.

화폐개혁은 철저하게 비밀에 부쳐졌다. 원조를 통해 한국 경제를 뒷받침했던 미국에도 알리지 않았음은 물론, 한국은행 총재조차 몰랐을 정도다. 영국에서 인쇄된 새은행권은 네덜란드 화물선을 통해 5월 18일 부산항에 도착했다. 새은행권은 보안을 위해 무기와 화공

4) 김왕식, "1962년 통화개혁의 정치적 의미", 『런던에서 온 비밀전보: 1962년 통화개혁의 숨은 이야기』, 대한민국역사박물관 소장자료집 1, 대한민국 역사박물관, 2014, 204쪽.

약품으로 위장한 채 보관되었다. 마침내 6월 9일 최고위원 전원과 각료들이 참석한 가운데 제2차 긴급통화조치법이 의결되어 밤 10시에 화폐개혁이 10일 0시부터 발효된다고 공표되었다.

긴급통화조치에 따라 회수된 화폐 총액은 158억 원이었다. 1962년 6월 9일 화폐발행액 165억 원이었으므로 총화폐액의 95.7%가 회수된 셈이다.[5] 〈표3〉에서 보는 것처럼 봉쇄계정으로 동결된 자금은 총 98억 원이었다. 구권예금에 예입된 금액이 84억 원이었는데 그 중에서 봉쇄계정으로 들어간 금액은 11억 원, 재래예금에 예입된 449억 원 중에서 봉쇄계정으로 들어간 금액이 87억 원이었다. 이 총 98억 원은 1차5개년계획에서 내자도입으로 상정한 투자액의 4%에 불과했다. 이것은 정부의 예상과는 달리 여유자금을 현금으로 퇴장하는 경우는 많지 않았던 것을 보여준다.

게다가 비밀리에 추진해 사람들이 전혀 예상하지 못했던 화폐개혁은 큰 혼란을 초래했다. 10일은 일요일이었고 은행이 문을 연 11일에 이른 새벽부터 은행 앞에는 돈을 바꾸려는 시민들의 행렬이 장사진을 이뤘으며, 1인당 500원 교환한도를 회피하는 타인 명의로 금액을 쪼개어 신권으로 교환하려는 사람들도 많았다. 사람들은 쌀과 물건을 사기 위해 미곡상과 상점으로 몰려들었다. 가격을 높여 재고를 파는 상점들도 있었고, 아예 문을 닫는 상점들도 있었다. 시중에는 새 화폐가 제대로 나돌지 않아 많은 국민들이 불편을 겪어야 했

5) 최상오, "제2차 통화개혁의 경제사적 의의", 『런던에서 온 비밀전보: 1962년 통화 개혁의 숨은 이야기』, 대한민국역사박물관 소장자료집 1, 대한민국 역사박물관, 2014.

다.[6]

〈표3〉 전국 봉쇄예금액(1962년 6월 23일 현재) (단위 : 억 원, %)

예금 종류	금 액	구성비	대상 예금잔고
구권예금	11.25	11.5	84
재래예금	86.81	88.5	449
합계	98.06	100.0	
저축성예금	16.45	16.8	
요구불예금	81.61	83.2	

자료: 한국은행조사부, 『긴급통화조치종합보고서』, 1962, 16~18쪽.

뿐만 아니라 긴급통화조치와 긴급금융조치의 결과로 많은 자금이 동결되면서 시중에 유동성 부족현상이 발생했다. 당시 중소기업조합중앙회장에 따르면 그로 인해 중소기업 가동률이 통화개혁 전의 45%에 불과한 정도로 하락했다.[7] 이렇게 산업 활동이 크게 위축되면서 경제상황이 급격히 악화되자 예금봉쇄를 완화해야만 했다. 그리하여 한국은행은 봉쇄예금을 담보로 한 긴급융자를 실시했다. 그리고 상업어음 할인에 대한 대출최고한도제를 폐지하는 등 통화공급을 크게 확대하였으며, 요구불예금에 대한 지급준비율을 종래의 14%에서 법정최저율인 10%로 인하하고 6월 1일부터 소급하여 실시하였다.[8] 마침내 33일 만인 7월 13일에 정부는 봉쇄계정을 사실상 전면적으로 해제하는 「긴급 통화 조치법에 의한 봉쇄 예금에 대한 특별조치법」을 공포하였다. 이로써 처음 계획했던 퇴장자금을 끌어내 산

6) 동아일보, "원 제1일", 1962년 6월 11일, 3면.

7) 동아일보, "통화개혁 전국중소기업에 타격",1962년 6월 20일, 1면.

8) 한국은행, 『한국은행 60년사』, 2010, 371쪽.

업자금으로 활용하겠다는 '화폐개혁'은 실패로 끝났다.

(4) 화폐개혁이 실패한 이유

화폐단위를 '환'에서 '원'으로 바꾸면서 명목단위를 1/10로 줄인 것은 문제가 될 것이 없다. 왜냐하면 표시되는 재화와 서비스 가격의 단위만 바뀔 뿐, 재화와 서비스들의 상대가격에 전혀 변화가 없기 때문이다. 따라서 소득, 물가, 환율, 수출입 등 경제의 실질변수들이 전혀 변하지 않으므로 경제에 대한 충격이 없다. 화폐 호칭단위의 절하에 따른 심리적 요인 때문에 물가가 급등한다는 주장이 있으나 그 근거는 매우 희박하다.

화폐개혁에서 문제가 되는 것은 퇴장자금 양성화를 목적으로 예금 동결, 신구화폐 교환의 제한이다. 이것은 재산권 행사를 심하게 제한하는 것이므로 경제에 심각한 폐해를 끼친다. 만약 이러한 화폐개혁을 예상한다면 사람들은 재산의 손실을 막기 위해 서둘러 예금을 인출하거나 재산 가치를 유지할 만한 재화를 구입해 놓으려고 한다. 이 과정에서 예금인출사태가 발생하고 인플레이션이 발생한다. 박정희 군사정부가 화폐개혁을 비밀리 진행하고 갑작스럽게 실시했던 이유는 바로 이점을 우려했기 때문이다.

그리고 재산권을 제한하는 것은 일종의 세금이다. 그래서 사람들이 처분할 수 있는 재산이 줄어 교환할 것이 준다. 그러면 교환활동이 줄어 경제가 쇠퇴하게 된다. 결국 이러한 화폐개혁은 실패할 수밖에 없다. 뿐만 아니라 예금동결을 통한 화폐개혁은 갑작스런 화폐공급 감소를 초래한다. 갑작스럽게 화폐공급을 줄이게 되면 거래를 위한 자금이 부족해져서 거래가 위축되고 도산하는 기업들이 증가한다. 그렇게 되면 시장거래가 위축되고 생산 활동이 줄어 경제상황이 악화된다. 시장에서 거래가 원활하게 이뤄지기 위해서는 결제수단인 화폐의 적절한 공급이 필수적이다. 화폐의 적절한 공급은 거래비용을 줄여 분업을 촉진시키고 경제활동이 잘 이루어지게 만들기 때문이다. 만약 적절한 통화 공급이 이뤄지지 않으면 거래비용이 증가하게 되어 경제 활동이 줄어든다. 1962년 화폐개혁 후 중소기업의 가동률이 50% 정도로 하락한 이유가 여기에 있다. 그리고 산업활동 위축으로 경제성장률이 1961년 4.2%에서 1962년 3.5%로 하락한 것도 화폐개혁의 영향이다.

화폐개혁이 실패할 수밖에 없는 또 다른 이유는 은행에 대한 신뢰를 손상시킨 점이다. 은행이 사유재산을 통제할 수 있는 수단이 될 수 있음을 인식하게 되면 사람들은 은행을 신뢰하지 않게 된다. 은행은 금융시장에서 정보의 비대칭으로 발생하는 역선택과 도덕적 해이 문제를 완화하는 아주 중요한 역할을 한다. 은행의 기능이 약화되면 금융시장에서 역선택과 도덕적 해이 문제가 심화된다. 역선택과 도덕적 해이 문제는 생산적인 투자기회를 가진 차입자에게 대부자금의 전달을 어렵게 만들어 생산활동을 위축시킨다. 뿐만 아니라 사람들은 화폐자산보다 실물자산의 보유를 선호하게 된다. 1962년 화폐개혁은 은행에 대한 신뢰를 손상시키면서 사람들로 하여금 실물자산을 더욱 선호하는 계기를 만들었다. 1962년 화폐개혁은 워낙 비밀리에 이뤄졌기 때문에 누구도 예상하지 못해 화폐개혁 사전에 인플레이션 문제가 발생하지는 않았지만, 실물자산에 대한 선호의 증가와 함께 통화개혁 혼란을 수습하기 위해 공급된 유동성으로 인해 1963년 이후 물가가 급등하였다(〈표1〉 참조).

(5) 맺음말

군사정부가 화폐개혁의 명분으로 삼은 것은 인플레이션 억제와 퇴장자금을 끌어내어 경제개발5개년계획에 필요한 자금을 조달하겠다는 것이었다. 그러나 결과는 두 가지 목표를 모두 달성하지 못했다. 퇴장자금은 많지 않았으며, 재산권을 침해하고 자금유통을 방해함으로써 경제상황만 악화시켰다. 그리고 악화된 경제상황을 수습하기 위해 오히려 통화량을 늘림으로써 오히려 인플레이션 문제를 야기했다. 1962년 화폐개혁은 재산권의 중요성과 시장이 어떻게 움직이는지에 대한 지식을 가지고 있지 않은 사람들이 무리하게 추진해 국민과 사회를 혼란과 불안에 빠뜨리고 경제에 커다란 충격을 준 사건이었다.

06. 1962년 개헌에 나타난 박정희 대통령의 자유시장경제 철학

박동운

대한민국의 경제체제는 '자유시장경제'다. 이는 대한민국 국민 모두가 믿고, 좌파들도 받아들인다. 이 자유시장경제는 박정희 대통령이 헌법에 대한민국의 경제적 정체성을 '자유시장경제'로 명시함으로써 비롯했다. 박정희 대통령이 대한민국의 헌법에 경제체제를 '자유시장경제'로 명시하고 이를 바탕으로 경제정책을 추진한 결과 우리나라가 오늘과 같이 잘사는 나라가 되었다.[1]

대한민국 헌법은 1948년 7월 17일에 제정된 후로 1987년 10월 29일에 전부 개정된 현행 헌법에 이르기까지 모두 10차례에 걸쳐 제·개정 과정을 거쳤다. 이 과정에서 박정희는 1961년 5월 16일에 쿠데타로 정권을 잡고, 민정 이양을 앞둔 1962년 12월 26일에 기존 헌법을 전부 개정했다. 이는 '헌법 6호'(이하 '박정희 헌법'이라 칭함)로

1) 『대한민국 헌법』(1948년에 제정된 '제헌헌법'부터 1987년에 전부 개정된 '제10호 현행 헌법'까지).

불린다. '헌법 6호'에서, 박정희 대통령은 대한민국의 경제체제를 '자유시장경제'로 명시하는 등 '자유시장경제' 관련 세 가지 조항을 새롭게 도입했다.

(1) 자유시장 경제체제

'박정희 헌법' 제111조는 다음과 같다.

"제111조 ①대한민국의 경제질서는 개인의 경제상의 자유와 창의를 존중함을 기본으로 한다. ②국가는 모든 국민에게 생활의 기본적 수요를 충족시키는 사회정의의 실현과 균형 있는 국민경제의 발전을 위하여 필요한 범위 안에서 경제에 관한 규제와 조정을 한다."

'박정희 헌법'은 제111조 ①항에서 대한민국의 경제질서, 곧 경제체제가 '자유시장경제'임을 헌법에서 처음으로 명시했다. 자유주의란 핵심적 가치를 개인의 자유에 두고 발전해 온 사상으로, 자유주의의 실천적 측면이 자유시장경제다. '박정희 헌법'은 제111조 ①항에서 "개인의 경제상의 자유와 창의를 존중함을 기본으로 한다"라고 명시함으로써 대한민국의 경제체제가 설명이 필요 없을 만큼 '자유시장경제'라고 나타냈다. 실제로 대한민국 국민은 모두 이를 믿어 왔다. 자유시장경제가 인류를 잘 살게 한다는 것은 역사가 증명한다. 박정희가 대한민국의 경제체제를 '자유시장경제'로 명시함으로써 대한민국은 '굶어죽는 나라'에서 '세계 10대 경제대국'으로 발전할 수 있게 되었다.

그런데 '박정희 헌법' 제111조 ①항과 ②항은 그 내용이 서로 어긋난다. 제111조 ①항은 "개인의 경제상의 자유와 창의를 존중함을 기본으로 한다"라고 '자유시장경제'를 천명해놓고, ②항은 자유시장경제와 어긋나게 "경제에 관한 규제와 조정을 할 수 있다"라고 '경제 규제'를 추가한 것이다. 자유시장경제에서 '경제 규제'가 '독(毒)'이라는 것은 설명이 필요치 않다.

여기에다 '박정희 헌법' 제111조는 1987년 10월 29일에 전부 개정된 '헌법 10호'에서 개선과 개악의 방향으로 다시 개정되었다. '헌법 10호'에서, '박정희 헌법' 제111조 ①항은 '기업'이 추가되어 "개인과 기업의 경제상의 자유와 창의"로 개정되었다. 이 결과 대한민국의 경제체제가 '자유시장경제'임이 더욱 강조되었다.

그러나 '헌법 10호'에서, '박정희 헌법' 제111조 ②항은 개악되었다. 즉, "국가는 균형 있는 국민경제의 성장 및 안정과 적정한 소득의 분배를 유지하고, 시장의 지배와 경제력의 남용을 방지하며, 경제주체간의 조화를 통한 경제의 민주화를 위하여 경제에 관한 규제와 조정을 할 수 있다"로 개정된 것이다. 특히 '경제민주화'라는 생소한 용어가 새롭게 도입된 것이다. '경제민주화'라는 용어는 '사회적 시장경제'가 실시되고 있는 독일에서 1970년대에 잠깐 사용되었다가 사라진 것으로 알려져 있다.[2] 그런데도 '경제민주화'는 박근혜·문재인 정부에서 복지포퓰리즘의 발판이 되어 나라를 꽤나 시끄럽게 했다. 더군다나 문재인 정부는 2018년 초에 추진하려 한 헌법 개정에서 현

2) 한국경제연구원 편저, 『경제민주화의 함정』, 2012.

행 '경제민주화' 항목에 '상생'이라는 용어까지 포함시켰다.

(2) 소작농 금지

'박정희 헌법' 제113조는 "농지의 소작제도는 법률이 정하는 바에 의하여 금지된다"고 하여 소작농을 금지했다. '박정희 헌법' 제113조는 '농지의 소작제도 금지' 조항으로, 이는 소득불평등 심화를 막는 데 크게 기여했다. 이승만은 제헌 헌법 제86조에서 "농지는 농민에게 분배하며 분배의 방법, 소유의 한도, 소유권의 내용과 한계는 법률로써 정한다"로 명시하여 농지개혁을 추진했다. 이승만은 농지 소유가 부의 상징이던 시대에 농지는 농민만이 소유할 수 있고, 농지 소유는 최대 3정보(약 9천 평)를 초과할 수 없게 하기 위해 '농지소유상한제'를 도입했다. 이 조항은 부의 편재(偏在)를 막아 소득불평등 심화를 막는 데 결정적으로 기여했다. 여기에다 박정희는 헌법에 '소작농 금지'까지 추가한 것이다.

한국보다 몇 백 년 앞서 개방되었고, 1960년대 전반기만 해도 한국보다 더 잘 살았던 필리핀은 국제비교를 통해 평가할 때 한국과는 달리 소득불평등이 '매우' 심하고, 1인당 국민소득이 오래 동안 4천 달러대 미만에서 감돈 나라다. 필리핀은 아직도 인구의 약 31%가 농업에 종사하고 있어서 소득불평등이 심할 것 같지 않은 나라다. 그러나 인구의 약 5%가 전체 국토의 약 95%를 점유하고 있어서 대부분의 농민은 소작농으로 살아가고 있기 때문에 소득불평등이 매우 심할 수밖에 없는 나라다.

(3) 대외무역 개방

'박정희 헌법' 제116조는 대외무역과 관련된 조항으로 "국가는 대외무역을 육성하며 이를 규제·조정할 수 있다"고 규정했다.

'박정희 헌법' 제116조는 '대외무역을 육성하기 위해 경제를 개방한다'는 조항이다. '박정희 헌법' 이전에는 "대외무역은 법률의 정하는 바에 의하여 국가의 통제 하에 둔다"로 명시되어 있었다. 당시 후진국들은 '수입대체산업'을 육성하기 위해 국가가 대외무역을 철저하게 통제했다. 대한민국도 예외가 아니었다.

그러나 박정희는 대외무역을 '수입대체'에서 '개방'으로 과감하게 전환했다. 이 결과 한국은 1970~80년대에 홍콩, 싱가포르, 대만과 함께 수출 주도 고도성장을 이룩한 '아시아의 4용(龍)' 가운데 하나가 될 수 있었다. 또 한국은 후에 세계 7대 무역대국, 세계 10대 경제대국이 되는 길로 들어설 수 있었다. 뿐만 아니라 한국은 인구 5천만 명 이상의 나라가 수출 5천억 달러 이상을 달성한 소위 '5천-5천 클럽'에 세계 여섯 번째로 가입한 나라가 되는 길로 들어설 수 있었다.

1960년대에 '보릿고개'를 넘지 못하고 먹을 것이 없어서 얼굴이 누렇게 뜨고 굶어죽는 사람이 끊이지 않았던 대한민국은 어떻게 하여 50여 년 후에 '세계 10대 경제대국', '5천-5천 클럽 6개국의 하나'가 되었을까?

이는 박정희가 대한민국의 경제체제를 '자유시장경제'로 헌법에 명시함으로써 대한민국도 세계역사가 증명하듯 자유시장 경제체제에서 잘 살 수 있게 되었기 때문이다. 여기에다 박정희는 이승만이 헌법에 도입한 농지개혁이 6·25 전쟁으로 인해 오래 동안 지연되어 오던 것을 1969년 4월에 마무리하고, 1962년 헌법 개정에서 소작농을 금지하여 소득불평등 심화를 막음으로써 다른 나라에 비해 비교적 '골고루 잘사는 나라'로 만들었기 때문이다. 뿐만 아니라 박정희는 후진국들이 경쟁적으로 수입대체산업을 육성할 때 대외무역을 과감하게 개방함으로써 '수출주도 고도성장'을 이룩했기 때문이다. 당시 박정희와 함께 대외무역뿐만 아니라 경제까지도 '완전히 개방한' 리콴유의 싱가포르는 오늘날 세계 초일류 국가가 되어 있지 않은가![3]

3) 박동운, 『대한민국 가꾸기』, 선, 2015, 95~102쪽.

07. 1964년 환율 현실화

안재욱

(1) 시대적 환경과 정책의 배경

1964년 환율개혁 정책은 정부의 개발전략이 수입대체형 공업화에서 수출주도형 공업화로 바뀐 것과 밀접하게 관련되어 있다. 박정희 정부의 제1차 경제개발5개년계획의 원래 계획은 종합제철공장 건설 등 수입대체형 공업화였다. 그것의 갖가지 투자프로젝트를 추진하기 위해서는 많은 시설과 기계 등을 외국으로부터 수입해야 했고, 그것을 위해 외환이 필요했다. 정부가 계획했던 외화 수입원은 미국의 원조와 차관, 그리고 수출 증가를 통한 외화 획득이었다. 그러나 미국의 원조당국이 원조자금을 삭감하고 개발차관 공여에 대해 소극적이어서 외자 도입원이 매우 제한되어 있었다.[1)]

---

1) 미국은 경제원조 자금을 1962년 1억6,500만 달러에서 1963년 1억1,170만 달러로 삭감했다. 김낙년 외, 『한국의 장기통계』, "V. 대외무역과 환율, 한국의 외국원조도

수출 증가를 위해 정부는 1961년 1월 1일과 2월 2일 두 차례 환율을 인상했다. 환율은 1달러당 130원으로 고정되었다. 그로 인해 수출이 1961년 4,000만 달러에서 1963년에는 8,700만 달러로 크게 증가했다. 그러나 수출이 호조임에도 불구하고 수입이 더 큰 폭으로 증가함으로써 무역수지와 외환사정이 악화되었다.[2] 외환보유고가 1961년 2억 달러에서 1963년 1억 3천만 달러로 감소하였다.[3]

제한된 외자 도입과 외환 고갈로 제1차 5개년계획 원안을 지속할 수 없었다. 그리하여 정부는 수입대체형 공업화 전략인 1차5개년 계획의 원안을 포기하고 수출주도형 공업화전략으로 전환했다. 그 '보완계획'이 1964년 2월에 발표되었다. 그런데 그 전환의 계기가 우연에 가깝다. 원안에 따르면 외화를 획득하는데 기대를 걸었던 분야는 농산물과 광산물 수출이었다. 그런데 기대와는 달리 농산물과 광산물 수출은 기대에 못 미친 반면, 전혀 예상치 않았던 공업제품 수출이 호조를 보였다.[4] 여기에서 가능성을 찾은 정부는 종래의 수입대

입액", 2018, 도서출판 해남. http://www.naksung.re.kr/statistics. 한편 반 플리트 사절단이 내한하여 시설용량 35만 톤의 울산 종합제철공장 건설에 관해 합의를 보았지만, 미국 정부는 그들이 체결한 합작투자에 대한 개발차관 공여에 매우 소극적이었다. 기미야 다다시, 『박정희 정부의 선택』, 2008, 후마니타스, 262~263쪽.

2) 수입은 1961년 28,300만 달러에서 1963년 49,700만 달러로 증가했다. 김낙년 외, 『한국의 장기통계』, "V. 대외무역과 환율," 2018, 도서출판 해남. http://www.naksung.re.kr/statistics.

3) 한국은행 경제통계시스템, '외환보유액'. http://ecos.bok.or.kr/flex/EasySearch.jsp.

4) 광산물과 농산물이 주종이었던 비제조업이 총수출에서 차지하는 비중이 1960년부터 하락하기 시작했고, 의류, 신발, 여행용구, 가발 등 노동집약적 제조업제품의 수출 비중이 1962년부터 증가하기 시작했다. 유정호(2009). "한국의 고속성장에서 정

체 산업에 편중되었던 투자를 수출산업위주로 전환시킨 것이다.

수출지향형 공업화를 본격적으로 전개하기 위해서는 적정한 원화 평가가 필요했다. 인플레이션이 진행되어 원화가 과대평가되었기 때문이었다. 그리고 환율통제로 공정환율과 시장환율간의 괴리가 더욱 커지고, 특혜와 부패가 증가했기 때문이었다. 정부는 수입을 억제하기 위해 1963년부터 수출실적 없이도 수입할 수 있는 자동승인품목을 전부 폐지하는 수출입링크제를 실시했는데, 그 결과로 수입권이 주어지는 수출달러에 막대한 프리미엄이 붙어 공정환율과 시장환율간의 괴리가 더욱 커졌던 것이다. 수출을 촉진하는 동시에 수입을 억제하고 환율통제로 발생하는 특혜와 부패를 줄이기 위해서는 평가절하를 통해 공정환율을 시장환율에 근접시키는 환율제도의 개혁이 필요했다. 그리하여 정부는 1964년 5월 3일 환율제도를 개혁하였다.

(2) 환율현실화의 주요내용

첫째, 1달러 130원의 공정환율을 255원으로 시장환율(실세환율)에 근접시키는 평가절하를 단행하며 단일변동환율제를 채택했다.

둘째, 외국환은행에 외환을 예치한 수출업자에게는 외환증서를 부여하고 그 자유 양도와 거래를 허용하고, 무역거래 등 일반 외국환거래는 외환증서의 자유 매매를 통해 결정되는 시장 환율에 따르게 했으며, 외국환 대고객 매매율은 기준환율을 하한으로 하고 시장환

부의 역할", 『한국경제포럼』, 제2권 제3호.

율을 반영해서 한국은행에서 결정 고시토록 했다.

셋째, 무역자유화를 실현하기 위해 1963년 11월부터 시행한 임시특별이득세법과 수출입링크제를 폐지했다.

(3) 환율현실화 추진과정과 경과

환율개혁을 적극적으로 주도한 것은 미국이었다. 1963년 한국정부는 외환위기를 극복하기 위해 미국에게 전년도 수준인 1억 1,970만 달러의 경제 원조를 요구했으나 오히려 약 3,000만 달러를 삭감한 8,830만 달러를 책정했다.[5] 미국의 원조정책이 수정되었던 이유는 미국의 국제수지가 악화되었기 때문이었다.[6] 그리고 미국 정부가 원조자금이 비효율적으로 사용되고 있다고 생각했기 때문이다. 미국은 원조자금의 효율적 사용을 위해 1달러 당 130원의 공정환율을 현실화할 것을 요구했다.[7] 당시 가장 중요한 외화수입원이었던 원조자

---

5) 김낙년 외, 『한국의 장기통계』, "V. 대외무역과 환율, 한국의 외국원조도입액", 2018, 도서출판 해남. http://www.naksung.re.kr/statistics.

6) 1958년 미국 정부는 국제수지 악화를 개선하기 위해 1951년 제정된 상호안전법(Mutual Security Act)을 개정하여 무상원조 규모를 감축하려 했다. 미국의 국제수지는 1949년 9,200만 달러 흑자에서 1950년 36억 달러 적자로 돌아서면서 계속 적자를 기록하다가 1958년 35억 달러, 1959년과 1960년 각각 38억 달러로 더욱 악화되었다. Federal Reserve Bank of St. Louis(1961), Review, 'Table 2 U. S. Balance of Payments Position,' p. 5.

7) 박정희 군사정부 이전 한국과 미국은 합의하여 재정안정계획을 시행하고 있었다. 한국에 막대한 원조를 제공하고 있었던 미국 정부는 이것을 통해 경제정책에 구체적으로 간여하고 있었다. 재정안정계획은 분기별 자금 수요를 재정, 금융, 외환의 3

금은 대충자금(counterpart fund)에 적용되는 공정 환율에 따라 결정되었다. 대충자금은 미국의 원조자금을 운용할 때 원조를 받는 정부가 원조액에 상당하는 달러 금액만큼의 액수를 자국통화로 특별계정에 적립한 자금을 말하는데, 원화가 고평가 될수록(환율이 낮을수록) 한국에 유리했다.

구체적으로 설명하면 미국이 원조로 1억 달러를 책정하면 이 자금이 직접 한국 정부에 유입되는 것이 아니라 이 금액만큼의 제품(미국이나 다른 나라들에서 생산된 제품)을 구입할 권리가 주어지고 정부는 이 권리를 수입업자에게 배분한다. 수입업자는 대충자금에 적용되는 환율에 따라 그에 해당하는 원화를 한국은행에 예치한 다음 수입허가증을 받고 그 증서를 원조당국에 제출하여 필요한 물건을 구입하기 때문에 환율이 낮을수록 민간 수입업자의 부담이 적다. 그래서 정부는 이런 환율을 낮은 수준에서 유지하고자 했다. 그러나 이런 정책으로 인해 수입허가증을 받은 수입업자들이 원조물자를 싸게 사서 비싸게 시중에 판매하여 막대한 경제적 지대(economic rent)를 누리는 부작용이 있었다.

그러나 한국 정부는 미국의 환율 인상요구에 대해 매우 소극적이었다. 환율인상에 따라 수입물가 상승에 따른 인플레이션과 미국의

대 부문별로 잡아 목표액을 설정한 것으로서 물가상승과 재정적자를 막기 위한 관리계획이었다. 박정희 군서정부는 초기에 적극적인 공업화 계획을 추진하면서 이 계획을 무시했다. 1963년 한국 정부가 미국에 추가 원조를 요청하자 미국은 재정안정계획, 외환수급계획, 물자수급계획에 관해 미국 측의 권고를 받아들일 것을 요구했다.

원조액의 감소를 우려했기 때문이었다. 그러나 미국은 환율현실화가 실시되지 않으면 재정안정기금의 제공이 어려워질 수 있다고 한국정부를 압박하였다. 그러자 한국 정부로서는 미국의 의향에 따를 수밖에 없었다. 그러나 한국 정부가 미국의 의향에 따른 것은 반드시 미국의 압력 때문인 것만은 아닌 것 같다. 환율을 인상하면 수출이 증가한다는 지난 2년 동안의 경험이 한국 정부의 의사결정에 영향을 미쳤을 것으로 본다. 여하튼 한미 양측은 1964년 1월 그해 재정안정계획에 합의했고, 미국은 1964년 3월 초에 1963년의 추가원조 1,500만 달러의 방출을 결정했다.[8] 그리하여 마침내 1964년 5월 3일 환율이 1달러대 130원에서 255원으로 거의 100% 가까이 인상되었다.

5월 3일 환율현실화조치의 핵심적 내용의 하나인 단일변동환율제는 수입쿼터의 상존, 외환증서시장의 미형성, 외환시장조작기금의 미확보 등 제반여건이 제대로 마련되지 않아 바로 실시하지 못했다. 그래서 1965년 3월초까지 환율은 사실상 255원을 하한으로 하는 고정환율제가 존속되었다. 그러나 환율인상조치는 수출입에 즉각적인 영향을 미쳤다. 수출은 전년 대비 37% 가까이 증가하였고, 수입이 줄어 무역수지는 물론 국제수지 전체가 크게 개선되었다.[9] 국제수지 개선으로 외환사정도 나아졌다. 그리고 1965년 3월 19일 IMF로부

8) 한국 정부가 재정안정화 계획을 강화하자 미국은 한국에 대한 추가 원조 제공을 약속했고, 그것을 실행에 옮겼다. 주익종, "박정희정부 초기(1960년대 전반)의 한미 경제협력 교섭", 『경제사학』, 41(1), 2017, 112쪽.

9) 국가기록원, "환율현실화 및 단일변동환율제."
http://www.archives.go.kr/next/search/listSubjectDescription.do?id=006126

터 외환증서시장의 조작을 위한 안정 기금으로 930만 달러의 대기성 차관을 확보하면서 3월 22일부터 단일변동환율제를 시행하였다.

(4) 환율현실화의 의미

환율은 두 나라 통화 사이의 교환비율, 즉 통화 간의 가격이다. 환율은 국가 간의 상대적 물가수준을 반영한다. 대미 달러의 환율이 하락하면 한국의 수출품의 상대가격이 높아지고, 미국의 수입품의 상대가격이 낮아져 수출이 감소하고 수입이 증가한다. 그리고 환율이 상승하면 한국의 수출품의 상대가격이 낮아지고 미국의 수입품의 상대가격이 높아져 수출이 증가하고 수입이 감소한다.

환율을 통제하는 것은 자국 제품의 상대적 가격을 통제하는 것이라 할 수 있다. 환율을 낮게 유지하면 외국제품에 비해 자국 제품의 가격을 높게 유지하고 외국 제품의 가격을 낮게 유지하는 것이다. 그래서 환율을 낮게 유지하면 외국제품이 상대적으로 싸고 자국의 제품가격은 비싸지게 되어 수입이 증가하고 수출이 감소된다. 그동안 낮은 환율을 유지했던 것은 수입대체형 공업화를 추진하기 위함이었다. 싼 값에 외국으로부터 들여오는 기계와 설비, 원자재 등을 들여오기 위해서였다. 그러나 저환율정책은 수출 감소라는 비용을 치렀고, 수출업자에게는 손해를 끼치고, 수입업자에게는 경제적 이득을 가져다주는 문제를 야기했다. 고환율제도를 유지하는 것도 부작용을 야기하기는 마찬가지다. 고환율을 유지하면 수출이 증가하고 수입이 감소하며, 수출업자에게는 유리하지만 수입업자에게는 불리하다. 인위적으로 환율을 일정수준으로 유지하는 것은 수출과 수입의 자연스런 조정을 방해하고 어느 한편에는 이익을 제공하고, 다른 한편에는 부담을 지우는 결과를 초래한다. 그래서 환율을 시장에서 결정되도록 하는 것이 바람직하다.

그러한 점에서 시장 환율을 반영하지 못하는 공정환율을 현실화한 것은 가격통제를 해제한 것과 같은 것으로 매우 바람직한 방향이었다. 그리고 환율현실화는 해방 이후 지속된 고정환율제도로부터 벗어나 환율을 외환시장에서의 수급에 따라 형성되는 가격을 그대로 환율결정에 반영하는 것으로서 친 시장정책이었으며, 이것은 다른 수출촉진정책과 함께 수출을 비약적으로 증가시키는 촉매 역할을 했다. 뿐만 아니라 환율현실화조치는 그만큼 경제에 대한 정부개입을 감소시켰다는 점에서 의미가 크다.

그러나 1964년 환율현실화는 대미달러에 연동된 환율제도로서 많은 문제점을 내포하고 있었다. 특히 원화가치의 변동이 없어도 달러 가치가 변동할 경우 다른 국가들의 통화에 대해 원화의 대외가치가 자동적으로 변동하는 문제를 가지고 있었다. 실제로 1970년대 석유위기 이후 달러가 주요 선진국의 통화에 대하여 강세를 보이자 원화 역시 과대평가되는 현상이 나타났다. 이러한 문제점 때문에 1980년에 이 단일변동환율제는 복수통화바스킷제도로 바뀌게 된다.

(5) 맺음말

1964년 환율현실화는 수출지향형 공업화를 본격적으로 전개하기 위해서는 적정한 원화 평가가 필요해 취해진 조치였다. 그로 인해 저 환율체제에서 파생된 문제점들이 점진적으로 개선되었고 수출의 증대를 통해 국제수지가 개선되었으며, 경제개발5개년계획을 안정적으로 달성할 수 있는 기초가 되었다고 할 수 있다. 환율현실화는 가격통제를 해제함으로써 정부의 간섭주의에서 시장경제로 접근하는 계기였다는 점에서 매우 의의가 있다.

08. 1965년 금리 현실화 조치

안재욱

(1) 시대적 환경과 정책의 배경

박정희 군사정부는 제1차 경제개발5개년계획을 실행하는데 필요한 자금을 내자와 외자를 통해 조달하려고 하였다. 내자조달 방법으로 택한 것이 1962년 6월 화폐개혁이었다. 화폐개혁을 통해 퇴장자금을 끌어내하려고 했던 것이다. 그러나 예상과는 달리 퇴장자금은 많지 않았으며, 오히려 자금의 유통을 방해함으로써 경제 상황만 악화시켰다. 그러자 정부의 통제 하에 두었던 금융제도를 통해 자금을 조달하였다.[1] 그러나 이로 인해 1963~64년 물가가 폭등하고 경제

1) 5.16 혁명 후 군사정부는 부정축재 재산환수 조치를 통하여 정부가 은행을 다시 소유하였으며, 1961년 6월 「금융기관에 대한 임시조치법」을 제정하여 은행에 대한 민간 주식보유자의 의결권을 10%로 제한하였다. 금융기관의 인사와 경영권이 정부의 지배하에 들어갔다. 1961년 12월에는 산업은행법을 개정하여 산업은행의 지원자금을 확대하였다. 그리고 1962년 5월 한국은행법의 개정을 통하여 중앙은행을

가 더욱 불안정해졌다. 그리하여 정부는 새로운 방법을 찾기 시작하였는데, 그것이 바로 금리 현실화를 통한 국내저축의 증대다.

저축을 증대시키기 위해서는 지나치게 낮은 금리를 현실화해야만 했다.[2] 당시 사채금리가 연 50%를 넘었던 반면, 금융기관의 여수신 금리는 연 3.5%에서 20.0%에 불과했다. 이런 상황에서는 민간유동자금을 금융기관 저축으로 유입시킬 수 없었다. 또 사정이 이러하였으므로 은행대출에 대한 초과수요가 많았고, 대출을 받아 돈놀이를 하는 경우가 비일비재했다.

이것은 일제 강점기에 형성된 각종 금융관행이나 대출관행 등의 영향이 컸다. 그리고 통화가치의 불안정과 재산권 보호 등과 관련된 정부의 기능이 미약하여 장기 자금시장이 발달하지 못해 제도권금융시장을 통한 자금공급이 이뤄지지 못하고 단기 금융위주의 사금융시장이 발달하였다. 이자율 규제 등을 통한 자금시장에 대한 정부의 개입은 자금배분의 왜곡을 초래했으며, 대출에 따른 부정, 대출을 받기

정부의 강력한 통제 하에 두었다.

2) 국내자본 조달을 위해 금리현실화뿐만 아니라 새로운 금융기관과 제도를 도입했다. 먼저 한국은행 외국부의 인력, 기구 및 금융재원을 이양 받아 한국외환은행을 설립하였고, 시중은행의 신탁부를 합병하여 한국신탁은행을 설립했다. 그리고 주택은행을 설립하여 주택 매입과 건설에 필요한 자금을 공급하였다. 또한 지방기업들의 자금수요에 부응하기 위해 부산은행을 비롯하여 10개의 지방은행을 설립하였다. 그리고 기업의 직접금융 조달을 위한 금융제도를 도입했다. 1967년 한국개발금융주식회사가 설립되어 주식과 사채의 보증 및 인수업무를 시작하였으며, 1968년에는 한국투자공사가 설립되어 사채발행 주선, 인수 및 보증을 하였다. 또한 자본시장을 통한 기업의 자금조달을 위하여 1968년 자본시장육성법을 제정하여 기업공개 및 주식투자에 대한 세제상 우대하였다.

위한 로비활동 같은 지대추구행위가 만연했다. 금융에서 시장의 기능이 회복되어야 하는 중요했던 상황이었다.

(2) 정책의 목적과 주요내용

1965년 9월 30일 정부는 민간유동자금을 금융기관으로 끌어들이고 금리의 자금배분기능을 제고하기 위해 금리현실화조치를 단행했다. 그 내용은 〈표〉에 나와 있다. 연 9~15%였던 정기예금, 국민저축조합예금, 정기적금의 금리를 연 30%로 대폭 인상하였다. 그러나 통지예금 등은 소폭 인상하였고, 보통예금은 연 1.8%로 그대로 유지하였다. 한편 일반대출 금리는 연 16%에서 26%로 인상하였고, 당좌대월은 18.5%에서 26%로 인상하였다.

〈표〉 수신금리 인상 내용

구분	개정전	개 정
정기예금(1년 만기)	연 15%	월 2.5%(연 30%)
특약예금(6개월 만기)	연 12%	〃
거치예금(3개월 만기)	연 9%	〃
통지예금(30일 이상요거치)	연 3.65%(일변1전)	연 5%
저축 및 납세준비예금(1년이상요거치)	연 3.6%(원리 0.3%)	연 12%(월 1%)
국민저축조합예금	연 16.8%	연 30%
정기적금	최고지불금율 연 10%	연 30%
보통예금	연 1.8%(반월리 0.05%)	연 1.8%(반월리 0.075%)
별단예금	원칙적으로 무이자 (단요부리시 연 1%)	원칙적으로 무이자 (단요부리시 연 1%)
당좌예금	무이자	무이자

출처: 한국은행, 『저축총람』, 1972, 28쪽.

(3) 금리현실화조치 추진과정과 경과

금리현실화 조치는 미국의 원조당국의 영향력이 컸다. 주한미군 원조사절단(United States Operations Mission, USOM)의 위탁을 받은 Guley, Shaw and Patrick 교수들은 은행의 예금 및 대출 금리를 사금융 수준까지 현실화할 것을 제안하는 보고서를 미국의 원조당국에 제출했다.[3] 이를 바탕으로 1965년 "재정안정계획"에 3/4분기까지 금리개혁을 단행해야 한다는 조건이 포함되었고, 1965년 차관기금의 방출에 관해서는 한·미간 합의에 의한 금융개혁의 실시라는 조건이 붙었다.[4] 그리하여 정부는 1965년 9월 24일 '이자제한법'을 개정하고 3/4분기 마지막 날인 9월 30일에 금리현실화조치를 서둘러 단행했던 것이다.[5]

이러한 금리현실화로 저축성예금을 중심으로 은행예금이 급속한 증가를 보였다. 금리인상조치가 있기 전월인 8월에 저축성예금이 4억 원 증가하였던 것에 비해 9월 중에는 14억원, 10월 중에는 68억

---

3) Gurley, John, David Shaw, and Hugh Patrick *The Financial Structure of Korea*, Seoul, USOM, 1965.

4) 메이슨, 김만제, 퍼킨스, 김광석, 콜, 『한국 경제 ·사회의 근대화』, 한국개발연구원, 1981, 342쪽.

5) 1962년 기존의 이식제한령(1911년 제정)을 대체한 '이자제한법'을 제정하여 금리상한을 연 20%로 정하는 내용을 법률로 직접 규정하였다가 1965년 최고이자율을 연 40% 이내에서 대통령령에 위임하는 것으로 개정하였다. IMF 직후인 1997년 12월 동 법을 폐지하였다가 2007년에 이자제한법을 부활하였다.

원, 11월에는 30억 원, 12월에는 28억 원이 각각 증가하였다.[6] 은행의 저축성예금은 1965년 말까지 3개월간 약 50% 증가하였고 그 후에도 1969년 말까지 매년 2배 증가하였다.

그리하여 GNP에 대한 총통화의 비중이 1964년 8.9%에서 1971년에는 31.7%로 증가하였다. 이에 따라 예금은행의 대출공급능력도 크게 확충되어 1963년~1964년 동안 연평균 10.9%에 불과하였던 대출금 증가율이 1965년~1969년에는 61.5%로 증가하였다.[7] 이것은 기업의 자금조달에 있어서 은행의 비중이 증가했음을 보여준다. 실제로 1964년 53.1%에 달하던 내부자금 비중이 1968년 19.4%로 하락하였고, 은행대출비중은 1964년 24.2%에서 1968년 42.51%로 증가하였다.[8]

그러나 수신금리가 여신금리보다 더 높음으로 인해 예대금리 간에 역마진이 발생하여 금융기관의 수지가 악화되는 문제가 발생했다. 그리하여 금융기관 수지 악화를 보전하기 위해 한국은행이 금융기관의 민간 정기예금 잔액에 해당하는 금융기관에 지불준비예치금에 대하여 연 3.5%의 이자를 지급하는 조치를 취했다.[9] 그리고 1968년 10월 1일의 예금이자 25.2%, 일반대출이자 26%로 금리를 조정

6) 한국은행, 『저축총람』, 1972, 28~29쪽.

7) 법제처, 『대한민국법제50년사』, 제18장 금융관련법제 제2절 금융관련법제의 변천, 2. 금융부문에 대한 정부의 통제 강화와 수출부문에 대한 신용지급의 확대(1961~1971) 참조.

8) 한국은행, 『한국의 자금순환』, 1969. 〈표 4-29〉 법인기업부문의 자금조달, 111쪽.

9) 한국은행, 『통화신용정책 연표』, 1968, 256쪽.

하여 역금리체제를 청산했다.

(4) 금리현실화 조치에 대한 평가

사람들은 미래의 자원보다 오늘의 자원에 더 큰 주관적 가치를 부여하는 경향이 있다. 다시 말하면 내일의 100만원보다 오늘의 100만원을 더 선호하는 것이다. 이와 같이 미래의 자원보다 오늘의 자원을 더 선호하는 것을 시간선호(time preference)이라고 한다. 바로 이 시간선호 때문에 생기는 것이 이자다. 즉 오늘의 자원의 가치와 미래의 자원의 가치 간의 차이 때문에 발생하는 것이 이자다.

현재에 자원을 많이 가지고 있는 사람도 있고 그렇지 않은 사람도 있다. 현재에 자원을 가지고 있지 않은 사람은 자원을 빌리려고 한다. 현재에 자원을 많이 가지고 있는 사람은 자신이 소비하고 남는 부분을 다른 사람에게 빌려주려고 할 수 있다. 자원을 빌리려고 하는 사람과 자원을 빌려줄 사람 모두 오늘의 자원을 더 선호하는 양의 시간 선호율을 가진다. 따라서 자원을 가진 사람으로 하여금 오늘 자원 사용을 포기하고 남에게 빌려주도록 하는 보상이 또한 이자이며, 자원을 빌리는 사람이 오늘 자원을 사용하기 위해 자원을 빌려주는 사람에게 지불하는 대가가 이자다.

높은 이자율은 현재재화가 미래재화에 비해 상대적으로 비싸다는 것을 말해준다. 그래서 자원을 빌리려는 사람은 현재재화를 적게 구입하려(빌리려) 하고, 자원을 빌려주려는 사람은 현재재화를 많이 판매(저축)하려고 한다. 반면 낮은 이자율은 현재재화가 미래재화에 비해 상대적으로 싸다는 것을 말해준다. 그래서 자원을 빌리려는 사람은 현재재화를 많이 구입하려(빌리려) 하고, 자원을 빌려주려는 사람은 현재재화를 적게 판매(저축)하려고 한다. 그리고 시장 이자율은 빌릴 사람과 빌려줄 사람의 주관적 시간 선호율의 조정에 의해 결정된다. 따라서 간섭하지 않는 시장에서 이자율은 시간선호율에 접근하고 그에 따라 경제가 돌아간다.

이자가 기본적으로 사람들의 시간 선호율을 반영하지만 위험프리미엄(risk premium)과 금융 거래비용, 예상 인플레이션 등을 포함한다. 그래서 사람들마다 이자율이 다르다. 일반적으로 신용이 좋지 않은 사람의 이자율은 신용이 좋은 사람의 이자율보다 높다. 전자가 후자보다 높은 이유는 채무불이행 가능성이 높기 때문이다. 다시 말하면 신용상태를 조사하는 데 비용이 더 많이 들고 채무불이행에 대한 일종의 보험수수료가 추가되기 때문이다.

당시 사금융시장의 높은 금리는 금융시장의 불확실성에 따른 위험프리미엄과 높은 금융거래비용, 인플레이션, 그리고 금리규제에 따른 금융기관의 자금에 대한 접근의 어려움이 반영된 것이다. 금리현실화는 금융기관의 이자율을 인상하여 사람들의 시간선호율에 접근하게 함으로써 저축을 늘리고 은행대출에 대한 초과수요를 감소시켜 금융기관의 자금에 대한 접근의 어려움을 완화시키는 역할을 했다. 이러한 점에서 금리현실화는 금융을 시장원리에 접근시킨 조치라 평가할 수 있다.

그러나 금리현실화는 당시의 시중금리에 접근하는 조치였긴 했지만 여전히 금리와 자금배분에 대한 결정이 금융기관을 소유하고 있는 정부에 의해 이뤄졌다. 금리현실화 조치로 정부의 통제가 불가능한 사채시장의 자금을 정부가 소유하고 있는 금융부문으로 이동시킴으로써 금융부문에 대한 정부통제의 범위가 오히려 확대되었다. 이러한 점에서 금리현실화는 분명히 금리나 금융을 시장기능에 맡기는 조치는 아니었다.

(5) 맺음말

1965년 금리현실화 조치는 단기적으로 금리의 가격기능을 회복시키는 동시에 은행저축을 증가시켜 산업자금을 조달하는데 있어서 커다란 기여를 하였다. 그러나 금리현실화로 금융부문에 대한 정부의 통제의 범위가 확대됨에 따라 경제의 전체 자금흐름에 대한 정부의 역할이 더욱 강화되었다. 그리하여 실질적으로 금융에서 시장의 기능이 회복되지 못하였을 뿐만 아니라 자금시장에 대한 정부의 개입에 따른 자금배분의 왜곡, 대출에 따른 부정, 대출을 받기 위한 로비활동 같은 지대추구행위는 사라지지 않았다.

09. 수출급증은 어떻게 시작되었나?

유정호

(1) 고도성장과 수출급증[1)]

한국경제는 1960, 70년대에 세계경제사에 유례없는 연평균 10%에 달하는 고속성장을 이뤘다. 고속성장이 가능했던 것은 1960년대 초에 시작된 수출급증 때문이었다. 가격상승 효과를 뺀 실질 수출의 60년대 및 70년대 연평균 증가율은 각각 35%, 25%이었다. 그런데 이 수출급증이 언제, 어떻게, 왜 시작되었는지 잘 알려져 있지 않다. 이에 관한 통설은 1960년대 중반이후 정부가 수출촉진 정책을 강력히 추진하여 이룬 성과라는 것이다.[2)] 그러나 이는 사실과 다르다. 관

---

1) 이 글은 거의 전적으로 Yoo, Jungho, "Korea's Rapid Export Expansion in the 1960s: How It Began", *KDI Journal of Economic Policy*, Vol 39, No.2, May 2017에 의존하고 있다.

2) 한국경제발전에 관한 초기 연구로는 David C. Cole, and Princeton N. Lyman, *Korean Development: The Interplay of Politics and Economics*, Cambridge,

련 사실 및 통계를 살펴봄으로 1960년대 수출급증 시작의 경험에서 정부역할이 무엇이었는지 재검토해본다.

수출급증은 이렇게 시작되었다. 1950년대 후반 한국의 총수출은 연간 2천만 달러 정도에 불과하였고, 그 90%는 농산품, 광물, 해산물 등 1차 산품이었다. 1961년부터 한국수출에 큰 변화가 일어나기 시작하였다. 1961년에는 의류, 신발, 핸드백, 1962년에 합성섬유직물, 우산, 조화, 1963년에 모직물, 가발 등의 새로운 수출상품이 나타난 것이다. 1961년에 3.6만 달러에 불과하던 이들 8개 신상품의 수출액이 1970년에는 3억4920만 달러를 넘었다. 9년 만에 1만 배 가까이 증가한 것이다. 같은 기간에 기존 품목들의 수출은 4,088만 달러에서 4억8,598만 달러로 약 12배 증가하였으며, 이 증가를 결코 '보잘 것 없다' 할 수 없으나, 신상품에 비하면 '거북이걸음'이었다. 그 결과 신상품들은 출현한지 10년이 채 지나지 않아 총수출의 42%를 점하게 된다. 1960년대 한국수출 급증의 시작과 전개를 신상품들이 주도한 것이다.

Massachusetts: Harvard University Press, 1971; Charles R. Frank, Jr., Kwang Suk Kim, and Larry E. Westphal, *Foreign Trade Regimes and Economic Development: South Korea*. New York: National Bureau of Economic Research, 1975; 김광석·웨스트팔(공저),『韓國의 外換·貿易政策』, 한국개발연구원, 1976; Anne O. Krueger, *The Developmental Role of the Foreign Sector and Aid*, Cambridge, Mass: Council on East Asian Studies, Harvard University, 1979 등 참조. 그 후 연구로는 Dani Rodrik, "Getting Interventions Right: How South Korea and Taiwan Grew Rich," *Economic Policy*, 1995 참조.

(2) 1961년 외환제도 개혁

수출급증을 촉발한 것은 1961년 2월에 있었던 외환제도 개혁이었다. 그 직전까지 매우 복잡한 외환제도가 있었는데, 간략히 설명하면 다음과 같다. 모든 외환거래는 정부에 의해 통제되었고, 한국은행은 외환업무를 취급하는 유일한 은행이었으며, 무역업자들은 보유 외환을 한국은행 계좌에 예치해야 했다(외환예치제도). 한편, 정부는 1950년대 내내 저환율정책을 썼으며, 공정(公定)환율은 흔히 실세 시장환율의 1/3, 1/4 혹은 그보다 더 낮은 수준에 유지되었었다. 그 결과, 공정환율은 정부부문에서만 쓰이고, 민간부문에서는 거래의 종류와 거래자에 따라 상이한 환율 여럿이 동시에 쓰이는, 매우 복잡한 환율 구조가 생겨났다.

예컨대, 수출업자는 수출로 취득한 달러를 자기 명의의 한국은행 계좌에 예치한 다음, 수입업자의 계좌로 이체함으로 원화를 벌었고(곧 달러를 파는 것임), 이때 합의된 달러의 가격, 즉 환율은 이체율(transfer rate)이라 불리었다. 그런데, 그 달러가 무슨 품목을 수출함으로 취득한 것이냐에 따라 이체 받은 달러로 수입 가능한 품목이 달랐다. 이 때문에 이체율이 하나가 아니라 여럿이었고, 수출지역이 일본이냐 기타지역이냐에 따라 또 다르게 형성되었다. 수입업자에게는 몇 가지 방법을 통해 달러가 배정되었는데, 원조 달러의 경우, 수입품목 하나마다 하나의 입찰이 실시되어 품목마다 상이한 환율이 형성되었다. 정부보유 달러의 경우, 외환세(外換稅)를 부과하는 입찰이

수시 실시되었는데, 여러 품목에 동일한 환율이 형성되었으나, 당연히 입찰 때마다 다른 환율이 형성되었다.

이 외환제도는 1961년 2월 개혁되었다. 복잡다기한 환율들을 없애고 하나의 공정환율로 단일화하였으며, 100원:1달러이던 공정환율을 이체율에 매우 근접한 130:1로 바꾸었다. 실세 환율 하나만 남은 것이다. 이는 곧 새로운 수출상품의 출현으로 이어졌고, 앞에서 논의한 것처럼, 1961~70년 기간에 신상품은 1만 배 가까운 폭발적인 증가를 보인 반면, 기존 품목들의 수출증가는 12배에 그쳤다. 하나의 개혁으로 한 경제의 수출상품이 이처럼 천양지차의 수출행태를 보이는 두 개 상품군으로 양분(兩分)된 것이다. 이에 대한 설명이 필요하다.

(3) 외환제도 개혁과 수출 증대

그것은, 개혁이 뜻하는 바가 기존품목의 수출업자와 신상품 수출업자 사이에 크게 다르기 때문이었다. 기존의 수출업자들에게는 개혁으로 새로워진 것이 없었다. 그들은 개혁 이전부터 당시 외환예치제도 아래 수출로 취득한 달러를 시장 실세 이체율로 팔고 있었던 것이다. 따라서 개혁으로 그들의 수출 수익이 더 커진 것도, 작아진 것도 아니었다. 이와 대조적으로, 그때까지 수출 경험이 없었던 신상품의 생산자들에게, 개혁은 수익성이 높은 수출기회에 눈뜨는 계기가 되었다. 그들의 상품은 높은 국제경쟁력·수익성을 가지고 있었다. 그

생산에 많은 노동이 투입되는 공산품들이었는데, 당시 한국경제에는 저임금·양질의 노동력이 풍부하였기 때문이다. 그러나 외환제도 개혁 전 그것은 현실화되지 않은 잠재력일 따름이었다.

그 이유는 크게 두 가지. 첫째는 수출에 대한 당시의 낮은 인식이다. 우리 경제의 상품·용역 수출은, 2010년 이후에는 국민총생산의 50%를 넘는 크기이나, 1960년에는 1% 정도에 불과했다. 신상품 생산자를 포함한 대부분의 기업가들에게 '수출'이란 비현실적인 몽상이던 시절이었다. 둘째, 만에 하나 어느 기업인이 수출에 관심을 가지게 되더라도, 수출 가능성을 가늠해보려면 국내 생산단가와 해외시장가격을 비교해야 하는데, 하나의 비전문가로서 그에 필요한 환율은 얻기 어려운 정보이었다. 계속 변화하는 복잡다기한 환율들 가운데 어느 것을 적용할 것이며, 그 시장실세가 현재는 얼마이고 앞으로는 어떻게 변할 것인지 예측한다는 것은 거의 불가능한 상황이었다.

외환제도 개혁은 상황을 완전히 바꾸어놓았다. 복잡다기한 환율들이 모두 없어지고 시장실세의 고정 환율 하나만 남은 것이다. 이로서 한 상품의 국내 생산단가와 해외시장가격의 비교는 매우 간단한 일이 되었으며, 어느 품목을 수출하면 어느 정도의 수익을 얻을 것인지 쉽게 알 수 있게 되었다 - 한국 기업가들뿐 아니라 외국 바이어들도. 이것이 곧 수출 신상품의 출현으로 이어졌음은 앞에서 본 바와 같다. 또한, 1962년부터는 한국은행뿐 아니라 시중은행도 외환업무를 취급하게 되었고, 이 변화도 정확한 환율정보의 빠른 확산에 도움이 되었을 것이다. 이에 따른 신상품 수출은, 앞에서 보았듯이,

1961~70년 기간에 약 1만 배 가까이 증가하였는데, 그 중에 의류수출은 2천 달러로 시작한 것이 2억1,360만 달러에 달해 10만 배 넘게 증가하였다. 1961년 2월의 외환제도 개혁은 이렇게 수출급증을 촉발하였다.

(4) 정부의 역할에 대한 시사점

여기서 살펴본 한국수출 급증의 경험이 시장경제에서 정부의 역할에 관해 던지는 시사에 주목할 필요가 있다. 세계가 놀랐던, 한국수출급증은 초인적 지혜를 가진 정부가 수출촉진 정책을 추진했기 때문이 아니라, 시장경제가 제대로 작동할 수 있는 여건이 갖추어졌을 때 그 잠재력이 발휘되어 이룬 결과라는 점이다. 즉, 수출에 장애물이었던 매우 복잡다기한 환율들이 폐기되고 하나의 환율이 바른 가격정보를 제공하자마자, 한국경제는 그동안 가지고 있었으나 발휘하지 못했던 수출잠재력을 발휘하기 시작한 것이다. 한마디로, 정부가 한 일은 한국수출이 세계로 가는 길을 가로막는 장애물을 1950년대에 설치하였다가 1961년에 제거한 것이었다. 1960년대 중반이후 정부의 수출촉진 시책들은 수출증대의 지속에 도움을 주었는데, 이 경험 또한 실증적·이론적으로 재검토함으로써 그로부터 정부역할에 관한 시사를 명료하게 분별해내는 것이 필요하다.

10. 수출촉진 정책과 세계시장 진출

유정호

(1) 잘못된 통설

한국정부는 1960~70년대에 "수출입국(輸出立國)", "수출제일주의"를 표방하며 수출촉진에 총력을 기울였다. 실제로 수출은 경이적으로 증가했고 경제는 고속성장을 이뤘다. 이런 연유로, 수출촉진 정책이라는 정부의 강력한 시장개입이 수출급증을 가능하게 하였다는 것이 우리사회의 통설이다. 이를 액면 그대로 받아들여도 좋은가? 이 통설은 우리경제의 성장 경험 가운데 매우 중요한 부분에 관한 것이며, 경제에서 정부의 역할에 대해 시사하는 바도 크다. 이 장에서는 수출촉진 정책은 어떻게 시작되었고 그 효과는 무엇이었는지 살펴본다.

1963년까지 경제개발 정책의 주축은, 제조업제품 수입을 억제하고 국내생산을 장려함으로써 제조업 성장을 유도한다는, '수입대체를 통한 공업화'이었다. 이는 당시 세계경제학계가 추천하고 거의 모든 개도국들이 따르던 정책이다.[1] 그러나, 한국정부는 정책방향을 크게 바꾼다. 정부는 1964년에, 시작연도 1962년의 "제1차 경제개발 5개년계획"을 수정한 "보완계획"을 발표하는데, 여기에 개발정책이 '수출촉진을 통한 공업화'로 바뀌어있는 것이다. 수출증대뿐 아니라 수출산업 육성을 위해 수출지원을 강화할 것임과 노동집약적 제조업 및 수공업을 수출산업으로 육성하겠다는 의지를 천명하고 있다. 동시에, 5개년계획에 책정된 수출 목표액을, 그때까지 총수출의 거의 전부를 차지하던 1차 산업에 대해 낮추고, 제조업 제품에 대해서는 높였다. 같은 해에 정부는 환율을 대폭 인상하고, 다양한 수출지원 시책을 포함한 "수출진흥종합시책"을 공표하며, 1965년에는 대통령이 월례 수출진흥확대회의를 직접 주재하기 시작한다.

(2) 1961년의 수출급증과 1964년 이후 강화된 수출지원 정책

이 정책 전환의 계기는 무엇인가? 그것은 예상치 못했던, 제조업 제품 중심의 수출급증이었음이 분명하다. 앞 장에서 밝혔듯이, 수출급증은 1961년 2월의 외환제도 개혁으로 촉발되었는데, 그때까지 수출실적이 전혀 없던, 그 생산에 많은 노동투입이 요구되는 노동집약적 제조업 제품의 수출이 폭발적으로 증가하면서 시작하였다. "보

1) 공업화에 관한 경제학계의 정책건의가 '수입대체를 통한 공업화'에서 '수출촉진을 통한 공업화'로 변화한 것에 관해 Ann Krueger, "Trade Policy and Economic Development: How We Learn," *American Economic Review*, 87(1) 1997 참조.

완계획"은 1963년 상반기까지의 경제실적을 참고하여 작성된 것으로, 그에 나타난 정책 전환은, 이 새로운 상황전개에 당면하여 5개년 계획 가운데 수출관련 부분을 수정한 것이라 보는 것이 옳다.

이 정책전환은 운명적이었다. 1950년대 후반 연간 2천만 달러에 불과하던 총수출, 그 18배가 넘는 총수입, 당시 무역적자의 대부분을 메우던 미국원조의 1957년 이후 지속적 감소, 대책 없는 극심한 외환부족 등에 당면한 정부로서 1961년에 시작한 수출급증은 크게 환영할 일이었음에 틀림없다. 또한, 수출 증가를 주도한 것이 제조업제품이었으므로, 수출을 통한 경제 공업화의 가능성도 보였을 것이다. 뿐만 아니라, 수출증대로 인한 일자리 창출과 소득 증대는, 1961년 5월 쿠데타로 집권한 혁명주체세력에게 "… 기아선상에서 허덕이는 민생고를 시급히 해결하고 …"의 혁명공약을 지키는 길을 열어준 것이었다. 수출증대는, 당시 집권세력 및 정부가 당면하고 있던 어려운 과제들에 대한 안성맞춤의 답이었고, 정부는 수출입국의 '용단'을 내린 것이다. 두말할 필요 없이, 1964년 이후 강화된 수출지원 정책이 1961년의 수출급증을 촉발했을 수는 없다. 오히려, 예기치 못한 수출급증이 수출촉진으로의 정책전환을 이끌어낸 것이다.

(3) 수출촉진정책과 수출급증과의 인과(因果)관계

다음으로, 수출촉진정책과 수출급증과의 인과(因果)관계를 살펴보자. 그 정책이 없었더라면 한국수출의 경이적 증가는 불가능하였을 것이다. 그럼에도 불구하고, 수출촉진 정책이 수출급증을 가능하게 한 원인이었다고 말하기는 어렵다. 모순처럼 보이는 이 말이 모순이 아닌 것은, 1960년대의 수출촉진 정책이 정책의 진공 속에서 취해진 것이 아니었다는 데 그 이유가 있다. 이것이 흔히 간과되는 점이다. 수출촉진 정책은, 1950년대의 '수입대체를 통한 공업화' 정책기조 아래 취했던 고율의 관세 및 양적(量的) 수입억제 조치들을 폐기하지 않고 그대로 둔 채 추진되었는데, 문제는 이러한 수입억제 조치들이 수출을 저해하는 효과를 낸다는 데 있다.

그러므로 1960~70년대를 통해 정부는, 수출에 대해 정반대의 효과를 내는 수출촉진 정책과 수입억제 정책을 동시에 추진하고 있었던 것이다. 그 순 효과는 무엇이었나? 답은, 그 정책들 아래 취해진 다양한 조치들의 수출생산에 미치는 영향을 종합적·계량적으로 파악함으로써 얻을 수 있는데, 매우 다행스럽게도, 김광석·웨스트팔(1976)이 그 답을 제공해주고 있다.[2] 결론부터 말하자면, 순 효과는 수출을 우대한 것도 홀대한 것도 아니었다. 이는, 1968년에 시행중인 정책조치들에 관하여, 실효보호율, 실효보조율, 순실효보조율 등을 추정하는 방대한 연구 끝에 내린 결론인데, 이를 간단히 살펴보는 것이 좋을 것이다.

우선 실효보호율(實效保護率)은, 수출 및 수입에 관한 조치가, 기업이 상품생산에서 얻는 부가가치에 미치는 영향을 측정하는 지표이다. 관세 혹은 양적(量的) 수입억제 등의 조치들은, 해당 재화의 국내

2) 김광석·웨스트팔(공저), 『韓國의 外換·貿易政策』, 한국개발연구원, 1976.

시장 가격은 상승시키는 한편, 해외시장가격에는 아무 영향이 없으므로, 해당 재화를 중간재로 사용하는 수출품 생산의 부가가치를 감소시킨다. 마이너스(-)의 효과를 내는 것이다. 반면, 수출을 우대하는 무역조치들도 있었는데, 관세감면, 감모허용(減耗許容) 제도 등이 예이다. 후자는, 수출업자가 수출품 생산의 용도로 관세를 감면받아 수입한 원자재를 절약해서 사용한 후, 남는 부분의 국내시장 판매를 허용한 제도인데, 이로써 수출업자는 추가적인 수입(收入)을 얻는다. 수출품 생산에서 얻는 부가가치가 증가하는 것이다. 이러한 무역조치들의 효과를 종합하여, 당시 우리수출의 약 80%를 점하고 있던 제조업 수출품 생산에 대해 실효보호율을 추정한 결과는 3.1%이었다. 즉, 수입억제 및 수출우대의 무역조치들은 제조업 수출품 생산에서 얻는 부가가치를 자유무역의 경우에 비해 3.1% 높인 것이다.

수출촉진 정책은 무역조치뿐 아니라 조세 및 금융 정책의 수단들도 동원하여 수출을 우대하였는데, 소득세 감면, 특혜금리 대출 등이 그 예이다. 이 조치들은 물론 수출품 생산에서 얻는 부가가치를 높이는데, 이 효과와 위에서 언급한 실효보호율을 합(合)한 것이 실효보조율(實效補助率)이며, 그 추정치는 12.4%이었다. 즉, 수입억제 및 수출우대 등의 무역조치들과 조세·금융의 수출우대 조치들이, 자유무역의 경우에 비해 제조업 수출품 생산의 부가가치를 12.4% 높였다는 결과를 얻은 것이다.

그런데 이 지표에는 아직, 수입억제 조치들이 환율에 미치는 영향이 반영되어 있지 않다. 수입억제 내지 금지조치가 없었더라면 외환에 대한 수요는 당연히 더 컸을 것인데, 김광석·웨스트팔(1976)은, 그 경우 환율은 당시 실제 환율보다 약 9.1% 더 높았을 것으로 추정했다. 수입 금지·억제 조치들이 수출품 생산에서 기업이 얻는 부가가치를 그 만큼 감소시킨 셈이다. 이를 반영하도록 실효보조율을 조정한 것이 순실효보조율(純實效補助率)인데, 그 추정치는 -0.3%이었다. 즉, 조세·금융조치 및 무역조치들의 직접효과와 환율을 통한 간접효과를 종합해 볼 때, 제조업 수출품 생산에서 기업들이 얻는 부가가치가 미세하게 감소하였으나 자유무역의 경우에 비교해 거의 다름없었다는 것이다.

김광석·웨스트팔(1976)의 이 추정은 위에 언급한 것처럼 1968년 한 해에 관한 것인데, 수출에 대한 정책 우대는 1960~70년대를 통해서 그 해에 가장 강한 편이었다. 달리 표현하면, 수출급증이 있었던 1960~70년대의 정책 환경은, 수출에 대한 우대도 홀대도 없는, 자유무역의 경우와 거의 같거나 오히려 수출에 미세하게 불리한 편이었던 것으로 판단된다. 이 정도나마 수출에 우호적인 정책 환경이 마련된 것은, 물론 1964년 이후 수출촉진으로의 정책전환이 있었기 때문이다. 만약 그 정책전환 없이 수입억제 무역정책만 시행되었더라면, 경이적 수출급증은 없었을 것이다.

이렇게 볼 때, 수출촉진 정책의 수출에 대한 기여는, 수입억제 정책의 수출 저해 효과를 상쇄한 데에 있다. 그러므로 한국수출의 경이적 급증이 수출우대 정책의 결과이었다고 말하는 것은 옳지 않다. 수입억제 정책이 없었더라면, 수출촉진 정책이 필요하지 않았을 것이다. 자연자원이 부족하고 국토는 좁으며, 자본축적은 없고 과학·기술은 뒤져 있던 1960년대에, 다른 나라에 비해 풍부하던 것은 오로지 노동뿐이었으므로, 한국은 당연히 노동집약적 제조업에 비교우위를 가지고 있었고, 따라서 세계시장에서 한국의 경쟁력은 그런 제조업 제품에서 당연히 높았으며, 실로 수출급증이 그런 품목들 주도로 이뤄졌던 것이다. 이와 함께 수출급증의 배경에는, 1961년까지 왜곡된 외환제도 및 무역정책이 수출을 가로막고 있었고, 그 때문에 그때까지 한국의 수출잠재력이 전혀 발휘되지 않은 채 남아 있었다는 사실, 그리고 1960년대 초 세계시장규모가 선진국들의 공업화가 진행 중이던 산업혁명 시기에 비해 100배 이상 더 컸었다는 사실이 있다.

(4) 정부역할에 관한 오도된 담론

정부의 강력한 수출지원 정책이 수출급증을 가능하게 하였다는 통설은, 한국 수출급증에 관한 반(半)의 진실에 불과하다. 병행되었던 수입억제 정책을 간과하는 것이기 때문이다. 이 통설은 정부역할에 관한 우리사회의 담론을 오도(誤導)하고 있다. 정부가 나섰기 때문에 수출급증도, 고속성장도 가능하였다는 것은 정부능력의 과대평가이다. 수출관련 정부의 공(功)은, 1961년에 시작된 수출급증에 접해 그것이 한국경제에 시사하는 큰 의미를 알아차리고, 여타 개도국들처럼 개발정책에 관한 당시의 고정관념에 매이지 않고 수출입국의 용단을 내렸다는 데 있다. 이 정책전환으로 그때까지 수출을 저해하던 장애가 제거되었고, 그래서 우리경제의 수출잠재력이 발휘될 수 있는 환경이 마련되었으며, 수출급증은 그 환경아래 경제인들의 노력을 통해 가지고 있던 경제 잠재력이 발휘된 결과인 것이다.

11. 8·3조치와 장·단기 영향

유정호

(1) 8·3조치의 배경

정부는 1972년 8월 3일 '경제의 안정과 성장에 관한 대통령 긴급명령'으로 사채동결조치(이하 「8·3조치」)를 단행한다. 대단히 강력한 정부의 시장 간섭이었다. 그 취지는, 당시 취약한 재무구조를 가지고 있던 기업들을 고금리 사채의 중압으로부터 구해내고 경제대란을 방지하려는 것이었다. 이 조치의 배경과 효과를 살펴보는 것이, 1970년대의 정부-시장 관계 그리고 정부 간섭이 경제에 미치는 영향을 파악하는 데 도움이 될 것이다.

기업부문이 고금리 사채에 시달리게 된 배경은 이러하다. 1960년대에 우리경제는 세계경제사에 전례가 드문 고속성장을 경험한다. 실질기준으로, 수출의 연평균 증가율은 30% 이상, 연평균 경제성장률은 약 10%에 달하였다. 정부는 경제개발에 요구되는 거대한 투자

자금 조달을 위해 두 가지 조치를 취한다. 1962년에 도입한 해외로부터의 '차관에 대한 지불보증', 그리고 정기예금 수신금리를 15%에서 30%로 대폭 인상하는 1965년 9월의 금리현실화 조치이다. 이에 반응하여, 1960년대 후반에 정기예금도, 차관도입도 급증한다.

당시 호경기로 투자의욕이 고조되어있던 기업들은 이 같은 조치에 힘입어 투자증대에 나섰고, 기업부문의 투자가 1960년대에 연평균 약 24% 증가하는 매우 바람직한 경제성과가 나타났다. 이를 위해 기업들은 제도권 금융시장, 해외금융시장, 국내 사채시장 등 모든 자금원으로부터 자금을 조달하였다. 그러나 햇볕이 들면 그림자 지듯, 바람직하지 않은 결과가 뒤따랐다. 기업의 투자란, 사업에 필요한 유형·무형의 자산을 자기자본 혹은 타인자본(부채)으로 구매하는 것인데, 그 투자자금의 대부분을 부채로 조달하였기 때문에, 기업부문의 부채 대 자기자본 비율의 평균이 1965~1971년 기간에 1:1에서 4:1로 급등하였다. 기업들이 경기변동 및 고금리에 매우 취약한 재무구조를 가지게 된 것이다.

마침 국내외 상황이 급격히 악화되었다. 당시 한국기업들에게 수출의 중요성은 이미 높아졌는데, 세계경제는 1960년대 말부터 침체로 들어가기 시작하였고, 미국의 닉슨 정부는 1971년 모든 수입에 대해 10%의 할증관세를 부과하였다. 또한, 환율은 1969~1971년 기간에 달러 당 304.45원에서 373.3원으로 상승하는데, 이는 해외 채무를 지고 있는 기업들에게 원화로 표시한 원리금상환 부담의 증가, 곧 자금압박을 의미하였다. 기업들을 압박하였던 것은 무엇보다 사채이었다. 금리가 극히 높았을 뿐 아니라, 어느 기업이 부실위험이 높다고 알려지면, 사채업자들은 그 기업에 사채를 빌려줄 때 받아 보유하고 있던 어음을 약정기일에 상관없이 교환에 돌리는 경향이 있었고, 그 경우 거래은행도 돌아온 어음을 막아줄 수 없어 부도사태가 발생하곤 하였다.[1)]

거의 모든 대기업의 사정이 마찬가지였으므로, 전국경제인연합회(전경련)는 비상난국의 해결을 박정희 대통령에게 직접 호소한다. 대기업들이 부도가 나면, 하청업체들의 도산 가능성이 높아지고, 은행도 대출여력이 타격을 받게 되며, 이는 다시 더 광범위한 기업 도산으로 이어질 가능성이 높은 것이다. 이렇게 금융 마비 및 기업들의 연쇄도산이 발생하면 경제는 대란을 겪을 수밖에 없다. 사태의 심각성을 인지하고 정부가 내린 조치가 「8·3조치」이다.

(2) 긴급조치의 내용

이 긴급조치의 핵심 내용은, 기업과 사채권자 사이의 기존 채권·채무 계약을 무효화하고 월 1.35% 금리의 새 계약으로 대체한다는 것이다. 당시 한국은행 조사에 의하면, 사채 금리의 평균은 월 3.84%이었으므로, 이 긴급조치는 기업들의 사채이자 부담을 단번에 1/3로 경감하는 것이었다. 이를 위해 8월 3일부터 9일까지 기업과 사

1) 김정렴, 『한국경제정책30년사: 김정렴 회고록』, 중앙일보사, 1990, 262 쪽. 이 글의 사실 관계에 관한 언급은 이 회고록에 크게 의존하고 있다.

채권자들의 신고를 받았고, 신고된 사채는 3년 거치, 5년 분할의 방법으로 상환하도록 하였으며, 사채권자가 선택하면 사채를 쓴 기업에 대한 출자로 전환할 수 있었다. 당초 정부가 예상했던 사채규모는 6백억~1천억 원, 전경련의 예상은 1천8백억 원 정도이었으나, 실제로 신고된 사채는 3천4백56억 원에 달했으며, 이는 당시 총재정규모에 비하면 58%에 해당하는 크기였고 통화량에 비하면 약 80%에 해당하는 크기였다. 그 결과, 우려했던 기업 연쇄부도, 금융마비의 사태는 발생하지 않았고, 경제대란도 일어나지 않았으며, 오히려 1970~1972 기간에 약 8% 선에 머물렀던 경제성장률이 1973년에는 14.9%로 급등하였다.

(3) 장·단기 영향

「8·3조치」는 단기적으로 큰 성공을 거두었으나 장기적인 부작용이 뒤따랐다. 그 이유는 정부 본연의 역할과 관계가 깊다. 정부 본연의 역할은 국민의 자유와 재산권의 공정·투명한 보호이다. 이는 시장질서의 전제조건이며, 경제를 위해 정부가 할 수 있는 일 가운데 이보다 더 우선순위가 높거나 더 중요한 일은 없다.[2] 이런 관점에서 「8·3조치」는, 기업과 사채권자 사이의 계약이 자발적인 것인 한, 정부 본연의 역할에 역행하는 것이었다. 정부에 의한 사채권자의 재산

2) 이에 관해서는 유정호, "경제국정철학의 문제", 최광(편집), 『오래된 새로운 전략: 대한민국 바로 세우기』, 기파랑, 2017 참조

권 침해에 다름 아니기 때문이다.

「8·3조치」 이후 정부는 본연의 역할에서 벗어나 경제 관리(管理)에 본격적으로 나선다. 당시 정부 당국자들은 1960년대의 수출촉진 정책이 경이적 수출증대를 가능케 하였다고 자평하고 있었을 터인데, 「8·3조치」의 성공으로 경제를 성공적으로 관리할 수 있다는 자신감이 더 커진 것이다. 그 다음 해인 1973년 정부는 "중화학공업정책"을 선언하고 강력히 추진하며, 이로 인해 경제는 시장경제가 아니라 관치(官治)경제가 된다. 주요 경제활동은 거의 모두 정부통제 아래 놓이게 된 것이다. 이로서 일부 기업들에 대한 특혜·특권 부여 및 정경유착이 정치경제 일상의 관행이 되었고, 40여년이 지난 오늘 소득격차, 대기업·중소기업 문제, 노사갈등 등에 관해 사회적 불만이 비등하게 된 중요한 이유가 여기에 있다.

또한, 「8·3조치」가 기업들에게 준 메시지는 매우 큰 것이었고, 그것이 심각한 부작용을 낳았다. 메시지는, 기업들이 곤경에 처하게 되면 정부가 구제해준다는 것이다. 기업 입장에서는 정부가 파산에 대한 묵시적 보험을 들어준 셈인데, 이는 대기업에게 더욱 그러하였다. 대기업 파산의 경제에 대한 타격은 그만큼 더 크므로, 정부로서는 방치하기 더 어려울 것이기 때문이다. 이렇게 기업들 사이에 대마불사(大馬不死)의 신조가 자리 잡았고, 기업규모 증대가 하나의 중요한 생존전략이 되었다. 이는 기업들, 특히 대기업들이, 투자 수익률이 금리에 못 미침에도 불구하고 빚을 지며 투자를 계속하는 현상으로 나타났다.[3] 이를 부추긴 것은, 은행 등 금융기관의 위험관리 및 신용평가 기능이 부실하였다는 사실, 또 금융 감독당국은 1990년대 말 (흔히 IMF로 알려진) 외환위기가 닥칠 때까지 금융기관의 건전성 감독을 소홀히 하였다는 사실인데, 이처럼 시장경제에서 있을 수 없는 불가사의한 일이 현실이었던 것은, 당시 경제가 관치경제였다는 데 이유가 있다.[4] 이로 인해, 1971년에 4:1로 급증한 부채 대 자기자본 비율을 가지고 있는 기업부문의 취약한 재무구조는 1990년대 말까지 지속되고 1997년 외환위기의 중요한 한 원인이 된다.[5]

1972년의 「8·3조치」는 단기에서 경제대란을 방지하는 데 성공하였으나, 장기적으로 한국경제가 제대로 된 시장경제가 아니라 어정쩡한 시장경제가 된 데에 적지 않은 "기여"를 하였으며, 그 여파가 오늘에도 남아있다.

---

3) 조성욱, "한국기업의 수익성에 관한 연구", 『KDI 정책연구』, 제21권 제2호, 한국개발연구원, 1999 참조

4) 유정호, 『관치청산 - 시장경제만이 살 길이다』, 책세상, 2004, 제1장 "어떻게 관치가 경제위기의 원인이 되었나?" 참조.

5) Ann Krueger and Jungho Yoo, "Falling Profitability, Higher Borrowing Costs, and Chaebol Finances during the Korean Crisis," in Coe and Kim, (eds.), *Korean Crisis and Recovery*, Washington D.C.: IMF, 2002 참조

12. 1970년대의 중화학공업정책

송원근

(1) 서론[1)]

1970년대 중화학공업화는 한국이 제조업 강국, 수출대국으로 부상하는 데에 결정적인 역할을 하였다. 또한 이후 40년 이상 지속된 대규모 장치산업 및 대기업 중심이라는 한국의 경제·산업구조가 이 시기 추진된 중화학공업화정책으로 정립되었다고 볼 수 있다. 그런데 이와 같이 역사적 의미가 큰 중화학공업화에 대해서는 여러 가지 평가가 있다. 중화학공업화를 정부 주도 산업정책이 성공한 사례로 평가하는 경우[2)]도 있고, 과도한 정부개입에 의한 과잉투자와 비효율

1) 이 장에서 서술하고 있는 1970년대 중화학공업정책에 관한 역사적 사실, 기록 등은 박영구 교수의 역작인 『한국의 중화학공업화: 과정과 내용(Ⅰ), (Ⅱ), (Ⅲ)』, 도서출판 해남, 2012에 크게 의존하고 있음을 밝힌다.

2) 이제민, "한국의 산업화와 산업정책", 『한국경제성장사』, 서울대학교출판부, 1999.

로 보는 부정적 시각[3]도 존재한다. 전자는 중화학공업화를 긍정적으로 후자는 부정적으로 평가하는 차이가 있지만 양자 모두 중화학공업화에 있어서 정부가 적극적 역할을 하였다고 평가하는 점에서는 차이가 없다.

박정희 정부 시기였던 1960~70년대는 한국경제가 고도성장을 한 시기였고 이 과정에서 정부의 역할에 대한 평가는 매우 중요하다. 특히 중화학공업정책의 경우 정부가 추진한 대표적인 산업정책이었으므로 그 배경과 목적, 정책의 집행 과정 및 성격에 대해 명확한 분석이 이루어져야 한다. 본고에서는 1970년대 중화학공업화 추진에 대한 이와 같은 기존의 분석을 정리하고 정부의 역할에 대해 평가해보고자 한다.

(2) 중화학공업화정책의 배경과 목적

박정희 정부가 중화학공업화 추진을 선언한 것은 1973년 1월이었다. 중화학공업화의 추진은 당시 박정희 정부가 직면하고 있던 다양한 정치·안보·경제적 문제점과 관련이 있다. 노동집약적인 경공업 제품의 수출에 의해 견인되었던 1960년대 한국경제의 고도성장은 1960년대 말에 이르러서는 위기를 겪게 된다. 1960년대 말부터 한국경제는 성장률 하락, 총투자율 감소와 더불어 만성적인 국제수지

3) 전국경제인연합회, 『한국경제정책40년사』(1986)에서는 중화학공업의 육성을 위한 정부의 강력한 간섭이 시장의 가격기구를 왜곡시켜 자원의 배분을 비효율화 하였다고 지적하고 있다.

적자 및 자본 부족, 그리고 외채의 급증이라는 문제점들이 나타나기 시작했다. 또한 경제성장과 더불어 임금이 급격하게 상승하였고 중국이나 남아시아 국가 등 여타 개발도상국과의 경쟁 노출에 대한 우려가 대두되는 등 노동집약적 경공업의 경쟁력에 경고등이 켜졌다. 소비재 중심의 경공업의 경우 생산을 위한 자본재와 원자재의 수입은 수출과 생산의 증가에 따라 급증하였고 이는 만성적인 국제수지 적자를 가져왔다. 이런 상황 속에서 경공업 한계론과 더불어 소위 자립경제를 위한 중화학공업화 추진의 필요성이 대두되었다.

당시 대외적으로도 미국, 유럽 등 선진국의 수입제한 조치가 강화되었다. 미국의 닉슨 대통령은 달러의 금태환 정지 선언으로 세계경제에 충격을 준 후 국제수지 적자 감축을 위해 모든 수입품에 10%의 추가관세를 부과하였다. 또한 닉슨 대통령은 미국 섬유업계의 섬유제품 수입제한 요청을 받아들여 각국에 섬유수출 자율규제를 촉구하였고 한국과는 1971년 한미섬유협정을 체결하였다. 미국 정부의 이와 같은 조치들, 특히 수출의 40%를 차지하고 있던 섬유류에 대한 수입제한 조치는 한국정부에 큰 위기의식을 불러일으켰다. 따라서 1960년대 고도성장을 견인했던 경공업 제품의 수출시장 확대 전망은 불투명해진 상황이었다.[4]

4) 1973년 1월 중화학공업화 추진 선언과 함께 본격적으로 시행되었던 중화학공업 정책은 1980년대 초반 100억 달러 수출 목표와 연관이 있었다. 100억 달러 수출 목표 달성을 위해서는 일본식의 전면적인 중화학공업화가 필요하였고 이에 따라 제조업 내 중화학공업 비율과 수출에서 차지하는 중화학공업 비율을 제고시키는 목표가 제시되었다.

중화학공업화 추진의 또 다른 배경은 박정희 대통령의 자주국방, 대북 군사력 우위를 위한 방위산업 육성에 대한 의지에 있었다. 1970년대 초반 들어 남북 간 해빙무드가 조성되긴 했지만 1960년대 후반만 해도 북한 무장공비의 청와대 습격사건, 미 군함 푸에블로호 납치 사건 등 북한의 연이은 도발로 국민들이 불안해하고 있는 상황이었다. 또한 1969년 7월 아시아에 대한 미국의 군사적 불개입을 천명한 '닉슨 독트린'은 미국의 군사력에만 더 이상 의존할 수 없다는 시그널로 해석되었다. 이와 같은 외교·안보적 요인들은 자주국방과 이를 위한 방위산업 육성의 필요성을 충분히 설명해준다. 박정희 대통령은 집권 기간 내내 대북 군사력 우위를 위한 자주국방을 추구하였고 1960년대부터 군수공업 육성이라는 목적으로 중화학공업에 관심을 기울여 종합제철소 건설을 비롯해 실패에 그쳤지만 4대핵공장 건설사업 등을 추진했었다.

(3) 중화학공업정책 추진 과정과 정책의 성격

4대핵공장건설사업 등 1960년대 후반 자립경제와 자주국방을 위한 중화학공업화 시도가 실패했던 가장 중요한 원인은 외자도입의 실패에 있었다. 미국, 일본을 비롯한 선진국으로부터의 차관 도입에 실패하였는데 이는 미국, 세계은행 등의 한국정부의 중화학공업화 추진에 대한 회의적인 시각에 기인하였다. 미국은 해방 이후 정부수립 과정에서부터 원조 등을 통해 한국경제와 경제정책 수립에 막강한 영향력을 발휘해왔으며 정부의 과도한 개입이나 비교우위가 없는 산업에 대한 인위적인 육성책을 끊임없이 경계해왔었다. 세계은행도 비교우위론에 근거하여 한국에 대한 차관을 결정했으며 한국의 경제기획원도 이와 같은 미국, 세계은행의 이론과 시각을 공유해왔다[5]. 정부는 중화학공업화 추진에 있어서 외자도입의 어려움 등 자본부족의 문제를 저축률 증대[6], 국민투자기금과 같은 정책금융 등 내자를 늘리는 한편 '외자도입법'의 개정 등 투자환경 개선을 통해 해결하려고 노력하였다.

정부는 중화학공업화 주도 업종으로 철강, 금속, 기계, 조선, 전자, 화학의 6개 업종을 선정하였고 수출 중심, 국제수준의 공장 규모 및 제품가격, 증명된 최신의 생산공정 채택, 참여 기업은 총투자 중 자기자금 30% 이상이 되도록 하고 합작투자 시에도 외국인 투자비율 50% 넘지 않도록 한다는 중화학공업화의 원칙을 천명하였다. 그런데 중화학공업화를 추진하는데 있어서 가장 중요한 원칙은 중화학공업화가 정부사업이 아닌 민간 기업이 주체라는 점이었다. 중화학공업화 추진의 주체인 기업들 입장에서는 자본부족 등으로 까다로운

5) 박정희 대통령이 경제기획원이 아닌 청와대에 경제제2비서실을 신설하여 중화학공업정책을 주도적으로 추진하게 했던 것은 경제기획원의 산업정책에 대한 소극성에 그 원인이 있었다고 볼 수 있다.

6) 1970년대에는 저축을 장려하는 표어를 어디서나 쉽게 찾아볼 수 있었고, '저축의 달'과 같은 저축장려 기간이 있었으며, 초등학교 교실 벽에는 학생들의 저축액을 나타내는 막대그래프가 그려져 있었다. 1976년 "총력저축전진대회"에서 당시 최규하 국무총리가 한 말이 인상적이다. "총력 저축을 위해서는 쓰고 남은 돈을 저축할 것이 아니라, 저축하고 남은 돈을 쓰는 습관을 길러나가자."

조건을 만족시키기도 어려웠을 뿐만 아니라 1970년대 초반의 시대적 상황에서는 시기상조라는 생각으로 중화학공업에로의 진입을 꺼리고 있었다. 이와 같은 대기업들의 중화학공업 진입 기피는 1973년 중화학공업 추진 선언 이후에도 한동안 지속되었다.

박정희 정부는 기업들에게 중화학공업에의 참여를 적극적으로 종용하는 한편 각종 지원을 통해 기업들의 진입을 유도하였다. 먼저 기업들의 진입비용을 낮추기 위해 산업기지를 건설하였고 항만, 공업용수, 도로 등 관련 사회간접자본을 확충하였다. 온산, 여천, 창원, 옥포, 아산 등 이후 금속, 석유화학, 기계, 조선 등 한국 중화학공업의 메카가 된 지역들의 산업기지가 모두 이때 조성되었다. 또한 기업 진입 유도를 위해 정책금융, 조세감면 등의 지원책을 마련했고 일부 품목에 대해서는 직간접적인 수입규제도 시행하였다. 이와 같은 정책들은 박정희 정부가 중화학공업화를 위해 진입유도 역할을 했음을 명백히 보여준다. 이런 관점에서 보면 중화학공업화정책은 특정 산업의 육성과 보호를 위한 전형적인 산업정책이었다고 볼 수 있다. 물론 제2차 세계대전 이후 신흥국들의 산업정책이 대부분 수입대체공업화 전략이었던 반면 박정희 정부의 중화학공업정책은 수출지향 전략이었다는 점에서 명백한 차별성을 가진다. 1970년대 중화학공업정책에서도 1960년대 고도성장을 견인했던 수출주도공업화의 맥이 이어지고 있었음을 알 수 있고 이런 전략이 중화학공업화의 성공을 가져왔다고 볼 수 있다.

(4) 중화학공업정책에서의 정부 역할에 대한 평가

1970년대 중화학공업정책은 앞서 살펴본 바와 같이 중화학공업화 촉진을 위해 정부의 강력한 개입이 있었던 것이 특징이다. 박정희 정부는 육성업종 선정에서부터, 업종별 투자·생산 계획, 산업기지 건설, 재정·금융 지원, 자본 조달에 이르기까지 중화학공업화의 모든 과정을 설계하고 개입하였다. 한국경제가 중화학공업화를 통해 수출과 투자가 급증하여 고도성장이 지속되었다는 점에서, 그리고 전자, 자동차, 석유화학, 철강, 조선 등 당시 정부가 선정했던 산업에서 한국이 세계적인 강국이 되었다는 사실에서 중화학공업정책은 정부의 계획과 개입을 통해 성공한 산업정책이었다고 평가할 수 있다.

그렇다면 1970년대 중화학공업정책은 정부 주도의 산업정책이 성공한 대표적인 역사적 사례일까? 중화학공업화에 소극적이었던 기업들의 진입을 유도하기 위해 정부가 초기에 적극적인 역할을 했던 것은 사실이다. 그러나 중요한 것은 중화학공업화의 실질적인 주체가 민간 기업들이었다는 점이다. 정부가 기업들의 진입 유도를 위해 정책적 노력을 다한 것은 사실이나 그것은 조력자의 역할이었고 산업 내의 기업의 선정 및 개별 기업의 투자, 운용 등 세부적인 내용에 관여하지는 않았다. 또한 한국의 중화학공업정책을 다른 나라의 유사한 사례와 비교해보았을 때 정부의 역할이 특별했다고는 볼 수 없다. 예를 들면, 1970년대 중화학공업 부문에서 국영기업은 '포항제철'과 '한국종합화학'뿐이었고 국민총생산에서 국영기업체가 차지하는 비중도 10%로 25~40%에 달하는 다른 개발도상국들보다 훨씬 낮았다.

한국은 제2차 세계대전 이후 공업화를 지향한 개발도상국 중에서 미국의 직접적인 영향력으로 인해 시장기구를 가장 폭넓게 도입한 국가였고 민간주도경제의 원칙이 가장 폭넓은 범위로 적용되었고 유지된 국가였다. 이런 원칙은 중화학공업정책에서도 일관되게 적용되었다. 중화학공업화에서의 정부의 역할도 기업의 진입 유도에 초점을 맞추고 있었으며 간섭이나 개입이 아닌 생산, 투자 등 기업 활동에 대한 인센티브 부여가 목적이었다. 또한 정부가 부여했던 모든 인센티브는 중화학공업 부문 진입 기업들이 경쟁력을 가질 수 있는 한정적인 시기에만 적용되었다. 따라서 결론적으로 1970년대 중화학공업정책은 중화학공업 부문에 기업 진입을 유도하기 위한 연성 산업정책이었다고 평가할 수 있다.

13. 새마을운동: 엄청난 '절반'의 성공 스토리

김이석

(1) 새마을운동, 현재진행형 질문

1970년대 초 10년 동안 우리나라 농어촌은 새마을운동을 빼놓고는 설명할 수 없을 정도로 물리적인 생활환경뿐만 아니라 주민들의 삶의 태도에 '혁명적' 변화를 겪었다. 그래서 새마을운동은 북한을 포함해서 해외의 후발국들의 개발에 참고할 중요한 모범사례로 언급되고 있다.

박정희 대통령이 추진한 새마을운동은 그의 중화학공업화 정책과 닮은 측면을 많이 가지고 있지만 결과는 대조적이다. 1970년대 추진된 중화학공업화는 1980년대에 들어와 구조조정을 거친 후 세계적 경쟁력을 가진 수출산업으로 거듭났다.

이에 비해 새마을운동의 '경쟁력'은 1979년 말 박정희 대통령의 서거와 함께 사라진 것 같다. 새마을운동이 전국적 조직을 유지하고 있고 다른 후발국에 농촌개발모델로서 '수출'되고 있지만, 초창기의 주민들의 왕성한 투자 열기는 사라졌고 부활의 기미는 보이지 않는다.

새마을운동에 대해 국내외 학자들이 우리나라의 새마을운동이 어떻게 단기간에 이런 엄청난 변혁을 이룰 수 있었는지 학술적 설명을 시도해서 주목할 만한 성과를 냈지만 새마을운동은 여전히 현재진행형 연구 과제다. "과연 1970년대의 농촌 새마을운동이 21세기에 부합하는 지역개발 프로그램으로서의 적실성이 있는지" 혹은 "무엇을 계승하고 무엇을 버릴 것인지" "무엇이 다른 개발도상국에도 적용가능한지" 등과 같은 새로운 질문들과 오·남용을 막기 위한 재조명의 필요성이 제기되고 있다.

(2) 새마을운동의 전개과정

그해 겨울

새마을운동은 정부가 1970년 겨울 농한기에 전국 3만3000여 마을에 시멘트 335포를 보내면서 시작됐다. 1960년대 말부터 시작된 세계적인 경기침체에 따라 공공투자 차원에서였다. 시멘트의 용도는 마을이 자율적으로 결정케 했는데 다리를 놓거나 공용시설 건설에 쓰였다. 반응은 뜨거웠다. 나눠준 시멘트가 41억 원 어치였는데 마을 주민들이 그 2배인 81억 원 어치의 현금과 토지를 내놓거나 노동력을 무상으로 제공했다.

이런 폭발적 반응에 1971년 9월 박정희 대통령이 새마을운동을 추진할 것을 천명했다. 1971년 겨울부터 농촌개발 사업 중심의 전국적인 새마을운동이 본격적으로 추진됐는데 이는 1960년대 경제개발 초기에 우선순위에서 밀려났던 농업과 농촌의 개발을 통해 도농 간, 공업과 농업 간 소득과 생활환경의 격차를 줄이려는 의도에서였다.

주민들의 뜨거운 참여와 폭발적 농촌투자

새마을사업이 정부의 자극과 지원으로 주민들에게 "잘살아보자"는 열망을 품게 하였지만 주민들의 뜨거운 참여가 '옛'마을을 '새'마을로 변혁시켰음에 주목해야 한다. 그래서 정부 지원만 부각해서 새마을운동을 '관주도의 주민의 강제동원'으로 보는 것은 무리다.

이는 통계로 확인된다. 1971~78년 사이 새마을운동에 투하된 총자본액(경상가격기준) 1조 9,919억 원 가운데 정부는 전체의 28%인 552억 원만 냈다. 주민들이 전체의 71%인 1조 4,209억 원을 냈다.[1] 정부 부담 가운데 중앙정부가 낸 돈보다 시, 군이 낸 돈의 더 많다(56%).[2] 이는 새마을운동을 중앙집권적 통제를 위한 수단이라는 견해와 부합하지 않는다.

고도성장기의 우리 경제 전체의 총 고정자본투자 규모가 같은 기

1) 황인정, 『한국의 종합농촌개발: 새마을운동의 평가와 전망』, 한국농촌경제연구원, 1980, 44쪽.

2) 앞의 책, 46쪽.

간 3배 증가에 그쳤는데 주민들의 폭발적 반응 덕분에 새마을사업의 투자규모는 1971~78년 기간 중에 1970년 기준가격으로 약 17배 늘어났다. 얼마나 많은 '새마을운동' 투자가 단기간에 이뤄졌는지 알 수 있다.

(3) 엄청난 성과

이런 투자 덕분에 마을의 모습이 완전히 바뀌었을 뿐만 아니라 농한기에 노름으로 보내던 주민들이 잘 살아보려고 새마을사업에 바쁜 사람으로 변모했다. 새마을운동은 이런 점에서 사회와 인간을 개조하려는 박정희 대통령의 사회공학이었다.[3)]

그 결과 새마을운동은 전국의 농촌을 완전히 변모시켰다. 10여년이 채 되지 않은 사이에 대부분의 농촌에 전기가 들어오고 전화가 가설되고 마을길이 넓혀졌을 뿐만 아니라 마을회관이 들어서고 각종 급수시설과 공동 작업장이 만들어졌다. 많은 초가지붕도 사라졌다. 마을 수준의 '사회간접자본'들이 단기간에 한꺼번에 들어섰다. 마을 사람들은 들어가는 비용의 70% 정도를 기꺼이 부담했다. 이는 마을에 들어선 여러 시설들이 주민들에게 주었던 가치가 최소한 그들이 부담한 전체 투자액의 70% 이상이고 어쩌면 전체 투자액 이상이었으며 따라서 '낭비적 요소'가 거의 없었다는 의미이기도 하다.

이런 기반시설의 확충은 농업의 생산성을 높이는 토대가 됐다. 호

3) 이영훈, 『한국경제사 II, 근대의 이식과 전통의 탈바꿈』, 일조각, 2016, 482쪽.

롱불을 켜는 '전근대적'인 농촌의 삶이 형광등을 켜는 '근대적' 삶으로 변모했다. 새마을운동에 여성들이 매우 적극적이었던 것도 이와 무관치 않다.

정부는 자립마을, 자조마을, 기초마을로 분류해서 각종 지원을 차별했는데, 자립마을은 이런 시설들이 잘 확충된 마을을 말한다. "새마을운동은 고도성장 못잖은 성과를 남겼다. 박정희 대통령이 사망한 1979년까지 전국 3만 4,871개 마을 가운데 97%인 3만 3,893개 마을이 자립마을로 승격하였다."[4)]

1970년 전기가 들어온 마을은 전체의 20%에 불과했는데 1978년에는 거의 모든(98%) 마을에 전기가 들어왔다. 그 외에도 마을길이 새로 만들어지거나 확장되어 리어카와 트럭이 지게를 대신해서 대표적인 운송수단이 됐고 이 길로 경운기가 다녔다.

생산기반시설 투자가 마무리되자 1975년을 기점으로 소득증대사업에 대한 집중적 투자가 이뤄졌다. 1975년부터는 육묘, 비닐하우스 등의 직접적인 생산시설을 확충하고 잠업, 양송이, 특용작물, 원예 등 각종 소득사업을 벌였다.

새마을운동의 성과는 농가가 도시근로자 가구의 소득을 추월한 데서 집약된다. 1966~1973년 농가소득은 도시근로자가구 소득의 83%에 불과했지만 1974~1979년에는 109%로 농가소득이 오히려 더 많아지는 역전현상이 발생했다.

---

4) 앞의 책, 481쪽.

(4) 왜 "성공적"이었나?

정부의 차별화 정책의 유인효과

보통 정부의 재정지원을 포함한 정부의 개입은 부정적 효과를 낳는다. 그런데 정부지원에도 불구하고 새마을운동은 어떻게 이런 놀라운 성과의 창출에 성공했는가. 가장 흥미로운 지적은 정부의 지원이 새마을운동이 시작되면서부터 '차별적'이었다는 점이다.[5]

1972년의 상황을 살펴보면 이 점이 분명해진다. 1971년 새마을운동 총투자액 122억 원 가운데 정부 투자액은 전체의 34%(41억 원), 주민 투자액은 66%(81억 원)였다. 1972년 정부는 전국 3만 3000 마을 중 시멘트 이용 실적이 부진했던 전체의 약 절반인 1만 7000 마을을 제외하고 실적이 좋은 마을에만 시멘트 500포와 철근 1톤을 보냈다. 정부가 마을 당 더 많은 시멘트와 철근을 보냈지만 지원마을의 수가 급감해서 정부의 지원총액은 33억 원으로 8억 원 줄었다. 그런데 지원에서 제외된 1만 7000여 마을들 가운데 무려 6000여 마을이 나중에 지원에서 배제되지 않으려고 순전히 자신들만의 재원으로 새마을사업에 참여했다.

이웃마을과 새마을 혁신을 경쟁하는 '기업가' 새마을지도자

행정체계 속의 이장(里長)과 별개로 각 마을에는 새마을로의 혁신을 주도하는 '새마을지도자'가 있었다. 새마을운동이 마을을 공유재

---

5) 좌승희, 『신국부론』, 굿인포메이션, 2006. 이영훈, 앞의 책, 479쪽.

산과 공동사업의 주체로 즉 '법인'으로 재편성했는데 새마을지도자는 '법인'의 지도자였다.[6]

대부분의 후발국은 수입대체를 통해 국영기업 체제로 중화학공업을 육성했지만, 우리나라는 시장에서 두각을 나타낸 기업가들에게 중화학공업을 맡겼고 또 세계시장에 나가 외화획득을 해오도록 했다. 다른 후발국에는 없었던 이런 기업가 주도와 수출 주도라는 요소들로 인해 우리나라 중화학공업 육성정책의 숱한 문제점들에도 불구하고 다른 후발국에서와는 달리 이를 맡았던 기업들이 우량 수출기업으로 재탄생할 수 있었다.

행정을 담당하는 이장(里長)이 아니라 새마을 지도자가 마을혁신 경쟁을 주도했다는 것은 국영기업이 아니라 민간기업이 중화학공업화를 수행했던 것과 비슷하다. 이장(里長)이 아닌 새마을 지도자가 새마을운동을 주도했다는 것은 새마을운동에 내재한 정부개입의 요소가 가진 부정적 측면을 상당히 완화시켰을 것이다.

(5) 새마을운동, 엄청난 '절반'의 성공 스토리

새마을운동은 마을의 간접자본인 생산기반시설을 빠르게 구축하고 주민들에게 잘살려는 강한 욕구를 불어넣는 등 엄청난 성과를 냈다. 그러나 물리적 환경개선사업에서와는 달리 소득증대 사업에서는 여러 난관에 부딪쳤다.

---

6) 이영훈, 앞의 책, 480~481쪽.

새마을운동의 범정부적 추진주체였던 내무부에 따르면, 정부지원이 끊기면 곧 그 사업이 중단되기도 했고, 공공사업이기에 손익을 따지는데 있어서 무책임성의 문제도 없지 않았다.[7] 이처럼 새마을운동도 공공선택론이 강조하는 정부개입의 문제점에서 자유롭지 않았다.

농산품들은 기후, 신선도, 저장, 유통과정 등에 따라 시장가격의 변화가 심해서 여타 분야에 못잖게 불확실성을 감당하면서 이윤기회를 찾아내는 기업가정신이 요구된다. 소득증대 사업에서의 난관은 새마을 지도자가 기업가로 비유될 뿐 실제로 기업가는 아니기 때문일 것이다.

새마을운동은 엄청난 성과를 냈지만 절반의 성공 스토리이다. 정부의 차별화전략과 새마을 지도자의 존재가 정부개입에 따른 문제점들을 크게 완화했기 때문에 단기적으로 전국에 엄청난 '새마을'들을 만들어냈다. 그렇지만 내무부의 반성에서 보듯이 새마을운동은 정부개입의 문제점을 여전히 안고 있어, 정부개입이 시장의 경쟁보다 우월함을 입증하는 것은 아니다.

7) 내무부, 『새마을운동 10년사(자료편)』, 1980.

14. 베트남 파병: 한국 경제성장의 도화선

권혁철

(1) 서론

대한민국 최초의 해외파병은 1964년 9월에 이루어졌던 의무병과 태권도 교관의 베트남 파병이었다. '청룡부대' '맹호부대' 등을 비롯한 전투부대의 파병은 1년 후인 1965년부터 이루어졌다. 1964년 9월부터 휴전협정이 조인되는 1973년 3월까지 8년6개월 동안 총 32만4,864명의 병력이 파병되었다. 전사자 5,099명에 부상자도 1만 1,000명을 넘을 정도로 악전고투를 겪었다.

국군의 해외파병은 군인의 파견만으로 끝나지 않았다. 군인의 파병에 이어 민간인과 기업의 진출도 활발하게 이루어졌다. 전쟁이 치열하게 벌어지고 있던 베트남에 국군을 파병하고 민간인과 기업들이 목숨을 걸고 진출했던 이유는 무엇일까? 그리고 베트남 파병은 대한민국에, 특히 대한민국 경제에는 어떤 의미를 갖는 것일까?

(2) 베트남 파병의 배경

미국 무상원조의 급감

정부 수립 이래 대한민국은 재정의 상당 부분을 미국의 무상원조에 의존했다. 1945년부터 1962년까지 약 17년 간 우리나라는 총 31억여 달러의 원조를 받았다. 이는 연평균 GNP(국민총생산)의 약 12%에 달하는 엄청난 규모였다. 이 기간의 대외무역 적자가 평균 GNP의 14.3% 정도였으니 이 기간 동안의 대외무역 적자의 대부분은 미국의 원조에 의해 충당되었다고 해도 과언이 아니다.

그런데, 1958년을 기점으로 미국의 무상원조가 급감한다. 미국의 국제수지가 사상 처음 적자를 기록하고, 해외에 방출한 달러가 미국의 금보유량에 육박하자 달러화에 대한 신뢰가 하락할 위기에 처하게 되었기 때문이다. 1957년 GNP의 17% 이상을 차지하던 미국의 대한(對韓)원조는 1960년대가 되면 10% 이하로 급격히 낮아지게 된다. 미국 무상원조의 급감은 우리나라 경제 전반이 불황 국면에 접어들게 할 만큼 심각한 것이었다.

한국의 참혹한 경제 수준

1960년대 초 한국은 1인당 국민소득이 60~70달러로 세계 최빈국에 속했다. 전체 노동력의 60%가 농업에 종사하고 있었지만 농업의 노동생산성이 극히 낮았던 것을 고려하면 농업종사자의 대부분이 사실상의 실업상태에 있었다고 할 수 있다. 도시지역의 공식적인 실업률은 16~17%에 달했다.

이런 상태에서 5·16으로 정권을 잡은 박정희 대통령은 서둘러 제1차 경제개발계획을 수립하고 시행한다. 수입대체 공업화 전략을 통한 자립경제 기반 구축과 목표성장률 7.1%를 내세운 제1차 경제개발계획은 처음부터 난관에 부딪혔다. 국내시장의 협소함을 무시하고 추진하려했던 수입대체 공업화 전략의 문제와 자금조달의 문제가 앞을 가로막았다.

1961년 일반은행의 국유화, 1962년 화폐개혁을 통해 국내적으로 자금조달을 시도했지만, 결과는 실패로 끝났다. 외자유치 또한 부진해서 1962년 외자유치 목표는 5천만 달러였으나, 실제 도입액은 목표의 12%에 불과한 6백만 달러에 불과했다. 1963년에는 목표액의 절반 정도를 달성하는 데 그쳤다.

결국 정부는 제1차 경제개발 5개년 계획이 시작된 지 3년 후 목표성장률을 7.1%에서 5.0%로 하향조정하면서 이와 함께 수입대체 공업화전략을 수출주도형 전략으로 전환한다. 3년간의 시행착오를 거쳐 수출주도형 전략으로 방향을 바꾸었지만, 자금 부족의 문제는 여전히 어려운 숙제로 남았다.

안보상의 문제

베트남 파병은 경제적인 목적뿐만 아니라 군사적인 측면에서도 매우 중요했다. 북한의 남침 야욕을 저지하기 위해 주한미군은 필수불가결한 존재이다. 그런데, 미국이 베트남전에 적극 개입하면서 주한미군을 베트남으로 전용(轉用)할 가능성이 크게 높아졌다. 주한미군의 감축을 받아들이느냐, 아니면 국군의 파병이냐를 사이에 두고 고민하지 않을 수 없는 처지가 된 것이다. 주한미군을 절실히 필요로 했던 안보상의 절박함도 베트남 파병을 하게 된 큰 원인들 중 하나였다.

(3) 베트남 파병의 효과: 베트남 특수(特需)

안보상의 문제와 더불어 심각한 위기에 처한 경제문제를 해결하기 위해 새로운 돌파구가 절실하게 필요했던 정부는 한일 국교정상화 등과 함께 베트남전 파병의 특수(特需)효과를 꾀함으로써 경제적 난관을 극복하고자 하였다. 기대했던 대로 베트남 파병은 베트남 특수로 이어져 우리 경제가 폭발적인 성장을 이루는 토대가 된다.

무역 부문

수출판로 확보에 애를 먹고 있던 한국경제는 파병하기 시작한 1964년과 1965년부터 대(對)베트남 수출이 급증한다. 1963년 630만 달러에 불과하던 수출액이 5년만인 1969년에는 8배에 가까운 4,710만 달러에 이르고, 그 이듬해인 1970년에는 다시 그것의 1.5배인 7,000만 달러를 상회하게 된다.[1)]

1) 대부분의 통계 수치는 최동주, "베트남 파병이 한국경제의 성장과정에 미친 영향", 『동남아시아연구』, 제11권 봄호, 2001 참조.

〈표 1〉 한국의 대 베트남 수출(1962~1970)

(단위: 백만 달러)

1962	1963	1964	1965	1966	1967	1968	1969	1970
0.8	12.1	6.3	17.6	23.8	23.2	38.0	47.1	70.1

베트남 파병은 대(對) 베트남 수출만 증가시킨 것이 아니다. 규모와 중요성으로 볼 때 핵심은 바로 대미 수출이었다. 대미 수출이 급증한 것은 베트남 파병에 대한 보답으로 미국이 한국에게만 독점적으로 부여한 우호적인 수출조건이 큰 도움이 되었다. 대미 수출은 1964년 약 3,600만 달러에서 1972년 7억6,000만 달러로 약 21배나 증가했다. 한편, 한국의 전체 수출 총액은 1965년 1억7,500만 달러에서 1972년 16억2,400만 달러로 연평균 37.5%씩 증가하였다.

〈표 2〉 한국의 대미 수출(1964~1972)

(단위, 백만 달러)

	1964	1965	1966	1967	1968	1969	1970	1971	1972
대미수출	36.6	61.7	95.8	137.4	237.0	315.7	395.2	531.8	759.0
수출총액	119.1	175.1	250.3	320.2	455.4	622.5	835.2	1,067	1,624

비무역 부문

베트남에는 군인뿐만 아니라 기술근로자 등 민간인도 총 56,000여명이 파견되었다. 한국군은 국내에서 월급으로 불과 1달러60센트를 받았지만, 파병 군인의 경우 평균 40달러 이상을 받았다. 이들 군인들이 국내로 송금한 금액은 1972년까지 약 2억 달러 이상이었다. 또 전사나 부상자에 대한 보상금도 같은 기간 동안 약 6,500만 달러가 지급되었다. 베트남에 파견된 근로자들의 국내 송금도 외화 획득에 큰 몫을 차지했다. 파견 근로자들은 당시 국내 월급의 15배 정도를 받았는데, 1972년까지 이들이 송금한 금액은 총 1억6,600만 달러였다.

민간 근로자들의 진출과 더불어 1966년부터는 서비스업체와 건설업체가 베트남에 진출하기 시작한다. 이들 민간기업들이 국내로 송금한 외화는 총 2억3,00만 달러였다.

국내 기업들의 베트남 진출은 이후 대기업 형성의 기초가 된다. 당시 베트남에 진출했던 현대건설, 한진상사 등이 베트남에서 자본축적의 기회를 잡았다. 현대건설은 베트남 항만공사 등에 참여하면서 한국 건설업계 1위로 도약하였고, 여기서 축적한 기술력은 이후 중동건설 진출에 큰 힘이 되었다. 또 한진상사는 베트남의 미군 군수물자 하역 및 수송을 독점하면서 성장하여 이후 국내 최대의 수송회사로 발전한다.

베트남 특수의 규모

베트남 특수는 베트남에 대한 수출, 한국군에 대한 군납, 그리고 무역외 수입(용역 및 건설군납, 군인 및 기술자 송금, 특별보상지원, 보험금) 등을 포함하여 정의된다. 〈표 3〉은 베트남 특수의 규모(베트남 수입)와 이것이 GNP 및 외환 보유고에 미친 영향을 파악한 것이다.[2]

---

2) 베트남 특수의 규모에 대해서는 연구자에 따라 다소 차이가 있으나, 여기서는 최동주, “베트남 파병이 한국경제의 성장과정에 미친 영향”, 『동남아시아연구』, 제11권

〈표 3〉 베트남 특수와 GNP 및 외환보유고에 미친 영향

(단위, 백만 달러, %)

	1965	1966	1967	1968	1969	1970	1971	1972	총계/평균
A.베트남수입	19.5	62.2	146.8	168.7	205.5	207.8	139.0	83.2	1,036
B. GNP	3,006	3,671	4,274	5,226	6,625	7,834	9,145	10,254	50,035
C.외환보유고	138	236	347	388	550	584	535	694	3,472
A/B	0.6	1.8	3.7	3.6	3.5	3.1	1.5	0.8	2.07
A/C	11.1	28.3	45.3	48.2	42.9	41.2	26.0	12.0	29.83

〈표 3〉에 따르면 베트남 특수가 국민총생산에서 차지하는 비중은 평균 2.07%, 외환보유고에서 차지하는 비중은 평균 약 30%나 된다. 특히 무역외수지의 급증은 경상수지 적자 해소와 외환보유고 확충에 크게 기여하였다. 베트남 파병 기간 동안 외환보유고는 지속적으로 늘어나 1965년 1억3,800만 달러에서 1972년 약 7억 달러 수준으로까지 증가하였다.

(4) 베트남 파병과 한국경제의 성장

앞의 〈표 3〉은 순전히 베트남과의 관계에서 얻은 이익만을 표시한 것이다. 베트남 파병이 직·간접적으로 우리 경제에 미친 영향은 이보다 훨씬 크다. 베트남 파병 이전과 이후의 경제 지표를 비교해 보면 그것을 쉽게 파악할 수 있다. 1963년을 기준으로 파병 마지막인 1973년까지, 즉 1963년 이후 10년 만에 1인당 소득은 약 4배, 국민총생산은 11배, 그리고 수출총액은 37배나 증가했다.

봄호, 2001 참조.

〈표 4〉 베트남전 파병기간 동안의 한국경제 지표 변화

	1인당 소득(달러)	국민총생산(GNP)(억원)	수출총액(만 달러)
1963	100	5,029	8,700
1966	125(약 1.3배)	1조370(2.1배)	2억5,000(2.9배)
1969	210(2.1배)	2조1,553(4.3배)	6억2,300(7.2배)
1973	396(약 4배)	5조1,775(11배)	32억2,500(37배)

주: 괄호 안은 1963년 기준 계산

베트남 파병은 베트남 특수를 통해 경상수지 적자 해소 및 외환보유고 확충에 크게 기여하였다. 이와 함께 수출의 급격한 증가와 우리나라 기업들의 해외진출 및 대기업으로의 성장은 우리나라 경제가 한 발짝 크게 도약하는 데 튼튼한 발판이 되었다. 베트남 파병은 경제기적의 도화선이었다.

15. 고속도로 건설

김영용

(1) 알래스카 이야기

1867년 3월, 당시 미국 국무장관이던 스워드(William Seward)는 1에이커 당 2센트, 총 720만 달러에 미국 본토 면적의 약 20%에 해당하는 알래스카를 사들이기로 제정 러시아와 합의했다. 720만 달러는 당시 미국 정부 예산의 1/3 수준이었으니 획기적 의사결정이었다고 하지 않을 수 없다. 그런데 스워드는 쓸모없는 동토(凍土)를 사들였다는 여론의 비난을 받고 국무장관직을 사임했다. '북극의 냉장고', '어리석은 스워드'는 당시의 여론이 스워드를 조롱하는 말이었다. 이후 그는 "당신의 일생에서 한 가장 중요한 일이 무엇입니까?"라는 질문에 단연코 "알래스카를 매입한 것이다. 그런데 그것을 알기까지는 한 세대는 걸릴 것이다"라고 대답했다. 풍부한 자원도 자원이려니와 냉전 시대에는 물론, 오늘날 미국의 국방상 알래스카의 중요성을 고려할 때 우리는 스워드의 혜안에 경의를 표할 뿐이다.

(2) 건설 찬반과 결단

한국의 고속도로 건설을 이에 비교할 바는 아니지만 당시 1인당 소득이 200달러를 갓 넘어선 1968년에 경인 및 경부고속도로 건설 계획을 세운 것은 획기적이라고 하지 않을 수 없다. 1967년의 정부 예산이 1,800억 원 수준이었음을 감안할 때 경부고속도로의 건설비 430억 원(당초 추정 330억 원 정도)은 당시 예산의 약 1/4 수준에 이르는 매우 큰 규모임을 알 수 있다. 투입되는 예산에 비해 건설 이후 고속도를 이용하여 이동할 여객과 화물이 별로 없을 것이라고 주장하는 유력 정치인들과 지식인들은 고속도로 건설에 격렬하게 반대했다. 세계은행 등 주요 국제금융기관들도 반대했고, 세계은행의 자매기구인 국제개발협회는 경부고속도로보다는 국토 횡단도로 건설을 권고하며 자금 지원에 난색을 표했다. 대한국제경제협의체 또한 마찬가지였다. 심지어는 주무 부처 장관인 건설부 장관도 소극적이고 회의적이었다. 그러나 박정희 전 대통령은 이러한 반대에도 불구하고 1967년 4월 29일 고속도로 건설을 제6대 대통령 선거 공약으로 발표했다. 당시에 고속도로 건설 공약에 찬성하고 환호성을 올린 사람은 정주영 전 현대그룹 창업자밖에 없었다고 할 정도로 언론과 학계의 반대 목소리가 높았다.

박정희 전 대통령은 선거 공약에 따라 같은 해 3월 경인고속도로를 착공토록 했으며(착공식은 5월에 가짐), 11월 7일에는 정부 여당 연석회의에서 경부고속도로 건설을 지시하여 1968년 2월에 착공토록 하는 등, 고속도로 건설 계획을 실천했다. 국가의 지속적인 경제발전을 위해서는 서울과 부산을 잇는 국가 대동맥으로서의 경부고속도로 건설이 시급하다고 판단했던 것이다. 그가 1964년 서독을 방문했을 때 당시 서독 수상이던 루트비히 에르하르트(Ludwig Erhard)와 함께 아우토반을 둘러보고 받은 깊은 인상도 그런 의사결정을 하는 데 일조한 것으로 알려져 있다. 한 마디로 당시로서는 불가능하게 생각되었던 고속도로 건설은 전적으로 박정희 전 대통령의 미래에 대한 통찰력에 의존한 것이었다.

6·25 전쟁 후 한국의 도로 계획은 파손된 도로의 포장과 교량 복구에 치중될 수밖에 없었다. 이후 제1차 경제개발 5개년 계획에 힘입은 경제발전으로 산업 단지가 조성되거나 조성이 예정된 인천과 부산에서의 수출·입 물동량이 증가함에 따라 이 지역에서의 도로 수요가 크게 증가했다. 대통령 선거 공약으로 고속도로 건설이 발표되자, 정부는 1968년 '고속도로건설 10개년 계획'을 세우고 본격적으로 고속도로 건설 사업을 시작하여 경인고속도로를 1968년 12월에, 그리고 경부 고속도로를 1970년 7월에 완공했다.

(3) 건설 재원과 운영 주체

그러나 당시 한국의 재정 형편 상 가장 문제가 되는 것은 역시 재원과 그 조달 방법이었다. 경인고속도로 건설은 현대건설, 대림산업, 삼부토건의 3개 회사가 경인고속도로주식회사를 설립하여 민자사업 형태로 진행했다. 총 공사비 33억 8천만 원은 민간자본 12.8억 원, 자동차 관련 세금 및 공채 발행으로 14.7억 원, 아시아개발은행 차관 6.3억 원으로 충당했다. 이후 1969년 2월 한국도로공사가 설립되어 고속도로에 대한 모든 운영을 관리하게 됨에 따라, 민간회사의 투자비 보전 약정을 체결한 후 1970년 3월에 한국도로공사가 경인고속도로에 관한 운영권을 인수하였다.

경부고속도로의 경우에는 정부가 경제기획원(산출 포기), 재무부(B안, 321억 원), 건설부(650억 원, 추후 450억 원으로 수정), 서울시(180억 원), 육군공병감실(490억 원), 현대건설(280억 원) 등으로 하여금 공사비 소요액을 추산토록 하였다. 재무부는 총공사비 추산액 321억 원의 1/4 정도를 IBRD 공공차관, 미공법480(PL-480) 지원으로 충당하고, 나머지는 휘발류세 인상(100%에서 200%로 인상), 도로공채 발행, 군장비 동원 등으로 조달하는 방안의 경부고속도로 건설 계획을 수립했다.[1] 물론 건설 후 예상되는 통행료 수입도 장기 예산 계획에 포함했다. 당시에는 고속도로 건설 경험이 일천하여 타당성 분석과 설계 등 모든 면에서 초보적 수준이었다. 설계는 실제 공사를 하면서 변경하는 방식으로 진행하였으며, 건설 중의 감리와 건설 이후 관리 체계도 엉

1) 김용환, 『개발년대와 IMF 위기시의 재정금융정책비사: 靜岩 金龍煥의 자전적 에세이. 임자, 자네가 사령관 아닌가』, 제3장, 매일경제신문사, 2006.

성한 수준이었다.[2] 이런 이유들로 말미암아 총 건설비는 430억 원으로 집계되었다.

경인·경부고속도로 건설을 시작으로 1970~80년대에는 빠른 경제 성장을 뒷받침하기 위해 전국의 산업단지를 연결하는 고속도로망이 건설되었으며, 1990~2000년대에 자가용 승용차 보유 대수가 폭발적으로 증가하면서 대규모 고속도로 건설 계획이 수립되어 오늘에 이르렀다. 그동안 설계와 시공 기술의 발전은 물론, 초기의 성공적 건설로 해외 차관도 용이하게 도입할 수 있었다. 2018년 현재, 한국의 고속도로 총연장 길이는 4,776km에 이른다. 건설 중인 노선까지 합하면 5,360km가 될 전망이다. 촘촘한 고속도로망의 양적 증가와 함께 하이패스를 비롯한 통행료 수납 체계 개선을 통해 질적 성장을 이룩했으며 도로 유지보수 측면에서도 과학적 체계를 갖추고 있다. 이러한 한국의 고속도로 건설과 운영 경험은 개발도상국들의 경제 발전 과정에 부응한 고속도로 건설과 운영 체계를 배울 수 있는 모범 사례가 될 것이다.

당시 한국의 사정으로는 정부가 철도나 고속도로의 건설 주체가 되는 것은 자연스러운 일이었다. 총연장이 23.5km에 불과한 경인고속도로 건설에는 민간 자본이 투입되었지만, 당시 민간 부문의 자본력은 물론 정부 재정 여건도 고속도로를 건설하기에는 태부족이었다. 따라서 정부는 세금과 도입 차관 등으로 건설 자금을 집적화하고

2) 국토교통부, 서울시립대학교, 『2012 경제발전 경험 모듈화사업: 고속도로 건설 및 운영』, 2013.

공기업을 설립하지 않고 현대건설을 비롯한 민간 기업들이 시공을 담당토록 했다. 이는 곧 경제에서 개인의 자유를 보장하고 확대하는 것은 언제나 중요하지만, 발전 초기에는 경제 주체들의 활동을 돕는 시장의 형성과 사회간접자본 건설에 있어 정부의 역할도 중요하다는 사실을 의미한다.

(4) 고속도로 건설의 효과와 평가

고속도로는 한국의 경제성장에 커다란 역할을 하였다. 첫째, 지역 간 이동 수단의 발전은 육상, 해상, 공중의 교통수단 혁신을 통해 이뤄지는데, 교통수단의 혁신은 여객과 물자 이동에 소요되는 시간비용 등, 제반 거래비용을 낮춤으로써 경제 활동을 촉진한다. 고속도로 연결망의 경제적 효과는 운송 수단의 혁신으로 세계의 무역 규모가 획기적으로 커진 것과 같다. 무역이 비교우위에 바탕을 두고 일어나지만 비교우위에 따른 재화가 국가 간에 이동하기 위해서는 운송 수단이 뒷받침되어야 하기 때문이다. 또한 정보 통신의 발달도 국가 간 무역 확대에 긴요하지만, 그런 정보의 이점을 실현하기 위해서도 운송 수단의 개선이 필수적이다. 고속도로 건설은 국내의 지역 간 교역을 확대하여 경제 성장을 촉진한다.

둘째, 고속도로 건설로 일정한 지역 내의 수요를 넘어 전국 및 국제적 수요에 맞춰 규모의 경제를 실현할 수 있는 기초를 마련함으로써 전 산업에 대한 생산, 부가가치, 고용 증가의 파급효과를 낳을 수 있다. 즉 기업 활동을 확대하여 부(富)와 고용을 증가시킴으로써 사람들의 물질적 생활의 향상과 수준 높은 문화생활을 가능하게 한다. 또한 지역 간 여객과 화물의 이동을 용이하게 하여 물질적·문화적 통합을 촉진할 수 있다. 물론 고속도로가 통과하는 지리적 차이에 따라 그 효과가 상이하게 나타날 수 있고 생산과 물류 흐름의 변화로 경쟁지역에 비해 장·단기적으로 경제적 형편이 열악해지는 지역도 생길 수 있다는 점을 간과할 수는 없다. 그러나 경제 활동 기회의 확대에 따라 사회 전체의 부가 증가하여 사람들의 전반적 생활수준이 높아지는 것은 분명한 사실이다.

셋째, 고속도로 건설이 도로에 대한 수요 증가에 부응하는 측면이 있는가 하면, 고속도로가 아직 국내에서 생산되지 않았던 새로운 재화의 생산을 견인하는 측면도 있다. 고속도로 건설에 적극적으로 참여한 정주영 현대그룹 창업자는 고속도로를 건설하면서 이미 자동차 생산을 생각했을 것이며, 실제로 오늘날 한국의 자동차 산업이 세계적 수준으로 도약하는 계기를 마련했다. 협소한 국내 시장을 넘어 국제 시장을 겨냥한 것이지만 고속도로 건설이 그런 생각을 앞당겨 구체화하는 데 기여했다.

요약컨대, 6·25 전쟁 후 거의 모든 산업이 파괴되어 열악한 경제 환경에서 경제개발의 시작과 함께 증가하는 도로 수요를 충족함은 물론, 미래의 경제 성장과 발전에 부응할 수 있는 고속도로를 건설한 것은 한국 경제사에 매우 중요한 이정표를 세운 것이다. 다수의 정치인들과 지식인들, 그리고 국제기구의 격렬한 반대에도 불구하고 미래를 내다보는 비전으로 고속도로 건설을 계획하고 실천한 박정희 전 대통령의 혜안이 돋보이는 부분이다.

16. 부가가치세 도입과 재정건전화 정책

이영환

(1) 시대적 환경과 정책의 배경

조세제도는 한 국가의 경제는 물론 정치·사회와 밀접한 관계를 가진다. 경제·정치·사회가 변화함에 따라 그에 맞추어 세제도 변화하며, 반대로 세제의 변화는 경제주체의 행태 변화를 통해 경제·정치·사회에 영향을 주게 된다.

1954년 프랑스에서 처음 도입된 부가가치세는 1970년~1973년에 거의 모든 EC 회원국들이 도입하였다. 그러나 1980년 이전까지 전 세계적으로 부가가치세를 도입한 국가는 20여 개국에 불과하였다. 우리나라는 1977년 7월 아시아에서는 공식적으로 처음[1] 부가가치세를 도입·실시하였다. 이러한 부가가치세의 도입·실시는 우리나

1) 1970년대 초반 당시 전쟁 중이었던 월남이 부가가치세를 도입하였으나, 준비부족 등으로 폐지되었다가 1999년에 다시 도입하였다. 유럽 이외의 국가 중에서 우리나라 보다 부가가치세를 먼저 도입한 국가는 칠레로 1974년에 도입하였다.

라 경제·세제에 큰 획을 긋게 되는 사건이었다.

당시 정부가 부가가치세 도입을 결정하게 된 가장 큰 이유는 경제개발에 따른 재정수요 확보 때문이었다.[2] 당시 정부는 경제개발에 필요한 재원확보를 위하여 다양한 세원을 개발한 결과 세제는 복잡해져 있었다. 따라서 더 이상 세율의 인상만으로는 필요한 세수를 확보하는 것이 어려운 상황에서 당시 복잡하고 후진적이었던 간접세 제도를 정비하고, 이를 통해 세제를 선진화하고자 하는 이유도 있었다. 즉, 부가가치세 도입의 목표는 전반적인 세율인상을 통한 세수증대가 아니라 세제의 선진화를 통하여 탈세를 획기적으로 감소시키고, 과세기반을 확대함으로써 자연스럽게 세수가 증가하는 것이었다. 그러나 새로운 세제의 도입은 세수증대 및 세제의 선진화라는 편익뿐만 아니라 비용을 유발하게 된다. 즉, 물가상승에 대한 우려와 조세부담의 역진성이라는 무형의 비용과 거래징수를 위한 납세순응비용 등의 유형의 비용을 유발시키게 된다.

당시 정부는 1971년 부가가치세 도입을 장기과제로 설정하고, 외국 조세전문가들의 자문을 통해 도입여부를 결정하였다. 그중 1972년 IMF의 다이에그난(James C. Duignan)[3]은 다음과 같이 부가가치세 도입

---

2) 당시 우리 경제는 성공적인 제1차·제2차 경제개발5개년 계획 이후, 중화학공업으로 집약되는 제3차 경제개발5개년 계획(1972~1976) 단계로 접어들었다. 중화학공업은 많은 자금이 소요되기 때문에 재정·금융 부담의 증가는 필연적 이었다.

3) 1972년 IMF의 다이에그난(James C. Duignan), 1973년 7월 UN의 셔어프(Carl S. Shoup), 트레이트(Alan A. Trait) 등 조세전문가에게 자문을 구하고, 1974년 7월~8월에는 공무원 및 학계인사로 구성된 조사단을 유럽 국가 등에 파견하여 조사하였다. 김용환, 『개발연대와 IMF위기시의 재정·금융정책 비사』, 매일경제신문사, 2006. 참조

을 위한 유리한 여건을 우리가 이미 확보하고 있음을 지적한 바 있다.

첫째, 부가가치세 실시를 위한 기본적인 여건인 사업자등록제도를 이미 실시하고 있다. 둘째, 영업세를 분기별로 이미 납부하고 있기 때문에 분기별로 납부하는 부가가치세를 시행하더라도 조세저항이 적을 수 있는 환경이다. 셋째, 원천징수제도가 이미 시행되고 있기 때문에 부가가치세를 시행하더라도 충격이 최소화될 수 있는 여건이다. 넷째, 물품세를 대체하여 부가가치세를 도입하는 경우 자본재 취득에 대해 세액공제를 하더라도 세수에 미치는 영향은 적을 것이다.

이처럼 우리나라는 부가가치세를 도입하기에 상대적으로 유리한 여건을 이미 확보하고 있었기 때문에 부가가치세 도입에 따른 추가비용이 상대적으로 적을 것으로 판단하였다. 이는 부가가치세 도입 결정의 배경 중의 하나였다.

(2) 부가가치세 도입 결정

부가가치세 도입은 근본적으로 재원조달 측면 이외에도 다음과 같은 장점을 가지고 있었다. 첫째, 당시에는 소득파악이 제대로 되지 않아 인정과세가 만연하였지만, 세금계산서의 수취를 의무화함에 따라 인정과세의 폐해를 시정할 수 있다. 둘째, 소비지국 과세원칙에 따라 영세율제도를 운영함으로써 수출을 증진할 수 있다. 셋째, 매입세액 공제를 통하여 투자를 촉진할 수 있다. 따라서 탈세가 어려워지

게 되고, 안정적인 세수확보가 가능해지게 된다.[4]

이러한 장점을 가진 부가가치세는 1976년 11월 29일 제96회 정기국회 본회의에서 18개의 다른 세법안과 함께 통과된다. 대부분 만장일치로 통과되었던 다른 법안들과는 달리 부가가치세 세법제정안은 표결을 거쳐 통과된다. 표결결과는 재석의원 176명 중 찬성 128표, 반대 47표이었다.[5]

부가가치세의 도입은 순조롭게 진행된 것만은 아니었다. 처음 장기적인 세제개혁 방안으로 부가가치세 도입이 논의된 1971년부터 도입을 결정한 1975년까지, 그리고 입법이 완료된 1976년부터 실제 시행된 1977년을 거쳐, 1980년의 국가보위비상대책위원회 시절까지 부가가치세의 도입 반대의견은 국회, 기업, 언론 등에서 다양한 방식을 통해 제기되었을 뿐만 아니라, 당시 정부 내의 부처 간에도 이견이 노정되었다.

부가가치세의 시행 다음 해인 1978년 국회의원 선거에서 여당이 과반수 의석을 차지하였으나, 득표율에 있어서 야당이 1.1% 우세한 결과가 나왔다. 이러한 결과는 부가가치세 때문이고, 당시 사회 일반의 분위기가 부가가치세에 커다란 문제점이 있어서 그것을 개선해야

4) 최 광, 『한국의 부가가치세 : 경험과 시사점』, 한국개발연구원 국가정책대학원, 2008.

5) 당시 박정희 대통령은 1973년 신년 경제운영계획을 통해 1977년까지 세제의 선진화를 위해 부가가치세를 도입하겠다고 공식적으로 밝히게 된다. 구체적으로 당시 정부는 1971년 세제심의회의를 통해 늦어도 1976년까지 직접세 부문은 완전한 종합소득세제로, 간접세 부문은 부가가치세 또는 매상세로 단일화하는 방침을 정하게 된다.

한다는 의견도 있었다. 이유가 어떠하든 부가가치세는 시행된 지 1년 만에 과세특례자의 범위를 대폭 인상(1,200만원에서 2,400만원으로)하게 되었다. 또한 경제과학심의회에서 부가가치세의 개선방안에 대한 논의가 진행되어 보완책으로서 과거의 영업세 제도로 환원하자는 안이 제시되고 있는 가운데 10·26사건이 발생하게 되었다.

10·26사건 후 국가보위비상대책위원회에서도 부가가치세 폐지문제가 심각하게 논의되었다. 그러나 부가가치세에 대한 대가는 이미 박정희 정권에서 다 치렀기 때문에 재정을 위해서는 부가가치세가 반드시 필요하고, 다시 개정을 한다면 새로운 혼란이 있을 수 있으므로 현명하지 못하다는 반대에 따라 존속하게 된다.

(3) 정책의 주요 목표

세수의 증대

우리나라는 1962년부터 경제개발 5개년 계획을 실시하면서 주로 외국의 차관이나 새로운 세제를 개발하여 재원을 조달하였다. 외국자본에 대한 많은 의존은 경제성장의 과실을 해외로 유출하는 결과가 되기 때문에 세수증대를 통한 투자재원 마련은 절실하였다. 재정수요의 충족을 위해서는 새로운 세목을 추가하거나 기존 세목의 세율을 인상하는 것이 필요하다. 그러나 필요에 따라 세목을 신설하거나 폐지해온 결과, 세제가 지나치게 복잡하게 되어 있어 새로운 세목을 신설하거나 기존 세목의 세율을 인상하는 것만으로 세수를 증대하는 데 한계에 부딪치게 되었다.[6] 따라서 근본적으로 세제를 개혁해야 할 필요성이 대두되었다.

세수증대를 위한 세제개혁의 방안으로 부가가치세 도입을 검토한 이유는 다음의 두 가지로 정리할 수 있다. 첫째, 간접세[7]는 상대적으로 조세저항을 낮추면서도 일반적인 소비지출에 따라 세수를 증대시킬 수 있다. 또한 사업자가 아닌 최종소비자가 조세부담을 하게 된다는 점에서 당시 경제개발의 핵심주체인 제조업 등에 추가적 부담을 주지 않으면서도 세수증대를 할 수 있다는 장점이 있다. 둘째, 당시 간접세목은 영업세[8], 물품세, 석유류세, 직물류세, 통행세, 입장세, 전기가스세, 유흥음식세 등으로 매우 다양하고 복잡하였다. 따라서 기존의 복잡한 간접세를 통하여 보다 간결하면서도 이론적으로도 완벽한 부가가치세를 도입할 것을 검토하게 된 것으로 보인다.

---

6) 재무부, 『부가가치세제사』, 1990.

7) 사실 직접세 간접세란 용어가 매우 잘못 사용되고 있다. 우리나라 국세통계연보는 내국세를 직접세와 간접세로 구분하고, 조세와 관련한 일반적 정책적 논의에서도 직접세, 간접세 구분을 의미 있게 사용하고 있다. 그러나 문제는 어느 세목도 정확히 직접세인지 간접세인지 알 수 없다는데 있다. 직접세는 납세자와 담세자가 동일한, 즉 조세의 전가가 전혀 이루어지지 않는 조세이고, 간접세는 납세자와 담세자가 상이한, 즉 조세의 전가가 전부 이루어지는 조세를 의미한다. 문제는 조세의 전가가 전혀 이루어지지 않거나 전부 전가되는 세목이 존재하지 않는다는데 있다. 어느 세목이든지 정도의 차이만 있을 뿐 조세의 전가는 이루어질 수밖에 없다. IMF나 IBRD 등 국제기구에서는 간접세라는 용어를 사용하지 않고 '소비에 대한 과세'라 표현한다.

8) 당시 영업세는 사업자의 수익에 대하여 과세하는 구조로 되어 있어 엄밀한 의미에서 간접세라고 보기는 어려운 측면도 있다.

간접세 체계의 정비

부가가치세 도입을 검토하게 된 또 하나의 배경에는 간접세 세목이 다양하고 세율체계가 복잡하여 조세회피가 만연하는 등 간접세 운영의 선진화가 절실하다는 판단 때문이었다.[9] 부가가치세 도입 이전 가장 대표적인 간접세였던 영업세는 20개 업종별로 최저 0.5%에서 최고 3.5%에 이르는 세율로 과세되고 있었고, 물품세는 75개 물품에 대해서 최저 2%에서 최고 200%에 이르는 세율로 과세되고 있었다. 이러한 복잡한 체계는 필연적으로 조세의 중립성을 훼손하게 된다. 즉, 보다 낮은 세율을 적용받기 위한 다양한 조세회피 수단이 활용되게 되며 이에 따라 세수의 감소가 뒤따르게 된다.

근거과세 확립

부가가치세 도입 이전의 간접세 체계에서의 또 다른 문제점은 간접세 중 가장 비중이 컸던 영업세에서의 인정과세였다. 이는 과세표준을 기장에 의하여 신고하지 않고 과세당국이 일방적으로 결정하는 방식을 의미한다. 당시 영업세는 사업자가 과세표준을 신고는 하지만, 최종적으로 과세당국이 결정하는 방식이었다.[10] 이러한 방식은 대부분 영세한 사업자들을 대상으로 하는 영업세의 특성상 납세의무

---

9) 최초로 부가가치세 도입을 장기세제 방향을 설정하였던 1971년 세제심의회의 『장기세제의 방향』 보고서에서도 이와 같은 문제점을 언급하고 있다.

10) 「영업세법」 제26조 및 「영업세법」 제29조를 보면, 당시 영업세는 신고가 아닌 결정에 의하여 과세표준과 세액을 결정되고 있었음을 보여준다.

자의 자신신고에만 의존하기는 어려웠기 때문이다.

물론 당시 정부에서는 다양한 방식으로 납세자들의 기장을 유도하고 기장에 따른 신고를 하도록 지도하고 있었다. 우선 기장의 성실한 이행을 위하여 기장이행에 대해서는 세액공제 혜택을 부여하였으며 불이행에 대해서는 가산세를 부과하였다. 또한 녹색신고제도를 실시하여 녹색신고자에 대해서는 실지조사가 아닌 서면조사에 의하여 영업세를 부과·결정하도록 하였다.

이러한 노력에도 불구하고 영업세는 대부분 추계조사결정에 의하여 부과되었다. 실제로 영업세가 시행되고 있던 시기에는 개인납세자의 대부분이 무기장이었고, 성실신고를 기대할 수 있는 사회적 분위기가 아니었기 때문에 불가피하게 광범위한 추계결정이 이루어졌다.[11]

세율

세율체계를 정함에 있어서 가장 먼저 해야 할 일은 단일세율 혹은 복수세율 간 선택의 문제이다.[12] 복수세율은 다양한 과세대상별로 세율을 달리 적용할 수 있어서 부가가치세의 조세부담의 역진성을 완화할 수 있다는 장점이 있다. 그러나 세액계산 등이 복잡해져서 당시 상황에 비추어 바람직하지 않은 것으로 판단하였다. 이와 같은 판단

---

11) 배 도, 『소중한 인연들, 감사하는 마음』, 삶과 꿈, 2002

12) 부가가치세율을 얼마로 할 것인가도 큰 논란을 불러올 수 있는 사안이었다. 이는 세율이 낮을 경우에는 기존의 간접세수를 충당하지 못하게 될 것이며, 세율이 높일 경우에는 조세저항과 함께 물가상승 요인이 될 것이기 때문이었다.

에 따라서 부가가치세는 단일세율로 하고 조세부담의 역진성을 보완하기 위하여 부가가치세와는 별도로 특별소비세를 도입하기로 결정하였다.

그다음은 기본세율을 얼마로 정할 것인가로 이론적으로는 기존의 간접세수를 대체할 수 있는 세율이 얼마인가 하는 것을 찾아내는 것이었다. 그러나 불행히도 당시 우리나라에서는 이러한 세수추계를 한다는 것이 매우 어려운 과제였다. 이론상으로는 어떠한 세수추계 방법을 이용하든지 결과가 같아야 하지만, 현실적으로는 추계방법과 사용하는 자료에 따라서 결과가 달라질 수밖에 없다. 최종 추계결과로는 최소 9.58%에서 최대 12.77%까지 나왔으며, 이에 따라 13%를 기본세율로 정하기로 하고, 여기에 최대 5%를 가감할 수 있도록 하는 탄력세율제도를 도입하기로 하였다.[13]

(4) 정책의 시간적 흐름과 주요 참여자

도입 당시인 1977년의 세수추정치는 2,100억 원이었으나 1977년 부가가치세 세수는 2,416억 원으로 추정치를 초과하였고, 1978년에는 무려 8,389억 원으로 껑충 뛰며 내국세의 37.3%를 차지하는 소위 '효자 세목'으로 떠올랐다.[14]

---

13) 강만수, 『현장에서 본 한국경제 30년 - 부가세에서 IMF까지』, 삼성경제연구소, 2007.

14) 그러나 부작용도 만만치 않았다. '3년간의 준비와 예행연습을 반복해 문제가 없을 것'이라는 당시 재무부의 장담을 비웃듯 각종 부작용이 쏟아졌다. 서울의 동대문

1977년 7월부터 시행된 부가가치세가 오늘의 모습을 갖추기까지 매년 크고 작은 개정이 있었다. 이제 부가가치세를 폐지하자는 주장은 사라졌지만, 문제점을 지적하고 개정을 요구하는 주장은 계속되고 있다. 주요 내용은 다음과 같다.

부가가치세 시행 당시부터 면세의 범위를 어떻게 설정할 것인가에 대한 논란이 있었다. 많은 논란 끝에 최초 「부가가치세법」에서는 총 18개 품목을 부가가치세 면세로 규정하였다. 최초 면세의 범위는 물가상승 억제나 과세 편의성을 고려하여 설정되었는데 이러한 면세범위는 사회경제적인 변화에 맞추어 변화할 수밖에 없는 속성을 가진다. 1977년 7월 「부가가치세법」이 시행될 당시 18개 품목으로 설정된 면세범위는 현재 19개 품목으로 규정되어 있다. 「부가가치세법」상 조문으로는 최초 「부가가치세법」에 비하여 크게 달라진 것은 없어 보인다. 그러나 부분적으로는 거의 해마다 「부가가치세법」상 면세범위는 바뀌어 왔다.

또한 「부가가치세법」을 제정할 당시부터 소규모 사업자에게 제공

시장과 남대문시장 상인들은 부가가치세 적용 2개월 뒤 '부가가치세 때문에 장사가 안 된다'며 집단으로 상가문을 닫았다. 당시 유신정권은 주요 도매시장의 철시(撤市)사태는 힘으로 제압, 시장의 문을 열었으나 뛰는 물가에는 도리가 없었다. 가뜩이나 공공요금 인상만으로도 물가가 두 자리 수로 뛰던 시절, 상인들이 10% 세율만큼 가격을 올리는 통에 전반적으로 물가가 크게 올랐다. 부동산은 더욱 요동쳤다. 한 달 사이에 서울 주요지역 아파트가 30%나 폭등하였다. 여의도 지역의 아파트 값은 1년 동안 3배 이상 뛰었다. 아파트 파동과 30~40%의 물가 앙등, 소비부진은 1978년 총선에서 당시 집권 공화당이 당시 야당인 신민당에 득표율에서 1.1% 뒤지는 정치적 이변으로 이어졌다.

되는 특례의 방법과 범위를 어떻게 설정할 것인가는 논란이 되었다. 최초 「부가가치세법」을 입안할 때에는 도입 이전 영업세 방식을 소규모 사업자에게 그대로 적용하기로 하였으며, 적용기준도 수입금액 연간 1,200만원 이하의 사업자로 하였다. 그러나 소규모 사업자에 대한 특례가 「부가가치세법」의 근본취지를 흔들고 부가가치세를 회피하는 온상이 되었다는 많은 비판에 시달려 왔으며 이에 대해서는 아직도 논란이 진행 중이다.

최초 부가가치세 도입 시 과세특례제도로 출발하였던 소규모 사업자 특례는 1996년 종전 과세특례제도와 다른 간이과세제도가 도입됨으로서 큰 변화를 맞이하였다. 당시 과세특례자가 되기 위한 조건은 연간 공급가액 4,800만원 이하였으며, 간이과세자가 되기 위한 조건은 연간 공급가액으로 1억 5천만 원 이하였다. 2000년 마침내 과세특례자가 간이과세자로 흡수되면서 과세특례제도는 폐지되었고, 간이과세자가 되기 위한 공급대가 조건도 4,800만원으로 인하되면서 오늘에 이르고 있다.

1978년 당시 부가가치세에 대한 국민들의 불만이 선거 패배요인으로 꼽히면서 부가가치세제 도입의 주역이던 당시 남덕우 경제부총리 겸 경제기획원 장관, 김용환 재무부 장관, 김정렴 대통령 비서실장 등이 옷을 벗었다. 박정희 대통령은 실물 경제와 수출을 담당하는 상공부 장관만 빼고 경제부처 장관을 모두 교체하였다. 부가가치세 도입의 영향은 여기서 그치지 않았다. 박정희 정권의 몰락을 초래한 원인으로도 손꼽힌다. 10·26 사태 직후 당시 공화당에서는 부가가치세 폐지와 도입을 주도한 담당자 문책론까지 나오게 되었다. 소위 '5공 정권의 설계자'로 불리는 허화평은 다음과 같이 평가하고 있다. "유가 폭등과 중화학공업에 대한 과잉 투자가 경제 전반을 압박하는 와중에 1976년 정부가 도입한 부가가치세가 기업은 물론 중소 영세 상인과 일반 소비자들의 경제적 부담을 가중시킴으로써 일반 국민들이 동요하기 시작했다. 정치적 긴장과 조세 불만이 복합적으로 작용해 폭발한 것이 부산과 마산 지역에서 발생한 부마사태이다."[15]

반대의 시각도 있다. 강만수 전 장관은 "부가가치세 도입으로 세입도 물가도 모두 잡았다.…(중략)… 박정희 대통령 시해의 주요 원인이 유신체제와 부마사태인 것을 세상이 다 안다. …(중략)… 10·26 사건의 원인을 부가가치세로 돌리는 것으로 방향을 착오한 공화당은 12·12 사태를 일으킨 젊은 군인들에게 정국의 주도권을 빼앗기고 역사에서 사라졌다."[16]

(5) 자유주의 시장경제 관점에서의 평가

부가가치세가 1977년 7월 시행된 지 이제 41년이 경과되었다. 도

---

15) 참여정부시절 민주당 소속 김종인 의원은 종합부동산세 도입을 반대하며 이렇게 말한 적이 있다. "경제가 어려워지니까 부가가치세를 도입했고, 선거에서 패배했는데도 수습방안보다 강권으로 나가다가 부마항쟁이 촉발돼 결국 유신 정권이 무너졌다."

16) 강만수, 『현장에서 본 한국경제 30년 - 부가세에서 IMF까지』, 삼성경제연구소, 2007.

입 당시 많은 논란에도 불구하고 부가가치세가 무사히 정착하였고, 이제 어느 누구도 부가가치세를 폐지해야 한다고 주장하는 사람은 없다. 지금 부가가치세는 우리나라의 대표적인 간접세이고, 내국세수의 40% 가까운 세수 비중을 차지하고 있으며, 2017년을 기준으로 부가가치세는 약 61조원, 개별소비세 약 9조원의 세수를 올리고 있어 단일세목으로 가장 큰 세수를 가져오는 세목이 되었다.

세수측면에서의 평가

부가가치세 도입이 과연 성공적이었는지를 객관적으로 평가하기는 어렵다. 다만 부가가치세가 도입된 이후 얼마나 많은 세수가 확보되었는지를 살펴봄으로써 성공 여부를 간접적으로 확인해볼 수 있다.

먼저, 단순하게 간접세의 세수규모를 살펴보면, 부가가치세가 도입되기 이전인 1976년의 간접세수 규모[17]는 6,600억 원이었지만, 부가가치세가 도입된 1977년에는 8,800억 원[18]으로 증가하였고, 도입 이듬해(1978년)에는 1조 1,600억 원으로 1조원을 돌파하였으며, 2017년 현재 약 61조원에 이르고 있다. 이렇게 간접세수 규모는 엄청나게 증가하였지만, 부가가치세 도입이 간접세수에 미치는 영향은 그렇게 뚜렷하지는 않은 것 같다.[19] 이는 당초 부가가치세 도입 목적이 직접적인 세수증대보다는 근거과세 확립을 통한 우회적인 세수증

---

17) 영업세, 물품세 등 8개 간접세의 합계액을 말한다.

18) 부가가치세와 특별소비세의 합계액을 말한다.

19) 1978년부터는 부가가치세와 개별소비세(특별소비세)의 합계를 나타내고 있다.

대를 목적으로 삼았기 때문이다.

왜냐하면, 부가가치세 도입 당시 내국세에서 차지하는 간접세의 비중이 약 52%이었으나 그 비중은 점차 감소하여 2017년 현재 약 38% 정도이다. 매년 그 비중은 증가하거나 감소하였지만, 부가가치세 도입이 특별한 계기를 가져왔다고는 보이지는 않는다.[20] 물론 간접세 세수 비중은 부가가치세가 도입되기 이전에도 컸으며 부가가치세 도입 이전 8개 간접세의 세수 규모는 소득세와 법인세보다 훨씬 컸다. 또한 부가가치세 도입의 성공 여부는 단지 세수 규모나 비중으로만 평가할 수도 없다. 그러나 부가가치세가 도입되기 이전 8개로 분리되어 있던 간접세가 부가가치세와 특별소비세로 통합되었고, 이를 통해서 이전의 간접세의 세수 규모나 비중이 변함없이 유지되었다는 것은 단순한 세제를 통해서 동일한 세수 규모를 달성하였다는 의미로 받아들여질 수 있으며, 부가가치세 도입이 세제운용의 효율성을 제고시켰다는 점으로 평가할 수 있을 것이다.

세무행정 측면에서의 평가

부가가치세 도입의 목적은 단순하게 세수 증대에만 있었던 것은 아니었다. 즉, 부가가치세 도입으로 근거과세를 실현하고, 과세기반을 넓히고자 하는 의도가 있었던 것은 명백하다. 이런 면에서 보면 부가가치세 도입의 성공 여부를 단순히 세수만 가지고 평가하기보다

20) 부가가치세가 도입된 1977년 간접세가 차지하는 비중이 48%에서 52%로 상승하였다.

는 세무행정에 대한 기여도 측면에서도 평가가 이루어져야 한다.

부가가치세 도입이 가져온 가장 큰 긍정적인 효과는 세금계산서 수수관행을 정착시킴으로써 근거과세의 기틀을 마련했다는 데 있다. 물론 아직도 세금계산서를 발행하지 않는 간이과세자의 수가 상당한 비중을 차지하고 있으며 세금계산서를 둘러싼 조세회피가 끊이지 않고 있다. 그러나 적어도 최종소비자를 상대하지 않는 중간단계의 사업자들에게는 매출시점에서 세금계산서를 교부하고 매입세금계산서를 교부받는 관행은 정착되었다고 평가할 수 있다. 그리고 최근 전자세금계산서의 도입은 이러한 경향을 더욱 촉진시킬 수 있을 것이다.

17. 기업가를 경제 건설의 주역으로 세우다

김정호

(1) 사농공상에서 상공농사로

박정희 대통령은 어느 날 상공부장관인 박충훈에게 이렇게 물었다.

"사농공상에 대해서 어떻게 생각하시오?"

박정희가 기술과 산업을 중시한다고 생각한 박충훈은 이렇게 답했다.

"사농공상이 아니라 공상농사가 되어야 한다고 생각합니다."

그러자 박정희는 이렇게 받았다.

"아무리 물건을 잘 만들어도 팔지 못하면 아무 소용없소. 그러니까 상공농사가 맞소"

이 대화는 박정희가 기업인들의 역할을 얼마나 중요하게 생각하는지 잘 보여준다. 박정희 정부에서부터 정부와 기업은 강력한 파트너십을 형성한다.

(2) 경제개발계획과 민간 기업가의 역할

박정희 정부는 정부주도의 경제개발계획을 추진하면서도 실행에서는 최대한 민간 기업가들을 활용했다.

구로공단, 마산수출자유지역을 만들어서 재일교포 사업가들이 한국에 투자하도록 멍석을 깔았다. 그들이 경제개발 초기에 일본과 미국으로 수출된 메이드인코리아 제품의 주역들이다. 또 기업가들이 요청한 울산공업단지를 만들어 정유, 자동차 등의 공장을 지을 기반을 마련해 줬다. 이들이 선진국의 시장에 자사 제품의 수출을 늘려가는 과정이 바로 초기 한국경제의 발전과정이었다.

1973년 박정희 정부는 중화학공업에 대한 적극적 투자를 선언한다. 섬유 가발 합판 같은 경공업에서 새로운 차원으로 올라서겠다는 선언이었다. 놀라운 것은 국가의 운명이 걸린 중대한 사업을 민간 기업에게 맡겼다는 것이다. 주로 1960년대에 수출실적이나 고속도로 건설 등으로 실력을 입증한 기업들이 그 역할을 맡았다.

이는 두 가지 점에서 큰 도박에 가까운 것이었다. 첫째는 국가의 대사를 공무원이 아니라 민간 기업가에게 맡겼다는 것이고 둘째는 빈익빈 부익부라는 비난을 들을 것이 뻔한데도 이미 성공을 거둔 기업들에게 더욱 큰 기회를 몰아줬다는 것이다. 그리고 40년이 지난 오늘날 그 중화학공업들이 한국을 대표하는 산업과 기업이 되어 있다. 삼성전자, LG 전자, 현대차, 기아차, 현대중공업, 대우조선, 삼성중공업, SK, GS, 현대건설, 대우건설 등 널리 알려진 한국 기업들은 대부분 중화학업종에 속한다. 성공한 대기업 중에서는 포스코만이 유일한 국영기업이었다.

(3) 다른 신생국들과의 차이: 국영기업 대 민간기업

여기서 우리가 주목해야 할 점은 한국만 중화학산업의 육성했던 것이 아니라는 사실이다. 1950년부터 1980년 사이에 다수의 신흥독립국(또는 제3세계국가들)이 중화학산업에 투자했다. 자동차산업를 예로 들자면 이집트, 파키스탄, 말레이시아, 인도네시아 브라질 등 신흥 독립국들이 공장을 세웠다. 하지만 이들 중 글로벌 자동차 기업을 배출한 것은 한국뿐이다. 한국의 현대자동차와 기아자동차만이 내수산업을 넘어서 전 세계에 자동차를 수출하고 있다.

결정적인 차이는 누구를 주체로 했는가에 있다. 한국은 자동차산업을 처음부터 민간 기업에 맡겼다. 현대자동차, 기아자동차, 신진자동차 등이 모두 민간 기업이었다. 정부의 개입이 없었던 것은 아니지만 신차의 개발, 해외 현지 공장 건설 등 중요한 결정들은 민간 기업이 스스로 내렸다.

다른 신흥독립국들은 국영기업 방식을 취했다. 브라질 정부는 1942년 국영기업의 형태로 FNM(Fábrica Nacional de Motores)이라는 자동차 기업을 세웠다. 자동차 엔진과 완성차를 만드는 기업이었다. 이 기업은 적자가 쌓여서 1988년 문을 닫았다.

인도 역시 국영기업 방식으로 자동차공업을 추진했다. 마루티 우디욕(Maruti Udyog Ltd.)이라는 자동차회사는 인도 최대의 국영기업이었다. 1971년 자동차 제조를 위해서 국영기업으로 만들어졌으나 1977년 별다른 실적 없이 해산됐다. 1981년 다시 스즈키와의 손을 잡고 스즈키 자동차를 만들기 시작했지만 아직 세계 시장에서의 존재는 미미하다. 결국 2007년 인도 정부가 소유하던 70% 이상의 지분을 민간에 매각했다.

말레이시아도 국영기업방식으로 자동차 공업을 추진했다. 대표적 자동차 기업들인 프로톤(PROTON)과 페로두아(PERODUA)는 국영기업으로서 국내 자동차 판매량의 절반 이상을 점하고 있다.[1] 이들은 세계적 자동차 메이커가 되지는 못한 채 내수기업에 머물고 있다.

민간기업을 기용한 효과는 조선업종에서도 예외 없이 나타났다. 한국 정부는 대규모 조선소를 짓고 경영하는 일을 처음부터 민간 기업가들에게 맡겼다. 박정희는 현대건설의 정주영에게 조선소 건설의 임무를 부여한다. 정주영은 그리스의 해운기업 총수인 리바노스를 만나 대형 유조선 건조계약을 받아냈고 그것을 담보로 영국의 바클레이은행에서 건설자금과 기술을 얻어냈다. 그것이 현대중공업의 출발이다. 한편 정부가 건설 중이던 옥포조선소는 김우중의 대우그룹에게 맡겼다. 귀속기업이던 대한조선공사는 1968년 극동해운그룹에 매각하였다. 현대중공업, 대우조선해양, 삼성중공업 등 한국 조선기업들은 세계 최고의 경쟁력을 갖추게 되었다.

---

1) 말레이시아와 자동차 - 2부, Autogear 블로그 게시글.
http://www.autogear.co.kr/xe/board_ukCz15/138860

대만에도 CSBC Corporation(台灣國際造船)이라는 조선기업이 있다. 1937년 중화민국이 중국본토에 있을 때 정부가 세운 조선 기업인데 대만으로 나라를 옮긴 후에도 여전히 국영을 유지했다. 한국정부가 국영기업이었던 대한조선공사를 일찍이 매각했던 것과는 대조적이다. CSBC의 실적은 한국의 조선소들에 훨씬 미치지 못했다. 2008년에 민영화됐다.

한국 정부는 이밖에도 전자산업, 항공산업, 대형 호텔업 등도 민간에 맡겼고, 그 결과 한국을 대표하는 산업과 기업이 되었다. 전자산업의 경우를 살펴보면 한국 최초의 전자기업은 1958년 설립된 LG이다. 박정희 정부 시절에는 삼성전자와 대한전선 가전사업부가 설립되었다. 정부도 전자산업의 중요성을 인식하긴 했지만 국영기업을 세우기보다는 사기업을 지원하는 방식을 택했다. 항공운수산업의 경우 적자 상태의 대한항공공사를 계속 끌고 가는 대신 민간 기업인 한진그룹에게 매각했다. 그것이 글로벌 항공사인 오늘의 대한항공으로 발전했다. 호텔사업을 위해서는 롯데의 신격호에게 호텔을 지어달라고 요청했다. 호텔롯데는 그렇게 생겨났다. 한편 적자 상태의 워커힐 호텔은 SK그룹에 매각했다.

한국에도 국영기업방식을 유지했던 산업들은 대부분 글로벌 산업으로 성장하지 못했다. 제철(POSCO), 전력(KEPCO), 수도, 철도(KORAIL), 우편배달 등이 국영기업 방식을 유지했는데 , 포스코를 제외한 모든 국영기업들은 다른 나라의 국영기업들처럼 내수산업으로 머물러 있다.

(4) 시대 사조를 거슬러 성공하다

1930년대의 세계대공황 이후 1980년대 초까지 세계 경제의 큰 흐름은 국유화였다. 자본주의 종주국이던 영국조차도 노동당의 애틀리 수상 집권 이후 주요 산업들을 국유화했다. 철도, 통신, 정유 산업 분야의 대기업들이 몰수되다시피 국영기업으로 전환되었다. 신흥 독립국들은 국가주도를 더욱 당연히 여기는 분위기였다. 브라질, 인도, 파키스탄, 이집트, 알제리 등이 모두 국영기업방식으로 기간산업을 건설해나갔다. 그런 세계사의 흐름 속에서 민간 기업들을 중화학 건설의 주역으로 내세운 박정희 정부의 결정은 매우 이례적이었다. 그리고 신흥독립국들 중 오직 대한민국만 중화학공업으로 성공을 거두었다.

18. 최초의 외국인 직접투자

-재일교포 기업인들의 국내 공장 건설-

김정호

(1) 희소했던 자본과 기술

한국은 1960년대 초반 경제발전 초기단계부터 수출산업으로 큰 성공을 거두었다. 가발 합판 섬유제품 등은 외화에 목말랐던 한국경제에 단비 같은 역할을 해냈다. 하지만 저절로 얻어진 결실은 아니었다.

박정희 대통령은 그 당시 신흥독립국들의 시대정신이던 자력갱생 즉 수입대체를 통한 경제발전과 수출산업 육성을 통한 경제발전의 두 가지 사이에서 고민했다. 교수와 정치인들은 농업중심의 자력갱생을 지지하는 자들이 많았다. 반면 홍콩이나 일본의 성공 경험을 보아온 기업인들은 수출산업의 육성을 통한 경제개발을 제안했다. 박정희는 기업인들의 말을 들어 수출지향적 경제발전 전략으로 길을 정했다. 일본의 성공 비결을 잘알던 삼성그룹의 이병철, 홍콩의 보세

가공 무역을 익히 보아온 천우사의 전택보 사장 같은 사람들이 설득에 큰 역할을 했다.

그러나 수출로 방향을 정했다고 수출이 이뤄지는 것은 아니었다. 수출 제품을 만들기 위한 공장도 기술도 없었다. 최대의 원조국이던 미국은 한국이 제조업에 비교우위가 없다고 봤다. 그때까지 해왔듯이 농업으로 발전을 이루라는 것이었다. 미국의 원조품은 밀가루, 설탕원료, 면화 등 한국인들의 일상생활을 위한 원료들 위주였다. 하지만 필요한 것은 제조업을 위한 자본과 기술이었다. 1964년 말 박정희가 서독을 방문해서 애걸했던 것은 경제발전을 위한 자본과 기술을 빌려달라는 것이었다.

이런 상황에서 큰 역할을 한 것이 재일교포들이었다. 최초의 수출산업 공단인 구로공단과 마산수출자유지역은 재일교포들의 자본과 기술로 이뤄진 결실이었다.

(2) 구로수출산업공단의 출범

1963년 1월 박정희와 기업인들의 간담회 자리, 일본에서 나일론을 수입해서 팔던 이원만이 박정희에게 일본처럼 가발이나 조화 같은 경공업제품을 만들어서 팔자는 제안을 했다. 한국은 일본보다 임금이 싸니까 얼마든지 수출이 가능하다는 것이었다. 구체적 방법을 묻는 박정희에게 100만평 정도의 공단을 조성해서 재일교포들이 국내에 공장을 지어서 사업을 하게 하자고 했다. 이원만은 일제식민지

시절 일본에서 모자 제조업으로 큰돈을 번 경험이 있었다. 재일교포 사업가들이 모국 투자를 원한다는 사실도 잘 알고 있었다. 박정희는 국유지를 내놓겠으니 재일교포들의 투자를 받아오라고 승낙을 했다. 그것이 구로수출산업공단의 출발이다.

당시 일본에는 한국인 동포들이 상당수 있었다. 식민지시기에 다양한 이유로 일본에 건너간 사람들인데 해방 후에도 상당수가 잔류했다. 해방 직후 그들의 처지는 그리 좋지 않았다. 1950년 일본이 한국전 특수를 맞았고 다른 일본인들처럼 재일교포들 중에서도 사업으로 큰 성공을 거둔 사람들이 많이 나왔다. 이들 중 상당수는 조국에 투자하고 싶어 했으나 국교가 단절된 상태였기 때문에 쉽지가 않았다. 또 국내의 여론이 재일교포들에게 우호적이지도 않았다. 이원만은 이들의 자본을 받아들이자고 제안을 했던 것이다.

구로공단은 1964년 근거법이 제정되고 1967년 43만㎡의 제1단지가 준공되어 가동이 시작되었다. 준공 당시 입주기업은 총 29개였는데 재일동포기업 18개였다(국내기업 9개, 미국기업 1개, 정밀기 센터 1개). 그 후로도 재일교포 기업이 70% 정도를 유지했다.[1] 마산수출자유지역, 구미공단[2], 반월공단 등에도 많은 재일교포들이 투자했다.

재일교포는 중요한 외자의 공급자인 동시에 '선진기술'의 전수자

1) 재일동포의 100년사 출간, 한국수출산업단지 구로공단 주인은 재일동포였다. http://blog.daum.net/phil228/15873158

2) 구미공단의 스토리에 대해서는 나가노 신이치로, 『한국의 경제발전과 재일 한국기업인』, 말글빛냄, 2010.

이기도 했다. 구로공단에 입주한 전기와 전자, 합성화학, 철강, 유압 등이 당시로서는 첨단 기술을 필요로 하는 업종이었다. 포항제철과 기아자동차를 설립할 때도 핵심기술자들은 일본서 왔는데, 그들은 일본인이 아니라 재일동포가 주류를 이뤘다.

(3) 마산수출자유지역의 출범

구로공단과 함께 마산수출자유지역도 초창기 한국의 수출 확대에 큰 기여를 한다. 1963년 전국경제인연합회 회원사 일행이 일본 산업 시찰을 갔을 때 재일교포 기업가들의 제안으로 시작되었다. 당시 대만이 해안 도시인 까오슝에 자유무역지역을 설치했는데 한국도 그럴 수 있다면 재일교포 기업가들이 투자하기가 용이하겠다는 제안이었다. 당시에는 외국인들이 국내로 투자를 하거나 재산을 반입하는 것이 쉽지 않았다. 재일교포도 같은 처지였다. 시찰단 일행이 귀국 보고서에서 자유무역지대의 설치를 제안했고 정부도 받아들였다. 입지는 바다를 접하고 있는 마산으로 정해졌다. 마산수출자유지역은 1970년에 가동을 시작할 수 있었다.

그 과정에서 재일교포 사업가인 이영조가 큰 역할을 했다.[3] 히로시마 일대에서 사업을 하던 사람인데 1966년 귀국해서 건설업을 시작했다. 마산수출자유무역지역 계획을 알게 된 그는 마산 앞바다의

3) 박배균·최영진, "마산수출자유지역의 형성을 둘러싼 국가-지방 관계에 대한 연구", 『대한지리학회지』, 제49권 제2호, 2014, 127쪽.

간석지 매립에 착수한다. 이로 인해서 마산수출자유지역 조성은 급진전을 이루게 되었다.

손달원의 역할도 매우 컸다.[4] 일본에서 기계공업으로 성공을 거둔 사람들인데 마산수출자유지역에 기계산업 공장 건설을 추진했다. 그 덕분에 마산에 기계공업 관련 공장들이 들어오는 계기가 되었다고 한다.

(4) 재일교포의 공장건설은 최초의 외국인 직접 투자

이 두 지역에 투자하지 않은 재일교포 출신 기업가들도 한국경제의 발전에 큰 기여를 했다. 일본에서 삼화제작소라는 나사못 공장을 하던 김철호는 국내에 들어와 삼천리 자전거를 만들었고 후일 기아자동차로 발전하게 된다. 일본에서 제과업으로 성공을 거둔 신격호는 한국에서 제과업과 더불어 유통업, 호텔업으로 새바람을 일으켰다. 이희건은 재일교포 기업가들의 자본을 모아 그들을 위한 은행을 설립한다. 한국 최초의 본격적 민간은행인 신한은행은 그렇게 만들어졌다. 모든 사람이 성공했던 것은 아니다. 서갑호는 판본방적이라는 방직공장을 세웠는데 실패의 비운을 겪었다.

경제발전 초창기에 한국인들은 자본도 기술도 없었다. 신용조차도 없었기 때문에 외국에서 빌려오기도 쉽지 않았다. 즉 누구도 한국에 투자하려고 하지 않았다. 재일교포 기업가들은 그런 상태에서 한

---

4) 박배균·최영진, 전게서, 128쪽.

국에 투자한 최초의 외국인 투자자들이었다. 그들이 없었다면 한국 경제의 도약은 상당히 지체되었거나 어려웠을지도 모른다.

3

전두환 대통령 시대의 경제정책

19. 경제안정화정책

20. 1980년대 금융개혁

21. 1984년 예산동결

19. 경제안정화정책

남상우

(1) 배경

1970년대의 중화학공업 드라이브는 시간이 지나면서 여러 문제점을 노출하였다. 일부 분야에서의 중복·과잉 투자가 기업 부실을 초래하고, 과도한 통화 공급과 높은 임금 상승 등으로 인플레가 가속되었다. 1970년에서 1978년 사이에 소비자물가는 대략 2배가 되고, 평균 주택가격은 7배에 달하여 서민들의 주거 여건과 부의 분배도 악화되었다. 국내 물가가 뛰는데 환율은 경직화되어 수출경쟁력과 경제의 성장잠재력 약화도 크게 우려되었다. 1979년 2월 박정희 대통령은 창원 공업단지를 시찰하여 상황을 눈으로 확인한다. 곧 이어 경제과학심의회의, KDI 및 한국은행을 통해 경제상황에 대한 진단과 대책을 보고 받았다. 이들 보고를 바탕으로 나온 것이 4월 17일의 「경제안정화 종합시책」이었다. 그러나 10월 박정희 대통령이 시해됨으로써 이들 시책의 추진은 다음 정부로 넘어가게 되었다.

1980년대 초의 정치·경제상황은 안정화 시책을 추진해 가기에 녹록치 않았다. 박정희 대통령 서거에 따른 정치 불안, 1980년의 농작물 냉해, 제2의 석유파동과 세계경기 침체 등은 우리 경제에 큰 타격을 주었다. 그럼에도 불구하고 안정화 시책이 일관되게 추진된 데에는 김재익 박사, 강경식 경제기획원 차관보, KDI, 그리고 이들을 신뢰하고 지지해 준 전두환 대통령의 역할이 컸다. 경제기획원 기획국장이던 김재익 박사는 전두환 보안사령관의 개인 경제교사로서 그에게 경제안정화의 중요성을 각인시켰다. 그 후 청와대 경제수석비서관으로 임명된 김재익 박사는 "경제는 당신이 대통령이야"라는 말을 들을 만큼 대통령의 신임이 두터웠다.

(2) 중화학공업 투자조정 및 합리화

1980년경 중화학 공장들의 가동률이 평균 50~60% 수준에 머무는 상황에서 일부 업종의 투자조정이 시급한 과제로 대두되었다. 당초 기대했던 해당 업체들의 자율적인 완전 합의를 이루지 못함에 따라 결국 1979~83년에 걸쳐 정부 주도의 조정이 이루어졌다. 이를 위해 은행 차입금의 원리금 상환유예, 추가적인 자금대출, 재정자금 지원 등 구제금융 성격의 지원이 주어졌다. 1980년 8월, 10월 및 그 후속조치로 단행된 중화학공업 투자조정 및 합리화의 내용을 살펴보면, 발전설비의 경우, 현대, 대우, 삼성의 관련 회사들을 통합하고 정부, 산업은행, 외환은행의 추가 출자에 의해 한국중공업을 설립하여 일원화(그러나 경영권을 가진 대우가 손을 떼면서 한전의 자회사로 공기업화)하였다. 건설 중장비는 발전설비와 동일하게 삼성, 대우, 현대로 3원화되었다. 자동차는 승용차의 경우 (당초 현대와 새한을 통합하여 일원화하려 하였으나 새한의 50% 지분을 가진 GM과의 마찰로 무산되어) 현대 및 새한으로 이원화되고, 여기서 배제된 기아는 중소형 트럭 및 버스에 전문화하는 분업체제를 이루었다. 디젤엔진, 전자교환기, 중전기기 및 동제련 부문은 주로 흡수합병과 생산 전문화를 추구하였다. 그러나 정부 주도의 조정은 법적, 제도적 장치가 결여된 채 기업들 간의 무리한 통합과 전문화를 밀어붙임으로써 자의성과 불투명성 및 권한 남용의 소지가 있었다.[1] 채권은행들이 수동적 역할에 머물고 시장규율이 배제됨에 따라 비생산적인 로비나 도덕적 해이도 조장되었다. 기존의 7개 개별산업 육성법을 폐지하고[2] 1986년에 제정된 공업발전법은 산업합리화 지원의 근본적, 제도적 개선을 꾀하였다. 기술발전과 생산성 향상에 초점을 둔 기능적 산업육성으로 전환하고 그 과

---

1) 조정의 원칙은 (1)과잉투자 방지 (2)기회의 균등한 배분과 집중 방지 (3)기타, 중장기 분야별 전망과 계획, 과거의 경위와 연유에 대한 평가, 현재의 투자실적과 자본동원 능력 등에 두었다 (1980년 10월 7일, 『중화학공업 투자조정』, 상공부). 이들 여러 사항에 대해 관련 기업들이 상이한 견해를 갖고 있는 경우 조정 내용에 불만의 소지가 있을 수밖에 없었다.

2) 폐지된 7개의 개별산업 육성법은 기계공업진흥법(1967), 조선공업진흥법(1967), 전자공업진흥법(1969), 섬유공업근대화촉진법(1967), 석유화학공업육성법(1970), 철강공업육성법(1970), 비철금속사업법(1971)을 포함.

정을 투명화하려 노력하였다.

(3) 물가안정

1980년대 전반에 집중적으로 추진된 물가안정 노력은 긴축적인 재정 및 통화·금융정책을 통한 수요관리는 물론이고 소득정책적인 시책 및 품목별 가격정책을 포괄하였다.

재정운용에 있어서는 1982년 이후 중기재정계획제도 및 제로-베이스 예산편성방식의 도입과 1984년 예산동결 등으로 재정긴축이 본격화되었다. 그 결과 GDP 대비 통합재정 규모는 1981~82년에 22.4%에서 1987~88년에는 15.6%로 크게 축소되고, 통합재정 수지는 GDP 대비 4.1% 적자에서 0.7% 흑자로 전환되었다. 이는 재정건실화의 기틀을 다지는데 기여했으나 사회간접시설 투자 등 재정기능에 소홀한 측면도 있었다. 통화정책의 주요 수단으로 활용된 총통화(M2) 증가율은 1976~78년에 연평균 34%에서 1982~85년에는 17%로 둔화되었다. 금리는 1980년 1월에 (환율의 20% 절하에 따른 인플레 요인을 상쇄하기 위해) 상당 폭 인상된 것을 제외하고는 물가안정에 맞추어 꾸준히 인하되었다. 1982년 '6.28 조치'에서는 금리를 (1년 만기 은행정기예금의 경우 12.6%에서 8%로) 큰 폭 인하하였다. 이것은 물가안정 기미가 확연해지는 때에 경제주체들의 인플레 심리를 크게 완화한 것으로 보인다. 은행 대출금리는 14%에서 10%로 인하되었는데, 기본 정책금리 10%는 인하하지 않음으로써 정책금융의 금리우

대가 철폐되었다.

소득정책은 주로 기업의 근로자 임금과 추곡 수매가 인상을 억제하여 물가를 조기에 안정시키려는 노력이었다. 민간기업의 임금을 정부가 직접 규제할 수는 없기 때문에 공무원의 봉급 인상 억제를 통한 간접적인 효과를 기대하였다. 공무원의 기본급 인상률이 1977~78년중 연평균 26%에서 1983년에는 6%로 인하되었는데, 민간기업 근로자의 총보수 인상률도 같은 기간 중 34%에서 11%로 안정되었다. 추곡수매가의 인상률도 같은 기간에 22%에서 7%로 큰 폭 낮아졌다. 소득정책은 근로자나 농민들의 명목소득에 직접 영향을 미치는 것이기 때문에 이 정책이 성공하기 위해서는 근로자나 농민 등의 이해와 협조가 불가결하다. 이를 위하여 정부는 경제기획원 내에 경제교육 전담조직을 신설하고 경제의 안정화와 개방화의 필요성 등에 대한 국민경제교육을 강화하였다. 경제교육은 먼저 정부 공무원, 언론인, 교사 등 여론주도층을 대상으로 하여, 이들을 통하여 국민들 전반으로 확산될 것을 기대하였다.[3)]

개별 품목의 가격정책과 관련해서는 이미 1978년경부터 그간의 무리한 가격 규제로 인한 품귀 현상, 이중가격 형성 등의 부작용을

3) KDI 박사들도 고위 경제공무원들과 함께 지방 상공인 조직, 부녀회, 군대, 민방위 등의 모임에 강사로 나서야 했다. 매스·미디어를 통한 교육에도 역점을 두어, 심지어 TV 드라마에서도 자연스럽게 물가안정에 관련된 멘트가 삽입되도록 유도하는 등, 실로 전방위적인 국민경제교육이 시도되었다. 1982년의 경우, 책자, 슬라이드, 동영상 등 221종이 제작되어 618만부가 배포되었으며, 14.2만 회에 걸쳐 진행된 교육 프로그램에 연인원 3,600만명이 참여하였다(『경제백서』 1983년판, 경제기획원).

완화하는 노력을 기울였다. 기본적으로 시장기능에 의한 가격 결정과 생산자에 대한 적정 이윤이 보장되는 방향으로 선회하였다. 구체적으로, 인상 요인이 현저하여 생산 차질이 예상되는 품목의 가격을 현실화하고, 정부나 공공단체가 법령상 혹은 사실상 허가하는 가격과 요금을 축소, 정비하였다. 또한, 생활용품의 공급애로를 완화하여 가격을 안정시키기 위해 경공업부문 설비자금 공급을 확대하였다. 중화학공업 투자조정으로 타 부문에의 은행 대출 여력이 커진 가운데, 주요 생필품을 생산하는 중소기업에 대한 생산자금 지원이 확충되었다. 주요 농산물의 안정적인 비축, 산지 유통 효율화 및 대단위 종합도매시장 건설, 공산품의 대도시 도매센터 설립과 소매유통기능의 근대화 등 유통체계의 개선에도 역점을 두었다.

(4) 평가

1980년대 전반에 집중적으로 추진된 경제안정화 정책은 1970년대 정부 주도의 중화학공업 드라이브에 따른 부작용을 완화하고 우리 경제의 균형과 안정의 기반을 다지는 중요한 노력이었다. 중화학공업 분야의 투자 조정과 합리화는 불가피한 조치였지만 아쉬운 점도 많았다. 정부가 관련 제도를 도입, 정착시키는 대신 채권은행을 비롯한 시장의 역할을 대체하였다. 이로써 대기업과 은행의 도덕적 해이를 차단하고 금융안전망을 제대로 갖출 수 있는 기회로 활용하지 못하였다. 만일 이런 일들을 해낼 수 있었다면 1997년에 맞은 외환위기를 겪지 않았을지도 모를 일이다.

반면, 경제정책의 최우선 목표로 설정하여 종합적이고 일관성 있게 추진된 물가안정 노력은 우리 경제의 인플레 체질을 개선하여 거시 및 금융 분야의 경제운용을 안정화, 자율화하는데 크게 기여하였다. 1979~81년에 연평균 23%에 달했던 소비자물가 상승률이 1983~87년에는 2.8%로 대폭 낮아졌다. 긴축적인 수요관리에도 불구하고 큰 경기둔화 없이 비교적 단기간에 물가를 안정시킬 수 있었던 데에는 소득정책의 역할도 간과할 수 없다. 이것은 최고지도자의 물가안정에 대한 흔들림 없는 의지와 이에 대한 국민들의 신뢰가 있었기에 가능했다고 할 수 있다. 물가안정은 금리, 환율 등의 왜곡을 시정하여 거시경제를 안정적으로 운용할 수 있는 기반이 되었다. 명목금리의 단계적 인하에도 불구하고 실질금리는 오히려 높아져서 금융발전과 금융자율화에 진전을 이룰 수 있었다. 1980년대 후반 일본 엔화의 강세 등 대외여건의 호전 기회를 살려 획기적인 수출 증대와 국제수지 흑자로 연결시킬 수 있었던 것도 물가안정을 통한 채산성 향상에 힘입은 바 크다.

20. 1980년대 금융개혁

안재욱

(1) 시대적 환경과 정책의 배경

해방과 함께 한국경제는 일본의 식민통치로부터 근대적 화폐제도와 은행제도를 물려받았다. 그러나 금융에 있어서 본격적인 제도의 틀이 갖춰진 것은 한국 전쟁이 끝난 후다. 1950년에 설립된 한국은행은 통화가치를 안정시키기 위해 통화를 엄격하게 관리하려고 노력하였고, 1954년에는 중장기 산업자금의 대출을 위하여 한국산업은행이 설립되었다. 한국산업은행은 주로 정부차입금에 의존했으며, 자금배분은 이자율이 아닌 대부분 신용할당을 통해 이뤄졌다. 1950년대 후반에 은행민영화가 이루어지면서 어느 정도 금융제도의 기반이 마련되었다. 그러나 여전히 이자율 규제 등을 통한 자금시장에 대한 정부의 개입은 자금배분의 왜곡을 초래했으며, 대출에 따른 부정과 지대추구행위가 만연했다.

5·16 군사쿠데타로 군사정부가 등장하면서 금융제도가 재편되었다. 중앙은행과 금융기관에 대한 정부의 소유와 통제가 더욱 확대되었다. 1962년 한국은행법의 개정을 통하여 중앙은행을 정부의 강력한 통제 하에 두었고, 부정축재 재산환수 조치를 통하여 정부가 은행을 다시 소유하였으며, 은행에 대한 민간 주식보유자의 의결권도 10%로 제한하였다. 금융기관의 인사와 경영권이 정부의 지배하에 들어갔다.

한편 정부는 정책목적을 달성하기 위하여 특정목적이 부가된 금융기관들을 신설하였다. 1961년에 중소기업을 지원하기 위해 중소기업은행을 설립하였고, 1962년에 서민금융지원을 제도화하기 위해 국민은행을 신설하였다. 또한 1967년과 1969년에 한국외환은행과 한국주택은행을 각각 설립하였다. 또한 지역금융의 활성화를 위해 1967년부터 1971년까지 10개의 지방은행도 신설하였다.

1970년대에 들어서 은행의 수지가 악화되고 부실채권이 누적되어 금융제도의 안정성이 위협받았다. 그것은 1962년부터 시작된 경제개발 5개년 계획의 중점 육성부문에 금융자금을 인위적으로 배분하는 정책의 결과, 대출금리가 예금금리 보다 낮은 역마진 현상이 발생하였기 때문이었다.[1] 또 정부의 과도한 금융개입으로 책임경영풍

1) 1965년 금리현실화조치로 은행금리를 시장금리 수준으로 끌어 올렸지만 정책금융과 일반금융 간의 금리 차는 더욱 확대되었다. 특히 수출금융금리의 경우 종전의 연 6.5% 수준을 유지하였다. 한편 한국은행은 수출금융에 대한 저리의 재할인지원 확대를 통하여 예금은행의 수익성을 보장하였다. 1970년대에도 정책금융은 지속되었다. 정책금융에 따라 특정부문의 기업에게 일반대출금리는 물론 시중은행의

토가 정착되지 못하고, 위험관리능력이 약화되었기 때문이기도 했다. 이와 같은 문제를 해결하기 위한 방안으로 은행민영화의 필요성이 대두되자 정부는 한 개의 은행만을 시험적으로 민영화하기로 결정하고, 1972년에 한국상업은행을 선정하여 민영화하였다.

1979년과 1980년에는 제2차 석유파동, 정치적 불안, 주요 농산물 흉작, 그리고 국제금리의 상승 등으로 심각한 경제적 어려움을 경험하였다. 특히 정부주도형 전략산업보호육성정책으로 인한 만성적인 인플레이션이 문제였다. 정부주도 경제운용방식에서 과감히 탈피하지 않고서는 해결책이 없는 상황이었다. 그래서 정부는 정부주도 경제운용방식에서 시장중심의 자율경제체제로 전환하기 위한 다양한 방안을 강구하였다. 정부의 통제와 간섭을 가장 많이 받고 있었던 분야가 금융부문이었고, 그리하여 금융부문에 일련의 자율화 조치가 취해졌다.

(2) 금융개혁의 목적과 주요내용

예금금리보다 보다 훨씬 낮은 수준의 금리를 책정했다. 1970년대 일반대출금리가 15~19%였던 반면 수출특혜금리인 연불수출금리가 6~8%였고 중화학공업정책의 지원을 받은 고정투자를 위한 대출은 10~15%의 낮은 금리를 적용받았다. 일반 시중은행의 대출 금리와 중화학공업의 시설투자에 소요되는 자금에 대한 한국산업은행의 대출금리는 1970년대 초반에는 5~6%포인트 정도 낮았으며 70년대 후반에는 그 차이가 약 3%포인트 차이로 감소되었다. 한편 인플레이션율과 비교하면 1973년 한 해를 제외하고는 70년대에 이 대출금리는 인플레이션보다 낮아 부의 실질금리가 적용되었다. 1972년 총대출에서 정책금융이 차지하는 비중이 47.6%에서 1979년 64.7%로 증가하였다.

1980년대 금융개혁의 목적은 과거 정부의 정책금융에 따른 금융부문의 왜곡을 바로 잡으려는데 있었다. 그런 목적 하에 1980년 12월 5일 「일반은행 경영자율화 방안」이 발표되었다. 그에 따라 1981년에 한일은행, 1982년에 서울신탁은행과 제일은행, 1983년에 조흥은행 순으로 정부소유 시중은행을 모두 민영화하였으며,[2] 1989년에는 1967년 정책금융기관으로 설립되었던 외환은행을 민영화하여 시중은행으로 만들었다. 그리고 금융기관의 경쟁을 촉진하기 위해 금융기관 신규진입을 허용하여 1982년과 1983년에 신한은행과 한미은행을 설립하였다. 신한은행은 재일 한국인 투자자에 의해, 그리고 한미은행은 국내기업과 Bank of America의 합작투자에 의해 각각 설립되었다. 또 1989년에 동화은행이 주로 이북 5도민의 출자로 설립되었고, 동남은행과 대동은행이 부산과 대구에 각각 본점을 두고 전국을 영업구역으로 하는 중소기업전담은행으로 설립되었다. 뿐만 아니라 12개의 투자금융회사, 58개의 상호신용금고가 설립되었다.

한편 1982년에 은행법 개정과 금융기관에 대한 임시조치법 폐지 등을 통하여 은행감독원장이 갖고 있던 은행임원 선임, 승인권을 없앴고, 은행조직, 정원, 보수, 예산을 자율에 맡기는 등 은행감독원의 은행경영과 운영에 대한 간섭을 대폭 약화시켰다. 그리고 시중은행의 카드업무, 채권업무 확대를 허용하였고, 투자금융회사, 종합금융회사의 팩토링 업무 허용 등 금융기관의 겸업화를 추진하였다. 1984년 7

2) 1959년에 발족한 서울은행과 1962년에 발족한 한국신탁은행이 합병하여 1978년 서울신탁은행이 발족되었었다.

월에는 독점규제 및 공정거래에 대한 법률에 금융업을 포함하였다.

뿐만 아니라 1982년에 대부분의 정책금융금리를 일반대출 금리의 수준으로 인상하여 정책금융에 대한 이자보조를 축소하는 한편, 은행의 금리체계를 단순화하여 모든 대출 금리를 단일화하였다. 그러나 금융자유화의 핵심인 금리자유화는 1988년 12월부터 시작되었다. 당시 정책금융을 제외한 모든 여신금리와 만기 2년 이상 장기수신금리에 대한 최고이율규제를 철폐하는 금리자유화가 폭넓게 이뤄졌지만, 1989년 이후 물가불안으로 인해 금리가 급상승함에 따라 창구지도에 따라 사실상 금리가 규제되었다. 금리자유화가 본격적으로 시작된 것은 1991년이다.[3)]

(3) 금융개혁의 진행 과정

사실 은행민영화를 비롯한 민간주도의 경제개혁은 1979년부터 박정희 정부가 준비하고 있었다. 1979년 7월 경제과학심의회의가 작성하여 대통령에게 제출한 보고서인 「금융산업의 개발 방향」은 초기단계에서는 정부주도가 불가피하지만 성숙단계에서는 민간 주도의 금융질서가 구축되어야 한다는 인식을 담고 있다. 그러나 10·26으로 박대통령이 시해되면서 그것은 실현되지 못하였다.

3) 1991년 8월 정부가 발표한 4단계 금리자유화 추진계획에 따라 1991년 11월부터 1995년 11월까지 3단계에 걸쳐 대부분의 금리가 자유화되었고, 1997년 7월에는 3개월 미만 저축성예금 금리가 자유화되었다. 지금은 모든 금리가 자유화되어 있는 상태지만, 여전히 창구지도에 의해 금리에 대한 규제가 이뤄지고 있는 실정이다.

금융개혁은 1980년 정권을 잡은 전두환 정부에서 김재익, 강경식 등 개혁관료를 중심으로 이뤄졌다. 1980년 「일반은행 경영 자율화 방안」, 1982년 은행법 개정과 금융기관에 대한 임시조치법 폐지를 발표하면서 금융자율화를 위한 금융제도 개편을 단행했다. 은행 경영에 대한 각종 규제를 폐지했고, 정부 보유주식 매각을 통해 은행 민영화를 단행했다. 정책금융에 대해서도 단계적 축소방안을 제시했다.

그러나 실질적인 은행의 자율경영 체제는 이뤄지지 않았다. 산업자본의 금융지배를 방지한다는 목적으로 시중은행의 동일인 은행소유한도를 발행주식의 8% 이내로 제한하였기 때문이었다.[4] 은행소유한도를 제한함으로써 은행에 주인이 없어 정부가 사실상 주인행세를 했다. 정치권력과 경제부처가 은행의 대규모 대출을 결정하는 과정과 은행 인사에 깊숙이 개입하는 관치금융은 사라지지 않았다. 은행들은 정부가 시키는 대로 대출하다 보니 리스크 관리가 제대로 되지

4) 1982년 은행법 개정 이전까지는 은행주식에 대한 대주주의 의결권 행사범위만 10%로 제한하고 있다가, 1982년 12월 은행법 개정에 의해 시중은행에 대한 동일인의 보유한도가 8%로 정해졌다. 그리고 동일인에 대한 편중여신을 규제하기 위해 동일인에 대한 대출은 은행 자기자본의 25% 이내, 총지급보증한도는 은행 자기자본의 50% 이내로 제한하였다. 1994년 12월 「은행법」개정을 통해 동일인의 은행주식소유한도를 8%에서 4%로 축소하였고, '금융전업기업가'에 대해서는 12%까지 허용하였다. 그리고 1997년 1월 금융전업기업가에 대한 12% 보유 한도를 폐지하여 은행감독원장이 승인하는 한도까지 허용하다가 1998년 1월 '금융전업기업가' 제도를 폐지하였다. 2002년 4월 소유규제를 종전의 4%에서 10%로 상향 조정하여 완화하는 대신에 산업자본인 '비금융주력자'에 대해서는 4%로 제한하였다. 2009년 6월 비금융주력자의 주식 보유 한도를 4%에서 9%로 상향조정하였으며, 2010년에 다시 비금융주력자는 4% 이상을 보유할 수 없도록 하였다. 그래서 현재 은행소유는 10%로 제한되어 있고 비금융주력자는 4%로 제한되어 있다.

않았을 뿐만 아니라 은행 경쟁력이 떨어졌다.

게다가 1982년 '이철희·장영자 어음사기 사건'과 1983년 명성그룹사건 등 대형금융사고가 잇따라 터지자 정부는 건전경영성 감독을 빌미로 은행 경영에 계속 간섭했다. 조흥은행은 '이철희·장영자 어음사기 사건'으로 410억 원의 부실채권을 안게 되었고, 상업은행은 이철희 장영자 사건 뿐만 아니라 명성그룹 사건으로 엄청난 손실을 입었다.[5] 이러한 금융사고는 정부의 은행에 대한 개입을 불러 왔다.

(4) 1980년대 금융개혁에 대한 평가

1980년대에 추진된 금융개혁으로 은행이 민영화되고 대형화되었으며, 금융규제가 대폭 완화되었지만 은행은 여전히 정부의 통제를 받았다. 은행에 대한 규제가 대폭 완화되었다고 하더라도 수많은 규제가 존재하는 상황이었고, 은행소유가 제한되어 있어 정부가 실질적인 은행의 주인이 되어 은행경영의 거의 모든 것이 정부주도로 이루어졌다.

정부가 은행장 선임과 같은 은행의 주요한 의사결정 개입하는 등 관치금융은 여전히 지속되었다. 그러한 환경 하에서 은행경영자들은 민간 기업으로서의 이윤극대화를 추구하기보다는 그들의 임면권자들의 동태와 자신의 이익을 추구하는 경우가 많았다. 그리하여 부

5) 명성그룹 사건은 상업은행 혜화동 지점 김동겸 대리가 사채예금주의 돈 1,066억 원을 입금처리하지 않고 명성그룹 김철호 회장에게 넘겨준 불법 금융거래 사건이다.

실기업에 대한 지원, 정책자금의 집행, 대규모 대출에 대한 결정들이 정치적으로 이뤄지는 경우가 빈번했다. 그 대표적인 예가 1997년 금융위기의 단초가 되었던 한보철강의 경우다. 한보철강에 대출한 자금 중 상당부분이 엄밀한 여신심사를 따르기보다는 정치권의 외압에 순응하거나 그 경영자들이 자신의 이익을 위해 이루어졌다. 1993년 이후 은행들의 한보철강에 대한 대출이 급격하게 증가하여 은행권의 지불불능 대출 총액이 68조원에 달했다.[6] 이 스캔들로 인해 3명의 은행장, 4명의 국회의원, 1명의 장관이 부정부패 혐의로 기소되었다.

관치금융의 폐해는 1990년대 데이터를 봐도 알 수 있다. 〈표〉에서 1990년부터 금융위기가 발생한 1997년까지의 국내은행과 외국은행 국내지점의 수익률을 보면, 1997년은 금융위기를 맞았기 때문에 특수한 해로서 예외로 친다고 하더라도 나머지 연도에서 국내은행과 외국은행 국내지점 간의 수익률 차이가 보통 2배에서 4배 차이가 난다. 5대 시중은행과는 10배 이상 차이가 났다. 물론 국내은행과 외국은행 국내지점 간에는 은행경영 기술이나 자본력 등 여러 가지 차이점이 있을 수 있다. 그러나 이러한 점을 고려한다고 하더라도 4배나 10배 차이가 났다는 것은 그 외의 다른 요인이 분명히 있음을 말해준다. 동일한 영업장소에서 국내은행과 외국은행 국내지점 간에 차이점이 있다면 그것은 정부의 간섭을 받느냐 받지 않느냐이다. 경영에

6) 기업은행 대출은 전년도들에 비해 각각 1994년 416.7%, 1995년 167%, 1996년 176.5% 증가하였고, 조흥은행의 경우 한보철강에 대한 대출은 1993년 7억 원에서 1996년 4,961억 원으로 700배나 증가하였다. 뿐만 아니라 제일은행 대출은 1993년 말과 1996년 말 사이에 43배가 증가하여 1조원이 되었다.

있어서 국내은행은 정부의 간섭을 받고, 외국은행 국내지점은 정부의 간섭을 받지 않았다. 어떤 면에서 보면 국내은행이 자국의 시장에서 영업하기 때문에 외국은행 국내지점보다 더 유리한 위치에 있었음에도 불구하고 수익률이 4~10배 차이가 났다. 이것은 다른 모든 요인을 감안한다하더라도 정부가 국내은행의 경영을 주도한 관치금융에 그 원인이 있다고 밖에 볼 수 없다.

〈표〉 국내은행과 외국은행 국내지점수익률 비교

(단위 %)

	1990	1993	1994	1995	1996	1997
5개 시중은행	5.98	5.48	6.04	3.18	1.20	-31.61
시중은행	5.97	5.80	6.17	3.91	3.49	-14.77
지방은행	7.45	6.36	5.73	5.63	5.41	-14.77
외은 지점	-	9.55	10.96	10.28	12.51	34.79

주 : 은행이익률= 자기자본당기순이익률, 국내은행 = 5개 시중은행

자료: 한국은행 은행감독원, 『은행경영통계』, 각호.

1997년 금융위기 이후에도 관치금융은 사라지지 않았다. 정부의 금융기관 인사에 대한 개입은 지속되었고, 금리를 자유화 했음에도 불구하고 금리를 규제했으며, 금융회사들의 경영을 간섭하였다. 정부가 은행장 인사에 영향력을 행사한 사례는 수도 없이 많다. 정권이 바뀔 때마다 반복되었다. 그러한 행태는 오늘날에도 계속되고 있다.

은행을 민영화 했음에도 불구하고 민간의 은행소유를 제한한 것은 은행을 공기업화 한 것과 마찬가지다. 기업의 사적 소유가 공적 소유에 비하여 경영의 효율성을 증대시킨다는 것은 재산권이론과 공

공선택이론을 중심으로 전개되고 있고 수많은 실증분석이 있다.[7] 재산권이 분명하지 않으면 기업가 정신이 발휘되기 어렵다. 그리하여 기업은 물론 관련 산업의 발전이 어렵다. 금융도 마찬가지다. 은행의 소유가 분명해야 기업가 정신이 발휘되어 은행의 경쟁력이 향상되고 금융 산업이 발전하는 법이다. 1980년대 금융개혁은 금융자율화의 핵심을 인지하지 못함으로써 형식에 그치고만 은행 민영화였다. 그로 인해 관치금융이 사라지지 않고 오늘날까지 이어지면서 한국의 금융산업이 발전하지 못하고 있다. 1980년대 금융개혁은 금융자율화에 대한 의욕만 앞선 정책이었다.

(5) 맺음말

1980년대에 들어서 정부는 정부주도의 경제체제를 민간주도의 형태로 확립하기 위해 은행 민영화 및 다양한 규제완화조치를 통해 은행의 금융기능을 회복하고 경쟁력을 높이고자 하였지만, 은행소유를 제한함으로써 실질적인 은행의 자율경영이 확립되지 못하고 관치금융이 횡행했다. 그 관행은 오늘날까지 이어지면서 금융산업이 다른 산업에 비해 매우 낙후되었다. 한국의 금융산업을 발전시키고 경

---

7) An, et al. (2007)은 1987~1997년의 14개 전국규모 상업은행의 경영성과를 실증분석한 결과 민간지배은행의 경영성과가 정부지배은행보다 더 낫다는 것을 결과를 보였다. J. An, S. Bae and R. Ratti, "Political Influence and the Banking Sector: Evidence from Korea," *Oxford Bulletin of Economics and Statistics,* Vol. 69, 2007, pp. 75~98.

쟁력을 높이고 싶으면 먼저 은행에 실질적인 주인이 나타나게 해야 하고, 겹겹이 쌓이고 얽혀 있는 수많은 규제를 혁파해 정부가 금융을 좌지우지하는 관치금융을 청산해야만 한다.

21. 1984년도 예산의 동결

최 광

(1) 경제안정화와 경제 과외

국가예산은 정부가 한 해 동안의 나라살림을 꾸려나가는 구체적인 계획으로서 정부시책의 기본방향과 정부의 의지를 가장 포괄적으로 반영한다. 1984년 세출예산의 규모를 1983년도 수준으로 동결하였는데[1] 우리나라 예산 역사상 초유의 초긴축 예산편성 결정은 정부가 절제와 효율화에 앞장섬으로써 물가안정의 기반을 계속 다져나가고 경제의 효율성을 제고시켜 고도성장을 달성하겠다는 강력한 의지

1) 사실 1984년도 예산은 1983년도 예산에 비해 5,300억 원(5.3%) 증대된 규모로 편성하였는데 1984년도 예산을 동결예산이라 부르는 것은 동 예산의 내부적 구성에 있어 종래 개념의 세출부문이 1983년도 수준을 유지하였다는데 근거한다. 5.3% 증가분이 종래의 재정운용에서 시도되지 않았던 재정수지 개선 목적에 충당되었기 때문에 과거 개념 하에서의 세출이 아니라는 의미이다. 국회 심의과정에서 세출예산이 300여억 원이 삭감되어 흑자재원으로 충당되었기에 총 실질 세출규모는 전년 대비 0.3% 감소된 삭감예산이다.

의 표명이었다. 이 결정의 주도자는 당시 대통령 전두환과 경제수석 김재익이었다.

박정희 대통령 서거 당시 전두환은 육군 소장으로 경제에 대한 안목이 있을 리 없었다. 보안사령관 시절 전두환은 재무부 출신으로 경제과학심의회 상임위원인 박봉환으로부터 처음으로 경제 과외를 받았다. 철저한 안정론자인 박봉환은 "히틀러보다 더 나쁜 놈이 인플레이션"이라고 물가안정의 중요성을 각인시켰으며 자신의 후임 과외선생으로 김재익을 소개했다. 탁월한 경제학자 김재익의 지도로 경제 문외한 전두환은 스스로 각고의 노력을 통해 경제의 메카니즘을 꿰뚫어 나가게 된다. 제(齊)나라 환공을 춘추시대 패자로 등극시킨 관중의 주군과 참모의 관계가 전두환과 김재익 사이에 전개되면서 대한민국 역사 상 최초로 성장, 물가, 국제수지라는 세 마리의 토끼를 위업을 달성해 낸다. "경제는 당신이 대통령이야" 했을 정도로 대통령 전두환은 경제수석 김재익을 신임했다.

대통령으로부터 절대적 신임을 받아 김재익은 안정화정책을 펴나갔는바 그 주축은 긴축금융의 추진, 예산의 동결, 임금 억제이었다. 전두환 대통령 자신이 박봉환 김재익 등의 전문가로부터의 집중교육을 통해 경제를 이해하게 된 경험에 의거 대대적인 국민 경제교육이 실시되기에 이른다. 경제교육은 일반 국민은 물론 관료 기업인 학생 군인을 대상으로 심지어 KDI 박사들까지 광범위하게 실시되었다. 경제교육의 대대적 실시는 부작용도 없지 않았으나 경제에 대한 국민적 합의를 도출하는 역할을 하여 안정화 정책의 성공에 기여하였다.

성장 우선 정책이 빚어낸 경제의 구조적 문제와 만성 인플레 문제를 해결하기 위한 전두환 정부의 안정화 정책은 참으로 고통스런 정책이었다. 성장, 물가, 국제수지라는 세 마리의 토끼를 잡기위해 처절하기까지 했다. 그 결과는 만성적 인플레를 퇴치해 물가안정 기반을 굳건히 하였으며, 수입개방을 추진하면서도 만년 적자였던 국제수지를 연속적으로 흑자로 전환시켰고, 단군 이래 최대의 호황이라 표현되듯 경제성장은 두 자리 숫자를 기록했다.

(2) 1984년도 예산동결

대한민국 재정정책 70년 사에 있어서 전대미문의 1984년도 예산의 동결은 혁명에 가까운 발상이었다. 김재익은 당초 1982년부터 예산을 동결할 생각이었으나 예산실 등의 반대로 물러났다가 1983년에 1984년도 예산 편성에서 세출예산을 동결하기로 대통령의 결심을 받아내는데 성공했다. 사실 1982년에 영점기저예산편성(zero-based budgeting) 방식을 도입하여 이미 확정된 1982년도 세출예산을 일부 삭감했었다.

1984년도 일반회계 예산을 전년도 수준으로 동결한 것은 우리나라 재정 역사에서 전무후무한 결단이었다. 예산은 행정부에 편성권이 있고 국회가 심의 확정하도록 법에 규정되어 있다. 당시 시대적 상황을 놓고 보면 사실 예산 동결은 상상도 할 수 없는 상황이었다.

1985년 국회의원 선거를 치러야 하는 정당과 정치인들의 입장에선 예산동결은 정치적 자살행위나 다름이 없기에 거칠게 반발하였다. 월남 패망과 닉슨 독트린 등으로 자주국방이 불가피한 상황과 미국과의 협정에 의해 GNP의 6%를 방위비에 의무적으로 배정해야 하는 상황에서 예산동결은 국방비 이외의 예산은 동결을 넘어 예산의 대폭적 삭감을 의미했기에 농민 건설업자 등 이해 당사자들의 저항도 거셌다.[2] 추곡 수매가 동결에 따른 농촌 민심의 악화, 보수의 동결에 따른 공무원 사기 저하 등 어느 것 하나 쉽지 않은 상황에서 대통령과 참모는 안정화의 기치를 들고 예산 동결을 단행했다.

(3) 예산동결의 효과

1984년 예산동결을 포함한 일련의 재정긴축정책은 재정지표에 큰 변화를 가져온다. 1984~1986년의 동결과 긴축으로 통합재정지출 및 순융자의 연평균 증가율은 실질 기준으로 1974~1981년의 기간 중 11.8%이었던 것이 1981~1986년의 기간에는 2.2%로 크게 낮아졌다. GDP 대비 비율로 1982년에 27.6%에 달했던 통합재정 규모는 1980년 대 초반의 긴축 안정화 정책에 힘입어 1988년에 22.2%까지 하락하였다. 중앙정부 일반회계의 대 GDP 비율은 1982년의 17.6%에서 계속 하락하여 1988년에는 13.7%에 이르렀다. 같은 기

2) 예산실의 반발에 따라 조경식 예산실장이 다른 직책으로 전보되고 개혁파 문희갑이 예산실장에 임명된다.

간에 통합재정 수입의 증가율이 12.3%에서 6.4%로 하락하였기에 재정건전화는 수입 확대가 아닌 지출 억제에 따른 결과이다.[3] 통합재정수지 적자 규모의 대 GNP 비율은 1970~82년 기간 중 2~4%의 비교적 높은 수준이었지만 1987~88년 기간에는 통합재정수지 통계가 작성된 이래 최초로 흑자를 시현했다. 1980년대 전반의 적극적 재정긴축의 결과는 국가채무에도 큰 영향을 미쳐 중앙정부 채무의 대 GDP 비율은 외환위기 직전까지 계속 하락하였다.

1980년대 초반의 강력한 안전화정책의 결과로 물가 안정기조가 확립되고, 세계경기가 부진한 가운데도 꾸준히 성장이 지속되고, 국제수지 적자폭 점차 축소되었다. 특히 1985년 '플라자 합의'에 따른 미국 달러화의 평가절하, 국제금리의 급속한 하락, 국제원유가의 급격한 하락 등 소위 3저 현상의 도래는 우리 경제에 좋은 기회를 제공하여 우리경제에 선순환을 초래했다.

경제성장률이 1980년 1.9%에서 1984년 9.9%, 1985년 7.5%, 1986년 12.2%, 1987년 12.3%로 크게 높아졌다. 예산동결을 포함한 재정의 긴축정책 그리고 임금억제 정책에 힘입어 물가가 크게 안정되었다. 1980년의 도매물가 상승률 38.9%가 1984년 0.7%, 1985년 0.9%, 1986년 -2.2%로 안정되고 1980년 28.7%, 1981년 21.4%에 달하던 소비지물가 상승률이 1982년 7.2%, 1983년 3.4%, 1984년 2.4%, 1985년 2.5%, 1986년 2.8%로 급락하게 된다. 특히 1986년에 경상수지가 흑자를 기록한 후 1987~88년 동안에 경상수지 흑

3) 한국경제60년사 편찬위원회 (編), 『한국경제60년사』, 총괄편 및 경제일반, 395쪽.

자가 GDP의 8~9%에 달하게 된다. 정부가 1980년대 초에 택한 재정건전화 노력은 정부의 세입확대가 아닌 정부 세출의 억제에 의존했다는 점에서 이례적이다. 1980년대에 이룩한 긴축재정에 힘입어 오늘날까지 한국은 OECD 국가 중 가장 낮은 국가부채 비율을 유지하고 있다

1982~1985년의 경우 경기적인 측면에서 보면 재정확장이 필요한 상황이었음에도 장기적 경제안정화를 위해 재정긴축을 단행해 단기적 안정화를 희생한 시기였다. 그 결과는 단군 이래의 최대 호황경제였다. 1986~88년 3년의 연평균 성장률은 12%에 달했고, 국제수지 역시 만성적인 적자에서 흑자로 바뀌어 3년간 경상수지 흑자가 286억 달러에 달했다. 성장 물가 국제수지 세 마리의 토끼를 모두 잡게 된 것이다. 1980년대 초의 안정화 시책의 성공은 정부의 솔선수범이 기업과 가계로 경제주체 모두에게 파급됨으로써 가능하였다.

4

노태우 대통령과 김영삼 대통령 시대의 경제정책

22. 시장흉내내기로서의 주택 200만호 건설
23. 민주화 운동과 노사관계
24. 금융실명제 도입
25. 금융시장 개방과 외환위기
26. 김영삼 정부의 신경제정책

22. 시장흉내내기로서의 주택 200만호 건설

김정호

1989년 2월 4일 노태우 정부는 '긴급부동산투기억제대책'이라는 이름으로 주택 200만호 건설 계획을 발표했다. 5년간 매년 40만호씩 총 200만호를 공급하겠다는 내용이었다. 그 이전까지 20~25만호 정도를 유지하던 연간 주택공급량을 두 배 이상 늘리겠다는 선언이었다. 이 사업은 큰 결실을 거뒀다. 주택건설물량은 1990년의 75만호를 필두로 매년 60~80만호가 유지됐다. 가장 중요한 것은 농지나 녹지 등으로 묶여 있던 땅들을 택지로 바꾼 일이었다. 그 덕분에 국민들의 주거수준이 급속히 좋아졌고, 강남을 포함한 거의 모든 지역의 주택가격이 하락세로 돌아섰다.

(1) 시대적 환경과 정책의 배경

200만호 건설 정책의 직접적 원인은 부동산 가격 폭등이었다. 전국의 주택가격은 1988년 연간 13.22%, 1989년 14.59%, 그리고 1990년에는 21.04%가 상승했다. 서울의 아파트 가격은 더 뛰었다. 1988년 18.47%, 1989년 18.22%, 1990년에는 무려 37.62%나 올랐다. 아파트에 따라서는 4년 사이에 3~4배까지 오른 경우도 있었다.[1]

이유는 크게 보면 경제 호황과 대통령 선거 두 가지였다. 1986년부터 시작된 3저 호황으로 경상수지가 흑자로 돌아섰다. 소득도 늘고 시중의 통화량도 급증했다. 공급이 탄력적이지 못한 부동산 가격이 뛰기 시작했다. 1987년 대통령선거 과정에서 쏟아진 지역개발공약들은 부동산가격 상승을 더욱 부추겼다.

주택가격 폭등은 사회분위기를 흉흉하게 만들었다. 집 없는 사람들의 상대적 박탈감 때문이었다. 당시 필자는 민간 전문가로 부동산 정책 논의에 참여하느라 정책담당자들의 고민을 엿볼 수 있었는데, 사태를 방치했다간 민란이 일어날 수도 있겠다는 걱정들을 했다.

1988년에 이미 '토지공개념'으로 통칭되는 대책이 발표됐지만 주택가격 상승은 멈추지 않았다. 그 후속으로 나온 것이 200만호 건설계획이었다. 수요억제책인 토지공개념과 더불어 공급 확대책을 병행하겠다는 내용이었다.

---

1) CefiaWiki, KE:5.6 부동산 버블과 주택 200만호 건설
http://cefia.aks.ac.kr:84/index.php?title=KE:5.6_%EB%B6%80%EB%8F%99%EC%82%B0_%EB%B2%84%EB%B8%94%EA%B3%BC_%EC%A3%BC%ED%83%9D_200%EB%A7%8C%ED%98%B8_%EA%B1%B4%EC%84%A4

(2) 정책의 주요 내용

1992년까지 집권 5년 동안 200만호를 지어서 공급하겠다는 것이 이 정책의 내용이다. 그러자면 연간 20만호 내외이던 공급능력을 40만호로 끌어올려야 했다. 가장 중요한 것이 택지공급의 확대였다. 도시의 기존 택지는 거의 포화에 이른 상태였다. 문제는 농지와 녹지에 대한 강고한 규제였다. 도시주변의 녹지와 농지들은 박정희 대통령 시절부터 그린벨트와 도시녹지로 지정되어 거의 불가침의 영역처럼 되어 있었다. 시장이나 도지사도 건드릴 수 없었다. 수도권 규제는 신규주택의 공급이 더욱 절실한 서울주변의 택지공급을 거의 불가능하게 만들어 놓았다.

노태우 정부는 주택 200만호 건설 계획을 명분으로 대도시 주변의 토지 규제를 풀어 택지공급을 늘렸다. 수도권 5개 신도시(분당, 일산, 평촌, 산본, 중동) 건설을 통해서 수도권에 29만호를 공급한 성과는 정권 차원의 결단이 있었기에 가능했다.[2]

공급에 제약으로 작용했던 분양가 규제에 대해서도 손질이 가해졌다. 그전까지는 분양가의 평당 금액을 획일적으로 규제했는데 이 때부터 원가연동제로 바뀌었다.

2) 임형백, 수도권 5대 신도시 건설, 1996.
http://www.archives.go.kr/next/search/listSubjectDescription.do?id=005556

(3) 정책의 효과

정책의 1차적 효과는 주택공급량의 증가였다. 1980년대에 20~30만호 수준이던 연간공급량이 60~80만호 수준으로 확대되었다. 주택부족 현상이 극심하던 수도권에 5개 신도시를 통해 29만호를 공급한 것은 특히 중요했다. 분당신도시의 경우 강남의 대체지로 톡톡히 역할을 해냈다.

공급의 증가는 가격에 직접적 영향을 미쳤다. 분당 신도시 입주가 본격화된 1992년부터 강남을 포함한 전국 대부분의 지역에서 주택가격이 하락했다. 다음의 그림에서 볼 수 있듯이 그 추세는 1997년까지 지속됐다.

〈그림〉 주택 200만호건설의 효과

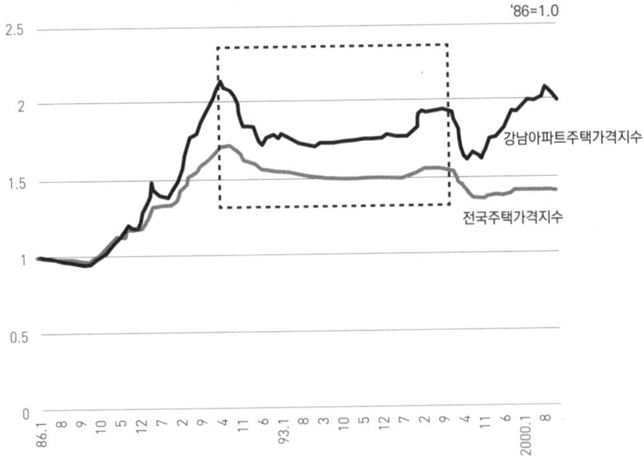

국민의 주거 수준도 높아졌다. 1990년 9㎡ 이던 1인당 주거 면적

이 1995년엔 16㎡, 2000년에는 22㎡ 로 늘었다.[3] 주거지의 주변 환경도 좋아졌다. 신도시가 만들어지면서 공원과 녹지공간이 획기적으로 늘었다. 200만호 건설계획은 한국인들의 주거 수준이 선진국 수준에 근접해가는 계기가 되었다.

(4) 시장경제 관점에서의 평가

주택 200만호 건설계획은 주택시장에서 공급 메카니즘이 작동하도록 촉매제 역할을 했다. 그 이전까지 우리나라의 경제정책에 있어서 소비는 억제되었다. 은행 자금은 수출과 제조업을 위해서 배정되었다. 주택 공급이 공식적으로 억제되지는 않았지만 제조업과 수출진흥에 밀려서 사실상 억제되어 왔다. 택지 공급은 시장기능이 더욱 작동하지 않았다. 대부분 도시의 미개발 토지에 그린벨트가 쳐졌다. 농지와 임야는 불가침의 영역처럼 여겨지게 되었다. 도시 확산 방지를 위한 장치였는데 그러다 보니 택지도 공급할 수 없었다.

그러다 보니 소득이 급증해서 주택에 대한 수요가 늘어나는데도 주택공급은 더뎠다. 특히 서울 강남지역으로 몰리는 수요를 충족할 방법이 없었다. 수요의 증가가 공급의 증가로 이어지지 못하다보니 가격만 폭등하게 되었다. 200만호 건설계획은 주택 수요가 공급 증가로 연결되도록 연결고리 역할을 했다.

3) 중앙일보, '1인당 주거면적 1990년 9㎡→작년 33㎡', 2011년 2월 14일.
http://news.joins.com/article/5050040

그러나 온전한 시장기능은 아니다. 사실 우리나라의 택지공급은 시장에 의해서 작동하기 어렵다. 농지와 임야에 대한 규제 때문이기도 하지만 농지들이 작은 필지 단위로 쪼개져 있기 때문이기도 하다. 기반시설이 제대로 갖춰진 도시를 만들려면 공급의 단위가 커야 한다. 그러자면 많은 필지들을 사모아야 하고 그 과정에서 '알박기' 같은 현상이 필연적으로 생겨난다. 농지가 잘게 쪼개져 있기 때문에 개발을 위한 거래비용이 매우 높다. 우리나라에서 정부의 개입 없이 제대로 된 주택공급을 하기 어려운 이유다. 이럴 때 정부가 시장 흉내 내기(market mimicking)을 해준다면 사람들의 삶에 도움을 줄 수 있다. 그래서 주택 200만호 건설계획이 성공적인 시장 흉내 내기였다.

(5) 맺음말

주택 200만호 건설정책은 치솟던 주택가격을 잡는 데 결정적 역할을 했다. 정책의 핵심은 농지와 임야에 대한 규제를 풀어서 주택공급 기능이 작동하도록 한 것이다. 주택 200만호 정책은 외관만으로는 정부 주도의 주택공급 정책으로 보이지만 내용상으로는 정부가 시장 기능을 흉내 내서 성공한 정책이었다.

23. 민주화 운동과 노사관계

김승욱

(1) 1987년 민주화 요구와 헌법 및 노동법의 개정

1987년 봄의 민주화 요구 시위에 따라 여당의 노태우 대표는 6·29 선언으로 직선제 개헌 요구를 받아들여, 10월 29일에 소위 6공화국 헌법이 만들어졌다.

이와 함께 2,500개 이하였던 노동조합이 8천개 가까이로 폭발했고, 체제변혁적인 "전국민주노동조합총연맹"이 등장해 노사분규가 격화되었다. 노조 조직률은 1987년의 13.8%에서 1988년에는 17.8%로 급증했고, 다음 해에는 18.6%까지 올라갔다.[1] 1986년에 104만명 이하였던 노동조합원 수도 1988년에 170만7천명으로, 그리고 1989년에는 193만2천명으로 증가해, 3년 만에 거의 2배로

1) 김유선, "한국의 노동시장과 노사관계 개혁방향: 사회통합적 노동시장과 노사관계 구축", 『한국노동사회연구』, 통권 80호, 2003.

증가했다. 또 1986년에 276건이었던 노사분규도 1987년 한 해에 3,749건으로 증가했는데, 이는 전년의 14배 가까이 되는 수치이다.[2] 이후 1989년까지 3년간 해마다 평균 2,400여 건씩 발생했다.[3]

이러한 분위기 속에서 노동법 개정 요구도 빗발쳤다. 대선에서 노동자의 표가 필요했던 여당은 노동자들의 요구를 들어줄 수밖에 없었다. 그리하여 헌법 개정 1개월 만에 노동법도 역시 개정되었다. 이 노동법 개정으로 단체행동권의 유보조항이 삭제되고 주요 방위산업체의 근로자를 제외한 모든 근로자에게 단체행동이 보장되었으며, 노동조합 설립을 자유롭게 할 수 있어서 기업별체제에서 산별체제로 전환할 수 있게 되었다.[4]

'보통사람'을 내세운 노태우 후보가 당선되어 여당은 정권 재창출에는 성공했지만, 출범한지 2개월 만에 있었던 총선에서 여당은 125석 밖에 얻지 못해 초유의 여소야대 상황이 되었다. 이러한 배경 하에서 노태우 정부가 어떻게 노동정책을 폈으며, 급증하던 노사분규를 안정시켰는지, 그리고 어떠한 노동정책을 사용했는지 살펴본다.

(2) 노태우정부 시기 주요 노동정책

2) 이장규, 『대통령의 경제학』, 기파랑, 272쪽.

3) 노태우(2011), 『노태우 회고록, 하』, 조선뉴스프레스, 2012, 26쪽.

4) 최영기·전광석·이철수·유범상(2000), 『한국의 노동법 개정과 노사관계-1987년 이후 노동법 개정사를 중심으로』, 한국노동연구원, 55쪽.

1989년 국회의 노동법 개정과 노태우 대통령의 거부권 행사

1987년의 노동법 개정에 만족하지 못한 노동계는 이러한 여소야대의 유리한 정치적 환경을 이용해 노동관련 법들을 또 재개정하려고 했다. 이에 정부와 여당에서는 1년도 안되어서 또 다시 개정하는 것은 무리라고 주장했으나, 야3당은 노동관계 3개법 개정안을 1989년 3월에 통과시켰다. 이 개정안에는 군인을 제외한 6급 이하 공무원과 교원들의 단결권을 허용하고, 제3자 개입금지 조항을 사전신고의 경우 허용하는 것 등이 포함되어 있었다.

이에 대해서 3월 24일에 노태우 대통령은 거부권을 행사했다. 6급 이하 공무원의 범위가 애매하여 국가공무원법과 상충되므로 공무원의 단결권과 단체교섭권을 인정할 수 없다. 그리고 노조설립 신고 즉시 노조가 성립되도록 수정한 노조법의 경우 조직분규가 심화될 우려가 있으며 행정관청이 노조의 실체를 확인할 수 없다는 문제가 있었다. 또한 남북 분단 상황에서 방위산업체의 쟁의는 엄격하게 제한되어야 하므로 방위산업체의 쟁의금지 조항을 삭제할 수 없었다. 이러한 이유들로인해 거부권을 행사한 것이다.

경제위기와 노동정책의 변화

대통령 거부권 행사로 노사간의 대립이 심각한 가운데 1989년 들어서면서 경제가 급격하게 악화되기 시작했다. 그 이유는 첫째, 격렬한 파업으로 인건비가 크게 올랐기 때문이다. 1989년에 제조업의 성장률은 4.2%에 불과하였으나 명목임금은 25.1%로 크게 올랐다.

노태우 정부기간 중에 임금이 매년 16%씩 올라 노태우 정부 5년간 115% 올랐다.[5] 둘째는 주택가격 폭등을 막기 위해 주택공급확대 정책과 사회간접자본에 대한 투자를 강력하게 추진했는데, 이것이 임금과 물가를 더욱 상승시켰다. 셋째는 원화가 절상되어 수출경쟁력이 떨어져, 위기감이 더욱 고조 되었다. 1989년 4월에 달러 당 666원으로 원화가치가 상승했고, 그 결과 무역수지는 1990년에 다시 적자로 반전되었다.[6] 이렇게 물가, 인건비 상승, 환율 절상으로 인한 무역수지 적자 등이 겹치면서 경제위기설이 팽배했다. 1990년 봄에는 증시가 폭락하는 등 위기의식이 확산되자, 강영훈 총리는 이를 '총체적 난국'이라고 표현했고, 노태우 대통령은 연내에 정치적, 경제적 안정을 이루겠다는 시국관련 담화문을 발표했다.

이러한 위기 상황에서 노태우 정부는 1990년 1월에 사회 안정을 위한 3당 합당을 추진했다. 불안정했던 정치가 안정화되면서 정부와 여당은 노동정책의 핵심으로 법질서 확립 등을 통한 산업 안정과 노동시장 유연성 확보와 임금 안정 등을 통한 경쟁력의 제고로 삼았다.

먼저 법질서 확립의 일환으로 무노동 무임금 원칙을 세웠다. 이는 노동을 제공하지 않았던 파업기간 중의 임금을 누가 지급하느냐의 문제에서 시작되었다. 선진국에서는 파업을 하는 기간 동안에는 노조가 비축한 파업기금에서 임금을 준다. 그런데 한국의 노조들은 비축한 파업기금이 없기 때문에 이를 기업이 부담했다. 1987년 이후

5) 노태우, 앞의 책, 26쪽.

6) 이장규, 앞의 책, 289~90쪽.

폭발적인 파업으로 많은 비용을 치른 사용자 측에서는 무노동 무임금 원칙을 주장하기 시작하였다. 이것이 처음 대두되었던 1988년 4월 대우조선 노사분규에서 사용자측은 임금이 아닌 특별상여금 명목으로 임금의 50%를 지불해 형식적으로나마 무노동 무임금 원칙을 관철했다. 이후 노태우 정부는 이 원칙을 고수할 것을 천명하고, 1990년 1월에 이를 노동쟁의 대상으로 삼을 수 없는 비쟁의 8개항에 포함시켰다. 이러한 것을 어기는 불법쟁의를 벌이면 즉각 공권력을 투입하기로 했다.[7]

1990년에는 법정 근로시간을 주 46시간에서 주 44시간으로 단축시켰다. 그리하여 토요일 오전 근무제도를 채택하거나, 격주 토요 휴무제가 실시되었다.[8] 노동시간을 44시간으로 줄이면 임금이 줄어드는 것은 당연하다는 경총의 주장과 이에 반대하는 한국노총이 충돌했다. 정부는 시간제 근로 도입, 격주 휴무제와 같은 변형근로시간제의 도입을 위한 노동법 개정을 추진했다.

한국의 UN가입과 ILO 가입이 가시화되면서 노동계에서는 노동법 개정을 또 요구했다. ILO가 채택한 168개의 협약과 171개 권고 사항 중에는 한국의 노동법과 다른 부분이 많았다. 물론 ILO에 가입조건이 이 협약들을 모두 준수해야 하는 것은 아니고, 각 나라의 상황

---

7) 이 원칙이 노동법에 명시된 것은 김영삼 정부의 1997년 3월 개정 노동법이었다. 이때 노조법 24조에서 노조전임자 에게 급여를 지급하는 행위를 부당노동행위로 규정했다. 다만 노조의 재정사정을 감안해 5년의 유예기간을 두어 2001년까지 유예하기로 했다가 그 후에 다시 두번 유예되었다.

8) 2004년에 법정근로시간이 주 44시간에서 40시간으로 줄여, 주5일제가 시행되었다.

과 처지에 따라서 결정하지만, 한국 정부의 위상에 맞게 노동법을 바꿀 필요도 있었다. 이런 상황에서 최병렬 노동부장관은 ILO의 요구는 노동법 개정 없이도 현행법에서 가능한 충족시킬 수 있다는 이유로 반대했다. 그리고 노동법 개정의 방향을 시간제 근로, 근로자 파견제, 토요 격주 휴무제, 총액임금제 등 노동시장 유연화로 잡았다. 이에 대해서 노동계는 최병렬 노동부 장관의 즉각 퇴진을 강력히 촉구하며 반대했다. 총선과 대선을 앞둔 정치일정으로 인해 정치권도 반대 입장을 보여, 결국 노동법 개정계획을 전면 철회되었다.

이에 최병렬 장관은 노동법 개정 없이 총액임금제와 시간제 근로 도입, 격주휴무제와 같은 변형근로시간제의 도입은 시행령 개정과 행정지도로 실시했다. 1992년도 경제운영계획에 총액임금제 관련지침을 내려서 구체화 시켰다.

총액임금제를 추진하는 이유는 임금체계가 너무 복잡해서 정부가 임금정책을 실시하기가 어려웠기 때문이다. 총액임금제가 실시되면, 각 기업의 임금수준이 투명하게 공개되기 때문에 임금을 통제하기 쉬울 것으로 기대했다. 그래서 월 임금 200만원 이상은 완전동결, 100만원까지는 5%, 100~50만원은 10%선에서 임금을 통제하는 한편 50만 원 이하는 정부가 관여하지 않겠다는 구체적인 임금인상 억제 가이드라인을 제시하기도 했다.[9]

9) 최영기·전광석·이철수·유범상, 앞의 책, 135쪽.

(3) 자유주의 시장경제 관점에서의 평가

노태우 정부 출범 3년 만에 노사분규가 안정을 찾기 시작해서 임기를 마친 1992년에는 예년 수준으로 돌아갔다. 노태우 정부 시기 노동정책을 종합적으로 평가하면 격렬했던 노동계의 요구에 대해서 그래도 시장경제의 원칙을 잘 지켜냈다고 평가할 수 있다. 이렇게 평가할 수 있는 이유는 노조의 경영참가 금지와 이익 균점권을 수용하지 않았다는 것, 그리고 복수노조, 노조의 정치활동, 제3자 개입금지 등의 조항을 지켜냈기 때문이다.

노태우 정부시기에 야3당의 합작으로 요구했던 1989년 노동법 개정안이 국회를 통과했지만, 대통령의 거부권 행사로 막아냄으로써 시장경제 원칙을 지키고, 경제위기를 극복하는데, 긍정적으로 기여했다고 평가된다.

그 후 상공부와 노동부 주도로 더욱 노동시장 유연화 정책을 시도했지만, 강력한 노동계의 반발, ILO 가입, 총선 및 대선 일정에 막혀서 실천하지 못했다. 다만 일부 임금총액제와 무노동 무임금 원칙이 관철된 것, 그리고 시간제 근로제와 변형근로시간제가 도입된 것은 긍정적으로 평가된다.

24. 금융실명제 도입

최 광

(1) 금융실명제 논의의 역사

금융실명제(金融實名制)는 금융기관과 거래를 함에 있어 실지 명의에 의한 금융거래를 실시하고 그 비밀을 보장하여 금융거래의 정상화를 기하기 위한 제도이다. 금융실명제의 실제 실시는 1993년 8월이었으나 이에 대한 논의는 오랜 역사를 가지고 있다. 일부 관료들에 의해 간헐적으로 제기되던 것이 전두환 대통령 때 첫 시도가 있었다. 1982년 소위 '이철희-장영자 사채파동' 스캔들로[1] 제5공화국의 정의사회구현 기치가 크게 훼손되자 민심수습을 위한 초강수 조치로 금융실명제 카드를 빼들었다. 강경식 재무장관이 앞장서고 김재익 수석이 동조해 전두환 대통령의 결심을 받아냈다. 1982년 7월 3

1) 장영자는 1980년 2월부터 20억 원으로 활동을 시작해 어음 사기액수는 6,400억 원에 달했다.

일 발표된 금융실명제 구상(금융실명거래에 관한 법률)은 (1)1983년 1월 1일부터 모든 금융거래는 실명으로 하고 (2)1983년 6월 말까지 기존의 무기명과 차명은 실명으로 전환한다는 것이었다. 세 가지 요인으로 실명제 실시가 무산됐다. 첫째 정치적 이유로 여당인 민정당이 실명제를 실시하면 정치자금 확보가 어려워 정권을 유지할 수 없다고 강력히 반대했기 때문이고[2], 둘째 실무적인 것으로 당시의 전산시스템으로는 실명제를 기술적으로 제대로 감당할 수 없는 점이고, 셋째는 경제적 이유로 실명제 실시가 그렇지 않아도 부진한 당시 경제에 심각한 타격을 주리라는 우려 때문이었다. 금융실명거래에 관한 법률이 국회에 만들어지기까지 했으나 부칙에 실시 시기가 명기되지 않아 사실상 무산되었다.

노태우 대통령도 선거공약에 금융실명제 실시를 공약으로 내걸고 당선 후 실시를 추진했다. 그 결과 나웅배 경제부총리는 88올림픽을 끝내고 1991년 1월부터 금융실명제를 실시하겠다고 시기까지 밝히며 운을 띄었고 문희갑 경제수석이 주축이 되어 토지공개념 정책과 금융실명제 실시를 추진했다. 1989년 4월 재무부에 금융실명거래 실시준비단이 발족했고 정부 관련부처와 금융기관 대표를 중심으로 금융실명제추진실무대책위원회가 구성되었다. 1990년 3월 경제실명제를 추진했던 조순-문희갑 팀이 물러나고 이승윤-김종인 팀이 들어서면서 금융실명제 실시는 다시 무산된다. 특히 김종인 수석이 실

2) 정치권은 물론이고 김재익 수석을 제외한 당시 청와대 실세 수석들도 강하게 반대했다.

명제 유보를 총 지휘했다.[3)]

(2) 김영삼 대통령의 금융실명제 실시

김영삼 대통령은 취임하자 말자 정치 개혁에 착수했다. 자신의 정부를 '문민정부'로 명명하고 한국병을 치유하여 신한국을 건설하는 것을 목표로 삼았다. 그 한국병은 경제적인 것이 아니고 정치적인 것이었다. 안정과 성장보다는 과거와의 단절을 통한 과감한 정치개혁을 추구했다.

취임 이틀 후 첫 국무회의를 주재한 자리에서 자신이 솔선수범해서 재산 공개하겠다며 국무위원들도 재산 공개를 촉구했다. 아무런 법적 강제 없이 진행된 재산 공개파동은 정치판을 뿌리째 흔들었다. 두 번째 개혁조치는 정경유착의 고리를 끊기 위해 정치자금을 받지 않는다고 선언한 것이고, 세 번째 개혁은 군에서 하나회를 해체하고 그 중심세력을 요직에서 밀어 내거나 전역시키는 것이었다. 이어서 나온 개혁조치가 금융실명제 실시였다.[4)]

1993년 8월 12일 저녁 8시 김영삼 대통령은 텔레비전으로 중계된 담화문을 통해 "저는 이 순간 엄숙한 마음으로 헌법 제76조 제1항

---

3) 이장규, 『대통령의 경제학』, 기파랑, 2014, 266쪽.

4) 금융실명제에 가려져 있었으나 김영삼 대통령은 부동산실명제도 도입했다. 1995년도에 땅이나 집을 다른 사람 이름으로는 가질 수 없게 했다. 즉 기존의 부동산 명의신탁제도를 폐지했다. 누가 무슨 부동산을 얼마나 어디에 갖고 있는지 를 확인해 종합부동산세를 부과할 수 있는 것은 부동산실명제의 실시에 따른 결과이다.

의 규정에 의거하여 금융실명거래 및 비밀보장에 관한 대통령 긴급재정경제명령을 발표합니다. … 이 시간 이후 모든 금융거래는 실명으로만 이루어집니다"라고 선언했다. 금융실명제는 앞선 두 번의 정권에서 약속했고 법까지 제정하고서도 실시하지 못했던 것이 마침내 김영삼 대통령의 특유한 결단으로 시행하게 된다.

공직자 재산공개로 국민적 지지를 얻은 김영삼 대통령은 먼저(1993년 6월 22일) 이경식 부총리의 실명제 찬성입장을 확인한 후 보고서 마련을 지시한 후 초안을 보고받은 후 이를 홍재형 재무장관에게 실무 작업에 착수할 것을 지시했다(1993년 7월 12일). 황길수 법제처장에게 금융실명제를 담는 대통령 긴급명령 조항을 만들도록 지시하여(1993년 7월 12일) 만반의 준비가 끝난 후 8월 12일에 특별 담화문을 발표하기에 이른다. 금융실명제 실시가 시기상조라 판단하고 반대한 박재윤 비서관은 이 모든 과정에서 발표직전까지 소외되었다.[5]

실제 김영삼 정부 말기 외환위기 와중에서 대통령에 당선된 김대중 당선자는 취임도 전에 당선자 신분으로 금융실명제에 영향력을 행사한다. 강경식 부총리를 이어 부총리가 된 임창렬은 김대중 당선자와 상의하여 금융실명제를 일부 완화했다. 대통령 긴급명령이 1997년 12월 30일 '금융실명 거래 및 비밀보장에 관한 법률'로 대체되었다. 새 법률에선 외화예금 및 외화표시 채권 구입 등의 경우에

---

5) 긴급명령 작업 실무 참여자는 김용진 당시 세제실장이 책임자였고 한국개발연구원(KDI) 박사 3명, 재무부 6명, 법제처 1명, 국세청 2명, 시중은행 1명 등 도합 14명이 었다.

실명 확인 절차가 생략할 수 있게 되었고 자금출처를 묻지 않는 무기명 장기채권을 인정하여 김영삼 대통령이 실시한 금융실명제 본래 취지가 크게 후퇴 훼손되었다.[6] 외환위기가 발생하자 전국경제인연합회가 금융실명제가 금융위기의 원인이라 하며 폐지를 주장하기도 하였으나 IMF가 수용하지 않아 명맥은 유지되었다.

(3) 금융실명제 시행의 찬반 논란

금융실명제의 실시를 놓고 찬성과 반대 논란이 엄청 있어 왔다. 비실명 금융거래는 '예금 적금 등의 비밀보장에 관한 법률'에 의거 허용된 것으로 이는 당시 국내 저축기반이 위약한 상황에서 자금을 제도 금융권으로 유도하기 위한 조치였다. 부정축재 자금, 부동산투기 자금, 고소득층의 탈세 자금, 범죄조직 자금, 뇌물수수 자금 등 온갖 불법 탈법 자금의 온상이었다. 국가가 불법 탈법을 합법적으로 용인해 온 것이다. 탈세를 목적으로 남의 이름을 차용하여 예금계좌를 개설한 경우 소득과 부의 실제 주인의 확인이 불가해 적절한 세금부과를 할 수 없었다.

금융실명제를 왜 실시해야 하는가에 대해서는 많은 주장이 있으나 이 문제를 가장 많이 고민한 강경식부총리는 (1)지하경제 축소, (2)

6) 당시 국무위원(보건복지부 장관)이었던 필자는 금융실명제 훼손에 항의하여 김영삼 대통령에게 사직서를 제출하였으나 김영삼 대통령이 만류하고 사표를 수리하지 않아 대통령 임기 만료에 따라 같이 퇴임하였다. 끝까지 사퇴를 고수하지 못하고 공개적으로 문제 제기를 하지 못한 점에 대해서 필자는 오늘날까지도 후회하고 있다.

공평과세 구현, (3)기업재무구조 개선 등 세 가지를 금융실명제 찬성 요인으로 요약한다. 지하경제도 여러 가지 정의가 있으나 '세금을 내지 않는 자금'이기에 금융실명제는 탈세의 소지를 제거할 수 있는 가장 강력하고 효과적인 장치이다. 금융실명제가 실시되어야만 납세자별로 모든 소득의 합산이 가능해지고 소득이 합산되어야 같은 소득에 같은 세 부담을 하는 공평과세가 시현된다. 차입을 하는 것이 기업에 유리한 상황에서 기업주가 여유자금이 있으면 이를 기업에 투자하기 보다는 차명계좌가 가능하면 은행에 예금하고 그만큼 기업이 은행에서 대출 받는 것이 유리하기 때문에 자기자본을 충실하게 할 이유가 없어 기업재무구조가 악화된다.

당위성이 분명함에도 불구하고 강경식 전부총리가 1982년 금융실명제 실시에 즈음하여 당면했던 반대논리는 (1)실시 시기와 방법, (2)부작용에 대한 우려, (3)실명 전환 시의 기득권 인정 여부, (4)자본생리와 부조화, (5)전산 처리 능력, (6)부동산 투기, 자금의 퇴장 가능성 등이었다.[7]

(4) 금융실명제 시행의 목적과 내용

금융실명제의 실시는 그 내용 자체만 놓고 보면 금융거래의 실명화이기에 경제정책의 일환이라 할 수 있으나 경제 개혁적 차원에서 내려진 조치가 아니고 부정부패 척결이라는 정치적 목적에서 취

7) 강경식, 『국가가 해야 할 일, 하지 말아야 할 일』, 김영사, 2010, 489~495쪽.

한 조치이다. 그래서 김영삼 대통령은 특별 담화문에서 "금융실명제가 실시되지 않고는 이 땅의 부정부패를 원천적으로 봉쇄할 수가 없습니다. 정치와 경제의 검은 유착을 근본적으로 단절할 수 없습니다. 금융실명제의 정착 없이는 이 땅에 진정한 분배정의를 구현할 수가 없습니다. 금융실명제 없이는 건강한 민주주의도 활력이 넘치는 자본주의도 꽃 피울 수 없습니다" 라고 강조하였다.

전두환 대통령 때 시도한 금융실명제와 김영삼 대통령 때 실제 실시한 금융실명제는 그 목적에서 성격이 판이하게 다르다. 1982년의 금융실명제는 금융자산을 종합소득에 합산하여 조세정의를 실현하는 것이 목적이었던 반면 1993년 문민정부 금융실명제는 부정부패 척결과 경제정의 실현이 주된 목적이었다.

실시 방법에 대해 기존의 실명거래에 관한 법을 개정할 것인지 헌법 상 보장된 대통령의 긴급명령에 의할 것인 지에 대해 실명제 실시에 따른 부작용을 극소화하고 실효성을 극대화하기 위해 긴급명령 쪽이 선택되었다.[8] 실시 범위에 대해서는 보험 주식 등을 제외하자는 의견도 있었으나 모든 금융기관과 모든 금융자산을 대상으로 했다. 실명에 의한 금융거래는 의무화하되 부작용을 최소화하기 위하여 이자 배당 소득에 대한 종합과세는 1996년 1월부터 단계적으로 실시

8) 전두환 대통령 당시 재무장관으로 금융실명제 도입에 열성적으로 앞장섰던 강경식 장관은 "민주적 절차를 지켜야 한다는 식자우환 사고가 결국 금융실명제를 실시하지 못하는 결과를 초래한 것은 나의 큰 판단착오였다"고 회고하며 대통령 긴급명령으로 시행하지 못한 것에 못내 아쉬워했다. 강경식, 『국가가 해야 할 일, 하지 말아야 할 일』, 김영사, 2010, 512쪽

하고 주식양도차익에 대한 과세는 '신경제 5개년 계획 기간 중에는 실시하지 않기로 하였다.[9]

긴급재정경제명령 제16호의 주된 내용은 (1)금융기관과의 모든 거래 시 실명사용, (2)비실명 금융자산에 대해 (i)비실명 계좌와 실명 확인 없는 현금 인출 금지, (ii)2개월간의 실명전환 의무기간 동안의 실명 전환에 대해 연령별로 차등한 금액에 따라 자금출처 조사면제, (iii)실명전환 의무기간 경과 후 실명으로 전환하는 자에 대해서는 실시일로부터 매년 10%씩 최고 60%의 과징금 부과, (iv)3,000만 원 이상의 자금인출 경우 국세청에 통보하고 자금출처를 조사, (3)금융정보 비밀보호의 강화, (4)금융실명제 위반자에 대한 벌칙 부과, (5)8월 12일 오후 8시를 기해 위 사안을 실시하고 13일은 오후 2시부터 금융기관의 업무를 시작하는 것이다.[10] 김영삼 대통령의 금융실명제는 그 내용이 매우 강했다. 1982년 실명제 추진 논의에서는 도강세(渡江稅) 제도를 둬 '과거는 불문에 부친다'고 하였으나 1993년 실제 실시에서는 도강세 내용이 전혀 없다. 금융실명제가 위헌이라는 헌법 소원이 제출되기도 하였으나 헌법재판소는 정부의 손을 들어주었다.

(5) 금융실명제 실시의 효과와 과제

9) 재무부, 『금융실명제 실시 1주년 백서』, 1994. 8. 12

10) 긴급명령이 국회에서 통과된 것은 8월 19일이었고 김동길 의원을 제외한 전원이 찬성하였다.

일단 국내외 언론은 금융실명제 실시가 한국 사회의 투명성을 높일 수 있는 결정적인 시책으로 높이 평가했다. 특히 정경유착이 단절되어 기업경영의 투명성이 제고되고 정치자금 모금이 제도화될 것으로 기대했었다. 국민의 87.1%가 금융실명제 실시를 지지했으며 반대한 것은 3.3%에 불과했다.

실명제가 실시된 직후 확인된 예금은 총 408.3조 원으로 이중 비실명이 2.8조원, 실명이 405.5조 원이었는데 실명 예금 중에서도 차명이 76.0조 원에 달했다. 차명과 비실명 예금은 78.8조 원으로 전체 예금의 19.4%에 달한 큰 규모였다. 1993년 10월 12일 기준으로 실명예금의 실명 확인율은 금액 기준으로 81.3%, 계좌 기준으로 59.7%였고 비실명예금의 실명 전환은 금액 기준으로 97.1%, 계좌 기준으로 76.1%에 달했다. 약 3년 후인 1996년 6월 말 현재 실명 확인율은 실명 예금의 경우 98.2%, 비실명 예금의 경우 98.7%에 달해[11], 실명 확인 및 실명 전환 실적이 매우 양호하고 비실명 거래에 대한 금융기관 종사자와 일반국민의 의식과 행태가 크게 변하였다. 실명 전환되지 않은 금액은 358억 원에 불과했다.

정치계와 기업계의 각종 비리가 밝혀지는 배경에는 무엇보다 금융실명제 도입의 역할이 매우 크다. 특히 금융실명제 실시 2년만인 1995년 전두환 노태우 두 대통령의 천문학적 부정축재 자금이 드러난 것은 금융실명제 실시의 성과라 할 수 있다.

금융실명제 실시의 가장 중요한 목적 중의 하나가 금융소득종합

11) 재정경제원, 『금융실명제 3년의 성과와 과제』, 1996. 8. 12, 92쪽

과세의 실시이고 주식양도차익에 대한 과세이다. 금융실명제가 도입되어 정착된 지 15년이 지난 2018년 현재에도 주식양도차익에 대한 과세와 금융소득에 대한 종합과세 모두 모두 매우 미비하다.[12] 이는 전적으로 정부 당국의 의지 부족 때문으로 공평과세를 위해 이제 결단의 시점이다.

12) 1949년 분류과세체계로 시작된 우리나라의 소득세제는 1961년과 1967년의 법 개정을 거쳐1974년에 본격적인 종합과세체계로 전환하였다. 1996년부터의 시행을 전제로 금융실명제 실시 1년 후인 1994년 12월에 부부단위로 4천만원이 넘는 금융소득에 대해 종합과세를 도입했다. 그러나 1997년 외환위기로 인해 1998~2000년 귀속분에 대해 실시를 유보하였다가 2001년부터 시행하였다. 2002년 8월 금융소득 등 자산소득에 대한 부부합산과세가 헌법재판소의 위헌결정으로 폐지되어 부부합산이 아닌 개인별로 4천만원 이상이 종합소득세 대상이 되었다. 2013년부터 금융소득 종합과세 합산기준이 2천만원으로 강화되었다.

25. 금융시장 개방과 외환위기

김승욱

(1) 시대적 환경과 금융시장 개방 정책의 배경

문민정부 출범 당시 우루과이 라운드(UR)가 타결되었고, 1995년 1월에 WTO가 설립되었다. 세계화가 급속히 진전되면서 규제완화, 작은 정부, 자유화가 시대적인 대세가 되었다. 이런 추세에 맞추어 김영삼 정부는 세계화(Segyehwa) 추진을 선언했다. 그 일환으로 OECD에 가입을 시도해, 1996년에 29번째 회원국이 되었다. 이는 한국 제품의 이미지를 향상시켜서 수출을 증대시키는데 큰 역할을 했다. 그로인해 달러가 국내에 많이 유입되어, 1995년에 연평균 대미환율은 771원이었다. 미국이 신경제라고 부를 정도로 10년 이상 장기 호황을 맞이해, 그 유휴자금이 신흥개발도상국들에게 몰려들었다. 그 선두주자 한국은 유망한 투자처였다. 대출심사가 엄격한 선진각국의 국제금융기관들도 한국 재벌들에게는 쉽게 빌려주었다. 이경식 전 한은총재는 “한국 재벌에 돈 못 빌려줘서 안달이 날 정도였다”고 했다. 한국경제는 1995년 10월에 사상 처음으로 수출 1천억 불을 돌파했고, 1996년 말에 1인당 국민소득이 1만 불을 돌파했다.

그러나 한국경제는 이듬해에 동아시아 외환위기의 파도를 넘지 못하고 1997년 12월에 IMF에 긴급 외환의 지원을 요청하고, 이를 상환하기 위해서 경제주권을 내어주었으며, 외환위기는 경제전반에 걸친 경제위기로 번졌다.

(2) 금융시장 개방 정책의 주요내용

한국 정부는 1996년에 OECD에 가입하면서 148개 자유화 규약 항목 가운데서 97개 항목의 자유화를 수락했다. 한국의 수입자유화율은 이미 1992년 말 기준으로 97.7%에 달할 정도로 높았지만, 금융부문은 개방이 덜 되어 있었다. 그래서 김영삼 정부에서는 주로 자본시장 및 금융부문 개방에 초점을 맞추었다.

자본거래 자유화의 일환으로 김영삼 정부는 1993년 4월에 기업의 외화증권발행을 허가제에서 신고제로 전환했다. 따라서 정부가 해외차입을 막을 수 없었다. 그리고 해외에서 시설재를 도입할 때 소요자금의 90%까지 외화차입을 허용했다. 그로 인해 많은 기업들이 해외로부터 자금을 빌려서 시설투자를 했다. 게다가 30대 대기업의 경우 2~3개의 주력업종은 여신한도관리 대상에서 제외시켜 주는 ‘업종전문화정책’을 실시함으로써 대기업들이 해외에서 싼 이자로 돈을 무제한으로 빌릴 수 있는 길이 열렸다. 또한 외국인들의 국내 투자도 신고제로 바꿔 외국인들이 우리 주식을 대거 매입하기 시작해, 20% 미만이었던 외국인주식보유비율이 40%가 넘었다.

이러한 분위기에서 김영삼 정부는 1996~97년 사이에 24개의 종합금융사를 인가해 주었다. 1994년에 1차로 9개 투신사가 종합금융사로 전환할 당시에, 4개 사가 김영삼 정부 텃밭이었던 부산·경남 지역에 몰려 있었기 때문에 줄곧 의혹의 시선을 받았다. 당시에 종금사들은 단자사와 달리 해외차입이 허락되어, 황금알을 낳는 거위라고 불렸는데, 그들은 해외로부터 이자가 싼 단기로 빌려서, 국내 기업들이게 빌려줄 때는 고리의 장기로 빌려주어 큰 이윤을 남겼다.

이러한 여러 이유로 우리 경제의 능력 이상으로 원화가 절상되어 만성적인 무역적자가 발생했다. 1996년에는 자그마치 230억 달러의(국민소득의 4%) 적자를 기록했다.

게다가 원고(高)현상은 해외여행이나 외국 유학 등을 부추겼다. 1995년에는 병역 미필인 고교생과 대학생에게도 해외여행이 완전 자유화가 되었고 외화 보유도 자유화 되었다. 저소득층도 빚을 내어서 해외 여행하는 시대가 되었다. 그래서 무역외수지도 만성적인 적자를 기록했다.

(3) 외환 위기의 발생과 경제위기로 확산

그러던 중 1997년 1월에 한보그룹이 부도 처리되었다. 이것이 외환위기의 서막이었다. 6급인 주사로 퇴직한 세무 공무원 정태수는 은마아파트 분양으로 큰 성공을 거두고, 철강업체를 인수해 큰 수익을 올려 한보철강으로 이름을 바꾸었다. 성공에 도취된 그는 세계 5위 규모의 초대형 제철소를 건설한다는 야심찬 "당진제철소"를 구상하고, 은행들로부터 자기 자본금의 16배가 넘는 막대한 자금을 대출받았다. 이것은 정태수 회장의 통 큰 뇌물 때문에 가능했다. 정태수 회장은 공금횡령 및 뇌물수수로 15년의 징역을 선고받았고, 내무부 장관, 국회의원, 김영삼 대통령 차남 김현철 등 여러 정치인들과 전직 은행장 등 10명이 구속됐다.

그 후 삼미, 진로, 해태, 대농 등 대기업들의 도미노식 부도가 발생했고, 7월 15일에 재계 서열 8위인 기아그룹이 부도처리 되었다. 그러나 힘이 강했던 기아그룹 노조는 부도를 인정하지 않고 금융권에게 지원을 요청했다. 게다가 호남기업이라는 이유 때문에 지역감정에 호소하기도 하고, 인수를 원하는 삼성의 음모 때문이라는 항변도 했다. 이런 여러 가지 이유로 기아사태는 순리대로 처리되어 새 주인을 찾아주지 않고 시간을 끌었다. 이것이 해외 투자자들에게 나쁜 신호를 주었다. 해외 투자자들은 한국이 앞으로 더욱 큰 위가 상황에 빠질 것이라고 예상을 했다.

때마침 태국에서 1997년 7월 2일에 바트화가 폭락하면서 외환위기가 발생했다. 해외 투자자들은 말레이시아, 인도네시아, 필리핀 등에서도 투자 자금을 회수하기 시작했다. 10월이 되자 동아시아의 연쇄적인 외환위기의 그림자가 서서히 한국까지 다가왔고 종합주가지

수는 500포인트 밑으로 추락했다. 11월 18일, 환율은 달러당 1000원선을 훨씬 뛰어넘어 거래가 중단되는 사태가 벌어졌다. 그리고 11월 29일에 종합주가지수는 사상최악인 400포인트 이하로 추락했다. 그리고 12월에는 세계 11위의 경제대국 한국에서 조차 투자자금을 회수하기 시작했다. 1997년 12월 5일 한국 정부는 국제통화기금(IMF)에 자금지원을 신청했다.

IMF는 구제금융을 지원하는 조건으로 은행들의 BIS 자기자본비율 8%를 충족시키도록 하고, 긴축정책을 실시하여 지나치게 풀린 통화량을 회수하도록 요구했다. 은행들이 이 비율을 맞추기 위해서 대출을 통제해 이자율이 29%까지 올라갔다. 이 과정에서 많은 회사들의 부도 및 경영 위기를 초래 하였다. 12월 12일에 증권업계 4위인 동서증권이 부도처리 됐고, 12월 23일에 환율은 사상 최악인 2000원 대까지 폭등했다. 그리고 대한민국의 외채는 무려 1천 6백억 달러에 달했다. 대량 해고와 장기적인 경기 악화로 인해 온 국민이 큰 어려움을 겪었다.

(4) 외환위기의 원인에 대한 평가

1999년 1월에 있었던 소위 환난청문회에서 강경식 전 재정경제부장관과 김인호 전 청와대 경제수석 등 경제정책 담당자들은 외환위기의 원인이 외국 자본의 갑작스런 철수와 단기성 부채상환요구 등의 외부적 요인 때문이라고 하면서 상황의 불가피성을 역설했다. 그러나

1970년대 두 차례에 걸친 오일 쇼크처럼 외적인 충격은 항상 있는 것이다. 그리고 동남아 외환위기에 대만이나 일본에 비해서 한국 경제가 특히 취약했던 것을 보면 외적 요인 탓으로만 돌릴 수 없다.

문민정부의 단기적인 거시경제정책의 실패는 없었는가? 당시 한국의 경제 사령탑에서는 한국의 거시지표가 튼튼하므로 외환위기에 휩쓸리지 않을 것이라고 장담하면서, 대기업들의 연쇄도산에도 안이하게 대처했다. 그런데 막상 외환이 빠져나가자 가용외환이나 단기 외채의 정확한 규모가 어느 정도인지도 모르고 있었다. 그리하여 350억 달러라고 하던 외환보유고가 1주일 후 150억 달러라고 발표하고, 막상 IMF에게 긴급자금을 요청하던 당시에는 불과 수십억 달러에 불과한 수준의 외환 리저브를 보유하고 있었다. 이런 것을 보면 당시 정책운용자들의 실책이 매우 중요한 요인이었다.

게다가 단자회사들은 대부분 자본금 미달 상태에서 종합금융사 인가를 받았고, 경험도 없이 환투기에 개입해, 수십억 달러 규모의 부실 채권을 떠안았다는 점 등으로 볼 때 권력의 비호 없이는 도저히 불가능한 일들이 벌어졌다. 종금사를 둘러싼 금융규제와 감독시스템에서 효율적으로 운영하지 못한 점이 외환위기의 중요한 원인이라는 점에 대해서는 대부분 인정된다.

물론 당시 정책입안자들의 실수만이 유일한 원인은 아니다. 장기적으로 형성된 경제 구조적인 문제 때문이기도 하다. 우리나라의 1997년 외환위기는 금융기관들이 연쇄도산으로 이어져 금융위기가 초래되었다. 만약 금융산업이 구조적으로 취약하지 않고, 금융감독

기능이 제대로 작동되었더라면 외환위기가 금융위기로 연결되지 않았을 것이다. 또한 이 금융위기가 다시 총체적인 경제위기를 야기 시켰다. 금융기관이 BIS 기준을 충족시키기 위해서 자금을 회수하였고, 이 과정에서 부실한 많은 기업이 무더기로 도산하고, 실업이 급증하여 총체적 경제 위기가 발생했다.

따라서 1997년의 외환위기는 외환유출이라는 외부적 요인과 단기적인 정책의 실패라는 거시운용의 문제점 때문에 발생했으나, 이것이 금융위기와 경제 전반적인 총체적 위기로 발전될 수밖에 없었던 것은 한국경제의 구조적인 문제 때문이었다. 기업의 수익성 악화와 재무구조의 취약성이 은행의 부실자산을 낳게 했고, 이것이 경제위기를 초래했다. 즉 총생산성의 저하와 정부의 산업정책 및 기업의 양적 팽창이 주된 원인이라는 주장이 가장 설득력을 갖는다.[1] 크루그만(Paul Krugman)도 아시아의 환란은 다른 지역의 경제위기에 비해서 상대적으로 많은 기업이 도산하게 된 것에 주목하고 그 이유는 아시아 지역의 정경유착, 관치금융 등의 잘못된 제도 때문이라고 보았다.[2]

과거 개발독재의 후유증으로 인한 한국경제구조의 문제가 환란의 근본적 요인이라고 파악하고, 재벌개혁, 시장개방, 투명한 기업운영 등을 요구한 IMF의 입장은 이러한 시각을 반영한 것이다. 이와 같이

---

1) Kwack, Sung Yeung, "Factors Contributing to the Financial Crisis in Korea," *Journal of Asian Economics,* 4, Winter 1998.

2) Paul Krugman, "Asia: What Went Wrong," *Fortune,* March 2, 1998.

1997년의 경제위기는 두 가지 요인 때문이다. 첫째는 단기적인 대처를 제대로 하지 못한 김영삼 정부의 경제정책의 실패 때문이고 둘째는 한국경제의 장기적 구조 문제 때문이었다.

26. 김영삼 정부의 신경제정책

송원근

(1) 서론

1993년 출범한 김영삼 정부는 '문민정부'를 표방하면서 이전의 권위주의적 정부와 스스로 차별성을 두었다. 이는 경제정책에서도 그대로 나타나 1992년까지 계속되었던 '경제개발5개년계획'을 '신경제5개년계획'으로 대체하였고 금융실명제 등 각종 경제개혁 조치를 단행하였다[1]. 김영삼 정부의 소위 '신경제'에는 이후 박세일 교수 등에 의해 정립된 '선진화' 담론이 이미 상당 부분 반영되어 있었다. 규제완화, 자유화, 노동시장 개혁, 민영화, 정부 및 재정개혁 등 21세기 들어서도 여전히 한국경제의 지속성장을 위한 구조개혁 과제로 거론되는 내용들이 망라되어 있다. 그럼에도 불구하고 김영삼 정부의 '신

1) 신경제5개년계획 발표(1993년 7월), 금융실명제 도입(1993년 8월), 부동산실명제 시행(1995년 7월)

경제정책[2]'에 대해 분석한 기존 연구는 찾아보기 힘들다.

김영삼 정부는 1997년 외환위기와 함께 경제적으로 파국을 맞았다. 따라서 김영삼 정부 당시에 대한 연구는 주로 외환위기의 원인을 밝히는 데에 초점이 맞춰져 있다. 1997년 외환위기는 6·25 전쟁 이후 최대의 국난으로 불릴 정도로 큰 사건이었고 그때까지 고도성장을 해왔던 한국경제에 파괴적인 영향을 미쳤다. 한국경제의 새로운 도약을 위해 야심차게 시작되었던 김영삼 정부의 '신경제'는 외환위기라는 파국적 사태로 인해 누구도 그 역할과 시대적 의미에 대해 관심을 갖지 않았다. 그러나 정부 주도의 경제개발에서 벗어나 투명·공정하고 자율적인 시장경제와 작고 효율적인 정부, 능동적인 개방을 통한 세계화를 지향했던 김영삼 정부의 '신경제'에 대한 평가는 필요하다.

특히 왜 그것이 한국경제의 질적 변화보다는 외환위기라는 파국적인 결과로 이어졌는지 파악하는 것이 중요하다. 저성장의 질곡에서 벗어나지 못하는 한편 소득격차 및 경제력집중 해소라는 사회적 요구에 따라 정부의 개입의 확대되고 있는 상황에서 김영삼 정부 '신경제'정책의 실패 원인을 파악하는 것은 실현가능한 구조개혁 과제

2) '신경제5개년계획'은 이전 30년간 지속되었던 5년 주기 경제개발계획과 같이 강력하게 추진되었던 경제계획은 아니었고 1994년 11월 김영삼 대통령이 새로운 국정방향으로 '세계화'를 선언하면서 사실상 폐기되었다는 평가도 있다. 그러나 '세계화'도 '신경제5개년계획'의 중점과제 중 하나인 '국제화'의 또 다른 표현인 점에서 볼 수 있듯이 '신경제5개년계획'에 나타난 정책들은 김영삼 정부가 임기 내내 추구했던 경제정책이라고 할 수 있다. 따라서 본고에서는 '신경제5개년계획'에 포함되어 있고 이후 추진된 김영삼 정부의 경제정책들을 '신경제' 정책으로 통칭한다.

도출에 기여할 것이다.

(2) '신경제'정책의 배경과 특징

김영삼 정부는 당시 여당이었던 민자당의 대선 후보인 김영삼이 대통령으로 당선되어 탄생한 정권이다. 그럼에도 불구하고 이전의 군사정부와는 차별화된 민주정부로 자임하였으며 이러한 인식은 경제정책의 수립에 있어서도 그대로 반영되었다. 과거 한국경제의 고도성장을 권위주의체제 하에서 정부의 지시와 통제에 의해 민간부문의 자원을 정책적으로 필요한 분야에 동원해서 이룬 것으로 판단하고 있었고, 경제규모의 확대와 정치 민주화의 진전으로 정부의 지시와 통제가 더 이상 효과적으로 기능하기 어려운 단계에 도달했다고 주장하였다. 한국경제의 고도성장을 이런 식으로 평가하는 것은 경제 문제를 정치적으로 접근한 결과라고 할 수 있다.

또한 경제정책 방향의 수립에 있어서 이렇게 정치 민주화를 강조한 것은 김영삼 대통령을 비롯한 당시 집권정치세력의 기존 한국경제에 대한 부정적인 시각을 보여주는 것이다. 박정희 정부 이래 권위주의 정권 하에서 외세와 매판자본 대기업들이 자신들의 이익을 위해 중소기업과 서민을 억압하는 체제가 소위 민주화 세력이라는 정치세력의 한국경제에 대한 인식이었다.

이와 같은 인식은 '신경제5개년계획'의 각종 경제개혁 추진 과제에 스며들어 있다. 종합과세제도의 도입 등 소득세 과세기능 강화,

부동산·상속·증여 등 재산과세 강화, 금융실명제 도입, 경제력집중 완화 및 중소기업 경쟁력 강화 등은 정책별로 다양한 목표와 효과가 있을 수 있으나 대기업 부유층에 대한 과세 강화, 투명성 및 공정성 강화를 통해 기존 정부 주도의 억압체제를 해소하겠다는 목적과 배경을 가지고 있다고 해석할 수 있다.

물론 김영삼 정부의 '신경제'가 이와 같은 정치적 인식에만 근거한 것은 아니었다. 1980년대 후반 정치적 민주화의 진전과 함께 무분별한 욕구분출과 집단이기주의의 만연으로 기업의욕과 근로의욕이 쇠퇴하여 성장활력이 크게 둔화되고 있다는 위기의식도 '신경제5개년 계획'에서 명시적으로 찾아볼 수 있다. 김영삼 정부 임기 중반 이후 성장률 하락, 경상수지 적자 급증 등 경제지표에 빨간불이 들어오면서 이런 위기의식은 더욱 심화되어 한국경제의 경쟁력을 높이기 위한 정책들을 추진하였다. 실패에 그쳤지만 노동시장 유연성 제고 및 노사관계 선진화를 위한 노동관계법 개정 시도 등이 대표적인 예라고 할 수 있다.

민주정부 문민정부라는 자부심과 기존의 한국경제를 억압체제로 보는 인식이 경제정책 전반에 투영되었음에도 불구하고 '신경제'에는 정부의 역할을 줄이고 보다 시장친화적인 경제체제로의 전환이라는 관점에서 주목할 만한 내용들이 포함되어 있었다. 규제개혁과 국제화가 그것이다. 규제개혁은 최우선 정책과제의 하나로 추진하여 임기 마지막 해인 1997년까지 규제를 선진국 수준으로 완화한다는 기본 방향 아래 기업 활동과 관련된 대부분의 규제를 개혁한다는 계획을 가지고 있었다. 각종 진입규제, 창업 및 입지 관련 규제, 가격규제 등의 완화를 통해 기업들이 보다 자유롭게 경쟁할 수 있는 기반을 조성하고 기업 불편을 해소한다는 계획이었고 실제로 진입규제 등 경제행동규제의 완화를 지속적으로 추진했다. 구체적으로 「기업활동규제완화에관한특별조치법」(1993년), 「행정규제및민원사무기본법」(1993년), 「행정규제기본법」(1997년)을 제정하여 규제개혁의 법적 근거를 마련하였고, '경제규제개혁위원회', '행정쇄신위원회', '기업활동규제심의위원회' 등 규제개혁추진체계를 만들었으며, 이는 김대중 정부에서 보다 과감한 규제완화를 위해 발족된 '규제개혁위원회'로 이어졌다. 즉, 기업들의 자유로운 경쟁 및 기업 활동을 촉진하기 위한 규제개혁의 기본 방향과 더불어 규제개혁의 법적·제도적 기반이 김영삼 정부에서 마련되었다.

'신경제'의 중점과제 중의 하나는 국제화의 확대, 심화였다. 개방의 확대, 국내제도개선을 통해 한국경제를 국제화하고 경제선진화를 이룬다는 목표였다. 또한 국제화를 바탕으로 1996년 말까지 선진국들의 경제협력기구인 OECD 가입이 실현되도록 추진한다는 계획도 수립했다. 국제화는 국내제도의 국제화와 더불어 세계교역질서 재편에의 적극적 참여, 해외진출기반 확충을 위한 과감한 정책 전환 등을 포함하고 있었다. 이와 같은 정책 기조는 임기 중반 '세계화' 선언(1994년 11월)으로 이어졌고, 국제무역기구(WTO)의 출범에 따른 개방의 확대, 그리고 OECD 가입(1996년 12월)이 실현되었다. 김영삼 정부의 세계화는 이후 개방적인 한국의 대외정책의 기반을 마련해놓았다고 할 수 있다.

(3) 김영삼 정부의 신경제정책에 대한 평가

김영삼 정부의 '신경제' 정책은 임기 초의 금융실명제, 부동산실명제, 과세체계 확립 등 잘 알려진 개혁조치뿐만 아니라 규제개혁, 세계화, 노동개혁 등 한국경제의 시장 친화적인 구조개혁 방안들을 대부분 담고 있었다. 그러나 김영삼 정부는 구조개혁에는 성공하지 못하고 오히려 외환위기와 IMF 구제금융 신청이라는 처참한 결과와 함께 막을 내렸다. 이렇게 파국에 이르게 된 원인에 대해서는 우선 외환위기의 원인에 관한 다양한 논의[3]에서 찾아볼 수 있다.

이영훈(2016)[4]은 김영삼 정부에서 이전 30년간 지속되었던 한국의 개발체제가 해체되면서 한국경제가 파국에 이르게 되었다고 평가한다. 1980년대부터 흔들리기 시작한 고도성장의 개발체제는 시대의 변화에 맞춰 개선·계승되지 못하고 부정되었으며, 미래의 장밋빛 청사진을 보여주는 장단기 경제계획이 마치 정치 이벤트처럼 발표되는 가운데 심각한 정책의 난조가 나타났다는 것이다. 외환위기는 개

3) 외환위기의 원인에 대해서는 한국경제의 내재적·구조적 문제점을 강조하는 시각과 국제금융시장의 불안정성에 따른 단기자본의 이동이라는 외부적 요인을 강조하는 시각으로 나뉘어진다. 전자는 Krugman의 주장(Krugman, Paul, "The Myth of Asia's Miracle," *Foreign Affairs* 73, November-December, 1994, pp.62~78)에서 비롯된 요소투입성장론, 과잉투자론 등에서 찾아볼 수 있고, 후자는 고영선외, 『경제위기 10년: 평가와 과제』, 한국개발연구원, 2007, 39~40쪽에 자세히 소개되어 있으며 이제민(2017)도 '한국의 외환위기는 국내 경제구조가 아니라 단기자본 이동이라는 외부적 요인에 의해 일어났다'(이제민, 『외환위기와 그 후의 한국 경제』, 한울아카데미, 2017, 117쪽)는 점을 논증하고 있다.

4) 이영훈, 『한국경제사 II』, 일조각, 2016, 516~520쪽 참조

발체제에서와 같은 정책에 대한 기획, 집행, 조정 능력이 부재한 가운데 새로운 국정 방향으로 이른바 세계화가 선언되었고 세계화를 실현한다는 명목으로 선진국 클럽인 경제협력개발기구(OECD)에 가입하고 자본시장을 서둘러 개방하는 등 부실한 정책들의 남발로 초래되었다는 것이다.

경상수지의 적자로 외환보유액이 충분하지 않은 상황에서 자본시장의 개방에 따른 단기외채의 급증이 외환위기를 초래한 것은 사실이다. 또한 대규모의 해외 차입과 대출이 급증하는 상황에서도 위험성에 대한 인식이나 건전성 관리를 위한 제도나 지침도 부재하였다. 따라서 소위 개발체제 이후 김영삼 정부의 '신경제'가 이를 대체하지 못하고 세계화란 국정 방향을 실현하는 과정에서 성급함과 미숙함으로 외환위기를 불러왔다는 설명도 가능하다. 그러나 당시 한국경제는 만성적인 경상수지 적자를 기록하고 있었고 기업과 금융 부문의 부실도 심각해서 위기의 원인을 단순히 자본시장의 개방에서 찾는 것은 부적절하다.

1990년대 한국경제는 수출증가율이 둔화되는 반면 여전히 높은 투자율을 기록[5]하고 있었고 이에 따라 경상수지 적자가 지속되고 있었다. 대기업을 중심으로 한 기업들의 대규모 투자는 내수를 진작시키는 효과가 있었으나 무분별한 투자로 인한 기업의 부실, 그에 따른 금융권의 잠재적 부실을 키워가고 있었다. 또한 1980년대 후반 이후

5) 1990~1996년까지의 평균 총투자율은 39.2%로 3저 호황으로 높은 수출증가율을 기록했던 1980년대의 평균 총투자율인 33.6%보다 훨씬 높았다.

노조의 영향력이 커지면서 기업들의 고비용 구조가 심화되었는데 여기에 더해 무분별한 투자의 확대는 기업들의 저이윤-고부채 행태를 만성화시켰고 한국경제 전체로는 저효율-고비용 구조가 고착화되었다고 할 수 있다.

기업들의 과잉투자를 부추긴 것은 역시 정부의 강력한 경기부양책이었다. 김영삼 정부는 출범과 더불어 금리 인하, 통화공급 확대, 재정지출 및 정책금융 확대를 내용으로 하는 초강력 경기부양책인 '신경제 100일 계획'(1993년 4월)을 발표했다. 김영삼 정부의 초강력 경기부양책은 효과를 발휘하여 1994~1996년 기간 9%대의 높은 경제성장률을 기록하였다. 정부의 경기부양책에 의한 기업들의 무분별한 투자는 내수를 진작시켜 단기적으로 성장률을 높일 수 있었지만 이에 따른 한국경제의 저효율-고비용 구조의 고착은 조급하고 관료적인 세계화 추진과 함께 외환위기라는 엄청난 후폭풍을 몰고 오는 결과를 초래했다.

이렇게 김영삼 정부의 '신경제'정책은 고도성장 이후 한국경제의 선진화를 위한 시장친화적인 구조개혁 과제를 대부분 담고 있었음에도 불구하고 단기적인 경제적 성과를 위한 정부의 초강력 경기부양책에 가려졌고 외환위기라는 파국을 맞아 빛이 바래고 말았다. 단기적인 성과에 매몰된 경제정책, 특히 자유시장경제의 원칙에서 벗어난 무리한 경기부양과 정부의 개입은 정작 필요한 시장친화적인 개혁과제도 무산시킬 수 있다는 것이 1990년대의 경험에서 얻을 수 있는 역사적 교훈이다.

5

김대중 대통령과 노무현 대통령 시대의 경제정책

27. 1997년 외환위기 극복정책: 4대 개혁

28. 5+3 원칙과 기업지배구조 정책

29. 기업지배구조 개선정책–'치명적 자만'의 산물

30. 노무현 정부의 주택 규제정책

31. 한·칠레 FTA 및 한·미 FTA 체결

32. 노동시장의 변화에 역행하는 비정규직 보호정책

27. 1997년 외환위기 극복정책: 4대 개혁

박동운

한국경제는 외환위기로 1997년 12월 3일에 IMF 관리체제에 들어갔다. IMF는 한국에 구제금융을 제공하는 조건으로 구조개혁 추진을 권고했다. 김대중 대통령이 대통령에 당선된 직후였다. 김영삼 대통령은 IMF 사태를 책임지고 정권을 미리 인계했다.

김대중 대통령은 1998년 6월 경제·정치·사회·미래 네 부문으로 구성된 '국정 100대 과제'를 발표했다. 당시 김대중 정부의 과제는 한국경제가 IMF 관리체제에서 하루빨리 벗어나는 것이었다. 경제 문제가 주요 과제였다. 김대중 대통령은 금융·기업·노동·공공부문으로 구성된 '4대 경제개혁'을 발표했다. 이 글에서는 이를 평가한다.[1)]

(1) 금융부문 개혁

1) 박동운, 『시장경제인가 반(反)시장경제인가-김대중 정부의 구조개혁 평가』, FKI미디어, 2003, 172~213쪽.

김대중 정부의 금융개혁은 부실금융기관 정리였다. 전체 금융기관 2,101개 중 30%에 이르는 625개가 부실 이유로 인가취소, 합병, 해산, 영업정지 처분을 받았다. 김대중 정부는 금융지주회사를 출범시키고 금융기관을 합병했다. 그러나 은행 부문만 나름대로 성과를 거뒀을 뿐 투신사 구조조정은 제자리걸음을 했다.

그러면 한국의 금융기관들은 왜 부실했을까? 원인은 두 가지로 첫째 한국의 은행들은 관치금융 탓에 '주인'이 없었고, 둘째 금융규제가 지나치게 심했기 때문이다.

(2) 기업부문 개혁

OECD는 Economic Survey 1998년 한국판에서, 은행과 대기업들이 서로 얽혀서 설립한 '대한민국 주식회사(Korea, Inc.)'라는 거대한 조직과, '너무 커서 망하지 않는다(too big to fail)'는 기업 정서가 한국경제를 외환위기로 몰았다고 지적했다. 재벌기업의 문어발식 경영이 수술대 위에 올랐다. 기업 구조조정을 위해 정부와 재벌 간에 빅딜, 재무구조 개선, 지배구조 개선, 소액주주운동 등 '기업구조조정 5개 방안'이 합의되었다.

빅딜은 재벌 간에 취약한 사업부문을 서로 교환하거나, 컨소시엄을 만들어 그동안 몸집불리기 경쟁으로 야기된 과잉생산능력을 조정하고 업종전문화를 유도하기 위해 고안된 것이었다. 빅딜안은 시간이 지나서야 마무리되었다. 한 예로, LG반도체는 1998년에 현대전자가 인수하여 하이닉스로 이름이 바뀌었고, 외국기업에 인수될 뻔했고, 적자투성이 미운오리새끼로 푸대접받다가 2012년 SK그룹에 인수된 뒤에야 비로소 2016년부터 흑자로 전환한, 그야말로 파란만장한 역사를 갖고 있다. SK하이닉스는 지금 황금알을 낳는 거위가 되어 있다.

재무구조 개선은 1999년 말까지 재벌그룹 부채비율을 200%로 낮추는 것이었다. 그러나 공적자금 투입으로 은행이 국유화된 상태에서 은행의 감독만으로 재무구조 개선은 이뤄질 수 없었고, 오히려 신관치금융만 불러왔다. 기업 퇴출과 워크아웃은 실효를 거두지 못했다. 지배구조 개선은 경영의 투명성과 책임성을 높이는 데는 기여했다. 소액주주운동은 시민단체가 주도한 운동이어서 시장원리를 지나치게 무시한 정책으로 평가되었다.

기업부문 개혁은 사실상 지배구조 개선에만 초점이 맞춰졌기 때문에 기업의 장기 경쟁력은 오히려 약화된 것으로 평가된다.

(3) 노동부문 개혁

김대중 대통령은 일찌감치 민노총과 전교조를 허용한 후 1998년 1월에 勞(민노총)·使(사용자 대표)·政(정부 대표)·公益(교수 등 전문가) 중심의 노사정위원회를 구성하고, 이를 바탕으로 2월 6일에 60개 항의 사회적 합의사항을 도출했다. 이 과정에서 노동관계법 개정을 통해 정리해고법과 근로자파견법이 도입되었다.

노사정위원회는 그 실체가 조합주의다. 조합주의란 여러 이익집단들을 정책 결정에 참여시키고 이들의 합의를 통해 사회·경제정책을 도출하는 것이 목적인데, 합의 도출은 어느 나라에서나 사실상 쉽지 않다. 2000년대 초에 게르하르트 슈뢰더 독일 총리가 노사정위원회 격인 '일자리창출연대(Alliance for Jobs)'를 끌어들여 노동시장 개혁을 추진하려 했지만 집단이기주의 때문에 실패한 사례가 대표적이다. 그 후 슈뢰더는 노동시장 개혁을 정부 단독으로 추진하여 성공했다.[2] 한국의 민노총도 이를 입증한다. 민노총은 김대중 대통령이 정리해고법을 도입했다는 이유로 김대중 정부 때 노사정위원회에 한 번 참석했을 뿐 지금까지 20년 동안 참석을 거부한 채 외곽만 감돌며 노사분규를 주도해 왔다. 잘 알려져 있다시피, 노사정위원회는 그동안 노·사 간, 노·정 간 싸움터가 되어 왔다.

정리해고법은 기존의 판례를 명문화한 것이었을 뿐 해고를 더욱 어렵게 만들었다. 이 법이 도입된 1998년에 OECD는 회원국들의 고용보호 수준을 평가했는데, 한국은 '고용보호가 지나치게 심해' 정규직 해고가 어렵기로 포르투갈에 이어 2위였다. '정규직 고용보호가 심하다'는 말은 '정규직 해고가 어렵다'는 것을 뜻한다. 정리해고법은 1998년에 도입된 후로 사실상 개정되지 않아 '정규직 해고가 어렵기'로 한국은 지금도 OECD 국가 중 최상위권에 속한다.

근로기준법 제23~26조와 시행령은 정규직 해고 요건을 담고 있

---

2) 박동운, 『노동시장 개혁은 슈뢰더처럼, 대처처럼』, 한국경제연구원, 2016, 109~133쪽.

다. 이를 요약하면, 정규직 해고를 위해서는 첫째, '긴박한' 경영상의 이유가 있어야 하고, 둘째, 노조와의 성실한 협의가 있어야 하고, 셋째, 고용노동부 장관의 허가를 받아야 하고, 넷째, 고충수당을 지급해야 하고, 다섯째, 해당 근로자에게 50일 전에 통보해야 한다. 이 같은 해고 요건을 자세히 들여다보면, 한국에서 정규직 해고란 사실상 '그림의 떡'임을 알 수 있다. 김대중 정부의 '정규직 과보호'는 노무현 정부의 '비정규직 보호'와 함께 한국 노동시장 경직화의 주범(主犯)으로 지적받는다.

노조파워에 밀려 28개 업종으로 한정하여 도입된 근로자파견법은 노동시장 유연화에 기여했다.

(4) 공공부문 개혁

김대중 정부는 중앙행정기관 축소, 공무원 수 감축, 정부운영시스템 혁신, 개방형 인사제도 도입, 연봉제 도입, 공기업 민영화 등 거창한 계획을 세웠다. 그러나 공기업 민영화 외에는 이루어진 것이 없다. 공기업 민영화도 목표로 내세웠던 24개 공기업 가운데 11개만 이뤄졌고, 민영화가 이뤄진 공기업 가운데 포철만 규모가 컸을 뿐 나머지는 소규모였다.

(5) '4대 경제개혁' 평가

김대중 정부의 '4대 경제개혁'은 어떻게 평가될까? 먼저 2003년 한국경제연구원의 평가를 소개한다.[3]

"…노사개혁은 외환위기 이전보다 한 발짝도 전진하지 못한 대표적인 실패 사례로 꼽힌다. …. 노동부에 따르면 올해 들어(주: 2003년) 11월 11일까지 발생한 노사분규는 305건으로 1990년대 이후 최고치인 1990년의 322건에 육박한다. 금융개혁에서는 은행 부문만 나름대로 성과를 거뒀을 뿐 투신사 구조조정은 아직까지 제자리걸음을 하고 있다. 또 신용카드 부문은 제2의 금융위기를 불러올 수 있는 뇌관이 된 지 오래지만 딱 부러지는 해결책을 찾지 못하고 있다. 기업개혁도 지배구조 개선에만 초점을 맞췄을 뿐 장기적인 경쟁력은 오히려 약화됐다는 평가가 지배적이다. …. 공공개혁은 공무원 수 감축만 일정대로 진행되고 있을 뿐 각 부처와 청와대간 효율적인 정책결정시스템은 오히려 악화됐다는 지적이 많다."

다음은 역시 2003년 필자의 평가다.[4]

"노동부문은 오히려 유연성이 낮아졌고, 기업부문은 오히려 규제만 강화되었고, 공기업 민영화는 그 실적이 미미하고, 금융부문은 엄청난 공적자금만 투입하고도 신관치금융만 강화시켰다. 김대중 정부의 4대 경제개혁은 한 마디로, 실패한 개혁이다."

---

3) 『동아일보』, 2003.12.1.

4) 박동운(2003), 전게서, 213쪽.

이렇듯 김대중 정부의 '4대 경제개혁'은 실패한 개혁이다. 만일 김대중 정부의 '4대 경제개혁'이 성공했더라면 한국은 노무현 정부부터 시작된 '저성장의 늪'에서 벗어날 수도 있었을 것이다.

28. 5+3 원칙과 기업지배구조 정책

황인학

(1) 기업의 연쇄부도와 IMF 구제금융

1997년 연초부터 대기업의 연쇄부도가 불어 닥쳤다. 그 당시 재계 순위 14위이던 한보철강이 1월 13일에 도산했다. 그 뒤를 이어 삼미(재계 순위 25위, 3월 19일 도산), 진로(9위, 4월 21일), 기아(8위, 7월 15일), 해태(24위, 11월 1일), 뉴코아(28위, 11월 4일), 한라(12위, 12월 5일) 등 30대 재벌 중 7개 그룹이 줄도산했다. 부도를 겨우 면한 다른 대기업들도 생존을 위해 뼈를 깎는 구조조정을 단행해야 하는 처지에 몰렸다. 바로 직전이던 1996년 12월, 한국이 29번째 OECD 정회원국으로 가입했을 때만 해도 예측하지 못했던 미증유의 경제위기가 발발한 것이다.

1996년만 해도 한국은 OECD 정회원국이 되면서 선진국 반열에 올라섰다고 샴페인을 터뜨리는 분위기 일색이었다. 거시경제지표만

놓고 보면 1996년 경제는 호황기를 방불했다. GDP 성장률은 6.8%, 생산가동률은 80%에 실업률은 2.0%로 완전고용 수준이었다. 1인당 국민소득은 만 달러를 넘어 11,380달러를 기록했다. 다만 경제 전반에 고비용 저효율 구조의 문제가 심각했고, 원화가치의 고평가 속에 무역수지가 230억 달러로 사상 최대 적자를 기록하는 등 위기 조짐이 없지는 않았다. 특히 국제금융시장에서 단기 자본을 차입해 장기 대출하는 레버리지 파이낸싱 관행은 동남아시아의 금융불안 여파로 언제든 문제가 불거질 상황이었다. 정부는 동남아와 달리 한국은 펀더멘탈이 건실하다고 위기론은 기우(杞憂)라며 시장 불안을 잠재우려 애썼으나 1997년 11월 22일, 김영삼 대통령은 IMF 구제금융을 신청했다는 특별담화를 발표하기에 이른다.

(2) 기업구조조정 방안 5개항과 3개 원칙

이렇듯 외환위기의 소용돌이 속에서 대선에 승리한 김대중 대통령은 위기극복의 책임을 떠안고 임기를 시작하게 되었다. 위기의 원인을 따지자면 동남아 국가의 금융위기 여파와 정부의 거시금융정책 실패도 문제였지만 금융기관 및 일반기업의 지배구조 문제가 장기간 누적, 방치된 데에도 원인이 있었다. 그 당시 정치권과 여론은 후자에 방점을 두고 재벌의 차입경영과 과잉투자, 선단식 경영과 후진적 기업지배구조를 위기의 주범으로 몰아붙였다. 이에 김대중 정부는 일찍부터 기업구조개혁의 '5+3 원칙'을 정하고 재벌의 사업구조,

재무구조, 지배구조 개혁을 동시에 추진하였다. 여기에서 5개 원칙은 1998년 1월 13일 대통령 당선자의 신분으로 4대 재벌 총수와 합의한 '기업구조조정 방안 5개항'을, 3개 원칙은 그해 8월 15일 광복절 축사에서 언급한 원칙을 의미하며, 그 내용은 다음과 같다.

- 기업구조조정방안 5개항(1998. 1. 13):
  - ① 기업경영투명성의 제고
  - ② 상호지급보증의 해소
  - ③ 재무구조의 획기적 개선
  - ④ 핵심부문 설정과 중소기업 협력강화
  - ⑤ 지배주주 및 경영진 책임강화

- 재벌개혁 추가 3원칙(1998. 8. 15):
  - ① 재벌의 금융지배 방지
  - ② 순환적 상호출자 및 부당내부거래 억제
  - ③ 변칙상속의 차단

위의 5+3 원칙은 4가지로 요약된다. 첫째는 자본시장 개방과 소유지배구조 개선, 둘째는 공정거래법상의 경제력집중 규제 강화, 셋째는 기업구조조정, 넷째는 금융여신규제이다. 이 중 외환위기 이전과 이후를 구분하는 가장 중요한 제도 변화는 첫 번째 항목에서 일어났다. 소유와 경영이 분리된 주식회사에서 주주와 이사회의 적절한 감독과 통제가 없으면 책임경영이 실종되는 대리인 문제가 언제든 불거질 가능성이 있다. 외환위기 이전까지 우리나라에서는 상법상 주주의 권리가 약했고, 이사회는 내부 임원으로 구성된 상태에서 소유경영자의 이익과 지시에 복속하는 거수기에 다름없었다. 회사경영이 부실해서 주가가 하락하면 적대적 M&A를 통해 경영자를 교체하는 지배권 시장이 작동해야 하지만 구 증권거래법 제200조의 주식대량보유금지 조항 및 외국인투자 제한 때문에 이마저도 작동할 수 없었다. 외환위기 이전 시기에는 사실상 기업지배구조와 관련하여 심각한 제도 공백(institutional voids)의 문제가 있었다. 한보그룹이 자기자본 대비 무려 2000%에 이르는 5조원을 대출받고 부실화된 사례는 적절한 견제와 감독이 없는 총수 자본주의가 얼마나 위험한지를 단적으로 보여준다.

(3) 소유지배구조 정책

김대중 정부에서 추진했던 소유지배구조 정책을 대강 요약하면[1] 첫째, 경영투명성을 위해 결합제무재표 작성과 대규모 내부거래의 이사회 의결 및 공시를 의무화하고 분기 보고서 및 전자공시 제도를 도

1) 총수 자본주의의 특징 및 한계, 그리고 외환위기 이후 기업지배구조 정책의 자세한 내용은 다음의 졸저 참조. ①『IMF 체제 하의 구조조정 정책 점검과 과제: 기업지배구조의 현안과 정책과제』, 1998. ②『우리 기업은 어떻게 위기를 극복했나?: 경영투명성과 기업지배구조』, 2000. ③『한국경제개혁사례연구: 외환위기 이전 기업지배구조 개혁사례』, 2002.

입했다. 둘째, 주주권 관련해서는 주주대표소송 등 주주권 행사 요건 완화, 집중투표제 도입, 기관투자자의 shadow voting 폐지가 있었다. 증권집단소송제는 논의는 있었지만 실제 도입은 노무현 정부에서 이뤄졌다. 셋째, 이사회와 관련, 이사의 충실의무를 신설하는 한편 사외이사 제도를 의무화했다. 상장기업 사외이사는 1998년 최소 1인 이상에서 1999년에는 1/4 이상으로 확대하고, 2001년에는 대규모 상장기업과 금융기관에 대해 사외이사 비율을 1/2 이상으로 늘리도록 하는 한편 이사회 내에 감사위원회 설치를 의무화했다.

넷째, 지배권 시장 제도는 근본적으로 바뀌었다. 외환 부족 상태를 해소하기 위해 외국인 투자 유입이 필요했던 우리 정부의 입장과 투자 기회를 늘려 수익을 창출하려는 국제금융자본의 입장이 서로 맞았기 때문일 것이다. 종목당 외국인이 소유할 수 있는 주식한도는 점진적 단계를 거쳐 1998년 말에 완전히 폐지되었다. 외국인이 10% 이상 지분 매입 시 이사회 승인을 받도록 한 외자도입법 규정도 폐지했다. 이와 함께 정부는 증권거래법의 의무공개매수 조항을 폐지하고 근로기준법상 고용조정 요건에 M&A를 추가함으로써 외국인 투자자에게 국내 기업을 적대적 M&A 할 수 있는 길을 열어 주었다. 여기에 대해 상장기업들은 지배권 시장 개방에 상응하는, 경영권 방어책을 보완해야 한다고 주장했지만 이와 관련 정부의 정책은 자사주 취득 한도를 기존의 10%에서 33.3%로 확대하는 조치가 전부였다.

다섯째, 지배주주에 대해서는 책임을 강화하고 권한을 약화시키는 방향으로 개혁이 추진되었다. 1998년 12월 지배대주주를 업무집

행지시자(de facto director)로 상법에 규정하는 한편, 총수들이 대표이사로 등재하여 경영책임을 지도록 유도했다. 반면에 시장규율기능이 미비한 상태에서 계열사 경영을 평가, 감독하며 그룹의 사령탑으로 역할을 하던 그룹 기조실 또는 회장 비서실을 폐지하도록 압박하였다. 다만 정부가 중재하는 대규모 사업교환(빅딜), 3년 내 부채비율을 200% 이내로 대폭 축소 등 구조조정 현안이 중대하고 시급했던 만큼 정부는 비서실 간판을 구조조정추진본부로 바꿔 2년 한시로 역할을 하도록 허용했다. 그리고 감사위원 선임 및 집중투표제 배제 시에는 대주주 의결권을 3%까지 제한하는 제도를 도입한 것도 이 때였다.

(4) 평가와 과제

돌이켜보면 기업규율제도에 공백이 있었기 때문에 외환위기가 없었어도 기업지배구조 개혁은 필요했다. 김대중 정부의 개혁은 불가피한 측면이 있었고 성과도 거두었다. 그러나 기업지배구조는 유일무이한 정답이 없음에도 불구하고 기업지배구조에 대한 깊은 지식이 없이 이거는 좋고 저거는 아니라는 예단 하에 정책을 추진한 부분이 없지 않았고, 이해당사자들이 스스로 결정해야 하는 사적 자치 사안에 정부가 깊숙이 과도하게 개입한 부분, 그리고 외환위기를 구실로 기업경영 컨설턴트가 하는 역할을 정부가 대신해서 정책으로 간섭, 압박한 것은 지금도 논란거리로 남아 있다. 정부 규제는 만능 해결사가 아니며 때로는 역설을 낳는다. 예를 들면 사외이사가 과반수가 되도록 이사회를 규제했음에도 2017년 WEF 조사에 의하면 우리나라 기업 이사회의 유효성(efficacy of corporate boards)은 109위에 불과하다.

상장회사 경영권 공격과 방어 제도의 불균형 문제도 시급히 재검토해야 한다. 외환위기 이전에는 정부가 법률을 통해 기업의 경영권을 과도하게 보호하는 것이 문제였다. 그러나 지금 적대적 M&A 시도에 대응하여 경영진이 사용할 수 있는 방어 수단을 제도적으로 막고 있는 게 문제이다. 과거의 '경영권 공격 금지-방어 금지'나 지금의 '경영권 공격 허용-방어 금지'는 둘 다 과유불급(過猶不及)의 한계가 있다. 회사는 경영책임에 못지않게 효율성이 중요하다. 상장회사들이 단기 이익을 좇는 금융자본가에게 휘둘리지 않고 중장기 효율성을 도모하려면 선진 각국에서 하고 있는 것처럼 어느 정도는 경영권 안정화 수단이 허용되어야 한다. '공격 허용-방어 허용'으로 경영권 공방제도의 균형을 맞출 필요가 있다.

29. 기업지배구조 개선 정책 : '치명적 자만'의 산물

권혁철

(1) 서론

기업지배구조란 기업경영의 권한과 책임을 규정하는 시스템으로 광의로는 기업경영에 직/간접으로 관계된 주주, 경영진, 근로자 등 다양한 이해집단 간의 이해관계 및 지배권을 조정하고 규율하는 제도적 장치와 운영메커니즘을 말하며, 협의로는 기업경영을 책임지는 경영진의 선임과 경영진의 의사결정과정을 통제하는 체제를 말한다.

이러한 기업지배구조는 기업의 경쟁력, 다시 말해 기업의 경영혁신역량 및 경영성과와 밀접한 관계가 있으며, 나아가 기업이 생산과 배분의 중추적 기능을 담당하는 만큼 국민경제의 건전성과 효율성과도 불가분의 관계를 갖는다. 이러한 이유 때문에 선진국에서는 일찍부터 기업의 지배구조 관련제도의 개선을 모색해왔다. 우리나라에서는 IMF 외환위기와 더불어 관련제도의 변경이 본격적으로 추진되기 시작했다. 허술하고 불투명한 기업지배구조로 인해 경영의 부실이 초래되었고 결국 외환위기까지 왔다는 인식 하에 지배구조 개혁을 위한 다양한 제도들이 도입되고 추진되었던 것이다.

기업 지배구조 개선을 위한 구체적 방안으로는 회사 경영권을 지배주인 총수의 손에서 전문경영인의 손으로 넘길 것, 노사공동결정제 등을 통한 근로자의 경영참여, 의무적인 사외이사 비율의 확대 및 대주주와 독립된 사외이사 선임, 집중투표제 의무화 등이 요구되었다. 이후 상법과 증권거래법이 개정되어 상장기업 이사회의 과반수를 사외이사로 구성하도록 강제했으며, 집중투표제는 강행규정이 아닌 임의규정으로 남았었다. 그런데, 집중투표제의 강행규정화는 2018년 문재인 정부에서 재벌개혁의 일환으로 다시 논의되고 있다.

(2) 기업지배구조 개선 정책의 지향점

기업지배구조 개선 정책은 소액주주운동과 밀접하게 관련되어 있고, 이를 도화선으로 기업지배구조 개선 정책들이 적극적으로 도입되고 추진된다. 따라서 소액주주운동을 펼치고 기업지배구조 개선을 줄기차게 요구했던 사람들이 어떤 지향점을 갖고 있었는지를 살펴볼 필요가 있다.

소액주주운동은 소액주주들을 모아 일정지분을 확보하여 법에 보장되어 있는 소수주주권을 행사함으로써 경영진의 불법행위에 대해 법적 책임을 추궁하여 경영책임을 확립하고, 특히 재벌개혁을 통해 시장경제를 활성화시키는 것을 주된 활동 목적으로 한다고 알려졌었다.

소액주주운동이 우리나라 대기업의 대주주들의 전횡에 경종을 울렸다는 점과 소액주주의 권익보호에 일정 부분 긍정적인 역할을 한 것으로 평가되면서도, 다른 한편으로는 소액주주운동이 과연 소액주주의 이익극대화를 위한 활동에 진력했는가에 대해서는 회의적이다. 일례로 인스티튜셔널 셰어홀더 서비스(ISS)로부터 '최우수 기업지배구조상'을 수상하여 국제적으로 우수한 기업지배구조를 갖춘 것으로 평가받았고, 최고의 경영실적을 거두어 주주들의 이익극대화에 기여한 삼성전자를 소액주주운동의 집중공격 대상으로 삼은 것은 쉽사리 이해하기 어려운 대목이었다.

이와 관련해서는 당시 이 운동을 주도했던 인물들이 어떤 생각을 갖고 있었던가를 보면 이해가 된다. 즉 이들이 했던 소액주주운동은 실제 소액주주의 이익을 위해서가 아니라 주주권 행사를 통하여 대기업의 지배주주를 공격함으로써 다른 목적을 달성하기 위한 수단이었다고 볼 수 있다. 참여연대 실행위원이었던 김주영 변호사는 "소액주주운동은 소액주주의 권리를 활용하여 기업지배구조의 민주화를 이루려는 운동"[1]이라고 했으며, 참여연대 정책위원장이었던 조희연은 소액주주운동이 단순히 소액주주들의 권익을 옹호하기 위한 운동이 아니라 자본을 통제하기 위한 민(民)의 활동의 일환이라고 했다.[2]

1) 김주영, 소액주주운동 과대포장에 대한 반론, 『한겨레21』, 1999.05.13.

2) 조희연, 『참여연대 5년의 성찰과 전망』, 참여사회연구소 주최 참여연대 창립 5주년

결국 여기에 적시된 목적을 달성하기 위해 소액주주운동 및 기업지배구조 개선 운동을 펼쳤다고 할 수 있다.

(3) 대표적 기업지배구조 개선 정책들

사외이사 과반수 임명 의무화

사외이사는 회사의 경영진에 속하지 않는 이사로서, 사외이사 제도는 대주주와 관련 없는 외부인사를 이사회에 참가시켜 대주주의 독단과 전횡을 사전에 차단하겠다는 제도이다. 우리나라에서는 1997년 외환위기 이후 기업경쟁력 제고를 위해 기업지배구조 관련 제도 중 하나로 도입되었다. 이에 따르면 자산총액 2조원 이상인 상장회사는 이사총수의 과반수를 사외이사로 구성하도록 강제했다. 이를 통해 기업의 대주주나 경영진의 독단적 행동을 막고 경영투명성을 높여 기업경영의 효율성을 제고하겠다는 것이다.

집중투표제 도입 강행규정화

이 제도 역시 대주주의 전횡을 막고 소액주주의 이익을 대변할 수 있다는 이유에서 추진되었다. 1998년 이 제도가 도입되었지만, 강행규정이 아니라 주주총회의 특별결의가 있으면 배제가 가능하도록 되어 있다. 그렇기 때문에 현재 이 제도를 택하고 있는 기업들은 그리 많지 않다. 2018년 삼성물산 주주총회에서 국민연금의 의결권 행사

기념 심포지움 발표 논문, 1999.

가 별 영향력을 미치지 못하자 정부가 이 제도의 강행규정화를 다시 추진하고 있다.

집중투표제는 주식회사 이사를 선임하는 방식의 하나로 단순투표제와 비교된다. 단순투표제 하에서는 주주는 각 이사후보자에 대해 가부(可否) 투표를 하도록 되어 있어 최대주주(또는 최대주주 연합)가 원하는 사람들만이 이사로 선출될 수 있다. 그러나 집중투표제는 여러 명의 이사를 단 한 번의 투표로 선출하는 제도로서 주주는 선임할 이사의 수와 동일한 수의 의결권을 갖는데, 이 의결권을 특정 이사후보에게 집중하여 투표하는 방법으로 행사한다. 여러 명의 이사를 한 번의 투표로 선출하기 때문에 최대주주는 여러 명의 후보에게 표를 분산시킬 수밖에 없는 반면에 소액주주들은 특정 후보에게 표를 몰아줄 수 있어 자신들이 원하는 후보를 이사로 선출할 수 있게 된다.

(4) '치명적 자만'의 산물

사외이사를 최소한 과반수로 해야 한다거나 집중투표제를 도입해야 한다는 주장을 하는 사람들은 현재의 기업지배구조가 '나쁜' 기업지배구조이고, 자신들이 주장하는 제도를 도입해야만 '좋은' 기업지배구조가 된다는 것이다. 그리고 '좋은' 기업지배구조가 형성되어야만 전체 경제의 효율성이 높아진다는 것이다.

앞서 기업지배구조 개선 정책의 지향점에서 거론되었던 문제를 차치하고라도, 이러한 주장들은 또 다른 중요한 문제점을 내포하고 있다. 그것은 하이에크의 표현을 빌자면 '치명적 자만'에 빠져 있다는 점이다. 하이에크는 사람과 기업들의 상호작용에 의해 자연적으로 형성되는 자생적 질서의 중요성을 강조하면서, 지식의 한계를 인정하고 지적 오만을 부리지 말 것을 주문했다. 어떤 전문가도 인간들의 수많은 상호작용에 의해 형성되는 '좋은' 기업지배구조를 미리 알 수는 없기 때문에 지식에 대해 겸손하지 못하고 지적 오만을 부리는 것을 '치명적 자만'이라고 했다.

사외이사 제도나 집중투표제도의 도입이 어떤 효과를 가져 올 것인지, 어떤 것이 '좋은' 기업지배구조이고, 어떤 것이 '나쁜' 기업지배구조인지 사전에 미리 알 수 있는 사람은 없다. 그것은 결국 시장에서의 경쟁을 통해 나타나는 기업 경영의 성과가 답해 줄 것이다. 사외이사가 대다수를 차지하는 기업이 좋은 경영성과를 나타내고 시장에서 번창한다면 기업들은 그 제도를 따라갈 것이고, 그 반대의 경우에는 자연스레 그 제도를 배척할 것이기 때문이다.

즉, 지배구조라는 '시장'에서 여러 가지 다양한 지배구조들이 서로간의 경쟁을 통해 자생적으로 적절한 지배구조를 형성해 나가도록 하는 방법이 가장 효율적인 지배구조 개선 방안이다. 이와 달리 기업지배구조와 관련해서 특정 제도들을 도입하도록 정부가 강제하는 것은 자신들은 좋은 기업지배구조가 어떠해야 하는지 미리 알고 있으며, 또 그것을 달성하는 방법도 이미 알고 있다는 식의 치명적 자만을 부리고 있는 것이다. 지식의 한계를 인정한다면 인위적인 구상과 법제화와 의무화 등 강제를 통해 '좋은' 기업지배구조를 달성하려 하기 보다는 시장에서의 경쟁을 통한 선택에 의해 '좋은' 기업지배구조를 찾아가도록 하는 것이 보다 바람직하다. 현재까지 우리 인류가 알고 있는 가장 좋은 발견 절차는 바로 시장에서의 경쟁을 통한 발견 절차이다.

30. 노무현 정부의 주택 규제정책

박동운

노무현 정부는 주택정책을 잘못 추진하여 주택가격을 역대 정부 가운데 가장 많이 올렸다. 노무현 정부는 주택정책을 '강남 집값 잡기'에서 출발하여 무려 40여 차례 이상 바꿨지만 시종일관 반시장적 규제정책만 추진한 결과 주택가격을 올리는 데만 기여했다.[1)]

역대 정부의 주택가격 변동에서는 두 가지 특징이 나타난다. 하나는 주택가격 상승률이 노태우 정부에서 1991~1995년간 내리 마이너스였다는 점으로 이는 노태우 정부가 주택 200만 호 신도시 개발이라는 공급확대정책으로 주택가격을 안정시켰기 때문이다. 다른 하나는 주택가격 상승률이 역대 정부 가운데 노무현 정부에서 가장 높았다는 점으로 이는 노무현 정부가 주택가격이 상승하자 중과세, 소형평형 의무화, 개발이익환수, 임대아파트건설 의무화 등 반시장적 규제정책을 도입하여 주택가격 상승을 부채질했기 때문이다.

1) 박동운, 『대한민국 가꾸기』, 선, 2015, 259~266쪽.

(1) 10·29 부동산대책

노무현 정부에 들어와 강남 집값은 어마어마하게 높은 데다 자고 나면 오르는 추세였다. 한 예로, 재건축 허가를 받아놓은 강남의 14평형 주공아파트가 노무현 정부가 출범한 2003년에 무려 6억 원 이상 호가했다. 그러자 노무현 정부는 2003년에 10·29 부동산대책을 도입했다.

10·29 부동산대책은 소형평형 의무화, 개발이익환수, 임대아파트 건설 의무화 등이 골자로, 이들은 모두 재건축 규제였다. 이들 규제 정책은 아파트가격만 올린 채 의도한 약효를 나타내지 못했다.

(2) 8·31 부동산대책

10·29 부동산대책 도입에도 불구하고 아파트가격이 계속 오르자 노무현 정부는 2005년에 8·31 부동산대책을 도입했다. 8·31 부동산대책의 특징은 다음과 같다.

- 부동산 합산방식이 종전의 개인별 합산방식에서 가구별 합산방식으로 전환
- 주택의 과세 기준액이 공시가격 기준 9억 원 이상으로 상향.
- 과표 적용률이 해마다 올라 2009년에는 100%가 되도록 함.
- 실거래 가격이 과세 기준이 됨.
- 양도세의 강화.

• 세율구간을 3단계에서 4단계로 확대 등.

8·31 부동산대책 도입을 놓고 당시 김병준 청와대 정책수석은 '어느 정부가 들어서도 고칠 수 없도록 헌법보다 더 강한 부동산정책을 마련하겠다.'며 8·31 부동산대책이 초강경 규제정책임을 시사했다. 8·31 부동산대책의 내용은 중과세 부과와 관련된다.

(3) 반시장적 주택정책의 구체적 내용 고찰

소형평형 의무화

노무현 정부는 강남지역 아파트 재건축에서 소형평형 의무화 비율을 전용면적 18평 이하 20%, 25.7평 이하 40%로 정해 전체 가구의 60%를 소형평형으로 짓도록 규제했다. 이 규제를 벗어나고자 잠실 주공2단지 등 일부 재건축 단지는 소형평형 의무화 비율 60%를 형식적으로 맞추고자 초소형 아파트를 대량으로 짓고, 나머지는 대형 아파트를 짓기로 했다. 그러자 노무현 정부는 재건축 개발이익환수제가 시행되는 2005년 5월 19일 이후에 사업시행 인가를 신청하는 재건축 단지는 전체 건설 면적의 절반 이상을 무조건 전용면적 25.7평 이하의 국민주택 규모로 지어야 한다고 본래의 규정을 바꿔버렸다.

소형평형 의무화로 아파트가격이 크게 올랐다. 2005년 6월에 서울 강남지역의 40평형대 이상 대형 아파트가격이 다시 치솟았다. 한

예로, 강남구 대치동 선경아파트 55평은 5월 중반 이후 보름 동안 무려 1억 원 이상 올라 19억 원 선에 거래되었다. 강남구의 다른 지역에서도 비슷한 현상이 나타났다. 아파트가격이 이처럼 뛴 시점은 정부가 재건축 때 아파트 총면적의 50% 이상을 전용면적 25.7평 이하 '소형평형'을 의무적으로 지어야 한다는 규정을 발표한 2005년 5월 19일 이후부터였다.

개발이익환수

이는 토지로부터 발생하는 개발이익을 환수함으로써 토지에 대한 투기를 방지하고 토지의 효율적 이용을 촉진하기 위해 도입된 제도다. 개발이익의 25%를 개발부담금이라는 명목으로 정부가 환수했다. 정부가 개발이익의 25%를 환수한다고 해서 재건축 아파트에 대한 투기가 줄었다는 사례는 찾아 볼 수 없었다.

임대아파트 건설 의무화

정부는 개발이익환수 적용으로 재건축 때 늘어나는 용적률의 25%를 임대아파트로 짓게 했다. 이는 강남지역 서민용주택을 늘린다는 것이 명분이었다. 그러나 이는 정부에 의한 사유권 침해로, 효과도 없었다. 이처럼 노무현 정부의 주택정책은 규제와 중과세로 일관한 반시장적 규제정책이었다.

(4) 반시장적 규제정책의 결과

8·31 부동산대책으로 재산세가 오르면 재산세 인상분은 전세가에 전가(轉嫁)되기 마련이다. 따라서 세입자들은 전세가 상승으로 고통을 받게 될 것이다. 실제로 2010년부터 2018년 초까지 전월세가 폭등했는데, 이는 노무현 정부의 잘못된 주택정책이 가져온 결과로 보아야 한다. 이를 놓고 더불어민주당 박영선 의원을 비롯한 몇몇 의원들은 2010년부터 2017년까지 전월세 상한제 도입을 줄곧 주장해 왔다. 심지어 집권 후 문재인 대통령도 전월세 상한제 도입을 고려하겠다고 언급했다.

그러나 필자는 전월세 상한제는 도입되어서는 안 된다고 주장했다. 전월세 폭등 문제는 시장논리로 풀어야 한다고 확신했기 때문이다. 드디어 2018년 2월에 서울 아파트 전세가가 3년 8개월 만에 하락세를 나타냈다[2]. 서울 주변, 이를 테면 동탄 지역, 위례신도시, 갈매신도시, 다산신도시 등에서 주택 공급이 동시 다발적으로 증가했기 때문이다. 이제 서울 한 복판에서는 '세입자를 모십니다'라는 시대가 오고 있다.

또 중과세로 주택 소유가 규제되면 유동자금이 상가투기에 몰리기 마련인데, 8·31 대책에서 상가만 규제가 제외되어 이런 현상이 나타났다. 또 주택규제 때문에 건설업자들은 규제를 피하고자 2005년 분양분을 2006년으로 넘겼는데, 이 결과 건설시장 위축이 경기불

2) 『동아일보』, 2018.2.13.

황으로 이어졌다.

8·31 부동산대책 발표 후 반년쯤 지난 시점에서도 주택 가격은 전혀 안정되지 않았다. 노무현 정부의 반시장적 주택정책은 주택가격 안정에는 전혀 기여하지 못하고 오히려 주택가격 상승만 부채질하고 만 셈이었다.

(5) 노무현 정부 주택 규제정책의 교훈

노무현 정부는 강남지역의 높은 집값 때문에 서민들이 집을 가질 수 없다고 보고, 온갖 규제와 중과세로 집값 안정을 시도했으나 집값만 올렸다. 그러면 서민을 위한 주택정책은 어떤 것이어야 하는가? 그것은 정부가 규제를 강화하고 중과세를 부과하는 대신 '필요한 사람의 집이 필요한 곳에' 지어질 수 있도록 관리하는 것이다. 그래서 주택 문제는 시장원리에 맡기는 것이 최선의 정책이다.

31. 한·칠레 FTA 및 한·미 FTA 체결

정인교

(1) 우리나라 FTA 발효 현황

2018년 6월 현재 우리나라는 15개의 FTA를 발효시켰고, 중미 6개국과의 FTA를 서명한 상태이다.[1] 그리고 역내포괄적경제동반자협정(RCEP),[2] 한중일, 남미공동시장,[3] 에콰도르, 이스라엘 등과의 FTA 협상을 진행 중에 있다. 1998년 김대중 정부의 한칠레 FTA 추진결정 이후 20여년 만에 우리나라처럼 많은 FTA를 체결한 사례를 찾기 어렵다.

힘든 과정을 겪었지만 칠레와의 첫 FTA가 2004년 4월 성공적으로 발효되었고, 2004년 말 당시로서는 예상조차 어려웠던 미국과의

---

1) 중미 6개국은 파나마, 코스타리카, 과테말라, 온두라스, 엘살바도르, 니카라과임.

2) RCEP은 한중일, 아세안 10개국, 호주, 뉴질랜드, 인도 등 16개국간 FTA임.

3) 남미공동시장은 남미 지역 브라질, 아르헨티나, 파라과이, 우루과이 4개국을 의미함.

FTA 논의가 시작되어 2007년 협상이 타결되었기에 우리나라는 세계 최고 수준의 FTA 네트워크 구축 기반을 마련할 수 있게 되었다. 2003년 정부가 발표한 '우리나라 FTA 정책 추진 로드맵'에 따르면, 한미 FTA는 10년 전후인 2013년경 추진이 가능할 것으로 판단된 중장기 추진대상 FTA로 분류되어 있었다. 당시 미국 통상당국은 우리나라의 FTA 추진 의지와 역량이 극히 낮은 것으로 평가하고 한미 FTA 논의에 대한 우리나라의 제안을 무시하는 상황이었다.

〈그림〉 우리나라 FTA 발효 현황

자료: 산업자원통상부 FTA 홈페이지(http://www.fta.go.kr/main/#)

2004년 칠레와의 FTA 협정이 발효되면서 우리나라의 FTA 정책 의지를 인식하게 되었고, 정치경제적으로 부상하던 중국을 견제하기 위해 동아시아 국가와의 FTA 정책을 모색하던 미 부시행정부는 2005년 한미 FTA 실무점검회의를 갖기로 합의하게 되었다. 3차례의 실무협의로 협정의 윤곽에 대해 상호의견을 교환한 이후 두 나라는 정치권 및 이해관계자와의 협의를 거쳐 이듬해 협상을 개시하였다.

FTA는 회원국 간에 무역상의 특혜를 상호 제공하는 것으로, GATT-WTO 다자무역체제와 보완적인 관계 하에 세계무역을 자유화시키는데 기여하고 있다. 현재 WTO 회원국 중 FTA 지역주의에 참여하고 있지 않는 나라가 없으며, 우리나라도 많은 FTA를 체결했기에 다수 국민들은 FTA 체결을 당연하고 필요한 통상정책으로 간주하지만, 20년 전 국내 통상환경은 FTA 정책을 검토하기조차 어려울 정도로 열악했다. FTA 통상분야 전문가 부족, 반개방 정서의 팽배, 농업 등 피해업종의 반대가 심했기 때문이다.

(2) 칠레와의 FTA

동아시아 외환위기 극복이라는 국가적 과제를 안고 출범한 김대중 정부는 대외 신인도를 제고시키기 위해 개혁과 개방을 실감 있게 보여줄 수 있는 정책을 모색하는 과정에서 FTA 정책에 관심을 갖게 되었다. 하지만, FTA 개방정책에 대한 국내의 반발이 컸고, FTA 경험이 전무한 상태에서 전체적으로 경제효과를 기대하되 국내 경제에 부정적인 영향을 덜 주면서 FTA 정책을 도입하는데 도움을 받을 수 있는 파트너 국가로 칠레를 선정하게 되었다.

칠레는 남미 대륙, 우리나라와는 지구상의 대척점에 위치해 있는 물리적 거리로 인해 양국 간 무역규모가 작은 편이다. 2017년 우리나라의 대칠레 수출액은 15억 달러(39위), 수입 38억 달러(26위)를 기록할 정도로 양국 간 교역규모가 많지 않다. 칠레는 구리 등 지하자원, 와인, 과실류(포도)를 주로 수출하는 국가이지만, 80년대부터 신자유주의 통상정책을 추구해 온 남미의 대표적인 통상국가이다. 한편, 이 시기에 칠레는 자국 수출시장 확대를 위해 동아시아 국가와의 FTA 체결을 추진하고 있었다.

국내 통상전문가가 부족한 가운데 농업 개방 반대로 협상은 힘들게 진행되었다. 이 시기에 전 세계적으로 반세계화 운동이 확산되면서 국내 언론과 정치권도 비판의 날을 세우고 있었다. 4차 협상 이후 1년 반 이상 협상이 중단되는 사태가 발생하기도 했고, 정부 부처 간 이견조율 실패로 협상은 난항을 겪었다. 2003년 3월 협정이 서명되었고, 이듬해 4월 우리나라 최초 FTA가 발효되어 우리나라도 FTA 지역주의에 참여할 수 있게 되었다.

(3) 미국과의 FTA

한미 FTA에 대한 반발은 한·칠레 FTA보다 훨씬 컸지만, 당시 노무현 대통령은 한미 FTA 대국민 홍보를 담당기관에 지시함과 아울러 대통령이 직접 국민들을 설득하였다. 한미 FTA 반대 분위기가 높았던 시기에 노무현 대통령이 언급했던 한미 FTA 발언 중 일부를 소개하면 다음과 같다.[4]

---

4) 연합뉴스(2007) "〈FTA타결〉 노대통령 발언록",

-“국내 이해단체의 저항 때문에 못가는 일은 절대 없도록 해야 하며, 협상조건에 따라서는 결렬될 수도 있으며 양보 못하는 절대조건이 있을 수 있다”(2월16일, 대외경제위원회)

-“한미 FTA는 그것을 통해 물건을 더 파는 것보다는 제도를 미국 수준으로 끌어올리기 위해 하는 것이다. 각 분야의 세계의 제도와 뒤섞이지 않으면 수준이 올라가지 않기 때문이다”(5월14일, 두바이 동포 간담회)

-“FTA도 찬반이 다 있지만, 개방하고 교류했던 나라는 망한 나라도 있고, 흥한 나라도 있지만 개방 않고 교류하지 않은 나라 중에는 흥한 나라가 없다”(6월12일, 인터넷 포털사이트 대표 오찬)

-“염치도 없다. 한·미 FTA 하면 (농민들이) 또 돈 내놓으라고 하고, 한·중 하면 또 내놓으라고 하고, …” “FTA가 체결되고 나면 이 나라의 FTA를 반대하는 모든 정치인들과 직접 앉아서 토론할 것이다. 제일 하고 싶은 얘기가 거짓말 하지 말라는 것이다.” “다음 어느 쪽이 정권을 잡아도 안할 것 같았는데, 저는 해야 된다고 생각했다. 정치적 손해 가는 일을 하는 대통령은 노무현 밖에 없다고 스스로 믿고 있기 때문에 특단의 의지로 결정했다”(2007년 3월20일 농어업분야 업무보고)

한미 FTA는 대통령이 협상당국자에게 협상타결 지시와 함께 정치적 지지를 강하게 피력했기에 협상이 타결될 수 있었다. 새로운 통상제도를 폭넓게 도입하는 한미 FTA 협상 타결로 우리나라 통상제도

---

http://news.naver.com/main/read.nhn?mode=LSD&mid=sec&sid1=100&oid=001&aid=0001593022

개혁과 더불어 FTA 정책 역량을 획기적으로 끌어올릴 수 있게 되었다. 한미 FTA는 내용면에서 세계 최고 수준이다. 미국이 주도했던 환태평양동반자협정(TPP) 협상에서도 한미 FTA 협정문을 참고교재로 사용했을 정도이다. 도널드 트럼프 대통령이 집권하면서 한미 FTA 개정협상을 요구했으나, 자동차 등에서 몇 가지 미국의 요구사항을 수용하는 선에서 협상이 타결되었다.

2006년 한미 FTA 협상이 본격적으로 논의되자 EU는 우리나라와의 FTA 추진 검토를 제안해 왔고, 무역전환의 불이익을 최소화하기 위해 터키, 캐나다, 호주 등도 우리나라에 접근해왔다. FTA 정책 초기 우리나라는 FTA 파트너 국가들 모색하기 위해 외교통상적 노력을 기울였으나, 한미 FTA 협상이 개시되면서 세계 주요국들로부터 FTA 추진을 요청받는 상황으로 바뀌게 되었다. 한미 FTA가 없었다면 우리나라는 아직도 FTA 지역주의 변방국 신세를 벗어나지 못했을 것임을 자신 있게 피력할 수 있을 정도로 한미 FTA를 높게 평가되어야 한다.

(4) 평가

우리나라 FTA 정책에서 가장 의미가 큰 협정은 한칠레 FTA와 한미 FTA이다. 내용면에서는 다소 아쉬운 점이 있지만, 칠레와의 FTA로 우리나라는 지역주의에의 참여 계기를 열 수 있게 되었다. 한미 FTA는 내용과 수준에 있어 TPP와 더불어 세계 최고의 협정인 것으로 볼 수 있다. 미국과의 FTA를 발효시킴에 따라 우리나라 FTA 정책은 탄력을 받게 되었다.

규제완화 등 많은 내용이 포함되고 폭넓은 시장개방을 주요 내용하고 있어 국내 이해관계자의 반발이 컸다. 이러한 반발을 극복하고 협상을 타결하고 협정을 발효시킴에 있어 정치지도자의 역할이 무엇보다 중요함을 지적할 수 있다. 대부분의 개방정책이 그러하듯이, 반대그룹이 있더라도 국익 차원에서 해야 할 일이라면 이해관계자를 설득하고, 국론을 유리하게 형성해 추진해야 할 것이다.

개방적 통상정책에 대해서는 근거 없는 극단적인 주장으로 일반 국민들의 인식을 흐리게 하는 반개방 저항이 늘 존재한다. 한미 FTA 추진과정에서 '감기약 10만원' '미국에의 종속', '식물정부' 등 많은 괴담이 언론을 장식했지만, 한미 FTA 6년차인 현재 이러한 우려는 현실화되지 않았다. 통상당국은 반개방적 그룹의 주장에 적극 대응해야 하고, 일반 국민들이 통상정책에 대해 우호적인 인식을 갖도록 다양한 홍보활동을 지속해야 할 것이다.

32. 노동시장 변화에 역행하는 비정규직 보호정책

권혁철

(1) 서론

비정규직 보호정책이 본격적으로 시행된 것은 노무현 정부 시절부터였다. 2005년 정부는 비정규직 보호가 시급하다며, 이른바 비정규직 법안의 처리에 착수했다. 관련된 주요 법안으로는 '기간제 및 단시간근로자 보호 등에 관한 법률'과 '파견근로자 보호 등에 관한 법률'의 제정 및 개정이었다. 1년 4개월여에 걸친 장기간의 논란 끝에 비정규직 보호법안이 2006년 국회를 통과하였고, 다음 해인 2007년 7월 1일부터 시행에 들어갔다.

이 법안을 통한 비정규직 보호정책은 최초 논의 단계에서부터 난항을 겪었다. 노동계는 이 법안이 비정규직을 보호하고 비정규직 증가를 억제하는 것이 아니라 오히려 양산할 것이라며 비판했다. 한편, 경영계는 이 정책이 기업의 부담만 가중시켜 비정규직에 대한 해고 및 고용 축소로 이어져 대량 실업으로 이어질 것이라며 반대했다. 노동계와 경영계 모두 이 법안에 반대했지만, 반대한 이유는 정반대였다. 경영계는 새로운 규제가 부작용을 낳을 것이라는 이유로 반대한 반면, 노동계는 새로운 규제가 촘촘하지 못하고 너무 느슨하다는 이유로 반대했던 것이다. 이러한 사정으로 인해 1년 4개월간이라는 장기간에 걸쳐 법안 관련 논의가 지속되었던 것이다. 이런 논란은 국회 심의과정에서도 그대로 이어져 이 법안이 국회 환경노동위원회 전체 회의를 통과할 당시에는 여당이 질서유지권을 발동시키고서야 진행될 정도로 여야 간 극심한 대립이 있었다.

이렇게 어렵게 통과된 비정규직 보호법안은 비정규직의 고용 안정을 높이고, 비정규직의 확산 방지에 효과를 발휘했을까? 결과는 그렇지 않다는 것을 보여준다. 2017년 문재인 대통령은 '공공부문 비정규직 제로(zero)'를 만들겠다고 선언한다. 2017년이면 비정규직 보호정책이 시행된 지 꼭 10년이 되는 해다. 문재인 대통령의 이 발언은 비정규직 보호정책을 시행한 지 10년이 지났지만, 공공부문에서조차 비정규직 문제가 여전히 사회적 관심거리로 남아 있다는 것을 말해준다.

(2) 비정규직 보호법안의 문제점

노동시장의 유연안정성의 포기

이 법안의 문제점으로 지적되는 것은 먼저 이 법안을 마련하고 이에 따라 비정규직 보호정책을 추진하고자 했을 때의 출발점이 무엇이었던 지를 망각하고 있다는 점이다. 당초 이 법안을 마련할 때 내세웠던 정책목표는 '비정규직의 고용 안정성을 도모하는 동시에 고용의 유연성도 확보한다'는 것이었다. 유연성을 뜻하는 flexibility와 안정성을 뜻하는 security를 합친 이른바 'flexicurity', 즉 '유연안정성'의 추구가 애초의 목표였다. 비정규직의 고용불안을 해소하는 한편, 정규직의 고용경직성 완화 등 노동시장에서의 유연성 확보가 이 정책을 추진하면서 내세웠던 목표였다.

이를 위해 정부는 노동계와 기업 측의 의견을 절충하여 기간제 근로자의 사용기간을 최소 3년으로 정하고, 파견 허용 업종과 관련해서는 당시의 포지티브 시스템을 네거티브 시스템으로 전환하기로 했다. 포지티브 방식이란 파견 허용업종을 나열하고, 그 업종에 대해서만 파견근로를 허용하는 제도인 반면, 네거티브 방식은 파견 불허용 업종 내지 파견불허용 사유만 나열하고, 여기에 나열되어 있지 않은 다른 모든 업종과 사유에는 파견근로를 허용하는 제도이다. 즉 포지티브 방식은 원칙 불허용-예외 허용인 반면, 네거티브 방식은 원칙 허용-예외 불허용 방식이다. 따라서 포지티브 방식에 비해 네거티브 방식에서 노동시장의 유연성이 크게 진작될 수 있다.

그런데, 국회의 심의과정에서 이러한 정책목표는 실종되고, 고용 유연성 확보는 찾아보기 어렵게 되었다. 노동계의 눈치 살피기에 급급했던 국회는 정부안(案)에서 보다 비정규직의 보호방안은 더욱 강화시킨 반면에 노동시장의 유연성 확보 방안은 없던 일로 만들어버렸다.

노동시장의 유연성 확보의 핵심사항은 파견 허용업종제한 철폐 내지 파견업종의 대폭적인 확대였다. 정부안에는 허용업종제한을 없애는 네거티브방식으로 되어 있었지만, 국회가 26개 업종만 제한적으로 허용하는 현행 포지티브방식으로 다시 되돌린 것이다. 또한 기간제 근로자 사용기간도 정부안에는 3년으로 되어 있었지만, 국회 심의과정을 거치며 2년으로 축소되었다. 결국 노동시장의 유연성 확보는 물거품이 됐고 기업의 고용부담만 한층 가중시키는 법안이 되어버렸다.

고용-해고-고용의 악순환 유발

정부안을 마련할 당시 노동계는 기간제 근로자 사용기간을 2년으로 할 것과 2년의 기간이 지나 계속 고용할 경우에는 무기근로계약으로 간주하여 정규직화하도록 강제해야 한다고 주장했다. 반면, 기업 측에서는 기간제 근로자의 사용기간을 최소 4년으로 해야 하며, 그 기간이 지나는 경우에는 해고제한 규정을 두자고 제안했다. 정부안은 여기서도 양측의 의견을 절충하여 사용기간은 3년, 그리고 기간이 경과된 후 고용보장과 관련해서는 노동계의 주장인 무기근로계약으로 간주하는 것이 아니라 해고를 제한하는 방식으로 정했다.

이 부분은 국회의 심의과정을 거치면서 기간제 근로자의 사용기간은 2년으로 축소되고, 고용보장과 관련해서는 무기근로계약으로 간주함으로써 정규직으로 전환되도록 만들었다. 비정규직을 보호한다는 명분하에 이렇게 만들었지만, 현실은 비정규직 채용과 해고를 반복하도록 만든다. 이는 기업에만 부담이 되는 것이 아니라, 비정규직 근로자에게도 결코 바람직스럽지 못한 일이다.

무분별한 차별시정 신청

정규직과 비정규직의 차별폐지와 관련하여 차별 시정신청을 누가 할 것인가도 논란이었는데, 노동계는 노조가 시정신청을 해야 한다고 주장한 반면, 경영계는 차별을 당했다고 주장하는 당사자가 신청해야 한다고 주장했다. 결국 정부안은 당사자가 노동위원회에 차별시정을 신청하는 것으로 했다. 그런데, 이 부분도 국회 심의과정을 거치면서 당사자가 신청하되 사용자가 차별이 없었음을 입증하는 입증책임을 지도록 변질됐다. 즉, 어떤 것이 차별인지에 대한 명확한 규정이 없는 상태에서 차별시정을 요구하는 주체와 입증책임을 지는 주체를 달리 해 놓음으로써 무분별한 구제신청 남발을 우려하지 않을 수 없게 만들어 놓은 것이다. 근로자는 시정요구만 해 놓고 그에 따른 아무런 책임도 지지 않기 때문에 기업들은 내내 비정규직과의 분쟁에 휘말릴 공산이 커진다. 기업의 부담만 크게 늘린 것이다.

(3) 노동시장에 역행하는 비정규직 보호정책

비정규직 근로자에 대한 차별금지 및 적극적인 보호정책의 필요성이 대두된 이유는 비정규직 근로자의 비중이 크게 증가했다는 주장으로부터 출발한다. 즉 노동계는 IMF 이후 비정규직 근로자가 크게 늘어 1997년 전체 근로자의 45.9%에서 2002년 52.2%로 증가했다고 한다. 또한 정규직 근로자에 비해 절반밖에 안 되는 임금을 받으면서 많은 경우 사회보험의 사각지대에 놓여 있어 사회전체의 고용불안이 심화되고 사회갈등의 요인이 되고 있다는 것이었다.

하지만 임금 근로자의 절반이 비정규직이라고 하는 이 숫자는 크게 과장된 것이다. 노동부의 의뢰로 노동경제학회가 조사 작성한 자료에 따르면 우리나라의 비정규직 근로자 규모는 전체 임금근로자의 17.6%에 불과한 것으로 나타났다. 또 여기에 파견/용역/도급 등 '비정형직'과 파트타임 근로자를 다 합치더라도 그 비중은 26.4%로 선진국의 비정규직 근로자 비중인 12~32.5%에 비해 큰 차이가 없었다.

또한 임금 격차 부분에서도 주장과 사실 사이에는 큰 차이가 있다. 즉 노동계는 비정규직 근로자가 정규직 근로자 임금의 절반밖에 받지 못한다고 했지만, 사실은 정규직 임금의 약 80%를 받고 있었다. 일반적으로 상시 근무하는 정규직에 비해 비상시적이고 단기간 투입되는 비정규직의 숙련도에는 차이가 있으며, 이에 따라 그들의 생산성에도 차이가 난다. 당시 우리나라에서 비정규직의 생산성은 정규직의 약 78% 수준이었으며, 임금도 이와 비슷한 수준인 80%로 '차별'을 언급할 정도가 아니었다.

21세기는 경제사회 모든 부문에서 변화의 속도와 폭이 엄청나게 증대되고 있는 세계화/지식정보화의 시대이며, 이는 노사 양측 모두에게 보다 높은 유연성과 신속한 적응능력을 요구한다. 또한 산업

구조의 변화도 비정규직 증가의 한 원인이 된다는 점을 인식해야 한다. 광공업 위주에서 서비스산업 쪽으로 무게중심이 옮겨가고 있다. 광공업부문에서는 일시적인 수요의 변화를 재고량의 조절 등을 통해 어느 정도 해결이 가능했지만 수요와 공급이 동시에 이루어져야만 하는 서비스산업에서는 그러한 조절가능성이 거의 없으며, 수요의 변화에 따른 인력의 진퇴가 원활하게 이루어져야만 한다. 비정규직의 증가 추세는 산업구조의 변화에 따른 '자연스러운' 적응 과정인 셈이다.

이러한 상황에서 노동시장을 더욱 경직화시키고 기업들의 국제경쟁력을 저하시킬 수 있는 비정규직 보호정책은 적절치 못한 정책이다. 경제협력개발기구(OECD)도 권고했듯이 노동시장의 유연성을 제고시키는 것이 노동시장 문제해결의 올바른 정책대안이다.

6

이명박 대통령과 박근혜 대통령 시대의 경제정책

33. 공정사회에 포획된 동반성장정책의 허와 실

34. 2008년 세계경제위기 대책

35. 창조경제정책

36. 형용모순 오류를 범한 경제규제로서의 경제민주화

33. 공정사회에 포획된 동반성장정책의 허와 실

조동근

(1) 정책의 시대적 환경과 배경: 왜 공정사회인가?

'공정사회와 동반성장'은 이명박 정부의 '정책 아이콘'이다. '공정사회'란 화두가 던져진 것은 2010년 8·15 경축사이다. 무려 공정이란 단어가 10번이나 쓰였다. 하지만 8·15경축사와 2년 반의 시차를 갖는 취임사(2008년 2월)에는 '공정'이란 단어가 그 자체로서는 한군데도 쓰이지 않았다. 편법이 아닌 정도경영(正道經營)에 대한 주문 정도였다.

국정의 흐름에서 보면 취임사와 8·15 경축사가 별개일 수는 없다. '8·15경축사'를 기준으로 보면 대통령의 취임사에 공정에 대한 분명한 언급 내지 비전이 있었어야 한다. 2010년에 공정사회를 문제 삼아야 할 정도라면, 2008년 취임 당시 이미 문제의 뿌리가 배태

(胚胎)되어 있었을 것이기 때문이다. 반대로 '취임사'를 기준으로 보면 8·15 경축사는 그동안 이명박 정부가 실정(失政)을 범했음을 고백하는 것이다. 취임사를 기점으로 당시 문제가 되지 않았던 '공정사회' 시비가 당시 공론화된 것은 이명박 정부 집권 동안 우리사회가 '불(不)공정'해졌다는 것을 의미하기 때문이다.

이명박 정부에 대해 '이념부재 정권'이란 비판이 가해졌다. 이명박 정부는 '실용'을 강조했다. "이념의 시대는 가고 실용의 시대가 왔다"고 선언한 취임사가 이를 웅변하고 있다. 실용은 방법론이지 '가치'가 될 수 없다. 이명박 정부로선 '이념 부재' 정권으로 칭해짐은(naming) 참으로 견디기 힘든 힐난으로 들렸을 것이다. 따라서 '이념 부재' 정권이라는 힐난을 일거에 잠재우고 내부결속을 다지기에 충분한 집권 후반기를 관류하는 '가치'를 찾아야 했다. 이 같은 상황에서 '공정'이란 가치 지향적 화두(話頭)가 던져진 것이다.

공정은 복합적인 개념이지만, 본질은 '출발'에서의 기회균등과 '과정'에서의 불편부당을 의미한다. 따라서 결과로서의 불평등은 불문에 붙이는 것이 맞다.[1] 하지만 현실적으로 거래로부터의 이익이 반분(半分)되지 않으면, 그리고 '결과로서의 평등'이 확보되지 않으면 일반대중은 '공정하지 않은 것'으로 여기게 된다.

논리적으로 양립될 수 없는 '공정과 친서민'을 하나의 그릇에 담으

1) "기회는 평등하고 과정은 공정하고 결과는 정의로와야 한다"는 문재인 정부의 경제철학은 과다식별된 것이다. 기회가 평등하고 과정이 공정하면 결과는 '있는 그대로' 받아들여야 한다. 좌파정부의 미사여구가 아닐 수 없다.

려는 정책시도는 혼란을 가중시켰다. '공정사회'는 친(親)서민을 선점당해 빈사상태에 빠져 있는 좌파를 '기사회생'시켰다. 공정사회 구현을 위한 친서민 정책을 서민들이 피부로 느낄 수 있도록 정부가 직접 '로빈 후드(Robin Hood)'식 행동에 나서야 한다는 주문이 그것이다. '공정사회' 화두는 역설적으로 이명박 정부의 '초기 정책기조'를 허무는 부메랑으로 기능했다. 공정사회는 일정부분 '설계주의'를 반영하기 때문에 자유주의 내지 시장주의와 상충될 수밖에 없다.

(2) 반(反)시장적 "대·중소기업 동반성장"

정부는 공정사회론을 제기한 후 2010년 9월 '대·중소기업 동반성장 추진대책'을 확정해 발표했다. 대기업과 중소기업 간 거래에서 공정하지 못한 관행을 개선하고 동반 성장할 수 있는 터전을 마련하겠다는 것이 주요 내용이다. 대·중소기업 동반성장은 바람직하지만 '불편한 진실'이 숨어 있다. 동반성장은 엄밀한 의미에서 '결과적 개념'이기 때문이다. 동반성장은 목표가 아닌 시장경쟁에서 살아남은 대·중소기업이 사후적으로 동반성장한 것이다.

대·중소기업 동반성장은 첫 단추가 잘못 끼어졌다. 동반성장은 정부의 '대기업 때리기'에서 출발했다. '오비이락(烏飛梨落)'일 수 있겠지만, 정부가 대기업을 때리기 시작한 것은 2010년 6·2 지방선거에서 여당이 패배한 후 7·28 재·보선을 앞두고 '친서민 코드'를 대폭 강화한 시점과 일치한다. 대기업 비판의 요지는 "대기업들이 힘없는 협력업체들에 비용을 떠넘겨 이익을 내고 있으며, 대기업들이 돈을 풀지 않아 서민층의 체감경기와 고용사정이 나아지질 않는다"는 것이다.

'우월적 지위 남용 방지'가 갖는 명분을 누구도 부정할 수 없다. 그러나 대기업의 '우월적 지위'와 '실적'은 전혀 별개의 사안이다. 이를 혼돈하면 '치명적 오해'를 불러일으킬 수 있다. 중소기업을 쥐어짜 대기업의 실적이 개선된 것으로 오해될 수 있기 때문이다. 2010년 2/4분기에 삼성전자가 최대의 분기실적을 올릴 수 있었던 것은 스마트폰에 대한 수요가 폭발해 낸드플래시 메모리 수요가 크게 증가했기 때문이다. 반면 스마트폰 시대를 미리 내다보지 못한 노키아는 초라한 실적을 냈다. 일반인들은 대기업이 중소기업의 몫을 가로챘기 때문에 높은 실적을 올린 것으로 인식했다. 당시 한 유력인사의 삼성전자가 올린 최고 실적에 대한 부적절한 소회는 불에 기름을 부은 격이 되었다.[2)]

하도급관계를 일종의 '공급망사슬(supply chain)'로 보면 이해관계자 간의 거래가 달리 해석된다. 경쟁력을 가진 쪽이 '칼자루'를 갖는 것이다. 공급망 사슬에서 갑을관계는 영속적이지 않으며, 한쪽이 일방적으로 착취되지 않는다. 누구도 삼성전자가 애플한테 착취당했다고 생각하지 않는다. 그렇다고 여기면 인식오류인 것이다.

정부는 동반성장 정책을 시행하면서 대기업의 불공정 하도급 행태를 질타했다. 대기업의 경영성과는 좋은데 납품단가는 그대로이

---

2) 최시중 방통위원장은 "삼성전자의 높은 분기 이익에 공감하는 사람이 얼마나 있겠냐며, 결국은 그들만의 잔치"라는 요지의 대단히 적절치 못한 발언을 했다.

며, 현금이 넘치는데도 어음을 발행한다는 것이다. 중소기업의 납품 단가를 깎는 것은 거저 납품하라는 것과 마찬가지라는 것이다. 더 나아가 납품업체의 기술을 훔치고 사람을 빼내간다는 것이다. 그렇다면 논리적으로 협력업체는 '모두' 고사했어야 한다. 현실이 그렇지 않다면 정책인식이 '과장'됐다고 밖에 볼 수 없다. 우리나라의 대·중소기업 관계에서 문제의 본질은 대기업의 착취라기보다는 오히려 중소협력업체의 취약한 경쟁력 일 수 있다. 정책적 관심과 초점은 어떻게 중소기업의 경쟁력을 끌어 올릴 것인가로 집약된다. 그럼에도 중요한 중소기업 경쟁력 제고라는 본질을 천착하지 못한 채, 대기업이 착취해 중소기업의 경쟁력이 낮아진 것으로 여겼다.

(3) 중소기업에 기울어진 운동장

중소기업을 경제적 약자로 규정했기 때문에 대·중소기업 동반성장정책은 중소기업에 유리하게 짜져있다. 동반성장 정책은 '보호와 육성'의 구태(舊態)적 사고에서 한 걸음도 벗어나지 못했다.

우선 동반성장 정책에 중소기업협동조합의 '납품단가조정협의 신청권'을 포함시켰다. '납품단가 원가연동제'의 '대안'으로 제시된 것이다. '원가연동제'는 원자재가격이 오르는 경우 납품을 받는 원청업체가 추가로 비용을 보상해주라는 것이다. 그렇게 하는 것이 합리적인가? 예컨대 토마토 농사가 흉년이어서 토마토 가격이 크게 올랐다고 치자. 토마토를 패티 사이에 끼어 넣어야 하는 햄버거 업체들은 비싼 가격에 토마토를 구매할 수밖에 없다. 그렇다고 햄버거가격을 올릴 수도 없다. 가격을 올리면 소비자가 외면한다는 것을 잘 알고 있기 때문이다. 가격은 생산비에 의해 결정되는 것이 아니라 소비자들이 해당재화를 구매하기 위해 최대한 지불할 수 있는 수요가격(demand price)에 의해 결정된다. 예측하지 못한 이유로 또는 불가항력적인 이유로 비용이 더 들어가는 것은 제조업자의 개인 사정에 불과하다. 상업세계는 그만큼 비정하다.

부품업체 입장에서 원자재 가격 상승은 일종의 '불확실성'에 해당한다. 경영에는 불확실성이 늘 수반되고, 이러한 불확실성을 줄이는(hedge) 것이 경영인 것이다. 납품단가 연동제는 모든 불확실성을 원청업체에게 전가시키는 것이나 마찬가지이다. 그렇다면 반대로 원자재가격이 하락하면 어떻게 할 것인가? 납품단가를 자발적으로 인하할 것인가? 만약 외화(外貨) 표시 원자재가격은 그대로이지만 원화가치 하락으로 원화표시 수입단가가 올라간 경우에는, 외환당국이 하청업체에게 보상을 해주어야 하는 가?

또한 정부는 하도급대금 감액 입증 책임을 원사업자가 지도록 했다. 중소기업으로 무게 중심이 기울어진 상황에서 대기업이 협력업체에게 납품단가를 내려야 하는 이유를 조목조목 제시하는 것은 사실상 불가능하다. 이는 납품단가를 사실상 '현 수준에서 고정'하라는 것이다. 원청업체는 납품단가를 올리거나 고정하는 수밖에 없다. 하지만 감액책임 입증책임을 원사업자에게 부담시키면, 원사업자는 계약기간을 '초단기'로 가져갈 수밖에 없게 된다. 결국 협력업체와 원

사업자 간의 장기적 협력관계는 유지되기 어려워지고 협력업체의 처지가 오히려 불리해질 수 있다.

시장경제에서 자원배분은 당사자 간의 '계약'을 통해 이루어진다. 당사자가 배분 결과를 수용하는 것은 '자유의지'에 의해 계약을 했기 때문이다. 이때 제기되는 문제는 '경제 단위'마다 계약을 자신에게 유리하게 끌어오는 '힘'(협상력)이 다르다는 것이다. 그러면 이 같은 '힘'을 같게 할 수 있을 까? 불가능하다. 제도적 요인 등이 특정 단위에게 '유·불리(有不利)'하게 작용하지 않으면, 이 같은 '힘의 차이'는 결정적 장애요인이 되지 않는다. 따라서 계약이 '자율적'으로 이루어지고 계약에 따른 이익이 당사자 간에 '상호 호혜적'이면 계약은 도덕적으로 정당하며 분배의 결과 또한 공정하다고 볼 수 있다. 미래의 이익을 위해 현재의 손해를 감수하는 것이 개인의 판단이라면 이 역시 호혜적 거래이다.

(4) 동반성장정책의 굴절 : 이익공유제와 적합업종제도

동반성장정책은 대기업과 협력사의 '이익 공유제(profit sharing)'로 크게 굴절된다. '이익 공유'를 동반성장의 수단으로 인식한 정책 사고는 순진하기까지 하다. 이익공유제는 현실화되지 못했지만, 정운찬 동반성장위원회 위원장의 이익공유제에 대한 애착과 미련은 정책 혼선을 가중시키기에 충분했다.

이익공유제는 말 그대로 초과이익을 협력업체와 나누라는 것이다. 그러려면 먼저 초과이익을 정확히 정의해야 한다. 정 위원장은 예상이익에서 실제이익을 빼면 초과이익을 계산할 수 있다고 했다. 논리적으로 허술하기 짝이 없다. '초과이익'이라기보다 '예상외 이익'이 더 적합한 표현일 것이다. 만약 정 위원장 식(式)으로 초과이익을 협력사에 배분하라고 하면, 실제 배분액은 영(零)이 될 것이다. 예상이익을 높여 초과이익이 발생하지 않도록 할 것이기 때문이다. 그리고 실제이익이 예상이익을 넘을 것 같으면, 기업들은 더 이상 애써 이익을 올리지 않을 것이다. 초과이익은 그 기업의 몫이 아니기 때문이다. 또한 매출액도 아니고 '이익의 예상치'를 발표하라는 것은 '무지'를 반영한 것이다. 이익은 '사후적 잔여'이다. 이익의 목표치를 사전에 설정하기에는 경제의 '불확실성'이 너무 크다.

동반성장정책은 참여정부 때 시행되다 폐기된 '중소기업 고유업종제도'를 '중소기업 적합업종제도'로 부활시켰다. 중소기업 적합업종을 지정하면, 즉 정부가 개입해 중소기업 보호를 위한 울타리를 치면 대기업의 시장침탈이 억제되어 중소기업의 시장이 보존되고 중소기업 경쟁력이 제고될 것으로 판단했다. 하지만 적합업종 지정제도는 논리적으로 자가당착이다. 중기 적합업종이 진정 존재한다면 제3자 개입이 불필요하다. 업종 특성상 중소기업이 더 효율적이라면 '시장의 힘'에 의해 대기업이 자연스럽게 경쟁에서 밀려날 것이기 때문이다. 그리고 경쟁은 어떤 경우에도 '개체' 간의 경쟁이지 '집단' 간의 경쟁일 수 없다. 집단 간의 경쟁이라면 '종(種)의 이익'을 위해 이타적으로 행동해야 한다. 개별 중소기업은 소비자에게 자신의 물건을 팔지 말아야 한다. 그러면 여타 동료 중소기업의 시장기회를 뺏는 것이다. 결국 중소기업 적합업종은 가공의 개념이다. 적합업종지정제도의 기저에는 다수를 이루는 중소기업의 이해를 우선 반영하겠다는 '인기영합의 그림자'가 드리워져 있다. LED조명 사업에서 보듯이 국내 대기업의 진입을 규제하자 외국 업체가 반사이익을 누렸다. 국내 기업을 역(逆)차별하는 '규제의 역설'인 것이다.

(5) 자유주의 시장경제 관점에서의 평가

이명박 대통령의 공정사회 화두는 충분한 사전적 성찰과정을 가진 것으로 보이지 않는다. '공정사회'는 일종의 '당위'이기 때문에 '왜' 공정사회인가는 질문이 될 수 없다. 하지만 "왜 당시(2010년) 공정사회를 문제 삼아야 하는가", 그리고 "공정사회를 통치수단으로 삼는 것이 정당한가?"라는 질문은 여전히 남는다.

시장은 '비인격적' 자원배분 기구이기 때문에 시장을 통한 분배는 상대적으로 공정하다. 문제는 시장을 통하지 않은, 즉 '비시장적 배급(non-market rationing)'이다. '공정의 잣대'는 오히려 비시장적 접근에 집중돼야 한다. '비시장적 배급'은 가치 있는 것의 '재량적 배분'을 의미한다. 우리나라의 파워 그룹은 "관료조직과 정치권 그리고 사법부"이다. 이들의 행태를 보면 비시장적 배급의 폐해를 쉽게 알 수 있다. 공정사회를 주창하기 이전에 특권과 특혜, 그리고 반칙 없는 사회를 강조하는 것이 옳다. 특권과 특혜 그리고 반칙을 규율하는 것이

'법치(rule of law)'인 것이다.

이명박 정부의 공정은 정치역학과 대중심리에 의해 '동반성장과 약자보호'로 치환되었다. 하지만 중소기업 보호육성 정책은 기존 중소기업을 보호함으로써 효율적인 기업의 참여를 제한하고, 비효율적인 기업의 퇴출을 지연시킴으로서 시장에 의한 산업구조의 조정을 어렵게 한다. 경쟁이 아닌 '경쟁자를 보호하는 것'이 공정이 아니다. 과당경쟁은 공급자의 자기 방어 논리에 지나지 않는다. 중소기업이 그동안 크지 못한 것은 대기업의 불공정 거래 때문이라기보다, 정부의 보호 때문일 수 있다.

공정은 '법의 지배'로 치환되어야 한다. 국민 개개인이 성공할 수 있도록 국가가 돕는 사회, 가진 자가 '도덕적 의무'를 다하는 사회를 지향해야 한다. 이명박 정부는 보수적 가치와 이념을 견지하는 데 있어 경계인(境界人, fence sitter)이었다. 그것이 이명박 정부의 한계였다.

34. 2008년 세계경제위기 대책

안재욱

(1) 시대적 환경과 정책의 배경

2008년 9월 서브프라임 모기지에 대한 투자의 실패로 투자은행인 리먼 브러더스가 파산하면서 주가가 폭락하고 미국의 금융시장이 패닉 상태에 들어갔다.[1] 서브프라임 모기지 증권 투자에 집중했던 시티그룹과 서브 프라임 모기지와 관련된 신용 디폴트 스왑(CDS)에 투자한 AIG 보험회사가 파산 위기에 몰렸다. 금융위기는 미국 내에만 국한되지 않고, 세계 금융시장으로 확산되었다. 금융 불안으로 투자와 소비가 급랭하면서 세계경제가 동반 침체했다.

한국은 글로벌 금융위기의 진원지인 미국의 서브프라임 사태의

1) 1998년부터 2006년까지 급격하게 상승했던 미 주택가격이 2006년 3분기부터 하락하다가 2007년 5월에 폭락했다. 그리고 미국의 DJIA(Dow Jones Industrial Average)가 2007년 10월부터 2009년 3월까지 50% 이상 폭락했고, 주택가격이 30% 이상 하락했다.

직접적인 영향을 받지 않았다. 국내 금융기관이 보유한 서브프라임 관련 채권담보부증권(CDO) 보유액은 10억 4000만 달러에 불과하였고, 손실규모는 4,500억 원 정도였다. 그럼에도 불구하고 한국경제가 미국 발 금융위기로 입은 충격은 다른 국가들에 비해 컸다.[2)]

주가가 2008년 초에 비해 40% 정도 하락하였고, 환율이 달러당 1,500원 가까이까지 폭등했다. 주요국 통화와 비교해볼 때 달러화에 대한 원화가치가 크게 하락하고 변동성도 매우 컸다. 원-달러 환율의 변동성이 2008년 상반기 중 0.65에서 하반기에는 1.83으로 2.8배 확대되었으며, 이는 유로화 파운드화, 일본 엔화, 인도네시아 루피화, 대만 달러 등보다 2~3배 높은 수준이었다. 글로벌 금융 불안이 본격화되자 외국인 투자자들이 유동성 확보 차원에서 주식을 매도하고 한국시장에서 대거 이탈하였기 때문이었다. 외국인이 한국에서 회수한 주식투자금은 일본 등 아시아 7개국 전체 회수액 733.7억 달러 중 47.5%를 차지하였다.[3)] 이러한 상황에서 미국의 금융위기가

2) 한국경제가 다른 나라들에 비해 외부 충격을 많이 받았던 이유는 해외자본이 국내 시장에서 차지하는 비중이 매우 높았기 때문이다. 2007년 말 한국의 유가증권시장 규모는 주식 수는 282.4억 주였고, 금액으로는 951.9조원(1조 169억 달러)였다. 이 가운데 외국인이 보유한 주식 수는 19.0%인 53.7억 주였으며, 금액으로는 32.5%로 308조원(3,291억 달러)였다. 해외자본유입 확대로 2007년 말 현재 예금취급기관의 전체 자산 내 순국외신용부문은 1991년보다 49.7배 증가한 222조원이었으며, 예금기관의 총자산에서 순 국외부문 통화공급이 차지하는 비중이 1991년 말 1.8%에 불과했으나 2007년 말 13.1%나 되었다. 이은미, "해외자본 유입과 국내 유동성", 『SERI 경제 포커스』(제262호 10.6), 삼성경제연구소, 2009, 2쪽.

3) 유정석 외, "글로벌 금융위기 1년: 회고와 전망" 『CEO Information』(제721호 9. 9.), 삼성경제연구소, 2009, 7~8쪽.

국내에 영향을 미쳐 대규모의 외자이탈이 발생하는 유동성 위기를 겪었다.[4)]

한편 2008년 3/4분기 실질 GDP 증가율이 0.6%로 0.8%를 기록했던 2/4분기보다 낮았고 2004년 3/4분기 이후 가장 낮은 증가율을 보였다. 소비재 판매가 2008년 9월과 10월에 전년 동기대비 각각 3.6%와 1.4% 감소했다. 제조업 생산은 2008년 3/4분기의 5.6% 증가에서 10월 2.8%로 감소했다. 전자부품, 컴퓨터, 영상, 통신장비 등의 업종의 생산은 10월 전년 동월대비 11.4% 감소했으며, 반도체 및 부품은 전년 동월대비 13.6% 감소하였다. 뿐만 아니라 설비투자는 2008년 9월 7.1%에서 10월에 7.7% 감소하였다. 특히 2008년 3/4분기 27.1%의 증가세를 보였던 수출은 10월 8.5%로 둔화되었고 11월에는 18.3%나 대폭 감소하였다.

실물경기침체가 가속화됨에 따라 고용 사정이 악화되었다. 3/4분기 취업자 증가는 전년 동기 대비 14.1만 명에 그치고 10월에는 9.7만 명에 머물러 일자리 창출의 부진이 가속화되었다. 고용률 역시 10월 60.0%로 전년 동월대비 0.4%포인트 하락하여 전년 동월대비 기준 10개월 연속 하락세를 지속하였다. 청년층(15-19세) 취업자 수는 2008년 10월 전년 동월대비 16만2천명이나 감소하였다.

4) 서브프라임 사태가 나자 미국의 투자은행들이 유동성 확보를 위해 해외자산을 매각하였다. 그에 따라 글로벌 금융시장이 불안해지면서 금융기관의 외화유동성이 급속히 경색되었다. 글로벌 신용경색이 국내로 전파되면서 외자이탈이 급속히 전개되었다. 2008년 9월에서 연말까지 국내 금융시장에서 빠져나간 외국자본은 모두 690억 달러에 이르렀다. 이것은 2007년 국내총생산(GDP)의 10.2%에 해당하는 규모였다.

(2) 정책의 목적과 주요내용

이러한 상황에 대응하기 위해 정부는 금융시장의 안정과 경기부양을 위한 대책을 마련하였다. 우선 유동성 공급을 통해 금융시장의 안정을 꾀했다. 한국은행은 2008년 10월부터 2009년 2월까지 6차례에 걸쳐 5.25%였던 기준금리를 3.25% 포인트 인하하였다. RP 매입을 통하여 16.8조원, 통안증권 중도환매와 국고채 단순매입 등을 통해 1.7조원의 유동성을 공급하였다. 중소기업 자금사정 완화를 위하여 총액한도 대출규모를 10조원으로 증액하고 총액한도대출금리를 연 3.25%에서 연1.25%로 인하했다.

이뿐만 아니라 외화유동성 공급의 안정을 위해 미·중·일 중앙은행과의 통화스와프계약을 체결하였다. 2008년 10월 30일 미 연준과 300억 달러 규모의 통화스와프계약을 하였으며, 2008년 12월 12일 중국인민은행과 계약기간 3년의 1,800억 위안(38조원) 규모의 원/위안 통화스와프계약을 체결하였고, 일본은행과 2005년 5월 체결한 30억 달러 상당의 기존 원/엔 통화스와프계약 규모를 200억 달러로 확대하였다. 그리하자 원/달러 10월 28일 1,468원까지 상승한 환율이 10월 30일 미 연준의 통화스와프계약 체결 발표 당일 177원 떨어진 데 이어 연말에는 1,260원으로 하락하는 등 원화 가치가 안정되어 갔다.

한편 2008년 9월 이후 정부는 경제위기와 관련하여 70조원 신규기금펀드 조성, 77조원 금융공기업지원, 4조원 한국은행특별지원금 총 151조원에 달하는 지원 대책을 마련했다. 그리고 2009년 예산에 당초 제출한 규모에서 국회의 동의를 받아 경기대책으로 10조원을 추가했으며, 3개월 후에 29조원의 규모를 추경예산으로 편성하고, 재정의 60% 이상을 상반기에 조기 집행하였다.[5)]

(3) 세계경제 위기 이후의 경제정책

글로벌 금융위기에 대응하는 정부의 정책과 노력에 힘입어 한국경제는 2009년 들어 빠르게 회복되기 시작하였다. 2008년 4/4분기 큰 폭의 마이너스 성장률(-3.3%)을 보였던 한국경제는 2009년 1/4분기에 전기 대비 성장률이 +0.2%로 돌아서면서 연간 0.7%을 달성하였고, 2010년에는 6.5%의 경제성장률을 기록하며 위기에서 벗어났다. 그러나 고유가로 인해 인플레이션 압력을 받자 한국은행은 인플레이션도 완화하고 출구전략 차원에서 2010년 7월부터 2011년 6월까지 5차례에 걸쳐 기준금리를 2%에서 3.25%까지 인상하였다.

---

5) 한국만이 아니라 세계 각국도 구제금융을 제공했다. 미 의회는 서브 프라임 모기지 사태를 낳은 부실 금융 자본을 구제하기 위한 7천억 달러와 경기부양을 위한 재정 8,000여 억 달러를 승인하는 한편, 버락 오바마(Barack Obama) 대통령은 2009년도에 금융시장 안정을 위한 7,500억 달러의 추가 자금지원 계획이 포함된 1조 7,500억 달러에 달하는 적자 예산 편성하였다. 영국은 2008년 10월 4,000억 파운드 규모의 경기부양책을 실시하였으며, 2009년 1월 금융시장유동성 제고를 목적으로 약 2,000억 파운드 규모의 제2차 금융시장구제대책을 발표하였다. 일본 역시 2008년 세 차례의 경기부양책으로 75조 엔의 종합경제대책을 마련하였고, 2009년도 예산안이 통과되자마자 또 다시 56조8,000억 엔의 경기부양대책을 마련하였다.

2011년 후반부터 세계경제 여건이 기대만큼 좋지 않았고, 우리의 성장률도 기대에 미치지 못하자 한은은 2012년 7월부터 기준금리를 인하하기 시작하여 2016년 6월 1.25%까지 낮추어 유지하였다. 미국 경제가 회복되면서 미국의 연준이 0.0~0.25%를 유지하였던 기준금리인 연방기금금리를 2015년과 2016년 각각 0.25%씩 올렸다가 2017년 들어서 본격적으로 올려 1.25~1.50%가 되자 우리도 2017년 11월 30일 1.50%로 인상하였다. 미국 금리가 우리 금리보다 더 높아지는 것을 막기 위함이었다. 그러나 2018년 3월 연준이 다시 금리를 025% 올림으로써 현재 한·미간 금리는 역전되어 있는 상태다.

문제는 그렇게 장기간 저금리를 유지했음에도 불구하고 여전히 경기가 침체되어 있다는 점이다. 2012~2017년 연평균 성장률이 2.9%로 금융위기 이전 2000~2007년 5.4%에 비해 절반 수준으로 하락했다. 그리고 잠재성장률은 2006~2010년 3.7%~3.9%에서 2011~2015년 3.0~3.4%로 하락했고, 2016~2020년 2.8~2.9%로 더욱 하락할 것으로 추정되고 있다.[6]

(4) 세계경제 위기 대책에 대한 평가

글로벌 금융위기가 발생한 직후 유동성 위기에 직면해 이를 해결하기 위한 유동성 공급정책은 옳았다. 유동성이 부족한 상황에서 유동성 공급을 책임지고 있는 중앙은행이 유동성 공급을 늘려 주지 않

6) 김도완 외, "우리경제의 잠재성장률 추정", 『한국은행』, 2017, 9쪽.

는다면 유동성 부족으로 인한 신용경색이 발생하여 금융시장이 더욱 불안해지고 그것이 실물경제에 치명적인 영향을 끼치기 때문이다. 따라서 2008년 9월 리먼브라더스 사태 이후 정부의 유동성 확대 정책과 통화스왑은 금융시장을 안정시켜 금융위기를 극복하는 데 매우 효과적이었다고 평가할 수 있다.

그러나 그 이후 경기부양을 목적으로 저금리 정책을 지속한 것은 잘못이었다. 통화정책은 기본적으로 유동성 수요가 증가하였을 때 그에 맞춰 유동성을 공급함으로써 금융시장을 안정시키는 데 중점을 두어야 한다. 금융시장이 안정됨에 따라 화폐수요가 감소하기 시작하면 팽창된 통화로 인해 자산 가격의 거품이 야기된다. 따라서 2010년 7월부터 시행했던 출구전략을 유지했었어야 했다. 2011년 후반부터 경기부양을 위해 저금리정책을 쓴 것은 경제에 도움이 되지 않았다.

물론 2011년 이후 우리가 저금리 정책을 썼던 것은 단순히 국내 경기부양을 위한 것만은 아니었을 것이다. 왜냐하면 당시 미국을 비롯한 대다수의 국가들이 경기부양을 위해 저금리 정책을 유지하고 있는 상황에서 우리만 금리를 높일 수만은 없었을 것이기 때문이다(〈그림〉 참조). 만약 우리 금리만 다른 국가에 비해 높을 경우 원화가치가 높아져 수출에 부정적인 영향을 미쳤음은 물론 국내로 외국 자금이 많이 유입되어 금융시장을 교란시킬 수 있었을 것이다. 그러므로 2011년 이후 저금리 정책을 사용한 것은 우리만의 문제는 아니었을지라도 전 세계적으로 경기부양을 위한 저금리 정책은 잘못이었다는 것은 지적할 필요가 있다.

〈그림〉 주요국의 기준금리 추이

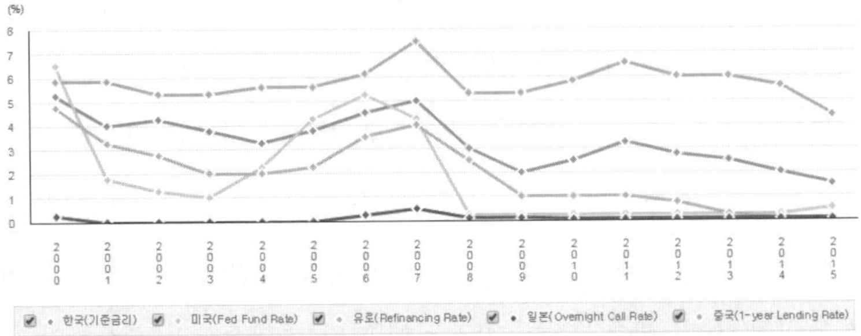

출처: 시계열조회: e-나라지표
http://www.index.go.kr/potal/stts/idxMain/selectPoSttsIdxSearch.do?idx_cd=2884&stts_cd=288405

각국의 저금리와 양적완화 정책으로 인해 통화량이 엄청나게 풀려 2017년 현재 전 세계의 총통화량이 90조 달러가 넘는다.[7] 이렇게 많은 돈을 풀었음에도 미국만이 2017년부터 조금 회복 기미를 보였을 뿐 세계 경제는 경기를 부양하지 못한 채 자산 가격 상승과 소득불평등만 악화됐다. Schnabl(2018)은 G4(미국, 일본, 유로존, 영국)에서 저금리정책과 양적완화정책으로 인해 금융자산의 가격 상승과 소득불평등이 악화되었음을 보이고 있다.[8] 이것은 한국에서도 마찬가

7) 여기 데이터는 "All the World's Money", 참조.
https://xbptrading.com/2017/12/29/all-the-worlds-money/

8) Schnabl, Gunther(2016), "Exit Strategies from Monetary Expansion and Financial Repression," *Cato Journal*, Vol. 38, No. 2, pp. 447~465.

지다. 최제민 외(2018)에 따르면 우리나라 가구의 가처분소득 지니계수는 외환위기 이후 지속적으로 상승하다가 글로벌 금융위기 직전인 2006년에 정점을 찍었다. 그리고 글로벌 금융위기가 발발한 2007년부터 감소하기 시작해서 2011년까지 감소하다가 2012년부터 다시 상승하였다. 다만 2014년에는 소폭 감소한 것으로 나타났다. 한편 한국은 OECD 35개 국가 중에서 8번째로 소득불평등이 심각한 국가인 것으로 나타났다.[9]

저금리 정책의 또 다른 문제는 잘못된 투자를 교정하려는 시장의 자원배분을 방해함으로써 경제회복을 지연시킨다는 점이다. 저금리로 인해 퇴출되어야 할 기업들이 존속하게 되면 자원 사용에 대한 불필요한 경쟁이 유발되어 자원사용비용이 증가함으로써 건실한 기업과 금융기관에 피해를 주고 경제전체적으로 투자를 위축시킨다. 부실기업은 존속시킬 것이 아니라 파산하도록 하는 것이 마땅하다. 파산은 본질적으로 나쁜 것이 아니다. 파산은 좋은 투자와 나쁜 투자에 대한 정보를 제공하며, 나쁜 투자로부터 보다 생산적인 투자로 자원을 이동시킨다. 따라서 저금리를 통해 부실기업을 구제해주기보다는 인수와 합병을 방해하는 규제 등 잘못된 투자가 생산적인 곳으로 사용되는 것을 방해하는 장애물을 제거하는 것이 경기를 부양하는데 더 효과적이었을 것이다.

이러한 관점에서 보면 세계 각국은 금융시장이 안정된 이후 경기

---

9) 최제민 김성현 박상연, "글로벌 금융위기 이후 한국의 소즉불평등 변화에 관한 연구", 『경제학연구』, 제66집 제1호, 2018, 115~142쪽.

부양에 실효성도 없고 부작용만 야기하는 저금리 정책과 양적완화정책을 쓸 것이 아니라 지속적으로 출구전략을 썼어야 했다. 오스트리안 경기변동 이론에 따르면 인위적인 호황 뒤에 따르는 불황은 상처난 시장의 치유 과정이다. 정부가 금리를 인위적으로 조작함으로써 경제주체들로 하여금 착각을 일으키게 하여 자원배분의 왜곡을 일으켜 거품을 만들고, 그 거품이 터지는 과정에서 불황은 발생할 수밖에 없다. 불황은 왜곡된 자원배분이 교정되어 재배분 되는 과정이므로 정부가 계속 개입하면 시장의 조정과정을 방해하여 불황을 더욱 심화시킨다. 금리 인하를 통하여 막대한 유동성을 공급하는 것은 문제의 원인을 곧바로 문제의 치유책으로 사용하는 것과 같다. 따라서 시장에 심한 충격을 가하지 않는 범위 내에서 기준금리를 소폭 인상해 가며 유동성을 거두어들일 필요가 있었다.

또한 중앙은행의 저금리 정책에 의해 통화량이 증가하면 새로 유입된 통화를 일찍 손에 넣은 사람의 실질구매력은 증가하게 되지만, 통화증가로 인해 물가가 오른 후에 새로 유입된 통화를 입수한 사람의 실질구매력은 상대적으로 하락한다. 결국 새로 유입된 화폐를 일찍 손에 넣은 사람과 나중에 접근하는 사람 간에 소득격차가 발생한다. 따라서 금융위기 이후 각국에서 소득격차가 악화된 주된 원인은 저금리 정책에 있다고 하겠다. 그러므로 소득불평등을 완화하기 위해서라도 저금리 정책은 지양해야 했다.

한국경제가 장기침체에서 벗어나지 못하고 있는 것은 지난 정부들의 반시장적인 정책으로 인해 성장 동력이 약화되었기 때문이다.

한국은 김대중 정부부터 현 정부에 이르기까지 기업 활동을 장려하기보다는 억제하는 조치들을 취해 왔다. 복지제도 강화, 동반성장, 경제민주화 등의 명분하에 출자총액제한제도, 기업형 슈퍼마켓 규제, 하도급 거래규제 강화, 납품단가연동제, 중소기업적합업종제도, 비정규직보호법 등 기업을 규제하는 수많은 법들이 제정되어 기업 활동을 억제해 왔다. 과다한 규제로 인해 기업의 투자가 줄고 성장동력이 떨어지면서 경제가 계속 침체해 있는 것이다.

(5) 맺음말

2008년 글로벌 금융위기 이후 금융시장이 안정된 이후에는 저금리 정책을 쓸 것이 아니라 서서히 출구전략을 쓰면서 경기를 활성화하는 방법을 추구해야 했다. 경제가 안정적으로 성장할 수 있는 것은 정부의 인위적인 정책이 아닌 자생적인 힘이다. 자생적인 힘의 원천은 기업의 투자활동이다. 따라서 기업의 투자활동을 활발히 할 수 있게 하기 위해서는 기업하기 좋은 환경을 만들어야 한다. 이를 위해서는 기업 활동을 옥죄고 있는 각종 규제들을 완화해야 하고, 노동시장의 유연성을 높여야 한다.

35. 창조경제정책

황인학

(1) 창조경제란

박근혜 대통령이 공식석상에서 창조경제란 말을 처음 꺼낸 건 대선후보 시절이었던 2012년 9월 28일이었다. 그 날 대구에서 기자들이 "대구, 경북의 발전방안이 무엇인가"라고 묻자 박 후보는 "중요한 것은 어떻게 성장하느냐, 어떻게 일자리를 만들어내느냐에 있다"면서 "지금은 창조경제가 필요한 시기"라고 답했다. 그 이후 박 후보는 "창조경제는 미래 경제를 이끌어 갈 새로운 발전 패러다임"이라면서 창조경제를 성장 및 일자리 정책의 핵심 공약으로 내놓았다.[1)]

창조경제는 '창조 + 경제'의 낯설지 않은 두 단어를 결합한 말이지만 처음부터 무슨 의미인지 개념이 손에 잡히지 않는다며 논란이 많았다. 이에 박근혜 대통령은 2013년 2월 28일 취임사에서 창조경제

1) 『한국형 창조경제의 길: 김영욱이 묻고 김광두가 답하다』 (2013)에서 인용

란 "과학기술과 산업이 융합하고 문화와 산업이 융합하고 산업간 벽을 허문 경계선에 창조의 꽃을 피우는 것"으로 설명하고, 미래창조과학부를 창조경제 주무부서로 정했다. 그리고 새 정부 출범 후 100여일이 지난 2013년 6월 5일, 정부는 드디어 창조경제 청사진 격인 '창조경제 실현계획-창조경제 생태계 조성방안'을 발표했다. 정부는 '창조경제를 통한 국민행복과 희망의 새 시대 실현'을 비전으로 제시하고, 3대 목표 6대 전략 하에 총 24개 정책과제를 추진하겠다고 밝혔다. 박근혜 정부의 창조경제 개념 및 목표와 전략의 구체적인 내용은 다음과 같다.

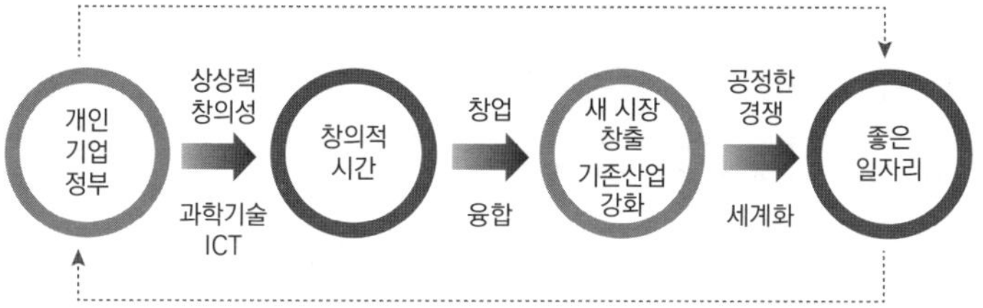

3대 목표

1. 창조와 혁신을 통한 새로운 일자리와 시장 창출
2. 세계와 함께하는 창조경제 글로벌 리더십 강화
3. 창의성이 존중되고, 마음껏 발현되는 사회구현

6대 전략

1. 창의성이 정당하게 보상받고 창업이 쉽게 되는 생태계 조성
2. 벤처.중소기업의 창조경제 주역화 및 글로벌 진출 강화
3. 신산업.신시장 개척을 위한 성장동력 창출
4. 꿈과 끼, 도전정신을 갖춘 글로벌 창의인재양성
5. 창조경제 기반이 되는 과학기술 ICT혁신역량 강화
6. 국민과 정부가 함께하는 창조경제 문화 조성

정부가 제시한 개념도를 보면 창조경제란 국민 개개인의 상상력과 창의성에 기초한 새로운 아이디어에 과학기술과 정보통신기술(ICT)을 입혀서 신규 창업 및 기존 산업의 융·복합을 촉진하고 좋은 일자리를 많이 만들겠다는 내용으로 읽힌다. 정부부처 합동 발표가 있던 이 날, 최문기 미래창조과학부 장관이 "향후 5년간 40조원을 투자해서 65만개의 일자리를 만들겠다"며 통계적 비전을 제시한 것도 일자리 창출에 방점이 있음을 시사한다. 그러나 정부의 발표 이후에도 논란이 수그러지지 않았다. 그 이전의 지식기반경제, 혁신주도경제, 녹색성장과 포장만 다를 뿐 근본적인 차이가 없다는 등 의견이 분분했다. 2013년 11월 13일 공학한림원이 조사한 결과에서도 창조경제는 과거 정권의 정책과 별반 다르지 않다는 응답이 더 많았다.

어떤 이는 김대중 정부의 신지식인 운동 비슷하다고도 했다. 김대중 대통령은 "지식정보화 시대에는 어느 분야에서든지 혁신과 열의와 창의적인 아이디어를 발휘해 높은 부가가치를 창출하는 것이 중요하다"고 하면서 "우리의 경제산업 환경에 능동적으로 대처하기 위해 신지식인 운동이 절실히 요구된다"고 하였다. 여기에서 신지식인을 기존의 방식 및 사고에서 벗어나 새로운 지식, 발상, 아이디어로 일하는 방식을 개선, 혁신하고 부가가치를 능동적으로 창출하는 사람으로 보면, 창조경제에서 말하는 창의적 인재와 다르지 않다. 상상력과 창의적 아이디어, 패러다임의 전환, 부가가치 창출을 통한 국가경쟁력 강화, 정보통신기술을 융합한 벤처 활성화 등 핵심 키워드도 서로 비슷하다.

(2) 각국의 창조경제론

창조경제가 과거 정권과 차이가 없다고 해서 틀렸다거나 하지 않아야 한다는 의미는 결코 아니다. 내용이 맞다면 정치적 레토릭은 어떠하든 정권 교체에 관계없이 일관되게 추진하는 것이 국민경제를 위해 바람직할 것이다. 어찌 보면 창조경제는 답답하고 초조한 한국경제의 상황을 거꾸로 표현했다고 이해할 수도 있다. 글로벌 금융위기 이후 근 10년 동안 한국경제는 저성장의 늪에서 헤어나지 못하는 가운데 일자리를 구하지 못하고 길 잃은 청년세대의 고통과 답답함은 깊어가고 있다. 미래전망은 더 갑갑하다. 맥킨지 연구소는 2013년 4월에 발표한 보고서에서 '한국경제는 점점 뜨거워가는 솥 안에 앉아있는 개구리 같은 형국이며, 신성장 동력을 찾지 못하면 계속 추락할 것'이라며 경고한 바 있다.

경쟁국들이 미래를 준비하는 태도를 보면 더 초조할 수밖에 없다. 창조라는 단어를 직·간접적으로 정책에 접목시킨 사례는 박근혜 정부가 처음이 아니다. 영국 노동당의 토니 블레어 정권은 일찍이 1997년에 '창조산업T/F(Creative Industries Task Force)'를 출범시키고 여기에서 논의한 바에 따라 1998년에 '문화·미디어·스포츠부(Department of Culture, Media, Sports)'를 설립했다. 박근혜 정부의 창조경제론 때문에 우리나라에서 한때 유명세를 탔던 존 호킨스의 책, '창조경제(The Creative Economy, 2001)'는 영국의 이러한 경험에서 나온 것이었다. 그는 이 책에서 창조산업을 예술과 문화산업에 국한하지 말고 저작권 산업, 특허 산업, 상표 산업, 디자인 산업을 모두 포함시켜야 한다고 주장한다.

또한 미국은 '국가혁신전략(Strategy for American Innovation, 2009, 2011, 2015)'을 꾸준하고 일관되게 추진하는 중이다. 미국식 표현은 혁신이지만 내용은 창조경제의 창조와 다르지 않다. 버락 오바마 대통령이 2014년 1월 28일, "오늘 혁신에 매진하는 국가만이 내일의 세계경제를 지배하고, 이것만은 미국이 절대로 양보할 수 없다"고 한 것은 앞으로 어떤 상황에서도 주도권을 놓지 않겠다는 미국의 단호한 의지를 드러낸다. 일본에서는 2010년 6월에 발표한 '쿨재팬전략(Cool Japan Strategy)' 이 일종의 창조경제 전략이었다. 이는 2020년까지의 일본의 신성장 전략에 관한 내용인데, 9개의 실행계획 모두가 창조경제 또는 창조산업과 관련이 깊다. 그리고 독일은 다 알다시피 2011년에 '인더스트리 4.0' 계획을 발표, 제4차 산업혁명 시대라는 용어를 회자시켰다.

(3) 평가

한국경제의 성장판은 닫혀가고 미국, 독일 등 선진국에서부터 더 많은 창의와 혁신을 강조하는 상황에서 창조경제를 국정과제로 채택한 것은 일리가 있어 보인다. 문제는 창조경제의 본질을 제대로 이해하는 바탕 위에서 목표와 전략, 정책 과제를 계획했느냐의 여부이다. 평가는 부정적이다. 그 이유는 첫째, 정부 내에서 창조경제의 본질과 개념에 대해 학습과 준비가 충분하지 않았다. 창조경제란 무엇인가를 말하는 이마다 달랐고 이런 혼란은 미래창조과학부의 출범이 늦어지며 길어졌다. 청사진을 발표한 지 1년이 되지 않은 2014년 2월 25일, 정부는 창조경제 대신에 '경제혁신 3개년 계획'을 발표했다. 개념 정립에 문제가 있었기 때문일 것이다. 경제혁신 계획에서 정부는 3대 전략으로 기초 튼튼, 역동·혁신, 내수·수출 균형을 제시하고, 창조경제는 역동·혁신 전략의 3개 과제 중 하나로 전락했다. 창조경제 정책은 대기업과 손잡고 주요 도시별로 설치한 창조경제혁신센터가 전부가 아닐까 싶다.

둘째, 청사진의 정책과제 중에는 과거의 메뉴들이 재등장하는 반면에 창조경제의 핵심요소인 기업가정신에 대한 내용은 없거나 빈약하다. 시장은 본래 우리가 알지 못했던 미지의 영역에서 새로운 기회를 모색하고, 창의와 혁신의 도전을 시도하는 기업가(entrepreneur)들로 인해 창조적 파괴가 쉼 없이 일어나는 곳이다. 시장은 언제나 창조 본능으로 넘친다. 창의와 혁신, 도전의 기업가정신을 가로막는 게 있다면 기존의 방식으로 규제 권한을 행사하는 정부가 주범이다. 따라서 창조경제를 하겠다면 무엇보다 시장의 창조적 파괴 본능을 되살리기 위한 제도개혁 방안부터 고민해야 했다. 박근혜 정부의 계획에서는 그런 내용이 없다. 혹시라도 창조경제를 시장의 역할이 아니라 정부가 설계할 수 있다고 봤다면 치명적인 오판이다. 굳이 창조경제 같은 레토릭이 아니어도 앞으로 한국경제의 역동성을 되살리려면 규제개혁을 포함해서 정부와 시장의 경계를 재설정하는 문제를 진지하게 재검토해야 한다.

36. 형용모순 오류를 범한 경제규제로서의 경제민주화

조동근

(1) 논증의 대상이 아닌 신앙으로서의 '경제민주화'

사회과학의 세계에서 그리고 정책 현실에서 용어를 명확히 하는 것만큼 중요한 것은 없다. 공자는 이를 정명(正名)이라 불렀다. 명확한 개념 정립 없이 특정 용어가 원용되는 것만큼 위험한 것은 없다. '경제민주화'가 그 전형이다. 경제는 효율을 추구하는 영역이고 민주화는 평등을 의미한다. 따라서 '경제와 민주화'는 논리적으로 짝을 이룰 수 없다. 경제민주화는 태생적으로 '둥근 네모'류(類)의 형용모순을 범하고 있다.

경제민주화가 등장하게 된 과정을 복기(復棋)해 보자. 경제민주화 '논의의 출발점'은 2011년 8월에 시행된 서울시의 '무상급식' 투표로 볼 수 있다. 당시 투표율이 저조한 나머지 '개함조건'을 충족하지 못해 투표의안은 자동 폐기됐다. 이어 치러진 서울시장 보궐선거

(2011. 10. 26) 에서 '무소속' 후보가 당선됨으로써 한나라당은 위기를 맞았다. 한나라당 비대위(2011. 12. 19)는 그렇게 만들어졌다.

비대위의 첫 작업은 '보수의 색깔'을 빼는 것이었다. "시도한 적이 없는, 들어서지 않은 길"로서의 보수의 흔적을 지우려 한 것은 희극(喜劇)이 아닐 수 없다. 탈(脫)보수의 대안으로 제시 된 것이 '경제민주화'다. 경제민주화는 태생적으로 국면전환을 위한 정치적 산물이었음을 부정할 수 없다. 경제민주화 태생의 '불편한 진실'이 아닐 수 없다.

화두로 던져진 경제민주화는 사후적으로 '논리의 옷'을 입는다. "경제력 집중과 양극화의 문제를 '경제민주화'로 슬기롭게 풀지 않으면 지속적 발전을 꾀하기 어렵다"는 것이다. 하지만 이 대목에서 의문이 제기된다. 첫째, "경제민주화가 거론되기 시작한 2011년에 '경제력 집중과 양극화'가 위험수위에 달해 경제민주화 조치가 불가피했는가" 하는 점이다. 둘째, "경제민주화를 통해 경제력 집중과 양극화 문제를 해결할 수 있겠는가" 하는 점이다.

근본적인 질문에 천착하지 않은 채, 경제민주화 바람을 들불처럼 퍼져 나갔고, 경제민주화 유령은 한국경제를 덮었다. 모든 것은 경제민주화로 통했다. 문제가 발생한 것은 경제민주화가 되지 않았기 때문이며 경제민주화가 되면 모든 문제는 해결되는 것으로 여겨졌다. 경제민주화는 문제를 진단하는 '프로테스크 침대'였고 한편으론 문제를 해결해 주는 '요술방망이'였다. 하지만 유감스럽게도 "경제민주화가 무엇을 의미하는 지"에 대한 치열한 논쟁도 그리고 경제민주화 개념에 대한 학술적 연구도 없었다.

인식론에 의하면 주관적으로 확실한 것은 지식이 될 수 없다. 신학(theology)과 신앙(faith)의 차이가 이를 웅변하고 있다. 신학은 논증이 필요하지만 신앙은 고백하면 그것으로 끝이다. 경제민주화도 일종의 신앙으로 논증 없는 믿음과 확신의 영역이 됐다. 엄밀한 의미에서 경제민주화는 '과학적 지식'의 대상이 된 적이 없었다.

(2) 경제민주화 개념에 대한 학술적 논의 부재

경제민주화 전도사로 스스로 칭한 김종인 의원에 따르면 경제민주화는 다음과 같이 요약된다. "…경제력이라는 것이 자연적으로 보이지 않게 사회, 문화 전반적으로 넓어져 경제세력이 정치세력으로 통제할 수 없는 상황까지 커진다… 경제 세력 내부의 의사결정 과정을 민주화할 수밖에 없다. 지나치게 경제력이 강해지는 상황에서 그것을 시정할 수 있는 방안이 '경제의 민주화'인 것이다."

경제민주화 관련해 그가 범한 '인식오류'는 경제 권력이 비대해져 "정치세력이 경제 권력을 통제하지 못한다"는 것이다. 그는 경제권력이 정치권력을 압도한다고 까지 했다. 하지만 정치권력에 의해 기업이 부침을 겪었지 기업이 정권을 부침시키지 않기 때문에 이는 의도된 과장이다. 경제권력은 '의인화' 조작으로 만들어진 가공의 개념이다.

경제 권력은 무엇인가? 기업은 소비자와 투자자의 신뢰를 얻지 못하면 프리드먼(Friedman)이 말하는 '계속기업(going concern)'이 될 수 없다. 소비자가 물건을 사주어야 생산비를 회수할 수 있고, 투자자가 회사채 또는 주식을 사 주어야 자본을 조달해 공장을 세울 수 있다. 따라서 경제 권력은 '기업 경쟁력'의 다른 표현이다. 경제 권력은 경쟁을 통해 스스로를 견제한다. 과거 초일류 기업이었던 노키아, 코닥, 소니 등이 몰락했다. 시장의 변화를 읽지 못하면 어제의 일등 기업도 가차 없이 도태된다. 기업 경쟁력, 즉 경제권력은 '상수(常數)'가 아니다. 따라서 경제권력이 정치를 쥐락펴락한다는 것은 과장된 것이다.

경제민주화는 논리적으로 일관적이지 않다. 경제민주화의 구체적 방법론으로 제시된, "경제권력 내부의 의사결정을 민주화"하자는 주장은 허구이다. 경제권력 내부의 의사결정을 민주화할 수 있는 유일한 방법은 '1주1표가 아닌 1인1표'의 협동조합을 만드는 것이다. '모든 기업을 협동조합화'하는 것이 김종인 의원이 말하는 경제민주화는 아닐 것이다.

"경제권력 내부의 의사결정을 민주화"해야 한다는 주장을 수용하면, "경제의 의사결정 권한을 경제조직에게 돌려주어야 한다"로 귀결된다. 이는 '관주도에서 민간주도'로의 경제운영 전환을 의미하는 것이다. '87체제'를 계기로 군사정부에서 민간정부로 권력이 이양됐기 때문에, 경제민주화는 "경제운영을 국가가 아닌 민간 주도로 바꿔야 한다"는 선언으로 해석하는 것이 가장 논리적이다. 그렇다면 정부로부터 민간에게로 경제주권이 이양되는 것이 경제민주화인 것이다. 구체적으로 노조와 관료, 정치권이 움켜쥔 경제권력을 시장에 환원하는 것이 경제민주화인 것이다. 하지만 김종인을 비롯한 경제민주화 주창자들은 이를 받아들이지 않는다. 시장권력을 시장에 돌려줘야 한다는 주장을 수용하게 되면, 정치권과 관료는 경제에 간섭할 수 있는 명분과 수단을 잃게 된다. 국가개입주의를 신봉하는 경제민주화론자들이 이 같은 경제민주화 해석을 받아들일 리는 만무하다. 경제민주화 개념은 숙명적으로 공전(空轉)할 수밖에 없다.

(3) 편의적 해석으로 왜곡된 경제민주화

'경제민주화' 개념에 대한 엄밀한 정의 없이 정치적 용어로서 경제민주화가 편의적으로 쓰이다 보니 혼란만 가중되었다. 경제민주화는 '약자보호와 재벌규제'로 등치되었다. 골목상권 보호, 남품단가 후려치기 방지가 '경제민주화'로 포장됐다. 하지만 "경제권력 내부의 의사결정을 민주화"해야 한다는 경제민주화와 골목상권 보호는 층위(層位)가 다른 별개의 사안이다. 또한 경제민주화는 '재벌 규제'로 동일시되었다. 이는 과거 참여정부 시절 '민(民)에 의한 자본통제'와 궤를 같이 하는 것이다.

김종인은 기업 총수를 견제하는 내용의 상법 개정안을 대표 발의(2016. 7. 4)했다. 개정안의 주요골자는, "집중투표제 의무화, 다중대표소송제 도입, 감사위원회 이사 분리선출, 사외이사 연임제한, 사외이사추천위에 사주조합 추천 위원 포함" 등이다. 그는 "개정안을 통해 근로자와 소액 주주의 경영 감시와 감독권을 보장할 것"이라고 말했다.

김종인은 경제민주화 주창론자 이전에 반(反)재벌론자이다. 그의 반(反)재벌적 시각을 탓할 필요는 없다. 하지만 반재벌적 시각이 시장경제의 원칙을 '기각'할 수는 없다.

상론할 겨를은 없지만, 집중투표제(cumulative voting)는 주주총회 이사 선임 시 1주당 1표를 주는 것이 아니라 선임되는 이사 수만큼 의결권을 주는 제도다. 집중투표제 도입 취지는 '소액주주(소수주주)의 권리강화'이다. 이를 뒤집어 보면 소액주주가 아닌 주주를 차등하는 것이 된다. 특정 주주의 의결권을 우대하는 것은 '주주평등 원칙'에 어긋난다. 여기서 '소액주주가 경제적 약자인가'라는 근본적인 질문을 던지지 않을 수 없다. 외국인 소액주주가 약자인가. 주주에 약자는 없다. 자신의 지분만큼 의결권을 행사하면 된다.

사외이사추천위에 사주조합 추천을 의무화하면 정관으로부터 위임받아야할 사외이사추천위 구성이 법률에 의해 규정되는 것이므로, 기업경영의 자율성이 저해된다. 이는 사적자치를 부정하는 것이다.

감사위원 분리 선출을 강제하자는 것은 감사위원(이사)에 대한 대주주의 이사 선임권을 제한하겠다는 것이다. 투명경영을 빌미로 대주주의 지분에 관계없이 일정 비율 이하로 감사선임 의결권을 제한하면 대주주의 경영권에 족쇄를 채우는 것이다. 대주주라는 이유로 불이익을 받으면 주주평등주의를 부정하는 것이다.

미국의 경우, 창업자에게 다중의결권을 부여하고 있다. 이 같은 차등의결권을 어떻게 해석할 것인가. 미국은 경제민주화를 백안(白眼)

시하는 시장경제 폭주국가인가.

(4) 헌법 제 119조 경제민주화 조항에 대한 해석

경제민주화를 편의에 따라 해석할 것이 아니라, "경제 민주화를 위하여"란 구절이 들어간 헌법조문 119조에 기초해 경제민주화를 해석하는 것이 정도일 것이다.

헌법 제119조 ①대한민국의 경제질서는 개인과 기업의 경제상의 자유와 창의를 존중함을 기본으로 한다. ②국가는 균형 있는 국민경제의 성장 및 안정과 적정한 소득의 분배를 유지하고, 시장의 지배와 경제력의 남용을 방지하며, 경제주체간의 조화를 통한 경제의 민주화를 위하여 경제에 관한 규제와 조정을 할 수 있다.

헌법 제119조 1항은 '경제의 기본질서'를 2항은 '규제와 조정'을 의미한다. 따라서 제1항과 제2항을 '원칙과 예외'로 해석하는 것이 합리적이다. 하지만 경제민주화론자들은 이를 부인한다. 대등한 '병존관계'라는 것이다. 즉 1항이 2항보다 중요해서 앞선 것이 아니라는 것이다. 양자가 상호 밀접한 연관 속에서 각기 고유한 기능을 수행한다는 것이다. 하지만 이는 억지에 가깝다. 헌법 119조 1항과 2항을 '기본이념과 보충원리'로 받아들이면, 경제민주화와 관련된 혼선과 갈등은 대부분 해소될 수 있다.

재산권과 경제 질서를 규정한 헌법조문의 해석에 관한 헌법재판소의 판결(88헌가13)을 준용하면 119조 1항과 2항의 관계가 분명해진다. 헌재는 "…헌법 제23조 제1항, 제119조 제1항에서 추구하고 있는 경제질서는 개인과 기업의 경제 상의 자유와 창의를 최대한도로 존중·보장하는 자본주의에 바탕을 둔 시장경제질서이므로, 국가적인 규제와 통제를 가하는 것도 보충의 원칙에 입각하여 어디까지나 자본주의 내지 시장경제질서의 기초라고 할 수 있는 사유재산제도와 아울러 경제행위에 대한 사적자치의 원칙이 존중되는 범위 내에서만 허용될 뿐이라 할 것인데…"(88헌가13)고 판결했다.

(5) 에필로그

그동안 경제민주화는 정치적 편의에 따라 무절제하게 개념 지어졌고 또 원용되었다. 보다 좁게 해석할 필요가 있다. 경제민주화 개념이 독일에서 유래된 것이라면 '노동자의 경영참여' 내지 노사정(勞使政) 합의에 기초한 '협조적 행위(concerted action)'로 해석되는 것이 맞다. 아니면 헌법 제119조 1항과 2항의 범위 내에서 해석되어져야 한다. 그럼에도 정치권은 대중들이 반길만한 요소가 있으면 그것이 무엇이든 경제민주화라는 '정책카트'에 정책의제로 담아왔다.

경제민주화를 광의의 규제로 인식하더라도 경제민주화가 넘을 수 없는 선을 구획해야 한다. "사유재산제도와 경제행위에 대한 사적자치의 원칙" 준수가 그것이다. 이 같은 구획 설정의 논거는 '비례의 원칙'으로 일컬어지는 헌법 제37조 2항에 기초한다. 제 37조2항은, "국민의 모든 자유와 권리는 국가안전보장·질서유지 또는 공공복리를 위하여 필요한 경우에 한하여 법률로써 제한할 수 있으며, 제한하는 경우에도 자유와 권리의 본질적인 내용을 침해할 수 없다"고 되어 있다.

따라서 현재 국회에 계류되어있는 상법개정안은 "사유재산제도와 사적자치"에 견주어 그 타당성이 평가돼야 한다. 예컨대 집중투표제를 통해 소액주주의 의결권을 우대하는 것은 '주주평등 원칙'에 어긋나는 것이다. 집중투표제가 도입되면 외국계 투기 펀드 등에 악용될 소지가 다분하다. 감사위원 분리 선출은 감사위원(이사)에 대한 대주주의 이사 선임권을 제한하는 것이다. 투명경영을 빌미로 대주주의 지분에 관계없이 일정 비율 이하로 감사선임 의결권을 제한하면 이는 대주주의 경영권을 침해하는 것이다. 불법을 저지르지 않는 한, 대주주의 의결권이 차별되어서는 안 된다.

경제민주화 정책사고에 함몰되지 않으려면 '경제민주화'에 대한 사고를 획기적으로 바꿔야 한다. 경제민주화는, 경제권력을 정치권력에서 시장경제에 되돌리는 것이다. 규제완화, 노동개혁 등을 통해 "관료·노조 등에 집중되어 있는 경제 권력을 시장에 돌려주는 경제운영의 코페르니쿠스적인 전환" 없이는 한국 경제의 질적 도약을 기약할 수 없다. 정치권과 독점 노조가 움켜쥔 경제 권력을 놓는 것이 경제민주화인 것이다. 포괄적 규제로 기능해온 경제민주화의 정책사고를 버리지 않는 한 시장의 활력은 질식되고, 규제당국의 재량만 커지게 된다. 그 희생은 역설적으로 사회적 약자가 짊어질 수 있다.

7

특별 주제

37. 경제정책 70년의 회고: 성공과 실패

38. 자유시장경제와 경제개발 5개년 계획

39. 역대 정부별 금융통화정책의 평가

40. 역대 정부별 조세재정정책의 평가

41. 역대 정부별 노동정책의 평가

42. 역대 정부별 복지정책의 평가

43. 역대 정부별 농업정책의 평가

44. 소득과 부의 분배 및 재분배 정책

45. 재정적자 및 국가채무와 재정건전성

46. 자본형성과 기업가의 출현

47. 1990년대 수입자유화와 시장개방

48. 시장개방: GATT WTO FTA

49. 공정거래법 제정과 이후 대기업정책

50. 경제력 집중 우려와 대기업정책

51. 부동산정책의 성공과 실패

52. 영화산업 진입자유화와 천만 관객 영화의 등장

53. 자유방임 하에서 이뤄진 케이팝의 성공

37. 경제정책 70년의 회고: 성공과 실패

이영훈

(1) 머리말

1948년 이래 70년간 대한민국의 경제는 크게 4단계로 전개되었다. 제1단계는 1948~1961년으로서 자립적 국가경제를 위한 기초조건을 정비하는 기간이었다. 농지개혁, 금융의 재건, 민간기업의 육성, 기초공업의 건설, 교육혁명 등이 이 단계의 주요 성취였다. 제2단계는 1962~1979년으로서 연평균 9.5%의 고도성장기였다. 정부, 기업, 종업원이 상호유인으로 협력하는 국가혁신체제가 성립하여 세계경영을 추구한 것이 고도성장의 비결이었다. 제3단계는 1980~1997년으로서 투자가 정부주도에서 민간자율로 이행한 기간이다. 연평균 8.2%의 고도성장이 이어졌지만 경제체제의 조정에 실패하여 1997년 말 일대 위기가 초래되었다. 제4단계는 1998~2017년으로서 감속성장의 기간이다. 1998년의 위기를 수습하는 과정에서 고도성장을 견인해 온 국가혁신체제가 해체되었다. 그 결과 투자의 감소를 주요인으로 하는 감속성장의 추세가 자리를 잡았다. 경제주체 간의 갈등이 심화하는 가운데 기업 간, 산업 간, 계층 간의 분절과 양극화가 진행되었으며, 이는 정부의 규제를 강화하는 악순환으로 이어졌다.

이 같은 시각에서 지난 70년의 경제사를 조략하게 회고한다. 그 과정에서 한국경제가 지닌 역사제도적 특질로서 국가주의(statism)에 주목한다. 한국의 시장경제는 국가주의 시장경제이다. 한국경제가 고도성장의 축복을 누린 것은 국가주의를 창조적인 혁신체제로 편성할 수 있었기 때문이다. 이후 한국경제가 감속성장의 덫에 걸린 것은 그 국가주의가 분배의 평등을 기하는 내향적 규제체제로 변질되었기 때문이다. 한국경제가 다시 고성장의 길에 접어들기 위해서는 세계경제를 무대로 한 외향적 성장체제로 복귀할 필요가 있는데, 그것은 고도성장기와 달리 사회와 문화의 개방을 포함한 전면적인 국제화 길이다. 한국 경제체제의 그 같은 전환에 국가주의의 창조적 재편, 즉 자유주의와 국제주의로 향한 정부 행동원리의 일대 혁신이 무엇보다 긴요하다.

(2) 국가경제의 기초조건 정비: 1948~1961년

1948년 대한민국이 성립할 때 건국의 주체들은 당대의 세계적 사조에 구애되어 이 나라의 경제체제가 자본주의의 폐해를 적절히 규제하는 혼합경제체제이어야 한다는 데 의견을 같이 하였다. 그들은 재산권의 절대성을 인정하지 않았다. 건국헌법은 "재산권은 보장된다"고 하면서도 "그 내용과 한계는 법률로써 정하며," "재산권의 행사는 공공복리에 적합하여야 한다"고 규정하였다. 이 같은 헌법의 취지는 1958년에 제정된 민법에 그대로 반영되었다. 법학자들은 그때까지 의용해 온 총독부 제정의 구 민법이 보장한 재산권의 절대성을 공공복리의 관점에서 수정하였다. 또한 건국헌법은 주요 자원, 산업, 대기업은 국유 내지 공영으로 관리한다고 하였다. 사기업에 대해서는 국방 내지 공공의 필요에 따라 국유 내지 공유로 이전하거나 그 경영을 통제할 수 있으며 사기업의 종업원은 기업 이익의 분배에 참여할 권리를 갖는다고 선언함으로써 사실상 자유기업주의를 부정하였다.

건국 후에 시행된 농지개혁은 이 같은 혼합경제체제의 이념에 입각하였다. 지주의 토지는 자본주의의 원리에 따라 유상으로 수용되었지만, 보상가격이 연간 생산물의 150%에 불과하여 사실상 무상 몰수된 것과 별반 다르지 않았다. 소작농은 그것을 30%씩 5년간 분할 상환함으로써 토지의 소유권을 취득하였다. 농지개혁은 국민의 민주적 통합을 촉구하는 사회개혁으로서의 의미가 더 컸다. 농지개혁에 따른 증산 효과는 미미했는데, 이는 해방과 전쟁 통에 비료의 공급이 두절되고 수리시설이 파괴되는 등, 생산요소를 공급하는 권농 체제가 무너졌기 때문이다.

건국헌법이 지향한 혼합경제체제는 그대로 실행될 수 없는 제약에 봉착하였다. 패전 이후 총독부와 일본 기업은 1946년 가격으로 약 23억 달러에 달하는 재산과 공업시설을 한국에 남기고 철수하였다. 미군정은 그것을 정부 소유의 귀속재산으로 몰수하였다. 건국의 주체들이 혼합경제체제를 지향한 것은 현실적으로 주요 공업시설이 국·공유로 잡혀 있었기 때문이다. 그렇지만 정부는 그것을 생산적으로 관리할 자금, 기술, 경영능력, 시장을 결여하였다. 해방과 분단에 따른 혼란으로 제반 산업의 생산은 크게 저하해 있었다. 그로 인해 정부의 재정수입에서 조세가 차지하는 비중은 10% 전후에 불과하였다. 나머지는 한국은행 차입과 미국 원조로 충당될 수밖에 없었다. 미국의 원조 당국은 자유기업주의를 부정하는 한국 헌법의 문제점을 지적하면서 그것의 수정을 요구하였다. 이승만 대통령은 그에 대해 긍정적으로 약속하였다. 미국의 원조 당국은 재정수입을 확충하고 인플레를 억제할 목적에서 방대한 귀속재산을 민간에 불하할 것을 권장하였다.

1954년 이승만 대통령은 그의 약속에 따라 헌법을 개정하였다. 주요 산업과 기업을 국·공유로 관리하며 사기업을 국·공영으로 이전하거나 통제할 수 있다는 혼합경제체제의 주요 요소는 폐지되거나 크게 수정되었다. 그에 따라 자유 시장경제와 기업주의가 크게 진전하였다. 뒤이어 이승만 정부는 귀속재산의 불하에 박차를 가하였다. 주요 산업과 기업을 국·공유로 한다는 헌법상의 제약이 벗겨짐에 따라 귀속재산의 불하 범위는 크게 확장되었다. 귀속재산의 불하는 1963년까지 이어졌다. 그 결과 국영으로 남은 대한석탄공사와 대한조선공사 등의 일부 대기업을 제외하고 대부분의 귀속사업체가 민영화하였다.

해방 후의 혼란기에 모든 금융기관이 국유화되었다. 1950년 한국은행법의 제정과 더불어 중앙은행으로서 한국은행이 설립되었다. 1953년에는 중앙은행의 통제를 받지 않고 독자의 권한으로 금융을 행하는 산업은행이 발족하였다. 산업은행의 설립은 금융을 통제하고자 하는 정부 의지의 산물이었다. 그렇지만 자유 시장경제와 기업주의에로 향한 이승만 대통령의 기본 지향에는 흔들림이 없었다. 1954년 4대 국유 시중은행을 민간에 불하하는 작업이 개시되어 1956년까지 완료되었다. 그 결과 건국헌법이 지향했던 혼합경제체제는 1956년까지 자유 시장경제체제로 크게 전환하였다.

그렇지만 정부가 주요 투자의 재원을 관리하고 통제하는 경제체제의 국가주의적 특질에는 근본적인 변화가 없었다. 그것은 한국의 역사에서 뿌리 깊은 것이었다. 조선왕조의 경제체제가 그러했으며, 가까운 과거로서 총독부의 경제정책이 그러하였다. 6·25전쟁이 끝난 뒤 미국정부는 매년 2~3억 달러의 무상원조를 한국정부에 제공하였다. 국가경제에서 원조가 차지하는 비중은 1956년의 경우 국민소득의 13%나 되었다. 정부의 재정수입에 있어서 원조로 적립된 대충자금으로부터의 전입금이 차지하는 비중은 1954~1959년에 평균 43%에 달하였다. 동기간 원조의 고정자본형성에 대한 기여율은 90%에 가까웠다. 전쟁 이후 한국경제가 이룩한 연평균 4~5%의 성장은 거의 대부분 원조에 의한 투자 덕분이었다.

원조의 중요성이 컸던 만큼 서울에 주재한 미국의 원조 당국은 한국정부의 경제 운용에 커다란 영향력을 행사하였다. 그러한 제약에도 불구하고 한국정부는 환율, 외환관리, 무역, 재정투융자 등의 여러 방면에서 다양한 정책수단을 개발하여 원조 달러가 자립적 국가경제의 건설에 긴요한 부분으로 투자되도록 유도하였다. 그 결과 면방직, 철강, 유리, 합판, 시멘트, 비료와 같은 기초공업의 건설이 착수되거나 완수되었으며, 부문에 따라서는 자력으로 해외시장으로의 진출을 모색하기에 이르렀다. 전쟁 이후 기업 설립의 붐이 일었다. 제조업에 종사한 공장의 수는 1953년 2,400여 개에 불과했는데, 1960년까지 1만 5,000여 개로 증가하였다.

전쟁이 끝나자 이승만 정부는 국민교육 보급과 문맹 퇴치에 상당한 투자를 행하였다. 1960년 적령기 아동의 99.8%가 초등학교에 입학하였다. 중학교와 고등학교의 취학률은 아직 34%와 19%의 낮은 수준이지만, 1952년 이래 그 수가 크게 증가하였다. 동기간 대학생의 수도 3만여 명에서 10만 명에 가깝게 증가하였다. 1948년 한국인의 문맹률은 40%의 높은 수준이었는데, 1959년까지 10%로 낮아졌다. 그렇게 축적된 인적자본은 곧이어 한국경제가 고도성장의 경주를 시작하는 데 큰 힘이 되었다.

(3) 정부주도의 고도성장 : 1962~1980년

1961년 쿠데타로 집권한 박정희 군사정부가 처음부터 잘 짜인 경제개발의 계획이나 행동원리를 갖춘 상태는 아니었다. 1962년부터 시행된 제1차 경제개발5개년계획은 1, 2, 3차 산업에 걸쳐 모두 109개의 건설 프로젝트를 나열한 것에 불과하였다. 도합 25억 달러에 달하는 자금에 대한 계획은 없었다. 군사혁명의 주체들은 농업과 중소공업을 우선해야 할지, 대기업과 수출을 중시해야 할지를 두고 갈팡질팡하였다. 지시등을 밝힌 것은 경제학자가 아니라 시장이었다.

1963년부터 면직물, 철강, 합판을 중심으로 공산품의 수출이 원계획치를 훨씬 상회하여 급증하기 시작하였다. 그 모두 이승만 정부가 육성해 놓은 공업이었다. 1950년대 일본경제의 고도성장을 이끈 것은 노동집약적 경공업제품의 수출이었다. 그 일본이 1956년부터 중화학공업화를 개시하였다. 이 같은 지경학적 조건의 변화에 힘입어 1963년을 전후하여 경공업 제품 수출시장에서의 국제적 비교우위가 한국경제로 옮겨오기 시작하였다. 한국의 경공업 제품은 미국, 동남아, 유럽 시장에서 일본제품을 제치기 시작하였다. 면직물, 철강, 합판에 이어서는 의류, 가발, 신발, 잡제품 등의 수출이 급증하였다.

예상치 못한 곳에서 달러 박스가 열리자 박정희 정부는 자연스럽게 수출주도형 개발전략으로 갈 길을 찾았다. 그 같은 전환에는 세계시장의 동향에 밝은 기업가들의 역할이 컸다. 그들은 머뭇거리는 군인 출신의 정치가들을 모험적인 세계경영의 길로 이끌었다. 1964년부터 박정희 정부는 수출 촉진을 무역정책이 아니라 산업정책으로 다루기 시작하였다. 1965년 박정희 대통령은 수출을 '경제의 생명'으로 삼아 자립적 국가경제를 건설하겠다는 개발전략을 천명한 위에 그에 상응하는 국가혁신체제를 꾸리기 시작하였다. 이후 32년간에 걸친 한국경제의 고도성장은 1965년 이후 수년에 걸쳐 박정희 대통령이 정립한 한국적 국가혁신체제에 힘입은 바였다.

우선 박정희 정부는 한국경제에 자금, 기술, 중간재, 시장을 제공하는 미국, 일본을 비롯한 국제시장과의 우호적인 환경을 조성하였다. 1965년 일본과의 국교를 정상화하였다. 뒤이어 베트남 파병을 결행함으로써 미국과의 동맹관계를 다졌다. 1967년에는 환율을 자율화한 조치를 평가받아 세계무역기구에 가입하였다. 한국적 국가혁신체제는 이 같은 개방적 국제시장의 환경을 전제한 위에 자본, 기술, 장치, 중간재를 수입하여 국제적 수준의 '규모의 경제'를 실현하는 대규모 공장을 지어 그 제품을 국제시장에 수출하고, 그에서 발생하는 자본, 기술, 경영의 능력을 활용하여 자립적 국가경제의 건설에 긴요한 공업을 순차로 건설하고, 그를 토대로 보다 고차의 수출공업을 개발하고, 이는 다시 보다 고차의 자립적 국가경제의 건설로 이어지는 연쇄적이며 단계적인 개발전략을 말하였다. 한국적 국가혁신체제는 한 마디로 국가경제의 발전을 세계경영의 전략에서 추구한 경제주체의 행동원리를 말하였다.

그것은 일찍이 다른 후진국이 시도한 적이 없는 모험적이며 창조적인 개발전략이었다. 초유의 모험임에도 커다란 성공을 거둔 것은 정부, 기업, 종업원의 세 경제주체가 상호유인의 체계로 협력하였기 때문이다. 바로 그 점이야말로 한국적 국가혁신체제의 가장 중요한 요건을 이루었다. 우선 정부는 여러 경제 주체들에게 특정 기간에 달성해야 할 과업을 정량화된 지표로 제시하였다. 그 지표는 매우 의욕적으로 설정되었지만, 여러 주체 간의 사전 협의와 합의에 기초한 것으로서 실현 가능한 것이었다.

정부는 과업의 성취를 위해 기업에게 충분한 지원을 행하였다. 지원은 금융과 숙련노동을 포함하여 부지, 전기, 용수, 도로 등 제반 생산요소의 포괄적인 범위에 걸쳤다. 그에 대해 기업은 과업의 성공적 수행으로 보답하였다. 기업은 대규모 공장을 짓고, 그 제품을 세계시장에 수출하고, 그를 위해 선진적 경영기법을 익히고, 외래 기술을 자기류로 학습하고 개량하는 데 뛰어난 능력을 발휘하였다. 정부는 보다 고차의 과업을 실행함에 있어서 성공한 기업을 우대했으며, 그렇지 못한 기업을 배제하였다. 이 같은 정부와 기업 간의 호혜적 행동원리는 정부가 추진하는 개발계획의 성취율을 높일 뿐 아니라 기업이 국제경쟁력을 구비한 대기업으로 성장해 가는 데 큰 힘이 되었다.

정부·기업과 종업원의 관계도 마찬가지였다. 박정희 정부는 중화학공업화를 위해 기능공 중심의 숙련노동을 대량으로 양성하였다. 1967~1979년 공업고등학교와 각종 직업훈련을 통해 양성된 기능공은 120만 명에 달하였다. 기능공의 양성은 기업이 수요하는 숙련노동의 공급을 넘어 "당시 사회의 중하층 계층, 특히 농어촌의 계층에게 새롭고 전도가 유망한 직장에 진입할 수 있는 기회를 제공하는 매우 역동적인 교육정책"이기도 하였다. 그들은 자신의 사회적 성취와 소속 기업의 경제적 성공을 동일시하였다. 기업과 종업원은 박정희 대통령이 내건 '조국근대화' 내지 '산업보국'이라는 개발의 슬로

건에 동감하였다. 그렇게 정부, 기업가, 종업원의 상호관계는 이념을 공유함으로써 기대할 수 있는 호혜와 협동의 미덕으로 통합되었다.

1972년까지 한국경제의 수출은 의류, 직물, 합판, 전기기기, 잡제품, 신발 등의 노동집약적 경공업에 의해 주도되었다. 국가경제의 산업연관은 개선되고 있었지만 여전히 낮은 수준에 머물렀다. 수출 대기업이 급속히 성장했으나 중소기업은 정체했으며, 오히려 그 수가 감소하기까지 하였다. 이 같은 국가경제의 취약성은 1973년에 착수된 중화학공업화에 의해 차츰 극복되었다. 중화학공업화는 1981년까지 총 88억 달러를 투자하여 철강, 비철금속, 기계공업, 조선, 전자, 화학의 6개 공업을 육성함으로써 1981년까지 수출 100억 달러와 1인당 GNP 1,000달러를 달성한다는 야심 찬 계획이었다. 1965년부터 시행착오를 겪으며 성숙해 온 한국적 국가혁신체제는 중화학공업화의 과정에서 전면적으로 가동되는 가운데 나름의 완성을 보게 되었다. 박정희 대통령은 "수출은 국력의 총화" 또는 "전산업의 수출화"라는 슬로건을 내걸고 사실상 전시기에 준하는 총동원체제를 구축하였다. 그가 내건 중화학공업화의 여러 정량적 목표치는 1977년에 조기에 성취되었다. 그가 1972년 3선 대통령에 취임하면서 내건 "우리나라를 중진국 상위권에 올려놓고야 말겠다"는 꿈의 공약은 그가 비운의 죽음을 맞이한 1979년에 어김없는 현실로 바뀌어 있었다.

(4) 민간자율로의 이행과 좌절 : 1981~1997년

박정희 대통령의 죽음과 더불어 중화학공업화 정책은 새로운 집권세력과 주류 경제학자들의 사나운 비판의 표적이 되었다. 그들은 중화학공업화가 과잉투자로 인한 효율성 저하와 부문 간의 불균형을 초래했다고 비난하였다. 그들은 과잉투자로 지목된 부문의 기업을 통합하거나 사업을 교환하는 구조조정을 강행하였다. 기업의 의사에 반해 무리하게 추진된 구조조정은 대부분 실패하거나 원상태로 돌아가고 말았다. 중화학공업화가 과잉투자였다는 비판은 정당하지 않았다. 과잉투자로 보인 것은 1978년에 발발한 제2차 오일쇼크가 한국경제에 안겨준 불황의 효과였을 뿐이다. 예나 지금이나 경제학자들이 즐겨 의존하는 산업과 국가경제의 효율성 지표는 1년이란 단기의 시간과 1개국이라는 좁은 공간에서 작성된 것이다. 그러한 주류 경제학의 범위와 규모에서 세계시장을 대상으로 정부와 기업이 협력하여 장기의 대규모 투자를 감행하는 정책의 합리성이 평가될 여지는 없었다. 고도성장의 국가혁신체제는 비극적이게도 주류 경제학을 최대의 적으로 하였다.

이후 세계경제가 회복됨에 따라 한국경제는 다시 고도성장의 길에 접어들었다. 새로운 성장동력은 박정희 대통령이 건설해 놓은 중화학공업의 수출이었다. 1982년 수출의 절반 이상은 자동차, 선박, 철강, 전기기기를 비롯한 중화학공업제품으로 채워졌다. 이후 3저 호황이란 국제경제의 유리한 환경을 맞아 한국경제는 1986~1988

년 연간 12%의 초고속 성장을 구가하였다. 새롭게 부상하는 중국경제를 겨냥한 석유화학을 비롯한 중화학 부문의 대규모 투자와 대규모 수출이 그 동력이었다.

1986년에 발효된 공업발전법은 한국경제의 역사에서 새로운 시대를 여는 획기적인 것이었다. 이 법의 제정과 더불어 1960년대 이래 제반 공업의 진흥을 위해 정부의 개입과 통제를 정당화해 온 기계공업진흥법을 비롯한 7개 법률이 폐지되었다. 공업발전법은 "공업의 발전은 개인의 창의를 바탕으로 한 자율과 경쟁에 의함을 원칙으로 한다"고 하였다. 정부에게 부여된 역할은 더 이상 진입을 제한하거나 선별된 소수의 사업자를 지원하는 것이 아니라 유망공업과 사양공업을 심의하여 구분하고, 해당 공업의 사업자단체의 요청을 받아 기술개발과 구조조정을 위한 금융과 조세상의 지원을 행하는 것으로 바뀌었다.

공업발전법을 계기로 정부의 개입과 통제가 사라진 것은 아니었다. 이 법이 공포되자 그동안 억눌려 온 민간기업의 투자가 석유화학을 비롯한 여러 부문에서 과도하게 이루어졌으며, 그에 대해 정부는 투자합리화방안으로 신규 투자의 과열을 억제하였다. 정부가 국가경제의 당면 과제를 제시하고 이를 위해 적절한 유인체계의 조성과 더불어 기업과 협력하는 한국적 국가혁신체제의 행동원리는 전두환 정부(1981~1987)에 이어 노태우 정부(1988~1992)에 이르기까지 대체로 건전하게 작동하였다.

동기간 한국경제는 질적으로 성숙하였다. 기업 간 수급 관계를 체결한 중소기업의 비율이 1970년대의 20% 미만에서 1980년대 말이면 70%에 도달하였다. 중소기업의 수출기여율도 높아졌다. 한국경제는 중간 부품과 소재의 상당 부분을 자급하게 되었다. 산업연관표에 나타난 수입 중간재투입계수는 1980년의 0.1424에서 1990년의 0.1078로 꾸준하게 낮아졌다. 중간재의 국산화를 위한 정부의 제반 정책이 적절한 유인체계와 더불어 관련 주체들의 협력을 얻어낸 결과였다.

1993년 2월 오랜 세월 야당 정치인으로서 박정희, 전두환 대통령의 권위주의정치에 저항해 온 김영삼이 대통령에 취임하였다. 그는 경제문제를 순수하게 기능적으로 다루기보다 정경유착이나 부정부패와 같은 정치적 시각에서 접근함에 익숙한 사람이었다. 그는 고도성장기의 국가혁신체제를 정부주도형에서 민간자율형으로 연착륙시킬 의지나 능력을 결여하였다. 그의 주변에는 경제체제의 역사제도적 특질에 무지한, 정책 활동의 경험이 일천한, 교수 출신의 경제학자들이 새로운 권력 엘리트로 포진하였다. 김영삼 정부는 1962년부터 7차례나 이어져 온 5개년개발계획체제를 부정하였다. 경제기획원은 해체되어 전혀 성질이 상이한 재무부와 통합되었다. 이후 국가경제의 현황을 종합적으로 진단하고 미래를 기획하는 정부 부처가 사라졌다.

김영삼 정부는 금융시장을 빠른 속도로 개방하였다. 국제 금융자본이 국내로 진입하였을 뿐 아니라 국내 금융기관이 해외로 진출하여 국제금융에 종사하였다. 그 결과 1997년 9월 경 한국경제의 대외부채는 총 1,700억 달러에 달했으며, 그 중의 1,000억 달러는 상황에 따라 언제든지 이탈할 수 있는 단기부채였다. 중앙은행의 외환보유고는 330억 달러에 불과하였다. 통제탑을 상실한 한국경제는 위기가 코앞에 닥쳐올 때까지 그것을 인지하지 못하였다. 1997년 말 발생한 외환위기는 그 요인이 복합적이지만 고도성장을 견인해온 국가혁신체제를 성급하게 해체한 '문민정치'가 가장 큰 책임을 질 정치적 재앙이었다.

(5) 감속성장의 추세와 국가경제의 분절화 : 1998~2017년

구제금융을 빌미로 한국경제를 통제한 IMF는 지나치게 과격한 금융긴축을 강요함으로써 기업 부문에 너무 큰 피해를 안기는 실수를 범하였다. 한국에서 범한 IMF의 실수는 이후 IMF가 다른 나라의 경제에 개입할 때 다시 범하지 말아야 할 교훈으로 남았다. IMF가 기업에 강요한 부채율 200% 이하라는 기준은 아무런 근거도 없는 즉흥적 발상이었다. 은행의 BIS 비율을 8%로 높인 것은 은행의 기업금융을 마비시켜 불황을 필요 이상으로 심화시켰다. 강요된 부채율과 BIS 비율을 충족하기 위해 기업과 은행은 보유 자산을 팔아야 했으며, 살 사람은 외국인뿐이었다. 1998년 이후 10년간 대량의 국부가 외국인 수중으로 넘어갔다.

위기의 와중에 들어선 김대중 정부는 영미형 시장경제야말로 한국경제가 지향할 새로운 체제라고 주장하였다. 관료와 경제학자들은 그들의 선배 세대가 이룩한 고도성장의 성과와 그 행동원리에 냉소적이었다. 한국의 경제체제를 선진 형태로 개량함에 있어서 자율화와 개방은 올바른 방향이지만, 그 귀결이 영미형 시장경제란 보장은 어디에도 없었다. 당위와 현실 사이에는 쉽게 바뀌지 않은 제도와 문화의 경로의존성이 가로 놓여 있으며, 그에 규정되어 현실의 경제체제는 나라마다 고유한 역사제도적 특질을 띠기 마련이다. 한국의 정치와 경제학은 그에 대해 무지하였다. 그들은 정신적으로 영미형 시장경제에 포획되었으며, 그로 인해 IMF의 횡포에 저항하지 않았다.

1998년의 위기는 엉뚱하게도 관료들에게 경제의 헤게모니를 넘겨주었다. 관료들은 중복된 사업 부문을 교환하거나 통합하도록 기업들을 압박하였다. 그 과정에서 1999년 '신흥국 출신 세계 최대 다국적기업'으로 떠올랐던 대우그룹이 해체되었다. 그 세밀한 이유는 지금도 석연치 않다. 한 가지 분명한 사실은 당면한 위기의 이해와 처방에서 대우그룹은 전통적인 개발체제의 행동원리를 대변했으며, 엘리트 관료들은 그에 대해 부정적이었다는 점이다. 대우그룹의 해체는 '세계 역사상 최대 규모의 기업 파산'으로 기록되었다. 고도성장을 이끈 한편의 주역인 한국의 대규모 기업집단은 정부와 관료의 헤게모니 앞에서 완전히 무릎을 꿇었다. 한국의 기업집단은 그들의 공격적 투자가 더 이상 보호받지 못하는 시대가 도래했음을 생생하게 체감하였다. 이로써 34년을 이어온 고도성장의 드라마는 쓸쓸하게 막을 내렸다.

이후 한국경제는 지금까지 감속성장의 추세를 밟았다. 연간 성장률은 1999~2000년 10.1%의 고점을 찍은 뒤 2015~2016년의 2.8%로까지 지속적으로 하락하였다. 감속성장 추세의 기본 원인은 투자 증가율의 감소였다. 그런 가운데 감속이나마 성장 추세를 뒷받침한 것은 수출이었다. 국민총소득(GNI)에서 수출이 차지하는 비중은 1994~1995년의 26%에서 2013~2014년의 54%로 증가하였다. GNI 대비 수출입의 비중, 곧 대외의존도는 2011년에 114%에나 달하였다. 이는 국제적으로 이례적이라 할 수밖에 없을 정도로 높은 수준이다. 2011년 GNI가 1조 달러 이상인 나라는 한국을 포함하여 모두 15개국인데, 이들의 대외의존도는 평균 43%였다. 1980년대 후반 이후 한국의 소수 대기업은 중화학 및 첨단 공업에 대량의 투자를 감행함으로써 국제경쟁력을 확보하였다. 위기 이후 한국경제는 이들 소수 대기업이 주도하는 수출에 그 성장을 의존하는 불건전한 구조로 비틀어졌다.

반면 중소기업의 수출기여율은 2001~2003년의 42%를 고점으로 하여 2013년의 17%까지 낮아졌다. 대기업과 중소기업의 부품, 소재, 기술 연관도 낮아졌다. 중소기업 중 수급업체의 비율은 1998~1999년의 66%에서 2010~2011년의 44%까지 떨어졌다. 산업연관표 상에서 수입 중간재투입계수는 전술한대로 위기 이전까지 개선의 추세를 밟았다. 그것이 위기 이후 후퇴하기 시작하여 1980년대 수준으로 회귀하고 말았다. 그렇게 한국경제는 소수 대기업의 수출공업과 다수 중소기업의 내수공업으로 분절하는 이중구조로 퇴보하였다.

위기 이후 한국의 무역수지는 한국보다 기술적으로 하류에 놓인 중국, 동남아, 동유럽 등의 신흥시장이 출현함에 따라 대규모 흑자를 실현하였다. 한국경제는 대량의 수출품을 생산하기 위해 여전히 미국, 일본 등의 선진경제로부터 고급의 부품과 소재를 수입하였다. 오늘날 한국경제는 부가가치의 국제적 흐름에서 중류의 지위에 놓여 있다. 1990년대 중반까지 한국경제는 상류의 선진경제를 열심히 추격했으나 위기 이후 격차를 좁히지 못하고 오히려 격차가 늘려진 형편이다.

감속성장의 추세와 국가경제의 분절화는 여러 가지 부작용을 파생하였다. 도시 근로자가구의 계층 간 소득분배의 구조는 위기 이후 뚜렷한 추세로 악화되었다. 노동시장은 대기업 중심의 정규직과 중소기업 중심의 비정규직으로 양극화하였다. 대학 졸업자들이 구하는 양질의 직장은 점점 줄어들었다. 1993~2012년에 걸쳐 전체 산업의 사업체 총수는 230만여 개에서 360만여 개로 늘었다. 그 가운데 종업원 300명 이상의 대기업은 2,806개에서 3,343개로 정체했으며, 제조업 종사의 대기업은 오히려 1,223개에서 687개로 반감하였다.

위기 이후 정부의 경제정책은 기업 간 생산성 격차와 계층 간 소득 격차를 완화하기 위한 규제 일변도였다. 정부는 엉뚱하게도 세계시장에서 타국의 대기업과 치열하게 경쟁하는 소수 대기업을 제반 경제지표를 악화시키는 주범으로 간주하였다. 기업에 대한 정부규제의 건수는 2000년의 6,912건에서 2013년의 14,796건으로 급증하였다. 정부는 대기업을 규제하고 중소기업을 육성하는 정책을 펼쳤지만, 아무런 성과를 거두지 못하였다. 정부의 심화하는 규제는 대기업의 투자를 억제함으로써 대기업의 국제경쟁력을 약화시키는 역할을 하였을 뿐이다. 2013년 OECD는 상품시장에 관한 정부규제의 강도를 국제적으로 비교한 보고서를 발표하였다. 동 보고서는 한국을 터키, 멕시코, 그리스, 슬로베니아, 폴란드와 함께 '가장 억제인 국가'로 분류하였다.

(6) 맺음말

이상과 같은 한국경제의 모순을 해소하고 개량하는 길은 국가경제를 활짝 개방하는 길밖에 없다. 국제적으로 활짝 열린 공간에서는 독과점이나 소득분배나 실업과 같은 닫힌 경제에 고유한 문제들이 자연스럽게 해소된다. 1998년의 위기 이후 정부의 제반 정책에서 세계경영의 진취적 기상은 까마득하게 사라지고 말았다. 고도성장을 이끈 세계경영의 국가혁신체제로 회귀할 필요가 있다. 정부의 역할이 투자를 주도하고 수출을 촉진하는 이전의 방식과 같을 수는 없음은 물론이다. 그렇지만 정부의 역할은 여전히 중요하며 앞으로도 강력할 필요가 있다.

정부의 새로운 역할은 사회와 문화 영역을 포함하여 활짝 열린 대규모 시장을 창출함에 두어져야 한다. 그 첫걸음은 기업과 시장에 대한 제반 규제를 혁명적으로 철폐하는 일이다. 그렇게 되면 기업의 투자가 활성화하여 양질의 일자리가 대량 창출될 뿐 아니라 소득분배의 구조가 장기적으로 개선된다. 규제의 혁명적 철폐는 한국의 기술과 숙련노동을 선호하는 외국의 대기업이 한국으로 진출하는 유인을 제공하며, 이는 국가경제의 산업연관을 강화하는 효과로 이어질 것이다.

대규모 시장을 추구하는 외향적 성장전략은 인근 일본시장과의 통합을 선구로 하여 중국과 동남아까지 포괄하는 광역의 지역통합으로까지 진전할 필요가 있다. 동아시아 국제사회에서 한국이 그러한 역할을 선도적으로 감당하기 위해서는 정치뿐 아니라 사회와 문화의 모든 방면이 활짝 열릴 필요가 있다. 한국의 아이들은 어릴 때부터 3~4개 언어를 구사하는 국제신사와 국제상인으로 교육되어야 한다. 그들의 정신세계는 편협한 민족주의에서 해방되어 자유와 독립의 이념으로 무장되어야 한다.

한국의 정치가 그러한 방향으로 한국인을 통합할 수 있는가. 그러한 방향으로 한국인들을 상호유인의 혁신체제로 이끌어갈 수 있는가. 한국의 정치가 역사로부터 물려받은 국가주의적 속성을 창조적으로 재편할 수 있는가. 그 국가주의에 묻어온 저급한 민중주의와 평균주의를 해소할 수 있는가. 바로 거기가 한국경제가 당면한 제반 어려움을 극복하고 선진화의 길로 들어설 수 있는지 여부가 물어지는 갈림길이다.

38. 시장경제와 경제개발 5개년 계획

강영욱[1)]

(1) 시대적 환경과 정책 배경

우리나라의 고도성장이 단기간에 압축적으로 이루어질 수 있었던 것이 정부주도의 개발정책에 있느냐 아니면 정부의 적극적인 개입이 없이도 시간이 지나면 자연스레 같은 결과를 도출할 수 있었던 시장경제체제가 가지는 제도적 우위에 의한 것이냐에 대한 논쟁은 현재에도 진행 중이다.

경제 발전 초기의 상황을 제대로 이해한다면 정부주도의 경제개발이 냉정한 현실을 반영한 선택과 집중이라는 고육지책이었다는 점, 특히 한정된 공적자금과 자립경제에 대한 신념, 국가부채에 대한 결벽에 가까운 저항, 뒤쳐진 기술력, 미비한 생산시설, 미완성의 공공제

1) 본문의 내용은 아시아개발은행의 공식적인 입장이 아니며 저자 개인의 소견임을 밝힌다. 본문의 내용을 인용하려면 저자의 사전 허락을 받아야한다.

도, 그리고 국제적 냉전질서와 남북간의 체제 대결이라는 환경에서 정부가 채택한 불균형 발전전략은 선택의 여지가 없었던 것이다.

이러한 불균형 성장전략을 뒷받침해야하는 각종 제도와 법령의 비정상적인 구조, 그리고 선택과 집중이라는 정책의 집행과정에서 나타나는 불공정한 과정과 불평등한 결과는 오늘날에도 우리 사회의 정치적 낙후성과 결합하여 정상적인 경제와 사회의 발전을 저해하는 근원적 문제로 작용하고 있다. 그나마 과거에는 경제기획원 관료를 중심으로 이러한 구조적 문제들에 대한 깊은 자각과 이를 수정하려고 했던 노력이 있었고, 이러한 시대적 고민이 경제발전 전략의 변곡점에 그대로 드러나 있다. 특히 1979년도 4월에 수립된 안정화 시책을 보면 그 이전과 이후가 사회 및 경제 전반에 걸쳐 두드러지게 대조적인 결과로 나타나며, 아이러니하게도 이러한 성과는 정부주도의 시장기능 강화를 통해 이루어졌다.

결국 시장경제체제 아래에서 경제개발 5개년 계획이라는 정책 도구가 가졌던 기능을 잘 살펴 보면 흔히 우리가 상식적으로 생각하는 것과 전혀 다르게 활용된 것을 알 수 있다. 계획은 계획일 뿐이라는 말처럼, 5개년 개발계획이 정부 정책의 큰 방향에 맞추어 구체적인 시책과 실천계획으로 짜여 졌다고 보기 어렵고 오히려 사회지도계층의 정책적 합의를 도출하는 정치적 수단으로 쓰여 졌다고 보는 것이 더 정확하다. 실제로 5개년 계획을 집행하는 도중에 급변하는 국제정치 상황과 국제·국내 경제상황에 대응하여 근원적인 정책 변화가 여러 차례 일어났으며 그 다음 5개년 계획을 수립하면서 이렇게 선행되었던 정책 변화에 대한 이론적 배경을 제시하고 세부 정책목표를 정리하였다고 보는 것이 더 정확하다. 이러한 점은 특히 명령계획(imperative plan)에서 유도계획(indicative plan)으로 그 성격이 바뀐 제3차 경제개발계획을 시점으로 그 이후 제4차 경제사회개발 계획부터는 정부 내 각 관계부처 뿐만이 아니라, 국책연구기관, 학계, 언론계, 그리고 국내외 전문가를 참여시켜 우리 경제와 사회가 나아가야 할 발전 방향과 이를 달성하기 위한 세부 정책 목표를 공유하는 역할을 한 것이다.

(2) 경제개발 계획의 목적과 주요 내용

제1차 경제개발 5개년 계획에서 신경제5개년계획에 이르는 경제개발 5개년 계획(이하 계획)은 첫째 한정된 국가의 역량을 집중하고 동원하는 정치적 기능 및 투자플랜의 성격이 컸던 제1·2차(1962~1971), 둘째 닉슨 독트린(1969)으로 축약되는 국제 정치상황 변화에 적극 대응하는 방편으로 자주국방·자립경제를 실현하기 위해 반드시 필요한 중화학 공업 육성을 강조한 제3·4차(1972~1981)[2], 셋째 정부 주도의 성장이 불가피하게 가져오는 자본시장과 실물시장의 왜곡을 바로 잡기 위해 안정·자율·개방으로 경제운영의 기본 원

---

2) 제3차 계획과 제4차 계획을 같이 묶을 경우 제4차 계획부터 달라진 재원배분방식, 즉 중화학공업에 최우선적으로 재원배분을 했던 과거의 방식에서 벗어나 전체적인 국가운영의 관점에서 종합적으로 재원배분의 우선순위를 정하고 이에 따라 중화학공업에 대한 재원배분을 정했던 점이 분명하게 드러나지 않는다.

칙을 180도로 바꾸고 물가안정과 시장경제 기능의 강화를 추구했던 제5차 계획(1982~1986)과 이후 3저 현상에 힘입은 경상수지 흑자와 투자재원의 자립을 바탕으로 세워진 제6차(1987~1991)와 제7차(1991~1992) 내지는 신경제 5개년 계획(1993~1997)으로 크게 나누어 볼 수 있다.

제1·2차 계획 기간에는 자립경제를 목표로 초기에는 외자 의존도를 낮추고 수입대체 산업을 육성하기 위해 고정 이중환율 제도, 낮은 금리, 수입 규제, 고율의 관세를 정책 기조로 삼았으나 국내 가용자본이 미비한 상태에서의 무리한 재정투융자 확대, 유상 원조로의 전환, 화폐개혁의 실패, 물가상승, 흉작 등으로 1964년도에 이르러 시장자유화 정책과 외자 도입, 단일 변동환율제, 노동집약적 재화를 중심으로 한 수출 지향적 공업화로 크게 정책 전환을 하게 된다. 이렇게 만들어진 수출중심의 정책 전환은 큰 성공을 거두었고, 1965년도부터 민간 수출기업을 포함한 월례 수출진흥확대회의를 통해 수출진흥에 필요한 시책과 제도를 발굴하고 채택해 실행하게 되었다. 이렇게 1차 계획 집행기간 중에 이루어진 정책 전환이 1966년도에 발표한 제2차 계획에 그대로 반영이 되어 '산업 구조 근대화와 자립 경제 확립'이라는 기본 정책목표 아래 세부 정책목표로 나타나게 된다.

그러나 이러한 정책 전환은 새로운 구조적 문제점을 낳게 되는데 원자재 수입가공 후 수출을 하는 산업구조에 따라 수출이 늘어나면 원자재 수입이 자동적으로 늘어나게 되어 국제수지가 만성적 적자에서 벗어나기 어렵게 되었고, 수출기업에게 주는 각종 정책적 혜택과 금융 지원, 세제 지원 등 '선택과 집중'이라는 정책금융 운용방식에 따라 기업집중 및 독과점 문제, 대기업과 중소기업 간의 형평성 문제 등이 야기되었으며, 무리한 자급자족정책에 따른 농업의 비효율성, 급격한 노동집약적 산업화로 도시로의 인구유입에 따른 도·농 간의 괴리, 투자재원 조달을 위한 국내저축 확보 문제 등을 야기하게 되었다. 또한 울산정유공장의 건설(1964), 경부고속도로의 건설 추진(1967), 포항제철건설(1967) 등 제2차 계획에는 구체적으로 명시되어 포함되어 있지 않았지만, 여건이 성숙됨에 따라 적극 추진되었던 정책들, 그리고 적극적인 월남 파병(1965)을 통해 외환의 확보와 군 현대화를 도모했다는 점 등을 생각해보면 경제성장의 기본 방향에 대한 확고한 인식 아래 상황에 맞추어 탄력적으로 정책을 펴나간 점을 알 수 있다.

제3·4차 계획을 살펴보면 제2차 계획 집행기간 말기에 첫 발을 디딘 철강사업과 화학사업을 지렛대로 삼아 중화학공업 위주로 산업구조의 고도화를 도모했다는 점을 엿볼 수 있다. 그리고 제3차 계획 기안의 실무 작업이 새마을 운동이 시작된 1969년도부터 시작된 점, 그리고 '성장·안정·균형의 조화,' '자립적 경제구조', '지역개발의 균형'이라는 가시적 정책 목표로 미루어 볼 때 이미 제2차 계획 기간 중에 새로이 시작된 정책을 반영하여 제3차 계획을 만들었다고 볼 수 있다. 제4차 계획 또한 '성장·형평·능률'이라는 기치 아래 '자력 성장 구조의 확립,' '사회개발을 통하여 형평을 증진,' '기술의 혁신과 능률의 향상'이라는 정책 목표를 통해 기존의 중화학공업 중심의 개발 전략을 그대로 반영했다. 그러나 제1·2차 계획과는 다르게 제3·4차 계획은 사회개발, 특히 발전의 형평성과 소득분배, 복지에 대한 필요성을 정부가 인식하고 세부정책목표에 명시했다는 점에 주목할 필요가 있다. 특히 제4차 계획은 그 명칭 또한 경제사회개발 5개년 계획으로 바꾸어, 미래수요를 예측하고 이에 대비하기 위한 소득분배와 복지에 대한 준비작업을 더욱 강조했다. 더욱이 제4차 계획부터는 정부시책에 대한 이해도를 높이고 목적의식을 공유하며 정책합의를 도출하기 위해 각 소관 부처가 중심이 되어 학계 언론계 및 기타 전문가들의 참여와 지원 하에서 시간을 충분히 가지고 상향 방식(bottom-up)으로 작성되었다는 점[3)]은 현 시점에서도 많은 시사점을 지닌 대목이다.

경제개발 5개년 계획의 기간 중에 가장 중요한 시점은 성장 중심의 경제 운용 노선을 180도로 전환하여 시장기능 강화와 동시에 정부의 시장개입 축소를 추진한 안정화 시책이 채택된 1979년 4월이다. 정말 놀라운 점은 이러한 정책 전환이, 전례 없는 성공을 경험한 성장의 화신인 박정희 대통령의 재가를 받았다는 점, 특히 어떻게 보면 자신의 성과와 성취를 부정하는 것으로 보이는 정책을 결국 스스로 받아들이고 발표하였다는 점이다.

---

3) 제4차 계획의 준비기간부터 세계은행의 지원을 받아 젊은 경제관료들이 본인의 선택에 따라 자유롭게 해외시찰을 할 수 있도록 지원하여 새로운 시각과 선진사례에 대해 공부할 수 있는 기회를 제공하였고, 이 젊은 관료들이 돌아와서 KDI의 연구위원들과 여가활동을 같이 하도록 장려하여 많은 시간을 함께 보내면서 자유롭게 의사교환을 할 수 있도록 장려하였다.

이러한 대대적인 정책 변화는 직접적인 가격통제에도 불구하고 만성적으로 치솟는 두 자리 수의 물가상승률에 대한 깊은 문제의식, 1978년에 일어난 제2차 석유파동으로 인해 원재료를 100% 수입에 의존해야 하는 화학산업에 대한 경제성 문제와 중화학공업 분야에 대한 과도한 정책적 투자에 따른 금융시장의 왜곡에서 일어난 구조적 문제점들이 너무나도 심각했었다는 점을 역설적으로 말해준다. 물론 안정화 시책의 초기에는 기득권 세력의 저항으로 적극적인 집행이 어려웠으나, 이후 10·26 사태로 야기된 국내 정치상황의 격변, 그리고 제5공화국이 시작되면서 비로소 재정긴축과 통화긴축을 포함한 정부의 공식노선으로 본격적인 집행으로 들어가게 된다.

그 내용을 대충 살펴보면 안정·자율·개방이라는 원칙 아래 시장의 가격을 통한 자율 조정 기능을 왜곡하는 각종 제도를 재정비하여 시장의 기능을 강화하는 것으로 정부의 역할을 재정립하였다. 정책금융의 중단을 통한 금융기관들의 독립성 향상, 복수통화 바스켓제도를 도입하여 장기적으로 변동환율제로 전환할 수 있는 중간단계 제도를 운영하였으며, 가격규제 중단을 통한 가격 현실화, 재정적자의 주요 요인이었던 추곡수매 이중가격제도의 폐지, 국내 독과점 기업의 경쟁을 유발하기 위해서 보호무역주의를 포기하여 수입이 금지되었거나 높은 관세가 붙은 최종 소비재 시장을 단계적으로 개방하였고, 농·수산물 또한 부분적인 개방을 추진하였으며, 공정거래위원회 설립, 금융실명제 추진 등만이 아니라 심지어 임금상승과 물가상승의 악순환 고리를 단절하기 위한 정부 주도의 공격적인 임금 안정화

계획을 추진하였다. 또한 안정화 시책 자체에는 포함되지 않았던 영점기저 예산 방식(zero base budgeting)을 이후 도입해 재정긴축을 추진하였다.

이러한 정부의 안정화정책은 제5·6·7차 계획의 기본 골격이 되었고. 특히 개방정책은 수입확대를 통한 추가적 공급을 통해 물가상승을 완화하는 긍정적인 영향을 주고 최종 소비재 수입증가를 통해 국내시장에서 기업 간 경쟁을 유발하여 가격경쟁력 향상과 품질경쟁을 유도한 측면이 강하다. 결과적으로 물가안정으로 높아진 실질구매력과 함께 소비자의 선택 폭을 넓히고 최종 소비재의 품질이 향상됨에 따라 간접적으로 일반 국민의 복지를 높인 측면도 있다. 특히 우리가 안정화 시책과 관련하여 주목해야 할 점은 각종 정책을 추진함에 있어 기득권의 저항을 줄이고 고통분담을 해야하는 일반 시민의 지지를 유도하기 위해 적극적인 정책홍보를 실시하였다는 것이다. 반면 물가안정에 지나치게 치중한 나머지, 장기간 긴축재정을 운용하여 사회간접자본에 대한 투자를 크게 억제한 측면이 있다. 결국 이후 소위 민주정권의 시작이라 일컬어지는 노태우 정권의 태동과 그 시작을 같이 한 제6차 계획이나 이후 김영삼 정권에 의해 다시 정의된 신경제 5개년계획의 집행기간 중에 신도시 건설, 새만금 사업, 국도 확장, 신무기 도입, 고속철과 신공항 건설 등 각종 대형 국책 인프라 투자사업에 대한 결정이 정치적으로 이루어지게 되었다.

제6·7차, 그리고 신경제 5개년계획은 시장기능의 강화 및 정부개입의 최소화라는 안정화 시책의 기본원칙을 그대로 유지하였으나,

1994년 경제기획원과 재무부를 통폐합한 재정경제원의 설립[4]은 민간주도의 시장경제질서의 확립이라는 정책목표와 함께 각종 규제개혁과 제도정비를 통해 우리나라가 드디어 선진국 경제 시스템으로의 진입을 했다는, 일종의 정치적 선언의 성격이 강하였다.

지금 돌이켜보면 동 기간 중 보여진 가장 큰 문제점은 이제껏 경험해보지 못한 흑자경제를 바탕으로한 국가경제운용에 대한 아이디어 부재, 그리고 장기적인 경제 사회 발전 모델에 대한 공감대나 방향성 없이 단기적이며 단편적인 정책으로 일관하였다는 점과 집권 정치세력의 변화에 따라 정부정책이 방향감각을 잃고 공공부문의 불안정성을 높여 기업이 기술 개발과 산업시설에 대한 투자를 하기 보다는 '대마불사'라는 기치 아래 부채를 적극 활용한 문어발식 몸집 부풀리기와 손쉽게 부를 창출할 수 있는 부동산 시장 투자에 열중하게 되는 결과를 낳게 되어 결국 IMF사태를 불러오는 큰 요인이 되었다는 점이다.

또한 대한민국의 '민주화'와 함께, 자율·경쟁·개방이라는 원칙에 입각한 제도와 규제의 정비가 끈질긴 기득권의 저항에 부딪혀 결국 노동시장의 경직성과 노조의 정치세력화, 경쟁제한적인 유통산업구

4) 경제기획원과 재무부는 서로 다른 문제의식과 상반된 조직문화를 가지고 있었다. 경제기획원은 이익집단의 영향으로부터 상대적으로 자유로왔으며 장기적 관점에서 항상 현재를 바라보며 문제의식을 키우는 것이 그 역할이었다면 재무부는 그 시점에 당면한 과제를 해결해야하는 역할에 충실할 수 밖에 없었고 심하게 말하면 그 당시 조직도에 나타나듯이 담당하는 분야에 따라 해당 집단의 이익을 종종 대변하는 역할을 했다. 달리 과장되게 표현하자면 경제기획원에는 이상주의자들이, 재무부에는 현실주의자들이 가득했다.

조, 가격상승을 부추기는 부동산 시장구조, 공교육 시스템의 부실화 및 과열된 사교육 시장의 발달, 신규 산업의 발전을 저해하는 네가티브 규제방식 등 '제도의 선진화'를 이루지 못하고, 각 경제주체 또한 자신의 이해관계를 보호하기 위해 기존시장에 대한 보이지 않는 진입장벽을 만들고, 새로운 아이디어나 기술력을 바탕으로 한 혁신적인 기업의 등장이 어려워지게 하는 공격적 시장잠식전략, 시장기능을 왜곡하는 관행, 형평성에 어긋난 갑·을 간 거래계약제도와 이를 둘러싼 관행, 구속력이 없는 공정거래법, 조세행정을 통치의 수단으로 활용한 집권층 등 경제 사회 활동 전반에 걸쳐 공정한 경쟁을 제한하는 반시장적 행태가 고착화 되었다. 결국 정치가 경제의 발목을 잡고 정부의 지나친 방임과 동시에 지나친 개입이 공존하는 기형적인 구조를 가지게 되었다.

(3) 평가와 맺음말

정치의 장기적 안정성과 정책의 예측가능성은 개개인 및 조직의 경제 활동과 관련된 장기적 의사결정을 하는데 있어 핵심적인 역할을 한다. 그리고 사회 구성원과 각 집단의 이해관계를 조정하는 정치행위, 이를 통한 정책결정과정의 투명성은 단순히 민주화라는 화두를 넘어 한 나라의 성장과 발전에 지대한 영향을 미친다. 그러나 대의민주주의체제와 국가 간의 경계가 허물어진 시장경제체제 아래에서 입법·사법·행정을 모두 포함한 정부의 기능과 역할을 어떻게 정의

해야 하는지에 대해, 우리는 현 시점에서조차 사회적 합의를 이루지 못하고 있다.

한 사회의 근간을 이루는 통치지배구조와 정치활동뿐만 아니라 이러한 시스템의 밑바닥에 깔려 있는 기본법과 이를 집행하는 행태, 특히 각종 소유권의 정의와 집행, 사회 구성원간의 계약에 대한 기본규칙과 집행, 노동시장에 대한 원칙과 사회적 합의, 공정거래 질서 확립 등 경제 활동의 기본질서와 규칙을 정하는 틀과 이에 대한 사회적 합의가 어디까지 안정적으로 운영이 되고 있느냐에 따라 시장의 순기능적 작동에 큰 차이를 가져오게 될 것이다.

물론 수많은 정책이 사회적 공감대나 공유하는 가치관이나 도덕적 잣대에 따라 정해지지만 최소한도로 사회구성원의 경제활동에서 발생하는 문제점을 해결함에 있어서만큼은 시장의 순기능이 제대로 작동하지 않는 경우에만 제한적으로 정부가 개입을 해야한다는 원칙을 지키는 것이 중요하다. 이론적으로 말하자면 시장실패의 대표적인 경우들 즉 1)공짜라고 생각하기 쉬운 공공재의 생산규모 결정과 무임승차 현상, 2)독과점 및 쉽게 증거를 찾을 수 없는 과점에 의한 가격 왜곡, 3)제한적 정보에 의해 생산자와 소비자 사이의 신뢰가 파괴되어 시장 자체가 형성이 되지 못하거나 제대로 작동되지 않는 경우, 4)생산이나 소비의 과정에서 발생하는 사회적 비용이 가격에 반영이 되지 않아 일어나는 시장의 왜곡 등으로 구분하고 여기에 저소득계층에 대한 보호수단을 추가하여 정부가 적극적인 역할을 해야 하며, 이러한 경우에도 정부가 쓸 수 있는 다양한 정책 수단을 종합적으로 활용해야하는 것이다. 결국 사회 구성원의 삶에 있어 어느 선까지 정부가 개입을 해야 하는지에 대한 확고한 원칙과 사회적 합의가 없이 주먹구구식으로 각종 법과 규제를 양산한다면 우리는 방향을 잃고 시행착오를 반복적으로 거듭하는 함정에서 벗어나기 어려울 것이다.

끝으로 우리가 경험한 성장 발전 과정과 시장경제체제 아래 경제기획원 주도로 실행되었던 5개년계획이 주는 교훈은 국가 시스템의 안정과 정치의 예측가능성을 바탕으로 장기적인 공동의 목표에 대한 사회적 합의가 필요하고, 주어진 외부환경과 현실에 대한 인식과 합리적 문제의식, 종합적인 원인분석과 깊은 번민, 열린 토론을 통한 정책 검증을 거쳐야만 비로소 공동의 목표를 달성하기 위한 정책 수단을 찾아내 정책실험을 시작할 수 있다는 것이다. 또한, 이를 집행하는 과정에서도 변화하는 상황에 따라 탄력적으로 정책을 운영하고 때론 성공적이었던 정책마저도 과감하게 포기하는 용기와 결단이 필요한 것이다. 무엇보다도 기존의 모든 이해관계에서 벗어나 우리 사회의 미래를 예측하고 이에 대비하기 위해 현재 우리가 해야하는 일이 무엇인지에 대해 체계적이고 심각하게 고민을 하고 정책수단과 제도를 발굴하고 이에 대한 사회적 합의를 도출해 낼 수 있는 정치지도력이 필요하다.

39. 역대 정부별 금융통화정책 평가

안재욱

(1) 이승만 정부(1948~1960)

정권초기(1948~1950)

이승만 정부의 정권기간은 정권초기(1948~1950)와 전시경제체제기(1950~1953), 그리고 전후복구기(1953~1960)로 나눌 수 있다. 정권초기의 경제정책의 핵심은 '경제의 안정과 자립기반 구축'이었다. 1968년 8월 15일 대한민국 정부가 수립되고 나서 미군군정청이 시행했던 과도기적 정부 정책들을 이관 받아 진행했다. 해방 후 일제 말기에 시행되었던 전시통제경제가 풀리면서 물가와 임금이 크게 올랐지만 통화관리가 제대로 이루어지지 않아 인플레이션이 지속되고 그로 인해 경제가 위축되고 있었다. 생산 활동이 원활하게 이루어지기 위해서는 인플레이션의 수습과 통화가치 안정이 필수적이었다.

이런 문제를 인식한 이승만 정부는 통화증가를 억제하기 위해 노력했다. 「금융기관 자유여신 총한도제」(1949. 4. 1)와 「국고금집중제」(1949. 6. 1)를 통해 통화증발을 억제하려고 했다.[1] 그리고 1950년 3월 「경제안정 15원칙」을 발표하며 경제안정에 대한 포괄적 정책의지를 발표하였으며, 1950년 5월 기존 금융기관들이 상업은행의 기능을 수행하도록 은행법을 제정하였고, 1950년 6월 12일 통화관리를 위해 한국은행을 설립하였다. 그러나 이들을 시행하기도 전에 6·25 전쟁 발발로 통화금융정책은 제대로 시행되지 못했다.

전시경제체제(1950~1953)

전쟁 발발 직후 정부는 '대통령 긴급명령 제2호(1950. 6. 28)'를 발표하며 전시 통화팽창억제와 군사자금 충당을 위한 금융기관의 예금과 자금지급을 제한하는 조치를 취했다. 그렇지만 전시비상체제하에서 전쟁수행을 위한 막대한 정부지출이 불가피했다. 한국은행의 차입을 통해 정부지출을 조달하였고, UN에 대한 대여금도 한국은행을 통하여 공급되었다. 그 결과 화폐발행고가 급격하게 증가하여 1950년 말 전쟁 발발 직전인 1950년 6월 24일에 비해 311%나 증가한 2,292억 환이었고, 1951년에 143.4%, 1952년 81.8% 증가하

1) 「금융기관 자유여신 총한도제」는 미군정의 여신한도제를 강화한 것으로서 대출건별 자유여신한도에 은행별 자유여신 총 한도를 추가로 설정하고, 분기별 여신총액이 전 분기 중 일반예금 순증가액의 일정비율 이내로 유지되도록 규제하는 것이었다. 「국고금집중제」는 미군정 이래 시행되어 온 국고금의 시중은행예치제를 폐지하고 조선은행에 예치토록 함으로써 통화증발과 재정의 이자부담을 억제하기 위한 것이었다. 대통령기록관, 『역대 대통령의 국가정책 관련기록물 조사사업(경제분야) 연구용역 최종보고서』, 2013, 19쪽.

였다.[2)]

1950년 8월 28일 정부는 「조선은행권의 유통 및 교환에 관한 건」(대통령 긴급명령 제10호)을 발표하고 서울을 점령한 북한이 한국은행이 폐기하지 못한 조선은행권을 불법 발행하여 통화질서를 교란하는 것에 대처하기 위해 조선은행권의 유통을 금지하고 한국은행권으로 대체하했다. 1950년 9월 5일부터 1953년 1월 16일에 이르는 기간 중 총 5차에 걸친 화폐교환이 이뤄졌다. 그리고 정부는 전시비상사태 하에서 통화남발에 의한 금융질서 붕괴를 막기 위해 1951년부터 대출한도제, 융자사전승인제, 귀속재산 및 외환 경매입찰자금대출 금지 등 금융기관의 여신 억제를 위한 일련의 조치들을 취했다. 한편 금융기관의 예금증대를 위한 여수신 최고금리 인상, 양곡증권에 의한 국민저축운동의 전개, 산업부흥채권 발행 등을 통해 저축을 증대시키려 노력했다.

뿐만 아니라 1953년 2월 15일 화폐단위를 원(圓)에서 환(圜)으로 변경하고 '100圓=1환'으로 하는 화폐개혁을 단행했다(대통령 긴급명령 제13호). 이에 따라 원(圓)표시 한국은행권의 유통이 금지되었다. 화폐개혁에 따른 자금경색에 대처하기 위해 지준 부족 금융기관에 대한 특융지원, 한계지급준비제도 폐지 및 예금지급준비율의 단계적 인하 등의 조치가 취해졌다. 이러한 통화관리 노력으로 1950년 187.7%, 1951년 217.7%였던 인플레이션율이 1952년 102.3%로 둔화되었고, 1953년 인플레이션율은 26.2%로 통화긴급조치를 계기로 급격

2) 한국은행, 『한국의 금융·경제년표』, 2000, 48~80쪽 참조.

하게 줄어들었다.[3]

전후복구기(1953~1960)

전쟁이 끝난 후 한국은행은 엄격한 통화관리를 통해 화폐가치를 안정시키기 위해 노력하였다. 1954년과 1955년의 화폐발행 증가율은 각각 81%와 50%로 매우 높았지만 1956년부터 화폐발행 증가율이 26.6%로 하락하여 1956~1960년 기간 동안 화폐발행 연평균 증가율이 13.9%였다. 이렇게 통화량 증가가 줄어들 수 있었던 이유는 첫째, 정부의 재정적자가 원조자금의 대충자금으로 조달될 수 있었기 때문이고, 둘째, 국민소득의 11%에 달하는 외국원조 때문이었으며, 셋째는 엄격한 재정안정계획 때문이었다. 이러한 노력으로 통화가치가 안정되어 갔으며, 1954년 28.3%, 1955년 64.1%, 1956년 36.4%였던 생산자물가 상승률이 1957년 16.3%로 하락하였고, 1958년에는 -5.8%를 보였으며, 1959년에 2.9%, 1960년에 10.8%를 보였다.

평가

통화금융 정책의 핵심은 통화가치의 안정과 효율적인 자금배분이다. 이런 측면에서 봤을 때 해방과 전쟁을 겪으면서 정치 경제적으로 매우 불안정한 상황에서 이승만 정부가 통화가치 안정을 위해 나름 노력했고, 그 성과가 있었다고 평가할 수 있다. 그것은 정권 후반

---

3) 여기서 인플레이션율은 서울도매물가를 기준으로 한 것임. 통계자료는 한국은행, 『한국의 금융·경제연표』, 2000, 60~88쪽을 참고하였음.

에 물가가 상당히 안정된 것이 이를 보여 준다. 물론 정부가 이자율을 규제하며 자금시장에 개입하여 자금배분을 왜곡시킨 것은 이승만 정부의 한계였다.

(2) 박정희 정부(1961~1979)

1960년대

박정희 정부는 1960년대인 제1기와 1970년인 제2기로 구분할 수 있다. 1960년대는 제1차와 2차 경제개발5개년계획이 시행되었던 기간이고, 1970년대는 제3차와 4차 경제개발5개년계획이 시행되었던 기간이다. 1961년 군사혁명 정부가 들어서면서 1950년대 후반에 자리 잡았던 금융제도가 개편되었다. 가장 커다란 변화는 중앙은행과 금융기관에 대한 정부의 소유와 통제가 강화되었다는 점이다. 한국은행법을 제정할 당시에는 중앙은행이 행정부로부터 상당히 독립성을 가질 수 있었다. 그러나 박정희 정부는 1962년 한국은행법을 개정하여 통화정책에 대한 정부의 영향력을 강화하였다. 재무부 장관이 통화정책에 대한 금융통화위원회의 결정에 대해 재심의를 요구할 수 있고, 재무부가 한국은행 업무에 대해 감사할 수 있도록 하였다. 한편 정부가 부정축재 재산환수를 통하여 일반은행을 다시 소유하였으며, 은행에 대한 민간의 주식보유 의결권을 10%로 제한하였다. 이를 통해 금융기관의 인사와 경영권을 정부의 지배하에 두었다.

이러한 화폐금융제도 하에서는 통화금융정책은 정부의 경제계획을 달성하기 위한 보조수단에 불과했다. 자연히 통화가치 안정을 위한 중앙은행의 통제력은 상실되었다. 정부가 성장계획 하에 총 신용 공급량이 정해지면 그에 따라 중앙은행은 통화량을 관리하는 양상이었다. 그 결과 1963~1970년 기간 동안 본원통화 증가율이 연평균 30.9%일 정도로 화폐발행액과 통화량이 급속히 증가하였다. 그에 따라 소비자물가가 1963년 20.6%, 1964년 29.6%로 폭등하는 등 1963~1970년 기간의 연평균소비자물가상승률은 16.9%에 달했다.[4]

1970년대

1970년대 들어서서 정부 정책이 중화학공업 육성으로 전환했다. 여기에는 1960년대에 추진되었던 경공업 위주의 산업구조를 중화학공업의 산업구조로 전환시키려는 경제적인 요인도 있었지만 정치적 요인도 크게 작용했다. 당시 미군철수가 논의되고, 월남이 패망하는 시기여서 안보위기감이 매우 높았다. 그래서 정부는 자주국방 차원에서 중화학공업을 군수산업의 육성과 함께 추진하려고 했다. 그러다보니 경제적 고려보다는 정치적 영향력이 크게 작용해 중화학공업화를 위한 자금의 조달과 배분에 대한 정부의 개입이 매우 컸다.

중화학공업을 위한 자금조달은 1960년대처럼 중앙은행의 발권력을 이용할 수는 없었다. 그 이유는 앞서 살펴본 바와 같이 인플레이

4) 이렇게 물가가 폭등하자 정부는 부동산 투기억제에 관한 특별조치법(1967. 11), 물가안정 종합대책(1968. 4), 물가안정 비상대책(1969. 11), 경제안정 대책(1970. 1) 및 물가안정 종합대책(1971. 9) 등의 물가안정을 위한 대책을 발표하였다.

션에 직면해 있었고, 게다가 1973년 유가파동에 따른 물가 급등으로 인플레이션 문제가 심각한 상황이었기 때문이었다. 그리하여 물가안정을 위해 중앙은행은 총여신의 엄격한 규제를 통해 통화량을 관리해야만 했다. 대신 중화학공업화를 위한 대규모 설비자금의 조달은 '국민투자기금' 설치를 통해 이뤄졌다.[5]

그러나 한국은행의 통화관리는 잘 이루어지지 못 했다. 한국은행은 총여신규제를 통해 정부의 산업정책을 지원하는 한편, 통화량도 제어해야 하는 두 가지 상반된 목표들을 달성해야 했다. 그러나 인플레이션보다는 전략산업과 재정적자 지원에 정부정책의 우선순위가 있었기 때문에 한국은행이 통화량을 통제하기가 어려웠다.[6] 그리하여 정부가 물가안정을 위한 각종 조치를 취했음에도 불구하고 소비재를 포함한 부동산 등의 자산 가격이 급등하였고, 정부의 직접적인 가격통제로 암시장이 발달하였다.[7] 1972~1980년 기간 동안 본원통화 증가율은 연평균 32%였으며. 소비자물가 상승률은 연평균

5) 국민투자기금은 사실상 강제저축으로서 금융기관의 저축성 예금의 일정비율을 국민투자채권의 매입에 쓰도록 한 것이었다.

6) 중동건설 붐에 따른 외화유입으로 인한 국내신용의 증가 때문에 한국은행이 통화를 효과적으로 관리하기 어려웠던 점도 있다.

7) 정부가 채택했던 정책에는 당면 경제시책(1972. 2. 14), 물가동결조치(1972. 3. 15), 쌀값 안정긴급대책(1973. 6. 5), 경제의 안정과 성장에 관한 긴급명령(1973.8. 3), 당면 물가대책(1973. 8. 11), 석유파동에 대처한 물가안정대책(1973. 12. 4), 국민생활 안정을 위한 대통령 긴급조치(1974. 1. 14), 석유류 등 80개 품목의 기준가격 고시(1974. 1. 16), 종합물가대책(1974. 2. 5), 유통구조 개선(1974. 2. 25), 물가안정 및 공정거래에관한 법률 제정(1975. 12. 31), 가격표시제 실시(1976. 5. 1) 및 불공정거래행위 지정(1976. 7. 6) 등이 있다.

16.8%였다. 1975-1979년 전국의 땅값은 30.6% 상승했고, 전국의 집값은 32.8% 올랐다.

박정희 정부의 통화금융정책은 정부의 전략 산업에 대한 자원을 제공하는 수단으로 사용되었다. 이러한 환경에서 한국은행이 통화 공급을 제어하는 일은 사실상 어려운 일이었다. 그로 인해 통화량이 연평균 30% 정도씩 팽창하면서 만성적인 인플레이션이 고착화되었다.

(3) 전두환 정부

1970년대 급속한 성장은 인플레이션과 고임금, 주택가격 폭등을 야기하였다. 1976~78년의 경기호황기간 동안 실질경제성장률이 10%에 이르렀다. 잠재성장률을 훨씬 초과하는 높은 경제성장은 노동시장을 포함한 경제전반에 걸쳐 초과수요 상태를 초래했다. 그리하여 제2차 석유위기와 함께 1980년 도매물가 및 소비자물가 상승률이 각각 39%와 29%로 치솟았다. 1979년부터 경기가 하강하면서 1980년 경제성장률이 -1.5%로 급격히 하락했다. 인플레이션하의 경기침체라는 소위 스태그플레이션 현상이 일어났다.

이에 정부는 고도성장과정에서 증폭된 인플레이션을 억제하고 중화학공업에 편중된 성장정책을 수정하면서 자원배분의 적정화를 도모했다. 인플레이션을 억제하기 위해 긴축적인 재정정책과 통화정책을 강력히 추진했다. 재정지출의 긴축기조가 강화되었고, 정부투자기관의 지출증가가 엄격히 통제되었다. 영점(零點)기준예산제도를 도입하여 정부지출의 우선순위를 재정립하고 무의미한 재정지출을 중단했다.[8] 이에 따라 1984년에는 정부예산이 동결되기도 하였다.

재정적자와 정책금융이 축소됨에 따라 통화팽창 압력이 감소되면서 통화정책의 자율성이 회복되었다. 경기가 회복되기 시작한 1983년부터 본격적인 통화긴축이 시작되었고, 그리하여 1980년 44.5%였던 M2의 증가율이 1983년 22.9%, 1984년 19.0%, 1985년 18.1%, 1986년 29.5%로 하락했다.

이처럼 장기간에 걸친 긴축적인 재정과 통화정책으로 경제가 안정되면서 성장했다. 1980년 29%였던 소비자물가상승률이 1982년 이후 7% 이하의 한 자리 숫자를 나타내면서 1987년 3%로 감소하였다. 한편 1983~85년의 기간 동안 매년 10% 정도의 성장률을 유지했고, 1986~88년의 기간 동안에는 연평균 거의 12%로 성장했다. 낮고 안정적인 인플레이션을 유지하면서 빠른 성장을 기록한 1986년부터 1988년까지의 3년간은 한국경제의 전성기였다고 할 수 있다.

전두환 정부가 수행한 안정화정책은 세 가지 측면에서 평가할 수 있다. 첫째는 전두환 정부의 안정화 정책 이후 한국의 통화정책이 정부의 재정정책의 보조수단에서 벗어나 통화가치 안정을 위해 독립적으로 수행할 수 있는 구조로 변화하였다는 점이다. 그와 함께 1960년대와 1970년대와 같은 만성적인 인플레이션이 1980년대 이후 한

8) 영점기준예산제도는 예산편성 시 전년도 예산을 기준으로 점증적으로 예산액을 책정 하는 점증주의적 답습방식이 아닌 모든 사업을 계획목표에 맞추어 재평가하여 그 우선순위에 따라 예산을 편성하는 방식이다.

국경제에서 나타나지 않게 되었다. 둘째, 인플레이션을 안정시키면서 경제적으로 커다란 성과를 이뤄낸 점이다. 셋째는 정부주도의 개발전략이 지속가능한 모형이 아니라는 것을 증명해주었다는 점이다.

(4) 노태우 정부(1988~1992)

1986년부터 발생한 엄청난 국제수지 흑자는 인플레이션 압력을 야기했다. 국제수지 흑자로 유발된 과잉유동성으로 부동산가격이 폭등하였고 민간소비가 증대하여 급격한 물가 상승이 나타났다. 1983~1987년 기간 동안 연평균 2.8%에 불과했던 물가상승률이 1988년 7.1%로 급등하는 등 1988~1992년의 5년간 연평균 물가상승률이 7.4%나 될 정도로 물가 불안이 이어졌다. 또한 1987년 이래 활발해진 노동운동이 기폭제가 되어 임금이 급격히 상승하여 원가상승의 요인으로 작용하여 인플레이션 압력을 가중시켰다.[9] 이에 따라 물가 문제가 노태우 정부의 핵심적 경제 현안이 되었다. 그리하여 물가안정 대책이 매년 최우선의 정책과제 중 하나로 대두되었다.[10]

---

9) 노사분규에 따른 생산차질과 수출차질은 89년의 경우 4조2천억 원으로 13억 달러에 달했다. 1987년~89년간 연평균 임금상승률이 9.7%로 노동생산성 증가율 8.3%보다 높았다.

10) 또 다른 최우선 정책과제는 부동산 투기 억제였다. 부동산투기를 근절하기 위해서 투기에 따른 불로소득에 중과세를 하였으며, 주택가격 안정화를 위해서 1988~92년의 5년 동안 주택 200만호를 건설하는 계획을 수립 추진하였다. 그 계획이 4년 만에 목표를 달성함으로써 주택가격이 크게 안정되었다.

노태우 정부는 물가안정을 위해 다양한 정책을 동원했다.[11] 이러한 정책 외에도 물가를 안정시키기 위해서는 무엇보다도 통화관리가 중요했다. 당시 통화량이 증대한 가장 큰 이유는 3저 호황에 따른 사상최대의 국제수지 흑자였다. 1985년부터 1990년까지 총통화(M2)가 매년 15~20%씩 증가하였는데, 1985년과 1990년을 제외하고 총통화증가에 해외부문이 기여한 비율이 1986년 44.3%, 1987년 140.1%, 1988년 117.9%, 1989년 24.2%였다. 이에 따라 노태우 정부의 통화관리는 해외부문을 통한 통화량 증대를 수습하는데 집중되었다. 이것은 주로 통화안정증권 발행을 통해 이뤄졌다. 1988년 1월 통화안정증권의 발행한도를 총통화(M2)의 25%로부터 35%로 확대했고, 다시 8월에 50%로 더욱 확대했다. 통화안정증권의 만기를 다양화하고 발행최저 단위를 1천만 원에서 100만 원으로 하향조정했다.

노태우 정부의 중요한 금융정책 중의 하나가 금리자유화다. 경제규모 확대와 경제구조의 고도화에 맞추어 금융의 실물경제 지원기능 원활화를 위한 금융의 자원배분기능을 제고할 필요가 있었다. 그리하여 1991년 11월 금리의 시장기능 제고로 금융의 효율성과 금융산업의 경쟁력을 높이기 위해 「금리자유화」 계획을 발표하였다. 금리

11) 노태우 정부가 물가안정을 위해 얼마나 고심했는지는 「경제사회 안정과 경쟁력 제고를 위한 당면대책」(1989. 11), 「물가안정 대책」(1990. 4), 「부동산 투기억제와 물가안정을 위한 특별보완대책」(1990. 5), 「경제안정과 성장기반 확충대책」(1991. 1), 「건설투자 적정화방안과 5대 신도시 관련 대책」(1991. 7), 「물가안정과 국제수지 개선대책」(1991. 9), 「경제안정과 산업경쟁력 제고대책」(1992. 1) 등에 나타나 있다.

자유화는 점진적, 단계적으로 추진하되, 자유화에 따른 일시적인 금리상승 등의 부작용에 대한 보완대책을 강구한다는 것을 기본방향으로 삼았다.

노태우 정부의 통화정책의 특징은 그 수행방법의 변화에 있다. 통화정책의 수단에서 가장 중요한 것이 공개시장 조작인데, 그 동안 공개시장 조작을 위해 활용한 국공채와 통안증권을 강제배정방식으로 운영해온 것을 경쟁 입찰방식으로 전환했다. 이것은 시장원리에 입각한 간접조절 통화관리 방식으로서 훨씬 효율적인 통화관리 방식이었다.

(5) 김영삼 정부(1993~1997)

1990년대 들어 한국경제는 성장률이 다소 둔화되는 등 경제 활력이 크게 떨어졌다. 여기에는 1990년의 걸프사태로 인한 국제유가 상승, 세계경기 침체 등 대외적 요인도 있었으나 근본적으로는 1980년대 후반에 형성된 고비용·저효율 구조가 표면화된 데 그 원인이 있었다. 이것을 인식한 김영삼 정부는 신경제5개년계획을 들고 나왔다.

그 주요 내용은 각 분야의 규제개혁과 경제주체의 의식개혁을 추진함과 아울러 성장잠재력의 강화, 국제시장 기반의 확충, 국민생활 여건의 개선 등이었다. 그 일환으로 1993년 6월 30일 정부는 「금융자율화 및 시장개방 계획」을 발표하고 (i)금리자유화, (ii)통화관리방식 개선, (iii)여신관리제도 개편, (iv)단기 금융시장 발전, (v)외환 및 자본거래 자유화 등의 조치를 1997년 말까지 단계적으로 추진한다고 밝혔다. 이와 더불어 정부는 1993년 8월 12일 20시를 기해 대통령 긴급명령으로 금융실명제를 전격 실시하였다. 국민경제의 건전한 발전을 도모하기 위함이었다.

한편 1993년 한국은행은 침체된 국내경기 회복을 위해 1월과 3월 두 차례에 걸쳐 금리를 인하하였다. 금융자금대출 금리를 연 10.0~12.5%에서 연 8.5~10.0%로 인하하고 수신금리는 당좌예금 별단예금 및 보통예금을 제외한 모든 규제수신금리를 1.0~3.0%포인트 인하하였다. 그리고 연 7%였던 재할인금리를 5%로 인하하여 중소기업에 대한 금융지원을 강화하였다. 뿐만 아니라 11.5%였던 지급준비율을 1996년 4월에 9%로 인하했다가 11월에 다시 5%로 인하했다. 경제회복을 위한 확대 통화정책을 썼던 것이다. 그 결과 1993~1997년 기간 동안 연평균 16.1%로 총통화가 증가하였으며, 연평균 4.9%의 물가상승률을 보였다. 경제는 매년 평균 7.1%씩 성장했다.

경제지표 상으로 보면 이 기간 동안의 통화·재정정책은 비교적 건전하게 운용되었고, 성장, 물가, 금리 등 경제기초여건이 비교적 양호하였다. 그럼에도 불구하고 한국경제는 1997년 외환위기를 겪었다. 그 이유는 1987년 이후 높은 임금 상승률과 노사갈등 분출로 고착되었던 고비용·저효율의 구조를 개선하지 못했기 때문이었다. 달리 말하면 신경제5개년계획의 핵심이 규제개혁을 통한 성장잠재력 강화이었는데 이를 실천하지 못하고 오히려 정부의 인위적인 성장정책과 시장개입으로 경제구조가 왜곡되어 있었기 때문이었다.

기업에 대한 정부규제와 금융기관에 대한 규제들이 기업의 부도 증가와 금융기관의 부실화에 직접적인 영향을 미쳤다. 금리를 자유화 한다고 하였지만 여전히 금리를 규제했고, 금리규제는 기업들의 금융기관 차입에 대한 의존도를 심화시켰다. 파산억제정책들은 경영자들의 도덕적 해이문제를 일으킴으로써 기업의 부실을 키웠다. 정리해고의 제한 등 노동시장의 유연성을 제한하는 조치들로 인하여 기업의 업종전환과 생산방식 전환 등 시장상황에 맞는 구조조정이 유연하게 이루어지지 않았다. 뿐만 아니라 금융기관에 대한 규제와 관치금융으로 금융기관이 상업논리가 아닌 정치논리로 운영됨으로써 금융기관들이 부실하게 되었던 것이다.

전 세계적으로 글로벌 경쟁이 심화되고 있는 상황에 국내 기업들이 유연하게 대처할 수 있도록 경제구조를 개선하기 위해 규제완화, 노동시장 유연화 등의 정책에 초점을 맞추었어야 했지만 김영삼 정부는 이러한 정책들보다는 금융 및 부동산실명제 등 경제정의를 표방하여 과거척결에 치중하였다. 그 결과 한국경제는 세계변화 조류에 적응하지 못해 1997년 외환위기를 맞았다.

(6) 김대중 정부(1998~2002)

김대중 정부는 1997년 말 발생했던 외환위기와 함께 출범하였다. 당연히 외환위기의 극복이 김대중 정부의 최대 과제가 되었다. 한편 외환위기의 원인인 한국경제의 구조적인 문제점에 있다는 것을 인식하고 시장경제와 작은 정부를 실현하겠다고 공표했다. 김대중 정부는 경제위기를 극복하기 위해 많은 노력을 기울였다. 1997년 말 204억불이었던 외환보유고가 2000년 말 962억불로 증가하였다. 그리고 1997년 12월 이후 IMF로부터 빌렸던 195억 달러 중 134억 달러를 당초 계획보다 앞당겨 1999년 9월에 갚았으며, 나머지를 2001년 9월에 모두 갚아 예정보다 빨리 조기상환하였다. 이러한 점에서 IMF 구제금융을 받은 다른 국가에 비해서 한국의 경우 매우 성공적이었다고 평가할 수 있다.

그러나 한국경제의 근본적인 구조적 문제를 개혁하기 위하여 시장경제와 작은 정부를 이루겠다고 천명했음에도 불구하고 그 방향은 정반대였다. 기업에 대한 간섭과 규제를 더욱 강화하였고, 친노정책을 통하여 노동시장의 유연성을 떨어뜨렸으며, 정부조직을 더욱 늘렸다. 그 결과는 경제 불안으로 나타났다. 투자가 급격히 위축되기 시작했고, 성장률과 고용도 대단히 불안정했다. 1998년 -6.7%이었던 성장률이 1999년에 10.7%로 급상승하였다가 2000년에 들어와서 경제가 차츰 후퇴하더니 2001년 3.8%로 급락했다가 2002년 7.0%로 증가하였다. 경제가 마치 롤러코스터처럼 등락이 심했다. 수많은 공적자금이 투입되었음에도 불구하고 금융시장의 불안이 사라지지 않았으며, 부실기업의 처리가 지연되었고, 경제 불안이 가중되었다.

이와 같이 경제가 불안정한 모습을 보인 것은 경제의 근본적인 체질개선을 시키지 않고 단기적인 재정확대와 근시안적인 경제정책에 의존한 결과다. 경기부양을 위해 민간소비를 유도하는 거시경제정책을 시행하였다. 저금리 기조정책 유지와 신용카드사용 장려정책을 시행함으로써 소비와 부동산투자를 선호하는 환경을 조장했고, 확장적 통화정책을 지속함으로써 유동성 과잉 현상이 발생하였다.[12] 이로 인해 금융기관 간 대출경쟁으로 가계부채가 급증하였고 신용불량자 수가 급증하였다.[13] 또한 카드사의 부실채권 규모가 증가하여 금융권이 불안하였다.

김대중 정부는 외환위기를 성공적으로 극복했다는 공로는 인정되어야 할 것이다. 그러나 한국경제의 시스템을 개선하지 못했다는 책임을 면할 수 없다. 확대통화 정책과 신용카드사용 장려정책과 같은 경기부양 정책을 썼을 것이 아니라 규제완화와 정부조직의 축소를 통해 과거의 유산인 고비용-저효율의 경제구조를 개혁해야 했다.

(7) 노무현 정부(2003~2007)

김대중 정부의 연장선상에 있었던 노무현 정부의 정책기조는 대중적인 인기영합주의였다. 반시장적, 정부개입적, 복지지향적인 정부정책들이 대거 실행되었다. 규제가 완화되기 보다는 오히려 강화

12) 2002년 3월부터 M3 증가율이 감시범위(8~12%)를 벗어나기 시작하여 13%대를 유지하였다.

13) 가계부채 규모가 1997년 211조 1,663억 원에서 2002년 439조598조 원으로 배 이상 증가했고 신용불량자 수는 1999년 199만 명에서 2002년 263만 명으로 20% 이상 증가하였다.

되었다. 2003년 1월부터 11월까지 전체규제등록 건수 7,791건 가운데 규제폐지 38건, 완화 69건이었던 반면, 신설규제 224건, 강화규제 130건으로 오히려 247건 증가하였다. 그리고 경제관련 규제가 2002년에 비해 참여정부 첫해인 2003년에 137건이 증가하였다. 출자총액제한, 금융계열사 의결권제한, 계좌추적권 등 대기업 억제 정책이 강화되었다. 그리고 정부의 친노성향의 정책으로 노동시장이 더욱 경직되었고 전투적인 노조활동이 급증함으로써 기업하기 어려운 환경이 조성되었다. 작은 정부가 아닌 큰 정부를 지향하였다. 온정주의에 입각한 분배지향적인 복지제도를 지속적으로 확대했고 경기부양과 일자리 창출이라는 명분으로 공공부문을 확장했다.

정부의 씀씀이가 커지다보니 국민의 부담이 크게 증가하였다. GDP에서 조세(국세+지방세)가 차지하는 비중인 조세부담률이 1990년 16.8%에서 2007년 19.6%로 늘었었고, 조세부담률에다 사회보장부담률을 합한 국민부담률은 1990년 18.8%에서 2007년 24.8%로 증가하였다. 국가채무 역시 노무현 정부 들어서서 2003년부터 급격하게 증가했다. 국채를 발행하면 국가의 채무가 늘어나고 국민 부담이 그만큼 더 증가하게 된다. 2002년 GDP 대비 17.6%였던 국가채무가 2003년부터 증가해 2007년 28.7%에 달했다.

이러한 정책의 결과 노무현 정부 들어와서 경제가 침체의 늪에 빠졌다. 2003년에 경제성장률이 3.1%로 하락하더니 집권기간 연평균 성장률이 4.48%로 다른 국가들에 비해 낮았다. 게다가 경제의 기초체력인 잠재성장률이 연평균 5.2%에서 4.3%로 떨어졌다. 또한

2002년 3.2%였던 실업률이 2003년 3.6%, 2004년 3.7%로 상승하였고 집권기간 평균 실업률이 3.54%나 되었다.

경제가 침체하자 정부가 정부지출을 늘리고 2002년 4.25%였던 기준금리를 2003년 4.0%, 2005년 3.2%로 금리를 낮추며 확대 통화정책을 썼다. 본원통화 증가폭이 18조4000억 원으로 역대 정부 중 가장 컸다. 노태우 정부 10조4000억 원, 김영삼 정부 4조4000억 원, 김대중 정부 15조5000억 원이었다. 한편 중앙정부통합재정규모가 2002년 164.3조원에서 2007년 209.8조원으로 27.7% 증가했고, 노무현 정부 기간 동안 총통화공급은 연평균 7.78%로 증가하였다. 그럼에도 불구하고 경기는 살아나지 않았다.

(8) 이명박 정부(2008~2012)

이명박 정부가 들어선 2008년에 경기가 점진적으로 둔화세를 보이더니 미국의 서브프라임 모기지 사태로 글로벌 금융위기가 촉발된 9월부터 급격히 위축되었다. 주가가 2008년 초에 비해 40% 정도 하락하고, 환율이 달러당 1,500원 가까이 폭등하며 국내 금융시장을 경색시켰다. 실물경기가 침체하고 고용사정이 악화되었다. 2008년 3/4분기 실질 GDP 증가율이 0.6%로 0.8%를 기록했던 2/4분기보다 낮았고 2004년 3/4분기 이후 가장 낮은 증가율을 보였다. 3/4분기 취업자 증가는 전년 동기 대비 14.1만 명에 그치고 10월에는 9.7만 명에 머물며 일자리 창출이 부진했다.

정부는 외환시장을 안정시키고 실물경기의 충격을 완화하기 위해 2008년 10월 19일에 '국내 은행의 외화차입에 대한 1,000억 달러 지급보증'과 '300억 달러 규모의 외화유동성 공급확대'를 골자로 하는 1,300억 달러 규모의 금융안정종합대책을 발표하였다. 한국은행은 기준금리를 5%에서 4.25%로, 총액한도대출 금리를 3.25%에서 2.5%로 각각 75bp씩 인하하였다. 그리고 2008년 10월 30일 미국의 연준과 300억 달러 통화스왑계약을 체결하자 외환시장이 빠르게 안정을 찾아갔다.

글로벌 금융위기에 대응하는 정부의 정책과 노력에 힘입어 한국경제는 2009년 들어 빠르게 회복되기 시작하였고, 2010년에는 6.5%의 경제성장률을 기록하며 위기에서 벗어났다. 그러자 인플레이션 압력을 우려해 출구전략 차원에서 2010년 7월부터 2011년 6월까지 5차례에 걸쳐 기준금리를 2%에서 3.25%까지 인상하였다. 그러나 2011년 후반부터 세계경제 여건이 조금씩 나빠지고 우리의 성장률도 기대에 미치지 못했다. 2012년 1/4분기 성장률이 2011년 4/4분기보다 0.1% 포인트 떨어진 0.5%였고, 2012년 2/4분기 성장률이 0.6%이었다. 그러자 한은은 2012년 7월에 기준금리를 3.0%로 인하하였다. 그럼에도 불구하고 3/4분기 성장률은 더욱 낮아져 0.3%에 그쳤다. 실망한 정부는 10월에 기준금리 다시 2.75%로 인하했다. 그 덕분인지 4/4분기 성장률은 0.7%로 올랐다. 그렇지만 2012년 경제성장률은 2.3%에 불과했다.

이명박 정부가 글로벌 금융위기를 맞아 위기극복을 위해 저금리와 통화스왑을 통해 적극적으로 유동성 공급을 하여 금융시장을 안정시킨 것은 높이 평가된다. 그러나 2012년에 경기부양을 위한 저금리 정책보다는 우리 경제의 구조를 개선하는 것이 더 효과적이었을 것이다. 당시 우리 경제가 과다한 규제로 인해 성장 동력이 떨어지고 있었기 때문이다. 그런 측면에서 보면 이명박 정부가 '동반성장'이란 이름으로 기업형 슈퍼마켓 규제, 하도급 거래규제 강화와 납품단가연동제, 중소기업적합업종제도 등을 도입하며 기업환경을 악화시킨 것은 오히려 성장 동력을 훼손한 것이며 저금리 정책으로 2012년 4/4분기 경제성장률이 오른 것은 일시적인 현상이었다. 저금리 정책으로는 한국경제의 성장 동력이 회복될 수 없었다.

(9) 박근혜 정부(2013~2017. 5.)

2013년 박근혜 정부는 '미래성장 동력'과 '창조경제' 기치를 내걸고 야심차게 출발했다. 글로벌 금융위기 여파로 한국경제의 침체가 지속되는 가운데 창조와 혁신을 통해 미래의 성장동력을 발굴하여 높은 경제성장을 실현하겠다는 것이었다. 경제에서 창조와 혁신이 일어나기 위해서는 자유로운 기업환경이 필수적이기 때문에 과거 정부들로부터 악화시켜온 기업환경을 개선하는 것이 급선무였다. 그것을 인식한 박근혜 정부는 출범 초 규제개혁에 매달렸다. 그러나 정부와 정치권은 정쟁(政爭)과 '경제민주화'에 사로잡혀 경제를 활성화하기는커녕 기업 활동을 옥죄는 각종 규제를 쏟아냈다. 결과는 성장률

2.9%라는 초라한 성과였다. 그러자 경제정책 기조를 적극적인 경기 부양으로 전환하며 2014년 8월부터 2016년 6월까지 지속적으로 금리를 인하하여 기준금리를 연 1.25%까지 낮추었다.

그러나 금리를 인하하였지만 경기는 살아나지 않았다. 2014년 경제성장률이 3.3%로 조금 나아지는 것 같았지만 2015년 2.8%, 2016년 2.9% 다시 2%대로 주저앉았다. 실업률은 더욱 악화되어 2012년 3.2%에서 2016년 3.7%까지 증가하였다.

뿐만 아니라 저금리 상태가 지속되자 가계부채가 2012년 963.8조원에서 2016년 말 1,342.5조원으로 폭증했다. 확장적인 재정정책으로 사용하면서 정부부채(중앙정부채무)가 2012년 말 425조.1원에서 2016년 말 591.9조원으로 급증했다. 상황이 이러하자 2016년 4월 갑자기 구조조정과 가계부채 문제를 해결하는 데 막대한 자금이 필요하다면서 한은의 발권력을 동원하는 '한국형 양적 완화'까지 고려했다. 물론 이것은 실현되지 않았지만 기업구조조정에 필요한 재원을 중앙은행의 발권력을 동원하는 것은 대단히 잘못된 발상이었다.

박근혜 정부는 경제 침체에서 벗어나고 성장 동력을 회복하기 위해서는 저금리 정책 등 확대 정책을 쓸 것이 아니라 규제개혁을 통해 한국경제의 체질을 개선했어야 했다. 시장의 활성화와 관계있는 재산권과 자유경쟁을 보호하는 규제를 제외한 기업 활동을 옥죄는 규제들을 완화했어야 했다. 그리고 법인세를 인하하고, 노동시장을 유연하게 만드는 조치를 취해야 했다.

40. 역대 정권별 조세·재정 정책에 대한 평가

이영환

(1) 문제제기

지난 70년 동안 우리 경제는 엄청난 변화를 경험하였고, 그 과정에서 정부의 적극적 역할이 있었다. 우리 경제의 발전을 위한 정부의 이러한 정책은 당시로서는 현실적 여건에서 최선의 선택을 위한 노력의 과정이었다. 그러나 이러한 정책들을 사후적으로 돌이켜 보면, 그 공(功)도 많지만, 과(過)도 없지는 않을 것이다. 이하에서는 조세·재정 정책들을 정부별로 구분하여 주된 정책의 목적과 내용에 대해 시장경제의 입장에서 간략히 사후적인 평가를 한다.[1)]

1) 연도의 구분은 재정운용방향인 예산안 편성을 기준으로 설정하기로 한다. 최규하 전 대통령의 경우 재임기간이 짧을 뿐만 아니라, 10·26사태 이전에 예산안이 편성되어 있었기 때문에 박정희 정부에 포함시켜 살펴본다. 그리고 별도의 정권에 대한 명칭을 사용한 경우를 제외하고는 통상 정부라는 단어를 사용하기로 한다.

(2) 주요 정책에 대한 내용 및 평가[2]

이승만 정부(1948~1960)

당시 전쟁기간이라는 특수한 상황임에도 불구하고, 재정운용 방향은 '원조예산'·'긴축적인 예산편성'·'수지균형'·조세정책 방향은 시장경제원리가 작동할 수 있는 조세제도의 채택으로 정리할 수 있다.

당시의 조세체계 변화는 「조세특례법」과 「토지수득세법」 등 전쟁수행과 세수편의의 관점에서 찾아 볼 수 있다. 평상시 소득세는 '연 1회 과세'하는 종합소득세이지만, 「조세특례법」 제정을 통해 '분기 과세'로 바꾸어 필요경비를 조달하였다.[3] 또한 당시 폐단이 많았던 수매제도를 폐지하고, 지세와 소득세를 흡수하여 현물세로 대체된 것이 토지수득세이다. 토지수득세 도입으로 생산량 문제로 농민들과의 마찰은 크게 줄어들었고, 수매가격이 낮다는 농민들의 불만도 자연히 사라지게 되었다. 뿐만 아니라, 기준생산량 보다 많이 생산한 농가는 그만큼 이익이 되기 때문에 농가들의 생산의욕을 고취시킬 수 있었다. 결과적으로 토지수득세 도입은 시장경제원리를 작동하게 만들어 당시 전시 군량미 확보뿐만 아니라 경제안정에도 큰 기여를 한

---

2) 일반적으로 담당 정권의 조세·재정 정책들을 소개하고, 수행된 정책들에 대한 평가를 하는 것이 바람직하지만, 지면의 제약 등으로 일부 주요 정책들에 대해서만 간단한 내용과 함께 시장경제적 입장에서 평가하기로 한다.

3) 이와 같이 조기에 과세할 때에는 소득의 종합이 어렵기 때문에 소득의 종류별로 과세하는 분류소득과세 체제로 바뀌었고, 이러한 체계는 1954년까지 계속된다.

것으로 평가된다.

한편, 1950년 3월 4일에는 '경제안정 15원칙'을 수립·발표하게 된다. 이를 뒷받침하기 위해 재정은 경비절약, 징세체계 개혁, 귀속재산의 조속한 불하 등으로 세입증대 노력을 경주하였다. 또한 6·25 전쟁기간 중에는 전시재정 충당을 위해 조세의 증수와 전매가격·철도요금 인상 등 내자동원과 함께 전쟁기간임에도 불구하고 지출억제, 수지균형 원칙에 따른 예산운영 등 재정의 불균형 축소를 위한 노력을 경주하였다. 그리고 유엔군 대여금의 예산편입, 원조물자 판매대금의 재정활용 등 제도개편도 추진하게 된다. 이러한 정책들은 어떠한 경우라도 재정만큼은 건전하게 운용하겠다는 의지의 표현으로 높이 평가된다.

제2공화국(1961~1964)

제2공화국의 재정운용 방향은 '경제개발계획 추진예산'·'균형예산'·'자립경제'·조세정책 방향에는 뚜렷한 내용이 없는 것으로 정리할 수 있다.

경제개발 5개년계획의 출발점인 1961년 당시 우리 경제는 1인당 GNP가 불과 82달러 수준이었다. 당시 농림수산업이 우리 경제에서 차지하는 비중(GNP 대비 비중)은 제2공화국 말기인 1964년 43.1%이었고, 고용비중은 무려 63.1%이었다. 1961년 당시 우리 경제는 국민총생산의 97.1%가 소비되고, 고작 2.9%만이 저축되는 상황이었다. 따라서 3% 가까운 당시의 인구증가율로 소득수준의 향상에서 오는 국내수요의 확대를 기대하기는 어려운 상황이었다. 1961년 우리의 수출은 고작 4,100만 달러로 전체 수입액의 14.4% 수준에 불과하였다.

당시는 제2차 세계대전 이후 소위 전염병처럼 제국주의 이론이 퍼져 나가고 있었고, 이러한 영향으로 당시 많은 후진국들은 '내수지향적인 경제개발전략'을 선택하였다. 그러나 제2공화국은 위와 같은 어려운 상황임에도 불구하고, 장기적인 관점에서 '대외지향적인 경제개발전략'을 선택하게 된다. 이러한 선택은 훗날 우리 경제가 소위 '한강의 기적'이라고 불리는 성장을 하게 되는 밑거름이 된 것으로 평가된다.

박정희 정부 1기(1965~1972)

박정희 정부 1기의 재정운용 방향은 '경제개발 지원예산'·'균형예산'·'방위비 예산'·조세정책 방향은 '현대적인 조세제도' 도입 등으로 정리할 수 있다.

1960년대 중반 경제개발을 위한 내자동원체제의 일환으로 현대적인 조세제도의 도입이 본격화된다. 조세의 부과·징수 및 조세행정의 현대화도 이때 본격적으로 추진된다. 구체적으로 1966년 국세청이 개청되고, 내국세 징수액도 1966년에는 전년 대비 66.3%나 증가한 700억 원 규모로 증가하고, 조세부담률도 10.8%로 증가하는 획기적인 변화의 모습을 보이게 된다. 이러한 조세제도의 현대화는 박정희 정부 1기의 경제개발 의지가 많이 반영된 것으로 평가된다.

1960년대 '경제개발 5개년계획'의 추진에는 경제주체들에 대한 많은 유인책이 필요하였다. 그러나 당시의 재정으로는 조세감면 이외에 별다른 유인책이 존재하지 않았다. 성격상 시간이 지날수록 증가할 수밖에 없는 조세감면은 당시 시행규칙으로 규정하고 있었는데, 이를 1965년에 법률(조세감면규제법)로 규제하게 된다. 동법의 입법취지는 조세감면을 억제하자는 것이지만, 경제개발계획에 따라 어쩔 수 없이 점차 확대되어 조세감면을 규제하는 것이 아니라, 소위 '조세감면촉진법'이라고 불릴 정도로 남발하게 된 점은 부정적으로 평가된다.

한편, 1960년대 후반기 재정이 급격하게 팽창하게 되자, '안정 기반구축을 위한 종합대책(1969. 11. 3)'과 '경제안정 12원칙(1970. 1. 7)'이 연이어 발표된다. 그 결과, 1970년도에는 재정규모의 증가는 3.4%, 재정투융자 역시 5.0% 증가에 그치게 된다. 이는 경제개발 초기 일어나기 쉬운 재정인플레이션을 방지하고자 한 노력으로 평가된다.

그러나 박정희 정부 1기 후반기에는 이중곡가제도와 정부수매제도를 도입한다. 이러한 정책은 농민들의 생산원가를 감안하여 시장가격보다 높은 가격으로 구매하고, 소비자에게 수매가보다 낮은 가격으로 판매하는 제도이다. 이러한 제도도입은 시작부터 향후 진통을 예약하는 제도로 시장경제원리에 반하는 정책이라고 평가된다.

박정희 정부 2기(1973~1980)

박정희 정부 2기의 재정운용 방향은 '긴축예산'·'사회간접자본 지원예산', 조세정책 방향은 '부가가치세' 도입 등으로 정리할 수 있다.

당시 경제상황은 석유파동 등으로 어려운 시기에 있었고, 이중곡가제도의 본격적인 실시와 차관도입의 확대 등으로 인해 통합재정수지 적자는 매년 높은 수준으로 지속되었다. 재정적자의 재원은 한은 차입, 국채·해외차관[4]으로 마련되었다. 이러한 통합재정수지의 적자는 단순한 재정적자라는 의미보다는 당시 국정과제인 경제개발전략에 따른 정책적 적자라고 평가된다.

1970년대 세제개편의 백미는 1977년 7월 1일부터 시행된 부가가치세의 도입이다. 부가가치세가 도입되기 이전의 간접세 구조는 물품세 위주의 개별소비세 구조였다. 개별소비세 중 가장 비중이 큰 물품세는 개인소비와 기업소비의 구분이 어려운 여러 제품에 과세가 되고, 중간재도 과세대상에 포함되는 등 과세의 공평성·산업정책적 측면에서 많은 문제점을 가지고 있었다. 또한 최고세율이 무려 200%나 되는 높은 세율 구조일 뿐만 아니라 과세되는 품목이 너무 많아 신규 품목의 추가나 세율인상을 통한 세수증가에 한계가 많았다. 이에 간접세 구조를 단순화하면서도 산업구조에 중립성을 유지

4) 해외차관이 많이 늘어난 이유는 매년 늘어가는 무역수지 적자를 보전하고, 주요 국책사업의 추진전략으로 조건이 좋은 세계은행 등 장기 저리의 공공차관을 많이 도입했기 때문이다.

하고, 세수증대에 기여할 수 있도록 부가가치세를 도입하게 된다.

부가가치세가 도입된 지 41년이 지난 현재는 완전히 제도가 정착된 것으로 평가된다. 물론 시행과정에서 다소의 부작용이 있었음에도 불구하고, 세수증대, 수출·투자의 촉진 등 많은 긍정적인 효과가 있는 것으로 평가된다.

전두환 정부(1980~1988)

전두환 정부의 재정운용 방향은 '안정화'·'영점예산'·'경제성장률 미만의 예산증가율', 조세정책 방향은 '조세감면 정비'·'교육세' 도입 등으로 정리할 수 있다.

전두환 정부 시절에 인력개발을 위한 교육투자의 긴급성을 바탕으로 교육세가 신설된다. 그리고 공평과세와 조세의 중립성을 도모하기 위해 특정산업지원제도에서 기능중심 산업지원체제로 전환된다. 그 결과, 특정산업지원육성법들이 정비가 되고, 조세감면을 기능중심의 간접감면으로 전환하는 등 조세감면제도가 전면 정비가 된다. 따라서 과거 선별적 특정산업지원제도에서 기능중심적 지원으로의 전환은 특정산업과 상관없이 동일한 기능을 수행하는 경우 동일한 지원을 받을 수 있는 제도변화이다. 이러한 변화는 산업의 선정을 정부가 아닌 시장을 통하여 이루어지게 하는 것으로 큰 의미가 있다고 평가된다.

한편, 전두환 정부의 경제정책의 기본은 안정과 자율을 양축으로 하고 있다. 안정과 자율의 경제운영이란 바로 시장경제의 운영의 의미한다. 즉, 지금까지 정부주도의 경제운영에서 시장경제의 기본인 안정과 자율을 선택함으로써 경제운영의 큰 틀이 변화되었다고 평가된다. 이러한 안정화정책을 달성하기 위해서 통화의 긴축운용과 금융산업의 발전방안을 강구하고, 재정운용을 제로베이스에서 다시 시작하도록 함으로써 재정의 건전성을 확보하는 작업을 한 것은 높이 평가된다.

노태우 정부(1989~1993)

노태우 정부의 재정운용 방향은 '민주화'·'재정기능 회복'·'근로시간 단축', 조세정책 방향은 '종합토지세'·'토지초과이득세' 등의 도입으로 정리할 수 있다.

서울올림픽 이후 1989~90년에는 부동산 투기가 극성이었다. 과거 1978년에도 부동산 투기억제를 위한 종합대책이 발표된 적이 있었다. 당시의 부동산 투기는 경제호황 이후의 투기이었으므로 거래를 줄이는 제도(거래허가제, 양도소득세 강화 등)가 시행되었다. 그 이후 전두환 정부의 경제안정화시책의 추진으로 부동산 거래는 감소하였다가 정치의 민주화 과정에서 다시 기승을 부리게 되었다. 이에 부동산 투기억제를 위해 토지공개념 도입을 천명하고, 종합토지세, 토지과다보유세, 토지초과이득세 및 공한지세 등을 제정·개정하였다. 그리고 시장이 실패한 주택시장에 분당·일산 등 신도시를 건설하는 공급확대 정책이 시행되었는데, 이러한 점은 긍정적으로 평가된다.

당시의 경제성장 속도는 연평균 12~13%에서 1989년부터 7~8%

로 급속히 감소되었다. 10%대의 고성장에 익숙하였던 국민들의 체감경기는 매우 커질 수밖에 없었다. 수출은 부진하고, 대신 높은 가계소득 증가에서 유발된 주택수요에 맞추어 경제성장은 내수중심으로 변화되고 있었다. 서울올림픽 이후 경기는 하강하고, 부동산 투기, 급격한 소비확대 등으로 물가는 오르는 소위 '스태그플레이션' 현상이 나타나기 시작하였다. 또한 근로자들은 근로보다는 여가를 즐기는 분위기로 삶의 질에 대한 관심이 높아져만 갔다. 이에 1989년 법정근로시간을 주당 48시간에서 44시간으로 단축하게 된다. 실제 근로시간인 주당 52시간과 비교할 때, 주당 44시간의 법정근로시간은 큰 격차가 있다. 그러니 일을 하려는 의지보다는 복지욕구 충족을 위한 투쟁성 스트라이크에 자연 관심을 가지게 되고, 그런 분위기 하에서는 생산성은 제고될 수 없어, 우리 경제의 국제경쟁력은 상실되어갈 수밖에 없었다고 평가된다.

문민정부(1994~1998)

문민정부의 재정운용 방향은 '세계화'·'금융자유화'·'사회간접자본 지원예산', 조세정책 방향은 '관세제도 정비'·'부가가치세 정비'·'납세자보호' 등으로 정리할 수 있다.

문민정부 때는 단일관세제도를 도입하고, 수출입 면허제도와 수출환급제를 폐지하는 등 관세제도와 관련하여 정책전환이 이루어졌다. 따라서 과거 산업보호에 초점이 맞추어져 왔던 관세체계가 보다 조세 중립적인 제도로 변환하게 되었다. 이는 그 후 관세의 중립적 위치기반을 만드는 시초가 되었다고 평가된다. 또한 과거 세목별 행정조직에서 기능별 조직으로 전환하여 세무행정의 투명성을 제고하고, 조세심사청구제도의 복잡성을 간소화시켜 조세행정의 편의를 도모하였다. 그리고 상속세·소득세 등에 대한 세율인하와 많은 부작용을 초래하였던 부가가치세 과세특례제도를 간이과세제도로 전환시킨 점은 높이 평가된다.

문민정부는 과거 정부가 도입하였지만, 실시하지 못하고 있던 금융실명제를 전격 실시하는 과단성을 보였다. 그러나 금융개발이라는 명분으로 전문성이 부족한 단자회사를 종금회사로 전환시켜, 국제금융업을 영위하도록 허용하는 운영의 미숙함도 있었다.[5] 결국 단자회사의 무분별한 해외투자는 훗날 동남아시장의 자금 미스매치에 의한 큰 손실을 가져오게 되고, 1997년 말 외환위기를 촉발하는 하나의 원인이 된 점은 부정적으로 평가된다.

그러나 1997년 말 IMF와 대기성차관협정을 맺기 이전 우리 경제의 거시지표들은 나쁘지 않았다. 여전히 6%가 넘는 경제성장률, 5% 이하의 물가상승률, GDP의 2% 미만의 국제수지 적자, 30%가 넘는 국내저축률, 건실한 재정구조 그리고 지난 3년간 큰 변화 없이 유지된 실질환율 등 소위 경제의 기본 틀은 그리 나쁘지 않은 상황으로 평가된다.

---

5) 지금까지 국내금융시장에서 어음할인을 주업으로 단기금융업을 하여온 이들은 해외시장에서 자본거래를 해 본 경험이 없었다. 이들이 잘 알지 못하는 해외시장에서 외형상 싼 단기금융상품을 기채하여 그것을 장기투자에 사용하는 무모함을 저지르고 말았다.

국민의 정부(1999~2003)

국민의 정부 재정운용 방향은 '빅딜'·'구조조정 지원예산'·'생산적 복지예산',·'벤처기업 지원예산', 조세정책 방향은 '지방재정'·'조세감면규제법 개정' 등으로 정리할 수 있다.

국민의 정부 때에는 구조조정 지원을 위한 세제개혁이 많이 추진되었다. 「법인세법」은 3번이나 개정되었고, 기업합병을 위해 합병차입의 과세이연이라는 제도도 만들어졌다. 그리고 「조세감면규제법」도 5번이나 개정되었다. 구조조정을 위한 사업의 양수도 시에는 부동산에 대한 세금이 부과되는데, 구조조정 촉진차원에서 단순 명의변경의 경우 세금이 부과되지 않도록 조정하였다. 그러나 이러한 일련의 세제지원 조치들은 사전준비 부족으로 적기에 구조조정 시스템을 구축하는데 실패한 것으로 평가된다.

한편, IMF 당시 단기외환의 '롤 오버' 과정에서 담당 관료들의 전문성 부족으로 적정금리 이외에 상당수준의 스프레드를 더해 주면서 연장을 하는 미숙함도 있었다.[6] 채권자들은 원금 확보도 어려운 상황에서 추가금리 뿐만 아니라 스프레드까지 얹어주는 보기 드문 대우를 받게 된 것이다.

당시 정부는 IMF와의 협의과정에서 여러 부문에 걸친 정책합의를 하게 된다. 많은 부문이 전문적인 정책권고이고 합리적이었지만, 일부는 우리 경제의 발전단계에서 적합하지 않은 것들도 있었다. 그러나 당시 관료들의 전문성 부족과 현실의 다급함이 집행상 적지 않은

6) 이형구·전승훈, 『조세·재정정책 50년 증언 및 정책평가』, 한국조세연구원, 2003.

시행착오를 불러오게 된다. 특히, 금융기관의 8% BIS 비율은 지나친 안전장치로 많은 금융기관들이 문을 닫게 되었다. 노동시장 개혁요구는 노동시장의 탄력성 확보차원에만 치우치게 되어, 우리 사회에 습성화되어 있는 불법행위를 근절할 제도적 장치마련의 절호의 기회를 놓친 것은 두고두고 아쉬운 점으로 평가된다.

참여정부(2004~2008)

참여정부의 재정운용 방향은 '동북아 물류기반 구축예산'·'국가재정운용계획', 조세정책 방향은 '종합부동산세'·'지방재정' 등으로 정리할 수 있다.

전두환 정부부터 강력한 경제안정화정책이 시행되었고, 그 중요한 수단으로 강력한 재정긴축이 이루어졌다. 상대적 재정규모는 1980년대 후반에 15%대까지 축소되었다. 이러한 긴축정책으로 물가안정은 달성되었지만, 재정본연의 기능은 크게 위축될 수밖에 없었다. 1980년대 후반 당시 가장 큰 경제·사회 문제로 대두된 것은 비용이 큰 폭으로 상승한 물류문제를 해결하기 위해 SOC를 확충하는 문제였다. 이러한 상황에서 문민정부는 조세부담률을 제고하면서 재정지출을 비교적 빠르게 증가시키는 정책기조를 채택하였다. 그리고 이러한 정책기조는 참여정부 기간에도 지속되었다.

참여정부의 조세부담률은 문민정부 이래 지속적으로 높아졌고, 이에 상응하는 재정의 확대도 이루어졌다. 이 기간 동안 세입과 세출은 추세적으로 경상GDP보다 빠르게 증가하였지만, 세입과 세출의 동시 확대가 이루어진 결과 재정수지는 생각보다 건전하게 관리된 것으로 평가된다. 문제는 국가채무가 참여정부기간 동안에 가장 빠른 속도로 늘어났다는 점이다. 복지지출은 국민의 정부와 참여정부 모두 빠르게 증가하였고, 그 증가율이 무려 연평균 10.1%를 기록하여 향후 우리 재정의 큰 부담으로 작용할 가능성이 높은 것으로 평가된다. 그러나 예산편성제도와 관련하여 이 시기에 하향식(top-down) 제도가 도입되어 전략적 재원배분을 뒷받침할 수 있었다는 점은 제도적 개선으로 평가된다.

이명박 정부(2009~2013)

이명박 정부의 재정운용 방향은 '녹색성장 예산'·'4대강 살리기 예산', 조세정책 방향은 친기업정책인 '감세정책' 등으로 정리할 수 있다.

이명박 정부는 2008년 소득세, 법인세, 종합부동산세 등의 세율을 인하하는 친기업정책인 감세정책을 시행하게 되면서 이전의 정부들과 다른 기조로 재정을 운용하게 된다. 이러한 감세정책의 결과, 조세부담률과 국민부담률은 이전의 정부들과 다른 변화 추이를 보이게 된다.

이 시기에 조세부담률은 0.8%p 하락하고, 국민부담률은 0.1%p 하락하였다. 이러한 세입정책 기조는 저출산·고령화 등으로 재정수요가 급증하고 있고, 이를 건전재정의 대원칙 하에서 수용해야 한다는 점 등에서는 다시 한 번 생각해 볼 필요가 있는 것으로 평가된다.

감세정책은 친기업정책이라는 점에서는 높은 평가를 받을 수 있지만, 단기적으로는 재정건전성과 세출운용에 악영향을 미치게 된다. 그러나 장기적으로는 재정건전성에 어떤 영향을 미치게 되는지에 대해서는 의견이 상반될 수 있다.

문제는 이명박 정부는 출발부터 작은 정부를 천명하였지만, 결과적으로는 재정규모가 경상성장률 이상으로 증가되었다는 점이다. 이는 이명박 정부 초기 경기부양과 글로벌 금융위기에 대한 대응, 그리고 재정수요의 구조적 증가 등의 요인으로 설명할 수 있다. 복지지출의 GDP 대비 비중은 참여정부와 마찬가지로 이 시기에 1.0%p씩 증가하였다. 따라서 세입감소, 세출증대라는 정책의 결합 자체는 단기적으로 재정수지의 악화를 가져오게 된 것으로 평가된다.

박근혜 정부(2013~2016)

박근혜 정부의 재정운용 방향은 '증세 없는 복지확대'·'창조경제 예산', 조세정책 방향은 '비과세·감면 정비'·'증세' 등으로 정리할 수 있다.

박근혜 정부의 조세·재정 정책기조는 한 마디로 '증세 없는 복지확대' 기조이다. 여기서 '증세 없는' 방안이란 '세율인상이나 세목 신설 없이' 재원을 조달하겠다는 것이다. 이러한 '증세 없는' 조세정책기조는 세출운용면에서 이례적이고 비정상적인 결과를 가져왔다.

박근혜 정부에서 총지출의 GDP대비 비중은 지속적으로 하락해서 2016년에 23.4%까지 하락하였다. 이승만 정부 이래 우리나라는 조세·재정 운용측면에서 항상 작은 정부를 운영해 왔던 우리 현실에서 이처럼 '더 작은 정부'와 박근혜 정부의 '복지국가' 및 '생애주기별 맞춤형 복지' 정책기조는 부합할 수 없다고 평가된다. 더욱이 박근혜 정부에서의 많은 비과세·감면 조항이 정비되어, 실효세율이 많이 올라갔다. 그러나 박근혜 정부는 '증세 없는 복지' 프레임에 갇혀 세수 증대라는 건전재정의 토대마련을 구축하였다는 평가를 스스로 부인하는 결과가 되었다.

(3) 맺음말

우리나라의 조세·재정 정책의 변천과정을 보면 다음과 같은 특징을 가지고 있다. 첫째, 건국 이후 1950년대 외국 원조중심으로 균형예산 편성 후 경제와 산업에 집중 투입하였다. 둘째, 1960~1970년대 경제개발을 목표로 사회간접자본과 재정투융자를 확대하였다. 물론 한때마나 엄청난 방위비의 증가가 있었다. 셋째, 1980년대 건전재정 원칙 아래 보수적으로 재정을 운영하였고, 사회개발비 비중이 증가하지만, 경제를 안정화시켰다. 넷째, 1990년대 사회안전망 등 복지 분야 지출이 확대되었고, 금융시스템 복원을 위한 공적자금이 투입되었다. 다섯째, 2000년대 이후 국가재정운영계획 수립, 성과중심의 재정시스템 구축, 프로그램 예산제도의 활용, 발생주의 회계제도의 도입 및 디지털예산회계시스템 구축 등 다양한 재정제도의 개혁을 수행하였다.

이와 같은 조세·재정 정책에 대한 정권별 평가는 정책결정자에게 정책수립과 기업의 의사결정에 도움을 주고, 우리 국민에게는 우리나라의 조세·재정 정책에 대한 이해를 돕는 기회를 줄 수 있다는데 의미가 있다.

41. 역대 정부별 노동시장정책 평가

박동운

한국 노동시장은, '노동공급이 무제한적(unlimited labor supply)'이었던 1960년대부터 1997년 IMF 관리체제 이후 실업률 최악을 기록한 문재인 정부 2018년 전반기까지 참으로 굴곡 많은 역사를 지니고 있다. 이를 '역대 정부별 노동시장 정책 평가'라는 제목으로 정리한다.[1] 박정희 정부 이전의 노동시장 정책은 사실상 없다고 봐도 무방하다.

(1) 박정희 정부 : 고도성장 이룩하여 '무제한적 노동공급' 해소 발판 마련

박정희 대통령은 쿠데타로 정권을 잡고, 1963~1979년간 5~9대

1) 박동운, 『노동시장 개혁은 슈뢰더처럼, 대처처럼』, 한국경제연구원, 2016, 177~218쪽.

대통령을 역임했다. 이 기간은 '저임금과 노동 탄압'으로 표현될 수도 있을 것이다. 한국도 영국, 스웨덴 등 많은 선진국들처럼 '저임금과의 투쟁'을 경험했다. 그런데 한국에서도 저임금은 무제한적 노동공급의 산물이었지 노동탄압의 결과는 아니었다고 보는 것이 옳을 것이다. 1960~1980년대에 걸쳐 한국의 노동탄압은 안보상 '필요악'이었을 것이다. 무제한적 노동공급은 박정희 정부가 이룩한 연평균 9.4%의 고도성장에 힘입어 1980년대 중반부터 빠르게 해소되었다. 2018년 7월 현재 한국에서는 '고임금'을 얘기하지 '저임금'을 얘기하는 사람은 어디에서도 찾아볼 수 없다.

(2) 전두환 정부 : 기업별 노조 허용

전두환 대통령은 박정희 대통령 시해(弑害) 사건을 계기로 정권을 잡았다. 그래서였을까? 전두환 대통령은 노조를 허용한 최초의 대통령이다. 전두환 대통령은 일본식 '기업별 노조' 도입을 허용했다. 노조조직 형태는 직업을 중심으로 하는 '전교조' 같은 직업별노조, 산업을 중심으로 하는 '금속노조' 같은 산업별노조, 기업 자체가 중심이 되어 거의 모든 기업에서 조직되어 있는 기업별노조로 나누어진다. 이 가운데 기업별노조는 노사분규가 발생할 때 해법을 찾기가 가장 쉽다는 이점이 있다. 기업별노조는 일본이 본산(本山)이다.

(3) 노태우 정부 : 노동시장 무정책

(4) 김영삼 정부 : 반발로 꺾인 노동시장 개혁의지

김영삼 대통령은 문민정부 탄생, 부패와의 전쟁, 역사 바로 세우기, 금융실명제와 부동산실명제 도입 등 역대 정부 가운데 가장 폭넓은 개혁정책을 추진했다. 노동시장 개혁을 보자.

영국, 뉴질랜드, 아일랜드 등이 1980년대에 구조개혁을 추진했던 것처럼 김영삼 대통령도 1990년대 초에 정권을 잡자마자 구조개혁을 추진했고, 그 일환으로 1996년 4월에 '신노사관계' 구상을 발표했다. 김영삼은 '노사관계개혁위원회'를 도입하여 노동관계법 개정을 시도했다. 주요 내용은 '변형근로시간제와 정리해고제 입법화, 파업 요건 강화, 무노동무임금 법제화, 노조전임자 임금 지급 금지' 등이었다. 이는 이전 역대 정부 가운데 가장 폭넓은 노동개혁이었다.

이를 놓고 당시 김대중 대표가 이끈 야당 평민당과 노동계가 거세게 반발했다. 김영삼 대통령이 이끈 여당 신한국당은 1996년 12월 16일에 이들 법안을 단독으로 날치기 통과시켰다. 그러자 야당 평민당과 노동계가 총파업투쟁으로 맞섰다. 이에 밀려 김영삼 대통령은 노동관계법 개정을 백지화시키고 말았다. 김영삼 대통령의 노동개혁은 의지만 보여준 채 성과 없이 끝나고 말았다. 김영삼 정부의 노동개혁이 계획대로 추진되어 성공했더라면 한국은 노동시장이 유연한 나라가 되어 한국경제는 지속적으로 성장했을 것이다.

(5) 김대중 정부 : 정리해고법 도입으로 정규직 과보호

한국경제가 외환위기로 1997년 12월 3일에 IMF 관리체제에 들어갔다. IMF는 구제금융을 제공하는 조건으로 김대중 대통령 당선자에게 구조개혁 추진을 권고했다. 김대중 대통령은 노동, 기업, 공공, 금융을 대상으로 소위 '4대 경제개혁'을 추진했다. 이 중 노동개혁을 언급한다.[2)]

김대중 대통령은 민노총과 전교조를 먼저 허용한 후 '노사정위원회'를 구성하여 1998년 2월에 60개 항에 이르는 '국민적 합의' 사항을 이끌어냈다. 이 과정에서 노동시장 개혁과 관련하여 정리해고법과 28개 업종에 한정된 근로자파견법이 도입되었다.

그런데 김대중 대통령의 노동시장 개혁은 출발부터 문제점을 안고 있었다. 김대중 대통령은 김영삼 대통령이 노동개혁 추진을 위해 도입한 '노사개혁위원회'를 놓아둔 채 '노사정위원회'를 도입했다. 이를 놓고 전문가들은 '옥상옥(屋上屋)'이라고 비판했다. 노사정위원회는 노·사·정·공익 위원으로 구성된 조합주의(corporatism) 성격을 띠고 있어서 이익이 다른 집단들의 견해를 통합하기란 쉽지 않다. 실제로 노사정위원회의 한 구성체인 민노총은, 김대중 정부가 '정리해고법'을 도입했다는 이유로 1998년 2월 1기 노사정위원회에 한 번만 참석했을 뿐 노사정위원회를 떠나 20여 년 동안 외곽을 감돌며 노사분규만 일으켰다. 김대중 대통령의 노사정위원회는 문재인 정부에

2) 박동운, 『위기의 한국 시장경제가 돌파구다』, 월간조선사, 2005, 171~274쪽.

이르기까지 역할다운 역할을 하지 못했다.

여기에다 김대중 대통령이 도입한 정리해고법은 정규직 과보호를 불러와 한국 노동시장을 경직시킨 주범으로 평가된다. OECD는 1998년에 회원국들의 고용보호 수준을 평가했는데, 한국은 정규직 해고가 어렵기로 OECD 국가 가운데 포르투갈에 이어 2위였다. 근로기준법 제23~26조 및 관련 시행령을 들여다보면, 한국에서 정규직 해고란 사실상 '그림의 떡'이다. 근로기준법에 따르면, 정규직을 해고하려면 다음과 같은 조건을 충족해야 한다. 첫째, 해고에서 '경영상의 이유'가 있어야 하는데, 이는 해석에 따라 이현령비현령(耳懸鈴鼻懸鈴)이다. 둘째, 노조와의 성실한 협의가 있어야 하는데, 조합원 해고를 허용할 노조가 어디에 있겠는가. 셋째, 고용노동부장관의 허가를 받아야 하는데, 해고를 쉽게 허용할 장관이 어디에 있겠는가. 넷째, 고충수당을 지급해야 하는데, 한국은 다른 나라에 비해 고충수당이 많은 편이다. 다섯째, 해고 50일 전에 통보해야 하는데, 이는 다른 나라와 비교해서 별로 문제 되지 않는다.

김대중 대통령이 도입한 정리해고법은 '경영상의 이유'로 인한 집단해고가 법적으로 허용된 것이라고는 하나 그것은 기존 판례를 명문화한 것이었을 뿐 실제에 있어서는 집단해고의 요건과 절차를 더욱 강화시킨 결과만 가져왔다. 그런데도 민노총은 김대중 대통령이 정리해고법을 도입했다는 이유로 1998년에 노사정위원회에 한 번만 참석했을 뿐 그 후로는 20여 년 동안 외곽만 돌면서 노사분규를 주도해 왔다. 어떻든 김대중 대통령은 한국 노동시장 경직화를 불러온 최초의 대통령이다.

(6) 노무현 정부 : '비정규직 보호법' 도입과 노조천국

노무현 대통령은 정부 출범과 함께 한국을 노조천국으로 만들었다. 노무현 대선 후보는 '한국은 사용자에 비해 노동자의 힘이 약하다'며 노동자의 힘을 실어줬고, '한국은 근로자의 56%가 비정규직이다'며 비정규직 보호를 내세웠다. 이를 계기로 2003년 2월 노무현 정부 출범과 함께 민노총은 '비정규직 정규직화' 등을 내세워 대한민국을 노조천국, 파업공화국으로 만들었다.[3)]

비정규직 보호법은 당시 여당인 열린우리당도 도입을 꺼려했지만 노무현 대통령이 이를 2006년에 가까스로 도입하여 2007년부터 효력을 발생하게 되었다. 비정규직 보호법은 근로자가 비정규직으로 2년간 일하면 자동으로 정규직으로 전환되는 법으로, 이는 김대중 대통령이 도입한 정리해고법과 함께 한국 노동시장 경직화에 박차를 가했다. 노무현 대통령이 정치이슈로 내세워 비정규직 보호법을 도입했지만 비정규직은 2007년 7월 법 도입 이후 현재까지 감소하기는커녕 오히려 증가만 해왔다. 비정규직은 법 도입 아닌 경제 살리기로 해결해야 할 이슈다. 비정규직 이슈로 시끄러운 나라는 지구상에서 오로지 한국뿐이다.

노무현 정부가 들어서자 실업이 증가했다. 이를 해결하기 위해 노

3) 박동운, 『한국 노동시장, 지금 어디로 가고 있는가』, FKI미디어, 2003, 249 ~283쪽.

무현 정부는 공공, 복지, 교육 등에서 소위 '사회적 일자리'를 만들어 갔다. 그러나 '사회적 일자리'는 7조 원 가까운 세금만 삼키고 노무현 정부 퇴진과 함께 말끔히 사라졌다.

(7) 이명박 정부 : 의미 있는 정책이 없는 노동시장 개혁

이명박 정부는 노무현 정부 말기에 마련된 '사회적 기업을 통한 일자리 창출' 정책을 이어받아 추진했다. 일부 사회적 기업은 지금도 남아 있지만 사회적 기업의 일자리 창출 기여는 그다지 크지 않은 것으로 알려져 있다.

이명박 대통령은 노동시장 개혁에 관심을 두지 않았으나 정권 말경인 2007년에 30여 개 항목에 걸친 비정규직 보호법을 도입하여 노동시장 경직화에 일조했다. 그 내용의 하나는, 파견근로가 불법으로 밝혀질 경우 원청업자가 파견 근로자를 정규직으로 채용해야 한다는 것이었다.

(8) 박근혜 정부 : 거센 반대에 막힌 무(無)실적

박근혜 대통령은 대선 후보 때 '70% 고용률-70% 중산층'을 내세워 일자리 만들기에 전력투구했으나 이렇다 할 성과가 없다. 정권 3년차에 들어 공공·교육·노동·금융개혁을 추진하려 했으나 당시 야당 민주당과 노조의 거센 반대에 부딪혀 한 치도 나아가지 못했다. 박근혜 대통령은 2016년 말경에야 '저성과자 해고와 취업규칙 변경' 관련법을 도입했으나 2017년에 문재인 대통령이 정권을 잡자마자 박근혜 정부의 노동시장 개혁을 백지화시켜 박근혜 대통령의 노동시장 개혁 성과는 찾아보기 어렵다.

박근혜 정부에서 한 대법관이 보너스, 교통비 등과 같이 '정기적, 일률적, 고정적'으로 지급되는 임금은 '통상임금'에 포함되어야 한다고 판결함으로써 이와 관련된 노사분규가 한 때 줄을 이었다. 사용자 측은 일시에 임금비용이 상승하여 경영상 어려움에 처했으나 노조는 임금 상승을 환영했다. 이 이슈는 아직도 매듭이 지어지지 않고 있다.

(9) 문재인 정부 : 사회주의로 가는 노동시장 정책

문재인 대통령은 대선 후보 때부터 '일자리 창출'을 최우선정책과제로 내세웠다. 그러나 문재인 정부의 노동시장 정책은 노동시장 경직화를 불러와 일자리를 만들기는커녕 오히려 소멸시키기만 했다. 문재인 대통령은 박근혜 정부의 노동개혁 백지화, 최저임금 대폭 인상, 비정규직 제로 추진, 소득주도 성장, 공공부문 인력·공무원 81만 명 증원, 최저임금 후유증을 세금으로 해결, 노사정위원회를 '경제사회노동위원회'로 확대 개편, 주 52시간 근로제 준수 등 여러 가지 정책을 일시에 도입하여 노동시장 경직화를 부추겼다. 문재인 대통령의 노동시장 정책은 이 글을 쓰는 시점에서 중요한 사회경제 이슈로 등장해 있어서 폭넓게 다루기로 한다.

공항공사의 비정규직의 정규직화 선언

문재인 대통령은 대선 공약의 하나로 '비정규직 제로'를 선언했다. 대통령 당선 직후 문재인 대통령은 공항공사로 달려가 비정규직 정규직화를 지시했다. 정책 추진이 지연되자 얼마 후 민노총이 공항공사를 찾아가 문재인 대통령의 공약 실천을 촉구하기도 했다. 공공부문의 비정규직 정규직화는 비교적 진척이 잘 이뤄졌다. 이 결과 '신의 직장'으로 일컫는 공기업 일자리는 청년들에게 앞으로 '그림의 떡'이 될 것이다.

공공부문 인력과 공무원 81만 명 채용

문재인 대통령은 대선 후보 때 공공부문 인력과 공무원으로 81만 명을 채용하겠다고 공약했다. 그리고 여기에 들어가는 예산은 4조 원이라고 발표했다. 그러나 4조 원은 잘못된 액수이고 40조 원이 맞다고 필자가 지적했다.[4] 그런데도 문재인 대통령은 끝내 잘못을 시인하지 않았다. 어떻든 정부가 공공부문과 공무원에서 사회주의처럼 일자리까지 관리하게 된다면 청년들은 '고용절벽'에 가로막혀 좌절하게 될 것이다.

---

4) 박동운, "문재인 후보의 셈법, 81만 명 채용에는 세금 40조 원이 드는데 4조원이라!", (조선pub 칼럼), 2017. 4. 21

청와대에 '일자리 상황판' 설치

문재인 대통령은 역대 어느 대통령보다도 일자리 창출에 깊은 관심을 쏟고, 취임 직후 '일자리위원회'를 도입하면서 청와대에 '일자리 상황판'을 설치했다. 그런데 '일자리 상황판'은 과문인지는 몰라도 한 번도 국민들을 향해 작동하지 않았다. 빈약한 콘텐츠 때문이리라.

소득주도 성장정책 도입

'소득주도 성장' 정책은 대선 캠프에 참여한 한 부경대 경제학과 교수의 제안을 받아들여 문재인 대통령이 추진한 것으로 알려져 있다. 소득주도 성장을 정책으로 받아들인 데는 치명적 결함이 있다. 경제학은 결코 화학 같은 실험실의 학문이 아니다. 따라서 소득주도 성장은 허구다. 스위스가 '전 국민에게 기본소득 2500스위스프랑(한화 약 275만원)을 지급하는 소득주도 성장' 실험을 놓고 2016년에 국민투표를 실시했는데, 부결(찬성 23%)되었다. 핀란드가 2018년 4월 23일에 실험 중인 기본소득제(소득주도 성장) 시범사업을 중단한다고 발표했다. 핀란드는 기본소득제를 전국적으로 확대하려면 소득세를 30%나 더 올려야 하므로 '기본소득제 실험'을 중단하게 되었다고 발표했다. 소득주도 성장은 지금 캐나다, 미국, 인도의 일부 주(州)에서만 실험 중이고, 한국에서만 전국적으로 실험 중이다. 경제학은 실험의 학문이 아니기 때문에 소득주도 성장이 성공할 가능성은 전혀 없다.

최저임금 2020년까지 1만 원 공약과 2018년 16.4% 인상

최저임금을 지나치게 많이 올리면 저임금 일자리가 감소하게 된다는 것은 모든 경제원론 교과서에 실려 있다. 아니나 다를까. 2018년 최저임금을 16.4% 올린 바람에 저임금 일자리가 사라지고, 영세업자들이 임금 인상을 감당하지 못해 줄폐업하고, 최저임금 관련 상품가격이 줄지어 오르고, 중소기업이 해외로 이전하고, 소득 하위계층의 소득불평등이 심화되고, 추경예산으로 어려움에 처한 중소기업을 돕는 부작용이 발생했다.

최저임금의 지나친 인상은 어떤 결과로 나타났을까? 실업률 증가다. 문재인 정부 2년차에 실업률이 1997년 IMF 사태 이후 최고치를 기록한 것이다. 이런 여건에서 보너스 등이 최저임금에 포함된 새로운 산정 기준을 바탕으로 2019년 최저임금이 전년도에 비해 10.9% 오른 시간당 8,350원으로 확정되었다. 이를 놓고 문재인 대통령은 '1만 원으로 올리지 못해 미안하다'고 말했고, 노조는 너무 적게 올렸다고 파업카드를 꺼내들었다. 최저임금 대폭 인상으로 한국경제의 하부구조가 지금 송두리째 무너지고 있다.

노조 출신만의 노사관련 조직 인력 구성

고용노동부장관을 비롯하여 노사정위원회 위원장, 일자리위원회 부위원장, 한국산업인력공단 이사장, 한국폴리텍대 이사장, 노사발전재단 사무총장, 한국공항공사 공항버스 사장 등이 모두 노조 출신들이다. 한국은 노조의 지배를 받는 나라가 되고 말았다.

노조 출신으로 경제사회노동위원회 구성

노사정위원회는 청년·여성·비정규직·중견기업·중소기업·소상공인 등으로 참여 주체를 확대하여 '새로운 사회적 대화 기구'라는 명분을 내세워 명칭을 '경제사회노동위원회'로 바뀌었다. 김대중 대통령은 '노사정위원회'를 '헌법' 위의 상위기관으로 우대하여 경제·사회 문제를 해결하려고 했는데, 문재인 대통령은 김대중 대통령보다 더할 것 같다. '경제사회노동위원회' 구성 멤버인 '공익위원'도 모두 노동계 출신이어서 앞으로 '사회적 합의'를 얻는 데 막힘이 없을 것이다. 이제 한국은 노조가 세운 '노조천국'을 넘어 문재인 대통령의 주도로 '사회주의'로 가는 데 막힘이 없을 것 같다.

세금으로 일자리 창출

문재인 대통령은 여러 차례 세금 풀어 청년 일자리를 지원하겠다고 발표했다. 그 중 하나는, 중기(中企)에 이미 취업한 34세 이하 청년들에게 4년간 매년 1인당 1035만 원 이상을 지급하고, 신규채용 기업의 청년에게 1인당 중소기업은 3년간 매년 1000~1100만 원, 중견기업은 3년간 매년 700만 원, 대기업은 2년간 매년 300만 원 세금을 깎아준다는 것이다. 세금으로 근로자 임금을 이렇게 보조하는 나라는 지구상에서 찾아볼 수 없다. 이는 역사 속으로 사라진 사회주의 국가에서나 있을 법한 일이다.

52시간 근로로 인력난 가중

'주 52시간 근로'는 근로기준법에 명시되어 있는 조항으로, 그 실시는 당연하다. 이 이슈는 박근혜 정부에서 논의되었는데, 정부 측은 유예기간을 둘 것을 제안했으나 노조는 즉각 실시를 주장하여 합의를 못 본 채 문재인 정부로 넘어왔다. 문재인 정부는 노조 측의 주장대로 즉각 실시했다. 충격 완화 차원에서 유예기간을 두었어야 한다. 이는 인력난을 가중시켜 중소기업 경영을 더욱 어렵게 만들었다.

최저임금 산정에 불만 품은 민노총 파업

민노총은 최저임금 산정에 보너스 등이 포함되어 최저임금이 오히려 줄어들었다고 저항하면서 '경제사회노동위원회' 불참을 통보하고, 파업카드를 꺼내들었다. 문재인 대통령은 노조와의 동침(同寢)이 쉬워 보이지 않는다. 그래서 한국은 노조천국으로 가고 있다.

(10) 노동시장 정책 평가

지금까지 역대 정부별 노동시장 정책을 평가했다. 한 마디로, 역대 정부별 노동시장 정책은 대부분 규제로 일관되어 왔다. 이 결과는 어떻게 나타났을까? 지속적인 노동시장 규제 심화다. 프레이저 인스티튜트가 해마다 발표하는 '노동시장 규제' 순위가 이를 말해준다.

〈표〉 한국 노동시장의 규제 순위

정 부	2000 (김대중)	2005 (노무현)	2010 (이명박)	2015 (박근혜)
순위/국가 수	58/123	74/141	126/144	142/159

주 : 순위 수치가 작을수록 규제가 약함을 뜻함. 2000년 이전 자료는 없음.
자료: Fraser Institute, *Economic Freedom of the World*, annual.

2015년 한국은 노동시장 규제가 심하기로 159개국 가운데 18위다(주: 〈표〉에서는 약하기로 159개국 가운데 142위임). 문제는 한국은 노동시장 규제가 약하기로 2000년에 58위였는데 그 후 해마다 지속적으로 악화되어 2015년에는 142위를 기록했다는 점이다. 이는 역대 정부의 노동시장 정책이 지속적으로 노동시장 경직화를 부추겨 왔기 때문에 나타난 결과다. 문재인 정부와 관련된 자료가 발표되면, 노동시장 규제는 더욱 심화된 것으로 나타날 것이다.

한국경제는 노무현 정부 이후로 저성장의 늪에서 벗어나지 못하고 있다. 그 이유의 하나는 노동시장 경직화에서 찾아야 할 것이다. 한국경제의 지속적인 성장을 위해 노동시장 개혁은 시급한 과제다. 어느 대통령이 '고양이 목에 방울을 달까?'

42. 역대 정권별 복지정책의 평가

-성장과 함께 한 사회보장-

김원식

(1) 서론

복지는 현대 민주주의 국가의 기본 목표이면서 정치의 대표적인 수단이다. 따라서 시대마다 국민들의 기대와 성장에 따른 배분 욕구에 따라 다양한 형태로 발전하고 변화한다. 그리고 거의 모든 선진 복지정책은 선거 등의 다수결 원리에 의하여 결정되면서도 항상 미래 지향적 정치 지도자의 의지에 의하여 선도된다. 따라서 국민들과 정치 지도자들의 조합이 올바른 복지시스템을 결정하는 주요 요소이다.[1)]

한편, 거의 모든 복지제도는 분배와 함께 경제행태를 변화시킴으로써 경제 현황을 변화시키고 잘못된 복지제도는 경제를 파탄에 이르게

1) 최초의 복지제도인 독일의 비스마르크는 정치적으로 복지제도를 도입했지 국민을 위한 복지를 목적으로 도입한 것이 아니다. 당시의 평균수명은 45세여서 65세부터 받는 공적연금의 수급자는 많지 않았다.

까지 한다. 대표적으로 남미 국가들을 들 수 있고, 최근에는 PIGS(포르투갈, 아일랜드, 그리스, 스페인) 등의 남유럽 사태 및 현재 진행 중인 이탈리아를 들 수 있다. 그리고 이러한 위기를 극복하는 데는 복지제도를 어떻게 개혁했는지 그리고 국민들이 이러한 개혁에 어느 정도 부응했는지의 여부가 결정적인 변수가 된다. 이들 국가들의 사회경제적 혼란은 사회주의 경제를 지향하면서 도입한 과잉복지에 기인했다.

거의 모든 과잉복지는 부담 없이 더 많은 복지를 요구하는 중산층 유권자들에 의하여 도입되면서 국가재정을 피폐화시켰다. 그리고 이에 따른 가장 큰 피해는 소득감소에 대응할 수 없는 저소득층이었다. 이들은 경기가 회복되어도 복지의존도가 높아져서 경제력을 갖추지 못하고 더 빈곤의 늪에 빠졌다.

우리나라에서는 초기의 복지제도가 정치적 수단으로서 도입되지 않았다. 자유민주주의 국가임에도 불구하고 오히려 성장에 대한 국민들의 욕구가 복지수요를 자제하게 하였다. 그리고 확대과정에 있어서 시대적 경제적 상황을 반영하면서 속도를 조정해 왔다. 안정적 성장을 유지하면서 국가재정이 감당할 수 있는 수준의 복지정책을 통하여 경제적 파탄을 탈피할 수 있었다.[2] 그러나 2000년대 이후 포퓰리즘과 보편성으로 확장되어 온 최근의 우리 복지제도는 향후 지속가능성에 의문을 제기할 수밖에 없는 수준이 되었고, 앞으로 국가의 큰 위기가 될 가능성이 높다. 예를 들면, 국민연금의 재정적자에 따른 제도 불안정, 기초연금의 재정 부담 증가, 국민건강보험의

2) 복지를 정치적 수단으로 이용한 국가들은 거의 경제가 파탄에 이르고 있다.

급여 팽창에 따른 국민부담 증가, 고령화에 따른 노인장기요양보험의 부담 증대 등을 들 수 있다. 이러한 제도들은 우리 경제가 어려워지면 위축될 수밖에 없고 이에 적응하지 못하는 저소득층은 더 삶이 악화되어 심각한 사회적 위기로 이어질 것이다.[3)]

최근의 복지제도는 사실상 거의 모든 국민들에 적용되는 보편성을 전제로 하고 있다. 이에 따라 복지 정책은 거의 모두 거액의 정부지출을 낳는 경향을 보이고 있다. 이는 필요에 따른 복지제도의 확대나 변화를 기하기가 거의 불가능하게 되었다. 예를 들면, 고령화에 따른 노인복지 기득권자의 반대는 효과적이고 실질적인 복지제도의 도입을 어렵게 하고 있다. 반면 저출산을 극복하기 위한 복지 시스템의 구축은 사회의 지속가능성을 유지하기 위하여도 필수적임에도 이들의 의사를 반영할 수 있는 유권자층의 형성이 거의 불가능하다. 즉, 우리사회의 트렌드로 자리 잡은 복지 포퓰리즘은 우리사회의 지속가능성까지 위협하고 있다.

(2) 사회보장제도의 발전

우리나라 사회보장제도는 시대마다 정부마다 성격을 달리하며 발전하였다.

3) Taylor, James Stephen. 'British'Lessons'of History," West Georgia College Studies In The Social Sciences. 32 i}\i(\e 1994).
Siegfried G. Karsten, "Heath Care: Private Good vs. Public Good," *The American Journal of Economics and Sociology*, Vol.54-2, April 1995.

행정조치와 원조에 의존한 복지[4]

1948년 7월 17일에 공포된 제헌헌법은 사회보장권을 명시하고 있다. 헌법 제19조는 '노령, 질병 기타 근로능력의 상실로 인하여 생활유지의 능력이 없는 자는 법률의 정하는 바에 의하여 국가의 보호를 받는다'고 하고 있고 더 나가서 제 20조는 '혼인은 남녀동권을 기본으로 하며 혼인의 순결과 가족의 건강은 국가의 특별한 보호를 받는다'고 하고 있다.[5] 공표 이후 70년의 시간이 흘렀음에도 전혀 흠잡을 데 없는 헌법조항이라고 본다.

그러나 이승만 정부(1948~1961)는 이를 구체적으로 실현할 수 있는 법률의 제정은 하지 못했다. 이러한 상황에서 정부수립 후의 혼란과 6·25 한국전쟁은 수많은 사회복지 수요자를 양산하였다. 따라서 현실적으로 응급구호, 전쟁 이재민, 그리고 전쟁고아 등을 위한 시설관리 등이 복지정책의 핵심이 되었다.

이승만 정부의 '사회부'는 1949년 8월 조세 수입 이외의 구호자금을 조달하기 위해 '후생복권법 및 동 특별회계법'을 공포했고, 1949년 4월에 '대한적십자사 조직법'을 제정하여 대한적십자로 하여금 전쟁, 천재지변에 의한 피해자 구제 그리고 의료 사업, 사회구조 사업, 교화 사업들을 시행할 수 있게 했다.[6]

그러나 제도적으로 이승만 정부는 6·25전쟁 이후 1950년대 말까

---

4) 참조: http://blog.naver.com/PostView.nhn?blogId=wndtla9&logNo=20661620

5) 국회대한민국법률시스템, "대한민국헌법(1948.7. 17 시행)."

6) 한국사회복지사, http://m.blog.daum.net/undrago/6334457

지 재정의 부족으로 인하여 행정조치와 외국의 원조에 의존하여 복지제도를 운영했다고 할 수 있다.[7] 즉, 우리가 가지고 있던 자원이 거의 없던 이 시기는 정부의 행정명령이나 원조를 얻을 수 있는 외교력과 이들의 지원이 바로 복지정책이나 복지행정의 기본이었다.

기본적 욕구의 자족: 기본적 욕구/ 빈곤의 탈출[8]

박정희 정부(1962~1980)는 1960년대 비로소 현대적 복지제도를 법제화하였다. 빈곤층을 위한 공적부조제도, 사회서비스제도, 근로자들을 위한 공적보험제도 등이 도입되었다. 1962년에 생활보호법, 퇴직금제도, 공무원 및 군인연금제도 등이 도입되었다. 1인당 국민소득 100달러 수준으로 국민 다수가 생계가 어려워서 먹거리 등 생존을 위한 정부의 노력은 불가피하여 공공부조의 필요성이 우선되었다.

이에 따라 일반 국민을 대상으로 한 복지제도에 대한 정부의 실질적 관심은 서구사회의 도입했던 '생활보호법'을 1962년 1월 1일에 도입함으로써 구체화되었다.[9] 생활보호법은 노령, 질병 기타 근로능력의 상실로 인하여 생활유지 능력이 없는 자를 대상을 하여 1)의복이나 음식, 기타 일상생활의 수요를 충족시키기 위한 생계보호, 2)진료, 의학적 처치, 약제, 병원 수용 등의 의료보호, 3)조산과 분만에 관

---

7) 이에 따라 복지 재원은 사실상 미국의 PL480법에 의한 지원 등 해외 원조가 가장 큰 비중을 차지하였다.

8) 의무교육의 도입. 이승만 정부?

9) 생활보호법은 2000년 10월 1일 폐지되고 국민기초생활보장법으로 대체되었다.

련된 해산보호, 4)사망 시의 초상과 장례에 관련된 상장보호 등을 제공하도록 하였다. 그리고 이러한 제도는 김대중 정부의 임기 초반이었던 1999년까지 유지되었다.

전 국민을 대상으로 하는 사회보험으로서는 산업재해보상보험(1964)이 가장 먼저 도입되었다. 이는 산업재해의 예방과 보상이 근로자들의 보호를 위하여 가장 핵심적인 요소라는 점에서 매우 혁신적인 도입이었다. 따라서 박정희 정부는 일찍이 정상적 노동시장의 형성에 대하여 상당한 관심을 가졌다고 할 수 있다.

그리고 사회보험의 전 국민적인 확대가 어렵다는 판단으로 특정 직역을 대상으로 하여 군인연금과 공무원연금 등이 도입되었다. 특수직역 사회보험에 관련해서는 정상적 고용 노동시장은 거의 형성되어 있지 않은 상태였고, 따라서 가장 안정된 직업군을 중심으로 특수직 연금제도가 먼저 도입된 것이다. 그리고 같은 수준의 사회적 관심으로서 일반 근로자를 대상으로 퇴직금제도가 도입되었다. 이는 정부가 운영하는 것이 아니어서 사실상 행정상의 제도라고 할 수 있다.

당시 복지의 정책 목표는 국민들의 의식주, 즉 기본생활을 안정적으로 해결하는 것이었다. 이에 따라 경제개발5개년계획(1962년)[10]과 새마을운동(1969)[11]이 시작되었다. 사회복지제도를 정부가 확대할 수 없었던 이유는 낮은 국가 경제력에 따른 재원의 부족이었다. 국민들의 가득

10) 1962년부터 1996년까지 총 7차에 걸쳐 실행되었다. 4차부터 경제사회개발이라 수정되었고, 5차부터는 '경제사회발전 5개년 계획'으로 명칭이 변경되었다.

11) 새마을운동기록물은 2013년 유네스코 세계기록유산으로 등재되었다.

능력을 높이는 성장정책이 우선되어야 했다. 그리고 군인연금, 공무원 연금 등 특수 직역에 대한 선별적 복지제도들이 도입되었다.[12] 이는 모든 국민들의 생계와 복지를 우선적으로 보장하는 사회주의식 복지제도와 상이하면서 경제성장에 실패할 경우 매우 심각한 정치적 혼란을 최소화할 수 있는 정책이었다. 이에 따라 박정희 정부는 경제관료들을 모든 정책의 전면에 배치하는 전략을 채택하였다.[13]

경제개발5개년계획이 본격적인 궤도에 오른 60년대 후반부터 고도의 산업발전으로 산업근로자들이 급증하게 되었다. 그리고 이들의 노후를 보장하기 위하여 1973년 국민연금제도가 제안되었다. 그러나 오일쇼크와 세계적 불경기로 도입이 보류되었다. 후에 언급될 1988년 국민연금제도가 고령화에 대한 국민들의 우려와 함께 도입되어 현재 노후소득보장의 기반이 되었던 것은 부정할 수 없다. 그러나 우리나라는 80년대 이미 고령화사회로 전환될 가능성이 보이기 시작했다. 그럼에도 불구하고 인구가 많다는 이유로 저출산정책이 오히려 강화되어 왔다.

1977년 정부는 국민의료보험(국민건강보험)을 도입하였다. 당시에는 국민연금과 국민의료보험이 사회보험으로 도입이 검토되었다.[14] 국민연금은 연금기금의 적립을 통하여 성장재원으로 활용할 수 있다

12) 이 제도들의 안정적 정착은 국민연금제도의 정착에도 큰 밑거름이 되었다.

13) 이에 따라 남덕우 등 우리나라의 대표적 경제학자들이 정책에 적극적으로 참여하였다.

14) 김종인 의원의 증언에 따른다.

는 논의가 있었으나 정부는 국민의료가 우선이라는 정부 내의 치열한 논쟁에 따라 국민의료보험이 먼저 도입되었다.

1970년대 사회보험의 도입이 검토되기 시작한 이유는 경제발전에 따라 전통적 산업 성장이 이루어지면서 근로자들의 수가 증가하고 서구식의 노동시장이 형성되고 노동조합 운동이 활성화되면서 이들의 사회안정 욕구가 증대될 것이라는 판단에 따랐다. 그리고 재정을 산업생산에 집중하기 위하여 재원은 사회보험료로 조달하였다. 그리고 사회보험을 통하여 복지 혜택을 확대하는 정책을 채택하였다.

사회보험의 도입

전두환 정부(1980~1988)는 1980년대 초 한국개발연구원을 중심으로 국민연금제도의 구상을 시작하였다. 그리고 1988년 30인 이상의 기업을 대상으로 우선적으로 국민연금을 적용하였다.[15] 아울러 박정희 정부에서 도입된 국민의료보험의 적용 확대도 이루어졌다. 전두환 정부는 70년대까지의 정부주도의 성장정책에 노동시장 민주화를 요구하는 근로자들의 강한 니즈를 사회보험의 확대로 대응하였다.

사회보험의 확대

노태우 정부(1988~1992)는 1992년 국민연금제도를 5인 이상 기

15) 국민연금제도는 지나치게 후한 급여를 보장하였다. 10%이상의 높은 수익률, 높은 인구증가율, 낮은 평균수명을 가정함으로써 3~4차례의 개정에도 불구하고 2060년에 기금이 고갈될 것으로 예상되고 있다.

업으로 확대하였다. 1988년 국민의료보험은 5인 이상 사업장 근로자에게 적용이 확대되었다. 국민건강권은 헌법에 명시되어 있는 권리의 하나이다. 따라서 국민건강보험제도의 보편적 확대는 국민들의 보편적 권리를 보장한 것이며 사회적 정의의 실현이라고 본다. 그리고 2000년 국민건강보험제도로 명칭이 바뀌고 건강검진제도를 도입하여 건강 개선노력을 강화하였다. 그러나 의료의 특성상 개인의 건강노력이 전제되는 예방적 기능은 아직 매우 미흡하다. 노인인구의 증가에 따른 의료비 상승에 대한 정책 개발이 없어서 앞으로 의료비는 매우 급격히 상승할 것이다.

노태우 정부는 90년대 초반부터 고용보험제도의 도입을 준비하였다. 이러한 바탕 속에서 김영삼 정부(1993~1998)는 1995년 고용보험제도를 도입하였다. 고용보험이 도입된 시기는 우리 경제가 88올림픽의 성공적 개최 이후 대내외적으로 성장기에 있었다. 이에 따라 고용보험의 도입 필요성이 절실하지는 않았다. 우리 경제는 성장 과정에서 고용이 지속적으로 증가해 왔으므로 실업이 사회문제화 된 적이 거의 없었기 때문이다. 그럼에도 불구하고 고용보험이 도입될 수 있어야 불경기가 와서 실업문제가 발생되어도 위기를 극복할 수 있다는 논리로 고용보험이 도입되었다. 고용보험은 선진국의 실업보험과 고용안정정책을 결합한 적극적 실업억제 수단으로 도입된 것으로 고용정책의 핵심이 되었다. 그리고 이 제도는 1998년 외환위기가 도래했을 때 구조조정과정에서 발생한 실업의 사회적 충격을 완화하는데 핵심적인 역할을 했다.

외환위기를 극복하기 위한 수단으로서 기업 구조조정은 실질적으로 경영에 어려움을 겪으면서 과잉 고용상태에 있던 기업들이 유휴 인력을 감축할 수 있게 하는 구실이 되었다. 이에 따라 정년이 아니어도 연령순으로 근로자들을 해고하면서 명예퇴직제도를 도입하였다. 정부도 20년 이상 근무한 공무원과 교원들의 명예퇴직을 유도하였다. 이에 따라 그동안 쌓아두었던 공무원과 사립학교교직원연금의 기금이 크게 감소하는 결과를 낳았다. 이들은 명예퇴직금과 함께 40대부터 연금을 받게 되어 현재까지도 연금재정에 큰 부담이 되고 있다.

한편 외환위기 당시의 구조조정은 우리나라 기업들이 가지고 있던 고용시장의 평생직장 개념을 흔드는 결과를 낳았다. 이러한 효과들은 지금도 지속되고 있어서 장기 근속한 직장에서 퇴직하는 연령이 50세 이하로 지속적으로 감소해 오고 있다.[16] 또한 생산기반의 붕괴에 따른 기술직 근로자의 실업은 이공계에 대한 기피현상으로까지 이어졌다. 이에 따라 기업들은 현재에도 인문계의 초과 공급과 이공계의 수요 충족에 어려움을 겪고 있다.

고령화에 따른 노후보장을 강화하기 위하여 소득공제와 이자소득 비과세 등의 세제혜택이 크게 부여된 개인연금을 1994년 도입하였다. 그리고 근로자들의 소득보장을 위하여 1994년 근로소득지원제도(EITC)를 도입하였다.

16) 사회보험이 제도적으로 정착되지 않은 상태에서 근로자들의 노후를 보장한다는 미끼를 제공한 것은 정책적 실패라고 본다. 비효율적인 근로자를 해고시키고 적극적인 노동시장정책을 펴야하는데 오히려 이를 사회보장시스템으로 봉합한 것이다. 이러한 경험은 현재 노동시장의 경직화를 낳은 큰 요인으로 본다.

이에 따라 우리나라는 산재보험, 건강보험, 국민연금, 고용보험 등으로 사실상 우리의 경제성장기에 선진국 수준의 복지정책을 완비할 수 있었다. 이러한 사회보험의 확대 과정에서 저소득층에 대한 혜택을 높임으로서 성장과정에서 발생될 수 있는 빈부격차를 해소할 수 있는 정책도 병행되었다. 이는 다른 개발도상국의 사회안전망 구축과 다른 측면이다. 이들은 성장을 축재에 이용하면서 국민 복지에 대한 실질적 관심을 쏟지 않았다.

사회보장 시스템의 확대

김대중 정부(1998~2003)는 1998년 국민연금제도와 건강보험제도를 전 국민에게 확대하였다. 그리고 조합주의 중심의 국민건강보험을 통합하여 현재의 통합적 국민건강보험제도를 구축하였다. 국민건강보험의 운영체계에 관련된 문제는 80년대 도입 초기부터 제기된 것이었다. 국민건강보험제도가 통합되면서 개별 조합의 비용절감 노력이 감소되어 건강보험기금이 거의 고갈되는 문제가 발생하였다. 그리고 현재에도 의료비를 절감할 수 있는 정책적 수단이 없다.

이에 따라 국민건강보험제도는 다원적 모델의 장점을 포기하고 평등주의/단일주의 사회보험제도로 전환되면서 국민 간 평등주의 복지개념이 보편화되었다. 그러나 평등주의는 개인들의 특성을 반영하지 못하고, 도덕적 해이를 합리화하면서 오히려 불평등을 낳게 된다. 단일 건강보험제도는 대형병원의 수도권 집중을 낳았다. 이는 지역 간 의료접근도와 개인, 지역, 집단별 특성의 건강관리를 저해하는 요소가 되어 의료비의 증가와 가입자 건강만족도를 낮추는 결과가 되었다. 한편 이는 현재 재현되고 있는 보편적 복지와 선택적 복지 논쟁이 시작되는 단초가 되었다.[17)]

김대중 정부는 2000년 사회보험의 적용대상 확대와 함께 저소득층을 대상으로 한 사회보호법(1960)을 대체하는 기초생활보장법의 도입으로 국민들의 기초생활보장을 강화하였다. 기초생활보장급여를 도입하여 최저생계비를 보장하였다. 그러나 이는 그 동안의 서비스 중심의 복지를 현금 급여화하는 과정이었다. 이는 결과적으로 2012년부터 복지제도를 현물급여 중심으로 전환하게 하였다.

사회보험의 안정화

노무현 정부(2004~2008)는 1960년대부터 시행된 법정퇴직금제도를 2005년 퇴직연금제도로 전환하고 제도의 보장성을 강화함으로써 국민들의 노후안정에 기여했다. 이는 복지제도를 공공과 민간의 조화를 통한 사회안전망의 구축이라는 의미를 갖는다. 즉, 국민연금과 퇴직연금을 서로 보완적인 관계를 설정하게 했다. 그리고 노무현 정부는 국민연금의 재정안정화를 위하여 소득대체율을 60%에서 40%로 하향 조정하였다. 이는 사회보험의 후퇴를 의미할 수도 있으나 사실은 사회 안정을 위하여 정부는 복지를 축소할 수 있다는 의미를 갖는다. 그럼에도 불구하고 국민연금의 재정안정성은 크게 개선되지

17) 이러한 복지정책의 흐름에 따라 문재인 정부는 보장성 강화로 비급여를 급여화하고 있다. 그러나 이는 결과적으로 국민과 정부의 부담을 넘는 복지비부담으로 이어질 것이다.

않은 채 보험료율의 인상은 그대로 유지함으로써 국민연금의 급여수급권이 보장될 수 있을지 미지수이다.

급속한 고령화에 따라 노인 인구가 증가하고 맞벌이 가구가 늘어남에 따라 이들에 대한 부양의무가 가계의 부담이 되어 왔다. 이에 따라 2008년 장기요양보험제도를 도입하였다. 이 제도는 본인부담, 기업부담, 중앙정부, 지방자치단체 등이 비용을 분담하는 새로운 형태의 사회보험제도라고 할 수 있다. 즉, 복지제도의 재원조달 방식의 변화를 가져왔다고 할 수 있다.

노무현 정부는 2008년 노후가 준비되지 않은 베이비붐세대를 위하여 조세로 조달되는 기초연금제도를 도입하였고 이어서 이명박 정부(2008~2013)는 실행에 옮겼다. 이 제도는 노인장기요양보험제도와 함께 노무현정부의 말기에 성급히 도입된 측면이 많았다. 이에 따라 거의 모든 선거에서 기초연금의 급여액 및 급여 방식에 대한 공약이 선거의 중요변수가 되었다. 이는 한편 사회보험 중심의 복지제도가 재정으로 조달되는 사회부조 중심으로 전환되는 결과를 낳았다. 즉, 세금의 인상 없는 복지확대가 당연히 여겨지고 이는 학교급식, 육아수당 등의 무상복지의 도입으로 이어졌다. 현재의 무상복지는 노무현 정부가 법제화하고, 실시는 이명박 정부에서 시행되었다. 이명박 정부는 소득수준에 맞는 선택적 복지를 지향하였으나 실현시키지 못하였다.

무상복지 vs 선택적 복지

2012년 대통령선거(박근혜 vs 문재인)에서는 복지가 선거제도의 주요한 이슈로 제기되기 시작하였다. 복지확대는 세수의 확대가 수반되어야 하나 사실은 세수확대에 대한 논의는 거의 이루어지지 않았다. 당선을 위한 무상복지 공약은 포퓰리즘의 근원이었다.

박근혜 정부(2013~2015)는 탄핵으로 인한 3년여의 짧은 기간 동안 법으로 정해진 무상복지를 확대하였다. 대표적으로 기초연금제도를 국민연금과 연계시키는 방식을 채택하여 정착시켰다. 그리고 정부의 많은 노력에도 불구하고 해소되지 않는 취약계층의 문제를 해결하기 위하여 기초생활보장제도를 현금중심에서 소득계층에 따른 서비스 중심으로 전환시켰다.

문재인 정부(2017~현재)는 최저임금의 인상, 근로시간 단축을 중심으로 소득주도성장을 정책과제로 하면서 기초연금의 증액, 건강보험의 보장성 강화, 조건없는 육아수당 등을 추진하고 있다. 이러한 복지확대는 정부의 의무지출을 급속히 늘이고 있다.

결어

보수정부는 우리 경제의 안정적 성장에 매진하면서도 매우 빠른 시일에 국민들의 빈곤을 해결하였다. 곧 성장이 복지라는 정책이념을 지속적으로 유지해 왔다. 보수정권들은 경제발전 과정에서도 사회안정에 대한 중요성을 인식하고 있었다. 그리고 재원조달의 한계를 사회보험으로 해결해 왔다. 그러나 사회보험은 근로자를 대상으로 하는 것이어서 자영자나 적용대상이 아닌 비정규직 혹은 저임금

근로자들에게는 적용되지 못했다. 이에 따라 사회경제적 그리고 행정적 환경이 개선됨에 따라 순차적인 사회안전망이 매우 빠르게 구축되었다. 이에 따라 국민들의 빈곤을 해결하는 근본적 문제는 해결되었다. 그러나 소득격차의 해소에는 한계가 있었다. 소득격차는 분배적 복지정책으로 해결되는 것이 아니라 소득활동의 기회보장에 의하여 해결되는 것이다.

(3) 결론 : 향후 복지정책 과제

지금까지는 우리나라 복지제도는 전 국민화 및 대상 확대에 집중했다. 이는 한편으로 국민들의 관심이 복지에 집중됨에 따른 포퓰리즘에 기인하기도 하다. 결과적으로 보면 복지 포퓰리즘이 복지제도의 확대는 낳았으나 복지제도가 낳을 수 있는 다양한 부작용과 효과성을 무시한 도입으로 많은 문제점을 낳고 있다.

우선 가장 시급한 문제는 재정 불안정이고, 복지제도가 낳을 도덕적 해이에 따른 노동시장의 왜곡 및 생산성 저하 등을 들 수 있다. 그리고 복지제도의 확대는 혜택이 비빈곤층으로 확대되는 과정에서 빈곤층의 실질적 니즈가 오히려 소외되는 결과를 낳는다. 그리고 지속가능한 미래지향적 복지제도는 사실상 사회발전에 기여하는 정책으로 승화되어야 하는데 오히려 떼법을 낳고, 표면적 복지개선만 강조하여 사회발전을 후퇴시키는 결과로 이어질 수 있다.

복지는 무조건적으로 정부의 부담이라는 인식이 팽배하게 되어 국민들이 복지비 비용을 기피하려는 성향이 강하게 나타나고 있다. 국민들이 자신들이 얻는 수혜만큼 능동적으로 부담할 수 있게 하는 정치시스템을 구축하고, 더 나아가서 복지 만족도와 생산 효율성을 제고할 수 있도록 복지제도가 발전되어야 한다. 복지 만족도는 개인들의 특성에 따라 매우 다르게 나타나므로 성장과 노동시장 참여를 통하여 스스로 개인생활을 안정시킬 수 있도록 하고, 복지를 공공부문에서 민간부문의 책임으로 이전시키는 정책방향이 설정되어야 한다.

43. 역대 정부별 농업정책의 평가

정기화

(1) 농업정책의 목표

농업정책의 가장 중요한 목표는 식량의 안정적 공급이다. 이러한 목표를 시장경제를 택한 국가는 기본적으로 가격가구를 통해 달성한다. 식량에 대한 소비자들의 다양한 수요는 시장수요를 통해 농민에게 전달된다. 농민들은 자신의 소득을 늘이기 위해 농지의 소유·경작 규모를 결정하고, 품종 개량 등 농업기술을 개선하고자 노력한다. 국내의 식량 생산이 소비자의 수요를 충족시키지 못하면 식량 가격이 상승하고 그래서 해외로부터 식량이 수입되기도 한다.

해방 후 한국경제는 시장경제를 채택하였지만 가격기구에 의한 식량공급이 이루어지기 어려웠다. 식민지시기에 행하여진 통제경제에서 시장경제로 전환하는 것은 쉬운 일이 아니었기 때문이다. 일제는 태평양 전쟁 때부터 식량을 강제 수매하여 이를 배급하였다. 그리고 식량의 생산은 지주·소작관계에 의해 대부분 이루어졌다.

해방 후 미군은 식량의 자유거래를 허용하였지만 이는 가격의 급격한 상승을 초래하여 사회불안을 초래하였다. 그래서 식량에 대한 강제수매를 다시 시행하게 되었다. 그리고 미군정은 정치적 안정을 위해 일본인 소유의 농지를 분배하였고 이에 따라 지주·소작관계에 의해 식량생산은 해체되기 시작하였다.

1948년 출범한 대한민국정부는 미군정의 정책을 계승하여 농업 정책을 시행해야하는 어려운 과제에 직면하였다. 제헌헌법에 천명된 농지개혁은 식량의 생산체계를 불안하게 하였다. 나아가 남·북간의 갈등은 정부가 택할 수 있는 농업 정책에 많은 제약을 가할 수밖에 없었다.

(2) 이승만 정부

농지개혁의 실시

이승만 정부는 제헌 헌법에 따라 농지개혁을 시행하였다. 제헌헌법 제86조에 따르면 농지는 농민에게 분배하며 그 분배의 방법, 소유의 한도, 소유권의 내용과 한계는 법률로써 정하도록 하고 있다. 이에 따라 이승만 정부는 1950년 농지개혁법을 제정하여 농지분배를 시작한다.[1)]

---

1) 농지개혁에 대한 자세한 내용은 본 책자의 '농지개혁' 편을 참조.

식량의 강제수매

이승만 정부는 출범 초기에 양곡의 강제 매수를 개선하여 농민이 자발적으로 수매에 응하도록 하였으나 수매량이 목표에 크게 미달하였다. 그래서 일시적으로 양곡의 자유 시장을 허용하기도 하였다. 그러나 1950년 양곡관리법이 제정되면서 양곡의 강제수매가 다시 이루어졌다. 강제 수매되는 양곡의 량은 전체 생산량의 1/3을 넘지 않도록 하였고 매수가격과 수량은 국회의 동의를 받도록 하였다. 이렇게 조달된 식량은 공무원 등 일부 집단에 배급되었고 일반 국민들은 시장에서 식량을 조달하였다. 매수 가격은 시장가격보다 낮았는데[2] 이에 따라 일반국민들은 상대적으로 비싼 가격에 식량을 조달할 수밖에 없었다. 양곡의 가격이 국제가격보다 비쌌지만 이승만 정부는 양곡을 수·출입을 제한하여 정부의 허가를 얻어야 수입이 가능하였다. 이승만 정부는 양곡의 강제매수에 대한 농민의 저항을 줄이기 위해 1951년 토지임시 수득세법을 제정하여 토지세, 비료판매대금 등을 현물로 납부하도록 하였다.

PL 480을 통한 식량도입과 강제수매 폐지

식량의 강제매수는 농민의 생산의욕을 저하시켜 식량부족현상이 심화되었다. 그러나 외환사정이 좋지 않아 식량의 수입은 여의지 않

---

2) 쌀의 정부수매가격은 1950~1955년 기간 동안 시장가격의 44.8%에 지나지 않았다. 문팔용, "농산물 가격정책의 전개," 『한국농업의 근대화과정』, 농촌경제연구원. 108쪽. 연도별 시장가격과 수매가격에서 평균을 계산한 것임.

았다. 그러나 1955년에 이르러 PL 480을 통해 미국으로부터 식량도입이 가능해졌다. PL 480으로 도입되는 식량은 한국통화로 결제할 수 있었기 때문이다.[3]

식량사정이 완화되면서 이승만 정부는 1957년에 양곡의 강제 매수를 중지하여 정부가 확보하는 양곡은 거의 사라진다. 이에 따라 공무원 등에 대한 양곡배급제도가 폐지되고 모든 개인은 식량을 시장에서 구입하게 되었다. 식량공급이 시장을 통해 이루어지자 이승만 정부는 양곡시장의 가격변동을 줄이기 위해 1957년에 미곡담보융자제도를 시행하게 된다. 이에 따르면 쌀을 담보로 가격의 65~90%만큼 융자가 이루어지고 쌀로 상환될 수 있어서 쌀 가격의 변동이 줄이는 효과를 가져다주었다.[4]

농어촌 고리채 정리사업

이승만 정부는 1954년과 1956년 2차례에 걸쳐 농가부채를 조사하였다. 1956년의 조사에서 농가부채 총액의 58%가 월 이자율이 5%를 넘는 고리대금으로 밝혀졌다. 이러한 조사결과를 기초로 1960년 1월 농어촌 고리채 정리자금 융자요강을 마련하였다. 농업금융 채권을 발행하여 이를 농어민에게 고리대금을 갚도록 융자하였다. 융자자

3) 1955-1960년에 PL 480으로 도입된 식량은 밀이 36%, 보리가 17% 그리고 쌀이 17%를 차지하였다. 국가기록원, http://www.archives.go.kr/next/search/listSubjectDescription.do?id=003692.

4) 한국은행, "양곡관리제도의 변천과 개선방향", 『한은 조사월보』, 제24권 제9호, 1970.

금은 연 12%의 금리로 3년 거치 7년 균등분할 상환하였다[5]. 그러나 시행 직후에 4·19혁명이 일어나 실제 융자실적은 크지 않았다.

(3) 박정희 정부

농어촌고리채 정리와 농산물 가격유지법 제정

농촌 고리채 정리 사업은 5·16 군사정부가 들어서고 본격 시행된다. 군사정부는 농민들의 지지를 위해 5·16 며칠 후인 1961년 5월 25일 농어촌 고리채 정리 사업을 발표하였다. 그날 정오를 기준으로 농어가의 부채를 동결하였다. 이들 부채 가운데 연리 20% 이상의 부채를 고리채로 규정하여 이를 이자율 12%의 농협중앙회의 대출로 바꾸어 주었다. 1969년에 이르러 일부 농가의 미상환 채무를 손실 처리하여 탕감해주었다. 군사 정부는 1961년 6월 27일 농산물 가격유지법을 제정하여 시행하였다. 정부가 농산물을 매수하여 농산물의 적정가격을 유지하겠다는 것이다. 그러면서 그동안 중지되었던 쌀의 정부수매를 다시 시작하였다. 식량배급을 위한 강제수매에서 식량가격 안정을 위한 자발적 수매로 전환한 것이다.

하지만 정부의 매수가격이 시장가격보다 낮아 정부 수매는 식량가격의 안정과는 거리가 멀었다. 군사정부는 모든 가격을 1961년 5월 15일 수준으로 동결하였다가 7월에 대부분 해제하지만 쌀·보리·밀가루 등 주요 농산물은 1962년에야 해제하였다. 정부수매는 비료

5) 박진근, 『한국 역대정권의 주요 경제정책』, 한국경제연구원, 2009.

배급이나 영농자금의 배정과 연계하여 이루어져 수매가격이 시장가격보다 낮을 수 있었다.

이중 곡가제의 실시

박정희 정부는 1960년대 후반부터 쌀과 보리에 대한 정부수매가격을 물가상승률보다 높게 인상하였다. 달러로 결제되는 양곡의 수입이 늘어나면서 식량생산의 증대가 시급한 과제로 등장하였기 때문이다.[6] 그래서 1967년 농업기본법을 제정하여 식량의 자급자족을 위한 정책을 시행하게 된다. 단위면적당 생산성을 높여 식량의 자급 자족비율을 높이겠다는 것이다. 이를 위해 박정희 정부는 저곡가정책에서 고미가 정책으로 전환하였다.[7] 보리와 쌀에 대한 이중 곡가제가 1969년에 시행되었다. 처음에는 매입가격에 유통비용을 합한 가격으로 판매하였으나 1972년산부터 본격적으로 매입가격보다 낮은 가격으로 정부미를 판매하였다. 정부가 시장가격보다 높은 가격으로 매입하고 시장가격 또는 매출원가보다 낮은 가격으로 방출하기 때문에 재정적자가 초래되었는데 이것은 한국은행으로부터의 차입금이나 양곡증권 발행을 통해 조달되었다. 이중 곡가제는 소비자 물가를 일시적으로 억제하지만 한은차입을 통해 양곡관리기금의 적자를 메

6) 1964년부터 외환결제를 통한 양곡 수입액이 Pl 480에 의한 양곡수입액보다 많아지다가 69년~72년에 PL 480에 의한 수입액보다 적어지지만 그 이후 다시 더 커진다. 문팔용, 앞의 책. 109쪽.

7) 한국은행, "양곡관리제도의 변천과 개선방향", 『한은 조사월보』, 제24권 제9호, 1970.

우다보니 통화량 증가를 초래하여 인플레이션 압력이 커졌다. 1981년 기준으로 양곡관리기금의 누적적자는 1조1160억이었는데 이중 44%는 수매가격과 방출가격의 차이에 의해 발생한 것이고 31%는 이자비용의 부담에 따른 것이었다.[8]

그리고 생산성이 높은 통일벼를 강제로 보급하였고 농경지의 확보를 위해 1973년 농지의 보존 및 이용에 관한 법률을 제정하여 농지전용을 규제하였다.

박정희 정부는 각종 식량증산 정책을 시행하는 한편 쌀에 대한 수요억제책도 함께 시행하였다. 1970년에 양곡관리법을 개정하여 혼·분식이행을 통한 미곡소비절약을 강제하였다. 강제적인 혼식을 통해 쌀 소비를 억제하고자 하였던 것이다. 그리고 1972년 양곡관리법을 개정하여 양곡 매입의 국회동의 조항을 삭제하기에 이른다.

농촌지역 공업화

박정희 정부는 농촌의 유휴노동력을 활용하여 농외소득을 증대시키기 위해 농촌지역의 공업화를 시작하였다. 이것은 정부의 농업정책이 농산물의 안정적 공급이라는 산업정책에 그치는 것이 아니라 농촌지역 개발이라는 지역정책으로 확대되는 시초를 제공하였다.

처음에는 부락단위로 농가부업 단지를 조성하는 사업에서 시작하여 1968년부터 본격적으로 농어촌부업단지 육성사업이 추진되었다. 이와 함께 박정희 정부는 1970년에 농촌새마을 가꾸기 사업을 시작

8) 문팔용, 『이중 곡가제도와 양곡관리제도의 전환방향(안)』, 한국개발연구원, 1982, 4쪽.

하여 농촌의 주거 환경을 개선하고자 하였다. 일부 부업단지는 1973년 '농가공산품개발규정'이 발표되면서 새마을공장으로 전환되었다. 1981년 말 현재 새마을공장은 총 741개로 고용인원이 65,628명이었고, 1982년 5월 현재 농가부업단지는 총 1,002개로 취업자 수는 13,126명이었다. 그리고 가동률은 새마을공장이 81.9%, 농가부업단지가 23.5%였다.[9)]

(4) 전두환 정부

농지 임대차의 허용

전두환 정부는 1980년 헌법을 개정하여 소작금지를 완화하였다.[10)] 즉 농업생산성의 제고와 농지의 합리적인 이용을 위한 임대차 및 위탁경영이 허용된 것이다. 이승만 정부 시절 이루어진 농지개혁은 건국 초기의 정치적 안정에 크게 기여하였지만 농지소유의 제한으로 대규모 경작이 어려워져 농업의 경쟁력이 하락하는 요인으로 작용하였다. 소작이 금지되었지만 농민들은 다양한 이유로 농지를 거래하였고 이에 따라 임차농도 점차 증가하고 있었다. 특히 1976년

---

9) 한국개발연구원, 『농외소득증대를 위한 시책방향』, 1982. 8쪽.

10) 임대차를 제한적으로 허용하는 농지법안의 제정은 1971년부터 있어 왔다. 71년~77년 기간에는 임대차를 3년으로 제한하여 허용하는 법안이 논의되었고 1978년~1979년 기간에는 농가당 2정보 이내에서 임대차를 허용하는 법안의 제정이 논의되었다. 채광석 외, 『농지의 효율적 이용을 위한 농지임대차 관리방안』, 한국농촌경제연구원, 2016, 13쪽.

을 기점으로 농촌 노동력의 부족현상이 일부 나타나기 시작하면서 농가의 경지면적이 확대되고 농지의 임대차가 크게 증가하였던 것이다. 소작금지의 완화는 이러한 현실을 반영한 것이다.

농지의 임대차를 허용하는 법률은 1987년에 이르러서야 제정된다. 이에 따르면 서면계약으로 임대차가 가능하며 서면으로 하지 않았을 경우 임차료는 법정 임차료의 80%를 초과하지 못한다. 임대차 기간은 3년 이상으로 하고 임차료의 상한은 시군에서 정하도록 하였다. 하지만 이에 대한 반발도 적지 않아 시행령의 제정이 3년 지연되어 1990년에 이르러서야 농지의 임대차제도가 본격 시행되었다.

농공단지 개발

전두환 정부는 농가부업단지, 새마을공장을 중심으로 이루어지던 농촌지역의 공업화 사업을 농공단지 중심의 농어촌 소득개발 사업으로 발전시켰다. 1983년에 농어촌 소득원 개발촉진법이 제정되어 특산단지의 개발, 농공단지의 개발 등의 사업이 체계적으로 추진되었다. 농공단지는 농촌지역에서 접근이 용이한 중소도시에 입지하여 농민이 농촌에 거주하면서 취업이 가능하도록 하였다. 1988년 자료[11)]에 따르면 농공지구는 1984년부터 1987년 4월까지 총 46개가 지정되었고 입주공장은 365개에 달하였다. 이에 따른 고용인원은 58,300명에 달할 것으로 계획되었다.

---

11) 김종기 외, 『지방공업의 특성과 육성정책』, 한국개발연구원, 1988, 105쪽

(5) 노태우 정부

농지임대차

농지임대차관리법이 1986년 제정되었지만 법의 시행에 필요한 시행령은 일부 지주와 집단의 반발로 제정되지 못하다가 1990년에 이르러 시행되었다. 이에 따라 법인 형태의 전업농이 대규모 경작을 위해 농지를 임대할 수 있게 되었다.

미곡수매가격 국회동의 부활

노태우 정부는 박정희 정부 시절에 폐지되었던 양곡의 매입수량과 가격에 대한 국회동의 절차를 부활하였다. 1988년 양곡관리법을 개정하여 양곡정책의 핵심이 되는 정부의 양곡수급계획과 양곡 매입가격·매입량을 국회의 동의를 얻도록 하였다. 이때부터 국회동의가 폐지되는 2005년까지 정기 국회가 열리는 10월경이면 수매가를 둘러싸고 정부, 국회와 농민단체들의 공방전이 벌어지곤 하였다.

한편 쌀에 대한 1인당 소비가 줄면서 1985년에 쌀의 생산이 처음으로 소비량을 초과하였고 1989년 이후에는 이러한 현상이 지속되었다. 이중 곡가제 실시로 인한 양곡관리기금의 적자액이 크게 늘어나 1990년에는 4조5천억에 달하였다.[12)]

12) 김문식 외, 『한국농업의 근대화과정』, 농촌경제연구원, 1980.

농어촌 정주권역 개발

1980년대에 들어 외국의 농산물 수입개방 압력이 커지고 85년~86년에 걸쳐 한우 가격이 폭락하는 일이 발생하였다. 그래서 1986년에 농어촌 부채경감과 농어촌 생활여건 확충 등이 포함된 종합대책이 발표되었다. 이러한 기본방향에서 1989년 농업법인제도의 설립과 정주권역의 개발 등이 포함된 농어촌 발전 종합대책이 추진되었다. 농촌의 주민이 자신의 지역을 떠나지 않고서 안정된 일자리와 소득을 누리면서 도시에 못지않은 생활환경에서 살 수 있어야 한다는 것이다. 이것이 구체화된 것이 1990년의 농어촌발전특별조치법이다. 이에 따라 농어촌 지역의 도로포장, 생활용수 개발, 주택 개량사업 등이 적극 추진되었다.

(6) 김영삼 정부

농산물 수입 자유화

김영삼 정부 들어서서 1995년 세계무역기구(WTO)가 출범하게 됨에 따라 쌀을 비롯하여 몇몇 품목을 제외한 농산물의 수입이 자유화되었다. 쌀은 수입이 여전히 제한되었지만 시장접근물량만큼 의무적으로 수입하게 되었다. 의무 수입물량은 2004년 2%까지 확대하고 관세는 5%를 적용하되 수입물량은 가공용으로 사용하기로 하였다. 이에 따라 1995년 양곡관리법을 개정하여 양곡에 대한 수입제한 규정을 삭제하였다.

농지소유 규제 완화

1994년 농지법을 제정하여 농지소유의 제한을 완화하였다. 이전에는 3정보를 상한으로 소유를 제한하였지만 농업진흥지역에 대해서는 농지 소유상한을 폐지하였다. 그리고 농업진흥지역 밖의 농지 소유상한은 3정보를 유지하되, 여건에 따라 5정보까지 농지를 소유할 수 있게 하였다.

(7) 김대중 정부

농가부채의 경감

김대중 정부는 1998년부터 농가부채 경감대책을 마련하여 시행하였다. 농가부채의 경감정책으로 노태우 정부는 1989년 농어가 부채경감에 관한 특별조치법을 제정하여 정책자금 차입금의 이자율을 경감시킨 바 있다. 그때에는 경작면적이 2정보 미만인 농가를 대상으로 하였으나 김대중 정부에서는 이를 모든 농가로 확대하였다. 그래서 농가부채의 상환연기, 이자율 인하, 경영개선자금 지원 등을 통해 1998년~2000년의 기간에 약 2조원의 농가부담을 줄였다.[13]

논 농업 직접지불제 도입

김대중 정부는 농산물 수입에 따른 여건의 변화에 따라 2000년 농업·농촌 기본법을 제정한다. 이를 통해 농촌지역의 개발, 농업후계자

13) 농림부, 『국민정부 2년만의 50대 농정 성과』, 2000, 9~10쪽. .

를 양성하고자 노력하였다. 그리고 2001년에 논 농업 직접지불제를 도입하고 2002년부터 쌀 소득 보존제도를 시행하였다. 이를 위해 쌀 소득 보전 기금설치 및 운용에 관한 법률을 제정하여 쌀 소득보존기금을 설립하였다. 이에 따라 농민이 정부와 쌀 소득보존 계약을 체결하고 납부금을 납입하면 쌀 가격이 일정수준 이하로 하락하였을 때 정부가 보조금을 지급하였다.

(8) 노무현 정부

쌀 관세화 연장

노무현 정부 들어서서 2004년 쌀의 수입제한이 만료됨에 따라 도하(Doha) 협상을 벌여 쌀 관세화를 10년 연장하고 의무수입 물량을 늘였다. 시장접근 물량이 2004년 4%에서 2014년 7.96%까지 허용되었다. 관세는 5%로 유지하고 2010년까지 의무수입 물량의 30%까지는 밥쌀용으로 사용가능하기로 하였다.

쌀 수매제도 폐지와 공공비축제도 도입

노무현 정부는 2005년 쌀 수매정책을 폐지하고 쌀 소득보존 직접지불제로 전환하였다. 이전에 시행되던 논 농업 직접지불제도와 쌀 소득 보존제도를 통합하여 2005년부터 쌀 소득보존 직접지불제를 시행하였다. 이전 정부에서는 약정을 통해 쌀 가격 하락 시에 농민에게 보조금을 지급하는 일종의 농업보험이었지만 이제는 약정과 무관하게 농민에게 보조금이 지급되었다. 보조금의 지급대상 농지는 1998년 1월 1일부터 2000년 12월 31일까지 논 농업에 이용된 농지이며 보조금의 규모는 정부의 목표가격과 당해 연도 수확기 산지 전국 평균쌀값과의 차액에 85%를 곱한 것이었다. 이를 위해 2005년 「쌀 소득 보전기금설치 및 운용에 관한 법률」을 전면 개정하여 「쌀 소득 등의 보전에 관한 법률」로 변경하였다. 직접지불금은 고정 직불금과 변동 직불금으로 나누어 지급되었다. 쌀 가격이 목표가격 이상이면 고정 직불금을 지불하고 목표 가격이하로 하락하면 가격하락분의 85%를 직불금으로 지급하였다. 한편 2005년 양곡관리법을 개정하여 양곡관리계획의 국회동의제도를 폐지하였고 쌀의 공공 비축제도를 도입하였다.

(9) 이명박 정부

밭 농업직불제도

이명박 정부는 한미 자유무역협정을 체결하였는데 이에 따른 농업피해대책으로 2012년부터 밭작물에도 직불금을 지급하게 되었다.

포괄 보조금 지급

농촌인구의 현지정착을 위한 지역산업 활성화를 위해 지역개발사업을 포괄하여 지원하는 포괄 보조금 제도를 도입하였다.

(10) 박근혜 정부

쌀 관세화 시행

박근혜 정부는 2015년 관세가 유예되었던 쌀의 수입을 자유화하였다. 이제는 513%의 관세를 납부하면 누구나 쌀을 자유롭게 수입할 수 있게 되었다. 그리고 직불제도를 확대하여 2014년 이모작 직불제도를 도입하였고, 2015년에는 밭작물 직불 대상을 밭작물 전 품목으로 확대하였다. 이것은 모든 밭작물에 지급되는 밭 농업 고정 직불금과 주로 26개 밭작물에 지급되는 밭 농업 직불금으로 구성되어 있다.

농촌의 융·복합사업 추진

농촌 지역의 농산물이나 관광 자원 등을 바탕으로 2차 3차 산업과의 융·복합을 통해 농촌의 소득을 증가시키려는 목적으로 농촌 산업의 융·복합 사업이 추진되었다. 농업을 제조·가공·유통·관광 등 타 산업과 연계하여 종합산업으로 육성시켜 농업의 경쟁력을 높일 수 있다는 것이다. 이를 위해 2014년 농촌 융·복합 산업 육성 및 지원에 관한 법률이 제정되었다.

(11) 농업정책의 평가

정부수립 초기에는 농지소유의 제한과 농산물 거래의 통제를 통해 식량공급의 안정을 달성하고자 하였다. 농지소유의 제한은 대규모 경영을 어렵게 하여 농업의 경쟁력을 약화시켰다. 그리고 식량의 강제수매 등 농산물 거래의 통제는 생산성 개선의 유인을 약화시키는 결과를 초래하였다. 이것은 식량의 부족현상을 심화시켰고, 미국으로부터 식량을 도입하여 이를 해결하였다.

미국으로부터 식량도입이 외환 지불의 증가를 초래하자 국내 식량생산의 제고를 위해 이중 곡가제와 쌀 소비억제책이 실시되었다. 한편 정부가 농업기술의 보급, 품종의 개량 사업을 적극 추진하였다. 한편 다양한 이유로 농민 간의 토지의 임대차 거래가 증가하였고 농지의 임대차 제한이 완화되었다. 그리고 농촌지역의 공업화, 농촌지역의 생활환경 개선 등 농촌지역 정책이 도입되었다.

세계무역기구의 출범으로 농산물의 수입자유화가 이루어지자 농산물의 가격지지 정책이 어려워졌다. 그래서 농산물은 가격기구를 통해 공급되기 시작하였다. 정부의 정책도 농민들의 소득안정을 위해 각종 직불제 등 소득보전 정책이 점차 확대되었다. 그래서 농업정책은 농촌의 주거환경과 복지를 개선하는 지역정책으로 본격 전환되었다.

44. 소득과 부의 분배 및 재분배정책

송원근

(1) 서론

외환위기 이후 20년 간 가장 많이 인구에 회자된 용어 중의 하나가 '양극화'라는 단어이다. 소득과 부의 양극화, 사회 양극화, 대기업과 중소기업의 양극화 심화 등이 그것이다. 양극화란 계층별로 소득이나 부의 분배가 양 극단으로 치우치면서 그런 현상이 고착화되는 것을 의미한다. 예를 들어 소득 양극화는 고소득층과 저소득층의 격차가 점점 커지면서 양 계층 간 격차의 확대가 고착화되는 것이다.

양극화 문제가 중요한 사회적 이슈가 된 계기는 외환위기 이후 소득분배의 급격한 악화에 따른 것이다. 더불어 2000년대 초반 벤처거품의 붕괴 이후 대기업의 글로벌 시장에서의 선전과 중소기업의 수익성 악화 및 정체라는 명암이 교체하면서 계층 간 이동 가능성이 어려워졌다는 인식이 확산되었다. 이에 따라 소득 불평등 및 격차 해소가 사회적 화두가 되었고 보편적 복지를 중심으로 한 재분배정책 확대 주장이 대두되었다.

외환위기 이후 양극화가 사회적 이슈가 되고 재분배정책의 확대 주장이 대두된 사실은 그 이전의 소득과 부의 분배는 비교적 평등했고 계층 간 이동의 가능성도 높았음을 의미한다. 한국경제의 고도성장 기간은 성장과 더불어 분배도 개선되었던 기간으로 알려져 있다. 지난 70년 간 한국의 분배가 어떻게 변해왔는지를 살펴보고 외환위기 이후 분배구조가 악화되었는지 여부를 파악해보자. 또한 분배구조의 악화와 더불어 확대된 재분배정책과 그 효과에 대해 살펴보고 향후 재분배정책이 나아가야 할 방향에 대해 살펴보도록 한다.

(2) 외환위기 이전의 소득분배 현황

외환위기 이전까지 한국경제는 고도성장을 하면서 소득과 고용의 증가에 힘입어 소득분배 구조가 꾸준히 개선되어 온 것으로 알려져 있다. 특히 1980년대부터 외환위기 직전인 1990년대 중반까지 도시근로자의 지니계수가 큰 폭으로 하락하는 등 성장과 더불어 분배도 꾸준히 개선되어 왔다[1]. 그런데 1970년대까지 소득분배에 관한 정부 통계는 존재하지 않았다. 그럼에도 불구하고 해방 후 한국은 부와 소득이 상대적으로 평등한 상태에서 경제발전이 시작되었다는 인식에

1) 안국신, "분배, 아직 끝나지 않은 '진실 찾기'," 이제민 외 지음, 『한국의 경제발전 70년』, 한국학중앙연구원출판부, 2015.

대부분 공감하고 있다.

해방 이후 한국경제의 상황을 보면 식민지 시절 형성되었던 경제권이 해방과 더불어 붕괴되었을 뿐만 아니라 전쟁으로 인해 대부분의 산업기반이 파괴된 상태였다. 따라서 기존의 부와 소득의 집중을 가능하게 했던 중요한 물적 기반이 사라졌다고 볼 수 있다. 또한 당시 가장 중요한 부와 소득의 물적 기반은 토지였는데 1950년부터 실시된 농지개혁으로 인해 토지의 불평등이 상당 부분 해소되었다고 볼 수 있다.[2] 1948년 제헌국회의원선거에서 거의 모든 입후보자들이 '토지는 농민에게'라는 슬로건을 외쳤을 정도로 식민지 시절 소작농의 증가[3]와 더불어 해방 직후 지주제에 대한 농민들의 거부감과 토지에 대한 요구는 강렬했다. 따라서 토지를 경작하는 농민에게 분배하는 농지개혁은 당시 피할 수 없는 시대적 과제였다. 농지개혁의 실행방안에 대해서는 정치세력 간에 차이와 대립이 있었으나 결과적으로 '유상매수 유상분배'의 방식으로 실시되었다. 1949년 제정된 「농지개혁법」에 의거해 2차에 걸쳐 실시된 농지개혁은 지주[4]로부터 정부가 농지를 매수하여 경자유전의 원칙에 따라 직접 경작을 하는 농민

2) 농지개혁의 세부적 내용에 관해서는 본 책자에 있는 정기화 교수의 글 "농지개혁" 참조.

3) 식민지 시기 소작농의 증가 추세는 뚜렷하여 1916년 37%이던 소작농의 비율이 1932년 55%로 증가하였고 1945년 당시 농지 총면적 222만 정보 중 소작지는 147만 정보로 그 비중이 63%에 달했다.

4) 여기서 지주는 농지를 소유하고 있는 비농가, 자경하지 않는 자, 3정보를 초과하는 농지를 소유한 자를 의미하며 신한공사가 소유한 귀속농지도 유상분배 대상에 포함되었다.

에게 3정보를 한도로 유상으로 분배하는 방식으로 이루어졌다. 농지 개혁이 분배에 미친 영향은 농지를 매수한 농민들의 상환방법 및 지주에 대한 보상 방식과 결과를 통해 추정해볼 수 있다. 분배농지에 대한 상환방법을 보면 먼저 분배농지에 대한 평가를 평년작 주생산물 생산량의 150%로 정했고 이를 매년 30%씩 5년 동안 정부에 현물로 상환하도록 하였다. 1950년대 임시토지수득세와 더불어 농지개혁에 따른 상환도 현물로 부과되었던 점이 농가에 큰 부담을 주었던 것은 사실이나 농지에 대한 소유권을 획득한다는 점을 고려하면 농민들 입장에서는 유리한 조건이었다. 반면 농지의 매수에 따른 보상방법은 정부가 지주에게 지가증권을 발급하여 마찬가지로 평년작 수확량의 150%를 매년 30%씩 5년간 법정가격으로 산출한 금액을 지급하도록 하였다. 지주가 발급받은 지가증권을 기업자금에 사용할 경우에는 정부가 융자보증을 하도록 규정한 데에서 보듯이 「농지개혁법」의 애초 의도는 지주자본을 산업자본으로 전환시키는 것이었다.

그러나 결과적으로 지주자본의 산업자본으로의 전환은 실패하였다. 지주가 지가증권을 금융기관에 제시하면 해당 연도분의 가액을 지불받게 되는데 이때 지불되는 가격은 정부 법정가격이었고 이는 당시 시장가격의 40% 정도였다. 또한 지가증권의 발급은 한국전쟁으로 인해 1951년 1월부터 시작되었고 이후에도 지지부진하여 지주에 대한 지가보상이 제대로 이루어지지 않았다. 전쟁에 따른 높은 인플레이션으로 지가증권의 실질가치가 크게 하락하였고 이에 따라 지가증권은 증권시장에서 액면가의 30~70%에 투매되는 현상이 나타났다[5].

결론적으로 지주자본의 산업자본으로의 전환은 실패하였고 구래의 지주계층은 몰락하였음을 알 수 있다. 농지개혁을 통해 식민지 시기 농촌사회의 기본 구조를 이루었던 지주제가 해체되면서 지주계층은 몰락한 반면 소작농의 비중이 압도적이었던 농가는 고율 소작료의 굴레에서 벗어났고 안정적인 자작농으로 변모하였다. 당시 농촌의 인구가 차지하는 비중[6]을 고려하면 농지개혁에 의한 상대적으로 평등한 토지소유 구조로의 변화는 분배구조가 평등해졌음을 의미한다.

앞서 언급한 바와 같이 1970년대까지는 소득분배에 관한 정부의 공식 통계가 존재하지 않았다. 따라서 1970년대까지의 소득분배는 일부 연구자들의 추계에 의존할 수밖에 없다. 주학중(1979)[7]에 인용되어 있는 오시마(1970), Adelman(1974), 미조구치 외(1976)[8] 등

5) 송원근, 『1950년대 정부관리양곡확보 정책에 관한 일연구』, 연세대학교 대학원 경제학과 석사학위 논문, 1989, 68~78쪽 참조

6) 농지개혁 직전인 1949년 남한의 인구 구성을 보면 도시인구 3,474천명, 농촌인구 16,714천명으로 농촌인구의 비중이 총인구의 83%에 달하고 있다

7) 주학중, "계층별 소득분포의 추계와 변동요인", 『한국의 소득분배와 결정요인(상)』, 한국개발연구원, 1979.

8) 오시마(1970)는 Harry Oshima, "Income Inequality and Economic Growth: The Postwar Experience of Asian Countries", *Malayan Economic Review*, Vol.15 No.2, 1970. Adelman(1974)은 Irma Adelman, "Redistribution with Growth: Some Country Experience-South Korea", in Chenery, et al., *Redistribution with Growth*, 1974. 그리고 미조구치 외(1976)는 Toshiyuki Mizoguchi, Do Hyung Kim and Young Il Chung, "Overtime Changes of the Size Distribution of Household Income in Korea, 1963~1971", *The Developing Economies*, Vol.14 No.3, 1976을 말한다. 이 논문들은 모두 주학중

에서 소득분배 지표인 지니계수와 십분위분배율을 추계하였다. 중앙대 사회과학연구소가 1966년에 실시한 소득과 소비 행태에 관한 특별조사결과를 이용하여 오시마(1970)는 1966년 한국의 지니계수가 0.265라고 추계하였다. 이는 당시 국제적으로 비교해 보아도 가장 낮은 수준으로 이 수치만 보면 한국의 소득분배 상황이 매우 양호한 것으로 판단할 수 있다. 그러나 소득세 자료를 이용해 추계한 채문규(1972)[9]의 경우 1970년 지니계수가 0.3836으로 추계되어 오시마(1970)에서 추계된 지니계수에 비해 상당히 높음을 알 수 있으며 이 차이는 1966년에 비해 1970년 소득분배가 악화되었다고 해석할 수 있다. 미조구치 외(1976)는 1963~71년간의 가구단위 소득분포를 추계하였는데 최초로 시계열 추계를 했다고 볼 수 있다. 추계 결과 전체 가구의 지니계수는 1965년 0.3428에서 0.3962(1967), 0.4251(1968)로 높아졌다가 1969년 0.4246, 0.3550(1970), 0.3647(1971)로 변화하였다.

위의 연구결과들을 종합하면 1960년대 중반에 비해 1970년대 초반에 소득분배가 악화되었다고 볼 수 있다. 그러나 주학중(1979)은 이와 같은 연구결과의 문제점을 지적하고 있다. 예를 들면, 오시마(1970)의 추계는 표본수가 너무 작다는 점, 계절성이 고려되지 않은

(1979)에서 인용한 것을 재인용한 것이다.

9) Moon-Kyoo Chae, "Income Size Distribution for Korea", Paper Presented at the Working Group Seminar on Income Distribution, Manila(mimeographed), January, 1972. 이 논문도 주학중(1979)에서 인용된 것을 재인용한 것이다.

점 등 조사통계자료로서 많은 문제점을 내포하고 있고, 조세자료를 이용한 채문규(1972)의 추계는 당시 취업자의 약 50%인 농업소득자가 제외되었고, 종합소득세 과세대상이 아닌 경우 집계상의 편의가 발생하여 소득불평등도가 과장되는 문제점 등을 들고 있다. 이런 문제의식 하에 주학중(1979)은 기존의 가계조사자료와 여기서 제외된 부문 및 계층은 추정을 통해 보완하여 1965, 70, 76년의 지니계수와 십분위분배율을 추계하였다.

주학중(1979)의 추계 결과를 보면 지니계수 수치는 1965년의 경우 한국의 소득분배가 대단히 양호하다는 인식을 심어준 오시마의 추계치보다는 훨씬 크고, 1970년의 지니계수는 소득분배가 상당히 나쁜 채문규의 그것보다 현저히 낮은 수치를 보이고 있다. 또한 이전 연구들과 달리 1960년대 중반에 비해 1970년대 초에 소득분배가 다소 개선되다가 이후 악화됨을 보여주고 있다.

주학중의 소득분배에 관한 연구는 1990년대까지 이어져서 1982년, 1986년과 1990년도의 소득분배 추계를 발표하였는데, 지니계수가 0.3574, 0.3368, 0.3226으로 지속적으로 감소함을 보였다. 1980년대부터는 소득분배에 관한 정부의 공식 통계가 추계되고 발표되었는데 외환위기 이전인 1990년대 중반까지 소득분배가 지속적으로 개선되었음을 보여주고 있다. 발표된 지니계수는 1980년 0.3891에서 0.3449(1985) → 0.3355(1988) → 0.3097(1993) → 0.2954(1996)로 역시 지속적으로 감소함을 보여주고 있다. 정부의 공식 통계에서도 주학중의 추계 결과처럼 1980년대에 소득분배가 지속적으로 개선되었다. 주학중의 연구와 정부 공식 통계를 통해서 외환위기 이전 고도성장기의 소득분배 추이를 불완전하게나마 추론해볼 수 있다.

고도성장기의 초기인 1960년대 중반부터 1970년까지 소득분배가 약간 개선되었으나 이후 다시 악화되었다가 1980년부터 외환위기 이전까지 지속적으로 개선되었음을 알 수 있다. 이와 같은 외환위기 이전의 소득분배 추이의 원인에 대해서 안국신(2015)은 다음과 같이 정리하고 있다. 먼저 실업과 잠재실업이 만연했던 산업화 초기에는 노동집약적 산업을 주축으로 한 고도성장으로 직종별, 학력별 임금격차의 확대를 수반하지 않으면서 실업률이 급격하게 감소해 소득분배가 개선되었다는 것이다. 반면 1970년대 전반적으로는 농촌의 과잉인구가 감소함에 따라 직종별, 학력별 임금격차가 확대되기 시작했고, 정부의 중화학공업 육성정책이라는 불균형성장정책의 실시로 인해 소득분배가 악화되었으며, 높은 물가상승률과 부동산가격의 폭등도 소득분배 악화에 기여했다고 평가하고 있다.

1980년대에는 지속적인 고성장과 낮은 실업률과 더불어 경제안정화 정책이 소득분배 개선에 기여했다. 특히 1970년대와 달리 1980년대의 낮은 물가상승률로 인해 가계의 실질소득이 꾸준히 증가하였고 지속적인 고성장에 따른 노동수요의 급증과 이에 따른 저학력 생산직 근로자의 부족으로 인해 학력 간 임금격차가 축소된 점도 소득분배 개선의 중요한 요인이었다고 할 수 있다.

그러나 1980년대 후반 3저 호황과 더불어 나타난 부동산, 주식 가격의 폭등으로 특정 계층에 막대한 자본이득을 가져왔는데 이는 지니계수 추계에 반영되지 않기 때문에 1980년대 후반 소득분배가 오히려 악화되었을 것으로 보는 견해도 있다. 그러나 1990년대 중반까지는 지니계수 외에 소득집중도[10], 노동소득분배율 등 다른 지표를 보아도 소득분배가 안정적이고 지속적으로 개선되었음을 알 수 있다. 이는 높은 경제성장률과 그에 따른 실업의 감소, 그리고 물가안정에 따른 가계 실질소득이 전반적으로 증가하였기 때문이다.

(3) 외환위기 이후 분배 추이의 변화

1997년 발생한 외환위기는 IMF의 구제금융과 더불어 한국경제에 혹독한 구조조정을 경험하게 하였다. 은행의 기업대출 금리가 20%까지 오르고 기업에 대한 여신 회수가 시작되면서 이듬해 8월까지 2만개 이상의 업체가 도산하였고, 30대 대규모 기업집단 중 15개가 해체되었다. 이에 따라 수십만 명의 실업자가 발생하였고 3% 이하였던 실업률이 1999년 2월에는 8.8%에 달했다. 이런 요인들이 소득분배를 일시에 급격히 악화시켜 2인 이상 도시가구의 소득분배를 시장가격 기준으로 본 지니계수가 1997년 0.264에서 1998년 0.293, 1999년 0.298로 급등하게 된다. 지니계수 이외에 통계청에서 발표하는 다른 소득분배 지표들도 같은 기간 소득분배가 급속히 악화되었음을 보여주고 있다. 시장소득 기준 2인 이상 도시가구의 5분위배

10) 김낙년, "한국의 소득집중도 추이와 국제비교, 1976~2010: 소득세 자료에 의한 접근", 『경제분석』, 제18권 제3호, 2018.

율도 1997년 3.97배에서 1998년 4.78배, 1999년 4.93배로 급등하였고 상대적 빈곤율도 같은 기간 8.7%에서 11.4%, 12.2%로 급등하였다. 통계청의 공식 소득분배 지표를 통해 외환위기가 소득분배를 일시에 급격하게 악화시켰음을 확인할 수 있다.

외환위기 직후 급격히 악화되었던 소득분배는 2000년대 초반 약간의 부침은 있었으나 2000년대 말까지 지속적으로 악화되었음을 통계청에서 발표하는 각종 소득분배 지표들이 보여주고 있다. 앞서 언급한 시장소득 기준 2인 이상 도시가구 지니계수는 2001년 0.29에서 2009년 0.32까지 높아졌다. 정부에서 발표하는 소득분배 지표는 가계동향조사에 의거한 것인데 조사대상이 2인 이상 도시가구에서 2003년 이후에는 1인 가구를 제외한 비도시가구도 포함하였고, 2006년 이후에는 1인 가구도 포함하도록 확대되었다. 1인 가구 제외 비도시가구 포함한 조사에서의 지니계수는 2003년 0.292에서 2009년 0.32로 급등하였고 전체가구 대상으로 한 조사의 지니계수는 2006년 0.33에서 2009년 0.345로 역시 크게 상승했다.

가계조사의 대상을 전체가구로 확대한 경우 소득분배의 실태가 보다 잘 반영될 것으로 볼 수 있는데, 이 경우 2009년까지 소득분배가 추세적으로 악화되는 현상은 동일하고 다만 조사대상을 2인 이상 도시가구에 한정했을 때에 비해 소득불평등의 정도가 더 악화되어 있음을 알 수 있다. 이는 1인 가구, 비도시지역의 소득이 상대적으로 더 낮다는 것을 보여주며 따라서 2006년 이전의 소득분배 지표들은 소득불평등 정도를 실제보다 과소평가하고 있다고 할 수 있다.

외환위기 이후 소득분배가 추세적으로 악화된 원인에 대해서 안국신(2015)은 ①세계화, ②기술발전, ③인구 및 가족 구조의 변화, ④노동시장의 이중구조, ⑤기업 지배구조의 변화, ⑥가계의 노동공급 변화, ⑦불공정한 정치사회 풍토 등을 거론하고 있다. 소득분배가 악화되고 불평등이 심화되는 현상은 한국에서만 나타나는 현상은 아니다. 세계화에 따라 개발도상국들의 비숙련노동력이 글로벌 시장에 편입되면서 선진국의 비숙련 근로자의 임금과 소득이 정체되거나 감소하는 현상이 나타났고 정보통신기술 등 표준화된 업무를 대체하는 기술들이 발전함에 따라 비숙련노동에 대한 수요가 줄어드는 반면 고급기술직종에 대한 수요는 증가하였다. 이에 따라 숙련노동 혹은 고급기술직과 비숙련노동 간의 임금격차가 확대되었다.

이런 현상은 특히 2000년대 이후 선진국에서 일반적으로 나타나는 현상으로 한국도 예외는 아니다. 한국은 중국과의 수교 이후 교역이 늘어나면서 중소기업 중심의 노동집약적인 제조업에서 수익성이 악화되고 이에 따라 국제경쟁력이 약화되었다. 반면 대기업 중심의 중국과 수직적 분업관계에 있던 산업의 수익성과 생산성은 크게 개선되었다. 그 결과 특히 외환위기 이후 대기업과 중소기업의 수익성과 생산성 격차가 크게 벌어진 반면 기업체 수나 고용에 있어서의 중소기업의 비중은 더욱 높아져 대기업과 중소기업 근로자의 임금격차가 크게 확대되었을 뿐만 아니라 소득불평등도 더욱 심화되었다[11].

---

11) 송원근, "지속성장과 고용창출을 위한 중소기업정책의 개선 방향", 『글로벌 금융위기 극복을 위한 성장 및 고용 전략 (하)』, 2009.

선진국에 비해 한국의 경우는 아직까지 기술발전보다는 교역의 확대로 인한 중소기업의 정체 및 대기업과의 수익성 및 생산성 격차가 임금격차의 확대 및 불평등 심화에 더 크게 기여해왔다고 할 수 있다.

인구 고령화도 소득분배 악화의 한 원인이 되었다. 연령별 인구 비중을 보면 1980년대만 해도 20대의 비중이 가장 높았으나 최근에는 40대 후반의 연령대 인구 비중이 가장 높아지는 등 급격하게 고령화가 진행되고 있다. 인구 고령화는 가구주의 연령구조도 크게 변화시킨다. 지난 30년간 가구주의 평균 연령은 지속적으로 상승하였고 노인가구의 비중이 높은 1인 가구가 포함된 2006년의 조사부터는 가구주 연령이 더욱 크게 상승하였다. 노인가구의 경우 은퇴로 인해 소득이 없거나 취업을 하는 경우에도 생산성이 낮아 소득이 낮으므로 다른 조건이 동일할 경우 다른 가구에 비해 소득이 낮은 경우가 대부분이다. 따라서 인구 고령화는 노인인구와 1인 가구의 비중을 늘려서 결과적으로 저소득층을 증가시켜 소득분배를 악화시킨다. 외환위기 이후 소득분배의 악화는 인구 고령화에 따른 노인가구의 증대에도 기인했다고 볼 수 있다.

이외에도 외환위기 이후 나타난 노동시장의 이중구조 또한 소득분배 악화의 중요한 요인이다. 외환위기 이후 기업 구조조정의 필요성에도 불구하고 고용조정의 어려움은 비정규직의 증가라는 결과를 초래했고 이에 따라 노동시장은 높은 수준의 고용보호를 누리는 정규직과 그렇지 못한 비정규직으로 이중구조가 되었다. 노조의 영향력 증대에 따른 대기업 정규직 임금의 가파른 상승은 노동시장 이중

구조에 따른 임금격차를 더욱 확대시켰다고 할 수 있다.

(4) 부의 불평등 현황

지금까지 살펴본 소득불평등의 변화 추이 외에 최근에는 부의 불평등에 대해서도 관심이 높아지고 있다. 해방 후 농지개혁으로 인해 토지의 불평등이 해소되고 분배 구조가 평등해졌음은 이미 언급한 바와 같다. 그러나 경제의 고도성장과 함께 토지를 비롯한 자산의 불평등이 확대되었음은 다수의 연구를 통해 확인되었다[12]. 또한 금융자산에 비해 토지·부동산이 훨씬 불균등한 분포를 보인다는 점도 확인되었다. 그러나 자산분배를 국제적으로 비교할 수 있는 공식 통계는 2013년부터 갖추어졌기 때문에 이전의 연구들의 신뢰도는 높지 않다고 볼 수 있다. 김낙년(2016)[13]은 부의 분배에 관한 기존의 연구가 근거하고 있는 조사 자료나 통계청의 「가계금융복지조사」와 같은 표본조사의 경우 특히 자산이 많을수록 자산을 과소 보고하는 문제가 심각하다는 점을 지적하며 상속세 자료와 유산승수법을 이용하여 2000년 이후 개인의 자산 분포를 추정하였다. 추정 결과 우리나라

12) 권순원외, 『분배불균등의 실태와 주요 정책과제』, 한국개발연구원, 1992. 현진권, "토지 소유의 편중 실태와 종합토지세의 세부담 분석", 『조세정책과 소득재분배』, 한국조세연구원, 1996. 이정우·이성림, "한국의 부의 불평등 추계", 『경제발전연구』, 제7권 제1호, 한국경제발전학회, 2001.

13) 김낙년, "한국의 부의 불평등, 2000~2013: 상속세 자료에 의한 접근", 『경제 사학』, 제40권 제3호, 2016

성인인구의 상위 1%가 전체 자산에서 차지하는 비중은 25.9%로 이와 같은 부의 불평등 수준은 같은 기준의 소득불평등에 비해 훨씬 높았고, 우리나라 부의 불평등은 영미 국가와 프랑스를 포함한 대륙 유럽 국가의 중간에 위치하고 있음을 보였다.

신뢰할만한 자료의 미비로 해방 이후 부의 분배의 변화 추이를 파악하기는 쉽지 않으나 농지개혁으로 인해 해소되었던 불평등이 경제성장 과정에서 다시 심화된 것으로 추정할 수 있으며 최근의 자료는 부의 불평등이 소득불평등 수준보다 높음을 보여주고 있다. 또한 국제적으로 비교해보면 우리나라의 소득, 부의 불평등 수준은 영미 국가보다는 낮으나 유럽 복지국가들보다는 높은 수준임을 확인할 수 있다.

(5) 재분배정책의 효과 및 전망

외환위기 이후 악화된 분배 상황과 더불어 재분배정책의 확대도 본격적으로 이루어졌다. 먼저 외환위기를 맞아 빈곤인구 급증, 노숙자 증가 등의 사회문제가 확대되면서 기존의 생활보호제도가 2001년 10월 1일 국민기초생활보장제도로 대체되었다. 국민기초생활보장제도는 생활보호제도와 달리 근로능력과 무관하게 최저생계비 이하의 빈곤층의 기초생활을 국가가 보장하는 제도이다. 국민기초생활보장제도는 기초생활보호의 범위와 급여 수준을 크게 확대하였다는 점이 특징이고 소득이 최저생계비에 못 미치는 모든 국민에게 국가가 최저생활을 보장하는 '보편적 복지'를 도입한 사례라는 점에서 역사적으로 의미가 있다.

국민연금의 전 국민 확대적용, 고용보험 및 산재보험 전 사업장으로 확대적용 등 4대 사회보험의 확대적용도 재분배정책의 방향을 획기적으로 전환시킨 조치라고 볼 수 있다. 1988년 처음 실시된 최저임금제도 2000년 11월부터 1인 이상 전 산업으로 확대되었고 이로 인해 최저임금 적용대상 근로자 및 수혜 근로자의 수가 급격하게 증가하였다.

이와 같은 재분배정책은 외환위기 이후 지속적으로 이어졌다. 노무현 정부 기간에는 기초노령연금과 노인장기요양보험제도가 도입되었고 이명박 정부에서는 장애인연금 도입, 자영업자 실업급여 지급을 위한 고용보험 개편 등의 정책을 시행하였다. 재분배정책은 2008년 글로벌 금융위기 이후 더욱 강화되는 추세를 보였으며 박근혜 정부는 무상보육 도입, 국민기초생활보장제도 확대, 기초연금 도입 등 복지정책을 강화하였다. 이에 따라 복지지출은 지속적으로 증가하여 2010년 81.2조원에서 2018년에는 144.7조원으로 정부 총지출에서 차지하는 비중도 같은 기간 27%에서 34%로 늘어났다. 물론 GDP 대비 비중은 2015년 기준 11.9%로 OECD 평균인 26.2%에 크게 미치지 못하지만 고령화의 급진전 및 복지 확대 추세에 따라 복지지출은 앞으로 크게 늘어날 것이고 향후 국가의 재정과 미래세대에 상당한 부담을 줄 것으로 예측된다.

그렇다면 이와 같은 재분배정책의 확대로 인한 분배 개선 여부를 살펴볼 필요가 있다. 소득분배를 나타내는 지니계수의 경우 시장소득에 따른 지니계수와 처분가능소득에 따른 지니계수로 나누어 볼 수 있고 양자의 차이가 재분배정책에 의한 것으로 볼 수 있다. 정부의 공식 통계를 보면 1990년대에는 양자 간의 차이가 크지 않았다. 예를 들면 1995년의 시장소득 지니계수는 0.259이고 처분가능소득 지니계수는 0.251로 큰 차이를 보이지 않았다. 반면 전체가구를 대상으로 소득분배 지표를 발표하기 시작한 2006년 이후의 시장소득 지니계수와 처분가능소득 지니계수는 양자 간 큰 차이를 보이고 있다. 예를 들면 2006년의 경우는 양 지표가 각각 0.33과 0.306이고 2016년에는 0.353과 0.304로 양자 간 차이가 클 뿐만 아니라 점점 더 격차가 커지고 있다. 이는 재분배정책의 강화와 더불어 소득분배의 상대적 개선이 이루어지고 있음을 보여준다. 그러나 시장소득 지니계수의 변화 추이에서 보듯이 소득불평등은 심화되고 있으며 이런 추세는 재분배정책의 강화로도 반전시키지 못하고 있음을 알 수 있다.

앞서 언급한 바와 같이 최근 불평등 심화에는 여러 가지 원인이 있다. 세계화나 기술발전으로 인한 분배 악화의 문제는 저숙련 근로자 혹은 사양산업 종사자의 직종 전환을 위한 직업교육의 확대 등으로 대응할 수 있으나 근본적인 해결책은 아니다. 외환위기 이후 나타난 노동시장의 이중구조에 따른 임금격차의 확대는 대기업 정규직에 대한 보호 완화와 비정규직에 대한 차별 철폐, 노동시장의 유연화를 통해 일정 부분 해결할 수 있으나 이런 노동개혁 시도가 정치적, 사회적으로 받아들여지지 않아 앞으로도 그 전망은 불투명하다.

불평등 심화의 가장 근본적인 원인 중의 하나는 인구 고령화이다. 고령화의 심화는 근로능력이 부재한 노령인구가 증가할 것임을 말해주며 앞으로도 국민기초생활보장제도를 비롯한 공적 부조의 확대가 불가피함을 보여준다. 그러나 전반적인 공적 부조의 확대는 지출 급증에 따른 재정 악화의 문제와 더불어 근로능력이 있는 취약계층의 근로 유인을 감소시키는 문제점이 있다. 따라서 근로능력이 부재한 노령인구의 증가에 따른 노인 빈곤 문제와 불평등 심화를 완화하기 위한 공적 부조의 확대는 불가피하나 이에 따른 재정건전성의 악화 및 근로유인 감소의 문제점을 완화하기 위한 공적 부조의 효율성 제고를 위한 면밀한 정책 설계도 필요하다.

45. 재정적자 및 국가채무와 재정 건전성

최 광

나라의 살림살이를 설계하고 관리하는 국가 재정운용은 사회변화와 경제발전을 이끄는 견인차인 동시에 이를 투영하는 거울이기도 하다. 건국이후 우리 재정은 국가 운영의 튼튼한 버팀목 역할을 해왔으며 어떠한 기준으로도 모범적인 사례로 평가되어질 수 있다. 우리 재정은 건국 초기 참으로 초라한 모습이었으나 개발연대에 높은 경제성장에 힘입어 비교적 건실하게 운영되었으며 외환위기 시에는 위기 극복의 버팀목으로 역할을 훌륭히 수행하였고 오랜 세월동안 비교적 양호한 재정 건전성을 유지해 왔다.

(1) 한국 재정의 역사와 재정 규모[1)]

1) 본고의 재정관련 수치는 주로 김낙년 박기주 박이택 차명수 (편), 『한국의 장기통계 II』(도서출판 해남, 2018)을 바탕으로 하였으며, 한국경제60년사편찬위원회의 『한국경제60년사』(한국개발연구원, 2011), 기획예산처의 『한국의 재정, 어제 오늘 그리고 내일』(기획예산처, 2007), 국회예산정책처의 『대한민국재정 2018』(국회예

원조 경제기(1945~1960)를 시작으로 경제개발 시기(1960~1979), 안정화 시기(1980년대), 세계화 및 외환위기 시기(1990년대), 사회 형평성 추구와 새로운 변화 시기(2000년대)를 거치면서 우리 재정은 양적 팽창 속에 질적 성장을 달성했다.

건국 이후 우리 재정은 열악해도 보통 열악한 것이 아니었다. 빚더미에서 우리 재정이 출발했다. 1949년도 예산을 보면 전체 세입에서 조세수입이 차지하는 비중이 10.8%에 불과했고 미국 원조자금이 13.9%, 차입금이 46.4%로서 남으로부터 공짜로 얻고 빌려서 나라살림을 꾸렸다. 한국전쟁 중에는 통화증발을 야기하는 한은 차입금으로 적자재정이 운영되었고 휴전 이후 균형 예산이 편성되었으나 재원은 미국원조가 주축이었다. 1954~1961년의 기간에 원조자금은 20억 8,800만 달러에 달했고 총 재정수입의 절반에 해당하는(최저 30.0%~최고 52.9%, 평균 49.5%) 기여를 했다.

1948년 중앙정부의 일반회계 규모는 3,000만 원에 불과했으며 한국전쟁 이후인 1954년에 34억 원, 1967년에 1,000억 원대로 증가했다. 일반회계 규모가 1조 원에 달한 것은 1975년, 10조 원에 달한 것은 1984년, 100조 원에 달한 것이 2005년이고 2015년에는 251조원에 달했다. GDP 대비 비중으로 살필 때 재정 규모는 장기적으로 증가하나 증가의 내용은 일관성이 나타나지 않는다. 국민계정 상 일반정부 재정규모는 GDP 대비로 1953~1968년 기간에 11.8~18.8%, 1969~2003년 기간에 18.6~26.1%, 2004~2015년 기

산정책처, 2018) 등을 참고하였음.

간에 29.5~34.9%를 기록했다.[2)]

1960년대와 1970년대의 재정은 한마디로 경제개발과 국가안보를 지원한 재정이었다. '모든 경제적 사회적 악순환을 과감히 시정하고 자립경제 기반을 구축하기' 위해 재정이 적극적으로 역할을 했다. 1980년대는 재정건전성 회복기였다. 경제운용이 강력한 정부주도에서 민간주도로 방향을 틀어 규제가 완화되고 경쟁 촉진을 지향했다. 1997년 외환위기, 2000년대의 복지수요 폭발, 2008년 글로벌 금융위기 발생, 최근의 저성장 체제의 고착 등 경제 사회의 대 전환은 재정운용의 내용과 틀을 크게 변화시켰다. 경제위기 극복과정에서는 일반회계 및 특별회계 이외의 형태로 공적자금이 조성되고, 적극적 총수요관리정책을 펼치고, 추가경정예산 편성 규모와 빈도가 확대되고, 보편적 복지기조와 기초연금 도입 등과 같은 사회보장이 내실화됨에 따라 재정규모가 확대되고 국가채무는 크게 증대되었다.

(2) 재정수지와 국가채무

1960년대 후반까지 재정의 세입이 원조와 대충자금에 의존하였기에 중앙정부 재정수지가 흑자를 시현하는 것은 기대난이었다.

---

2) 선진 7개국의 일반정부 세출규모의 대 GDP 비율이 1870년 10.7%, 1913년 12.7%, 1920년 18.7%, 1937년 22.8%, 1960년 22.9%, 1980년 43.1%, 2005년 44.7%로 우리의 재정 규모는 상대적으로 작은 편이다. Tanzi, Vito and Ludger Schuknecht, *Public Spendings in the 20th Century.* New York : Cambridge University Press, 2000 참조

1970년대 내내 그리고 1986년까지 중앙정부 재정은 계속 적자였으며 1986~9년 흑자를 보인 후 1990년부터 적자를 기록하는바 외환위기 극복시기인 1998년에 1969년 이후 최대인 3.23%의 적자를 기록한다.

통계자료가 1970년부터 작성 발표된 통합재정수지는 1970~2015년 46년 동안 20개년이 흑자를 시현했고 26개년이 적자를 기록했다. 중화학공업 육성이 강력히 추진되던 1970년대 재정수지가 꾸준히 적자를 보였다. 즉 1970~1986 기간에 내내 적자를 보였는데 GDP 대비 최고 4.52%(1972년), 최저 0.06%(1986년) 적자를 시현하다 전두환 정부가 추진한 경제안정화 기조에 따른 재정긴축이 재정수지를 호전시켜 1987년과 1988년에 흑자를 시현한다. 1997년 외환위기는 재정정책 기조의 근본적 변화를 요구했다. 성장의 후퇴(1998년 -5.5%)와 더불어 외환위기에 따른 국민 고통의 해소를 위해 1998년의 경우 GDP의 3.58%에 달하는 재정적자를 기록했다. 외환위기 직후 경기가 빠르게 회복됨에 따라 2000년부터 통합재정은 흑자로 전환된다.

관련 통계가 입수 가능한 해인 1953년부터 2015년까지의 중앙정부 국가채무의 규모를 살펴보면 절대금액으로 1953년에 38억 원이었던 것이 2015년에 583조 6214억으로 62년 동안 15만 배 증가했으며, 대 GDP 비율로는 7.92%에서 37.3%로 4.7배 상승했다. 1964년까지 10% 대를 유지하던 국가채무의 대 GDP비율이 1966년에 20.4%로 상승한 이래 계속 증대하여 1982년에는 28.9%까지 높아졌다. 전두환 정부의 긴축기초가 김영삼 정부까지 이어져 국가채무가 1983년부터 하락하기 시작해 1996년엔 9.2%까지 낮아졌다. 외환위기 이후 국가채무가 급격히 증대하였는데 2007년에 28.8%였던 국가채무가 2016년도에는 38.3%로 급격히 상승하였다.[3]

(3) 재정적자와 국가채무가 낮은 이유

무소불위로 통하는 정부가 지배해온 우리나라에서 각종 국내외의 열악한 여건에서 경제개발과 사회정책의 적극적 추진에도 불구하고 재정수지가 흑자를 기록하거나 적자를 기록한 경우에도 어떻게 그 규모가 그다지 크지 않고 국가채무가 어떻게 낮은 수준에서 유지될 수 있었을까?

네 가지 요인이 작동했다. 첫째는 지도자와 예산 당국자가 사실 외환위기 이전까지 균형예산 원칙(balanced budget principle)을 크게 강조하고 이를 지키려 엄청 노력하였다는 것이다. 경제가 고도성장을 계속하였기에 기본적으로 경기 상황에 대응하는 재정정책을 펴기보다는 수지불균형을 걱정하는 정책기조가 유지되었다. 전통적으로 우리 재정은 양입제출의 원칙 즉 세입의 범위 내에서 지출하는 원칙 아래서 운영되어 왔다.

3) 국가채무의 대 GDP 비율이 일본 223%, 미국 106%, OECD 평균이 111%인 것에 비하면 우리나라의 국가채무 수준은 낮은 편이나 국가채무 증가 속도는 다른 나라보다 빠른 편이다.

두 번째 요인은 예산편성의 기술적 측면에서 유래된다. 즉 기본적으로 균형예산을 편성하면서 예산편성 시 세입규모를 항시 낮게 잡아 결과적으로 재정수지 흑자를 시현하거나 적자규모가 당초보다 적게 나타나게 되었다. 실제 명목 성장률이 언제나 당초 예산상의 성장률을 크게 상회했기에 세수가 예산보다 더 많이 징수됨에 따라 균형으로 편성된 예산은 결산 시 흑자로 기록되거나 당초 적자 예산을 편성했더라도 적자규모가 축소될 수밖에 없었다. 결국 예산 편성 시 예상했던 보다 높은 경제성장이 세수 증대를 가져와 재정적자를 줄이거나 흑자의 시현을 가져 왔다.[4]

셋째는 특별한 세출 증대 요인이 발생하는데도 국공채 발행 등 차입에 의해 재원을 조달하지 않고 그때그때의 필요에 따라 특별 목적세를 도입하는 방법을 택했다. 북한 무력위협이 높아 졌을 때 방위세(1975년)가 도입되었고, 학령아동의 증가로 교육비 지출이 크게 증대할 때 교육세(1982년)가 도입되었고, 우루과이라운드 체결로 농어촌에 대한 투자의 필요성이 제기되었을 때 농어촌특별세(1994년)가 도입되었다. 이들 세 세목은 특정부문의 세출에 직결시키기에 목적세의 외형을 갖추기는 했으나 엄밀히 말해서 이론적으로 목적세가 아니다.[5] 우리나라 현실의 목적세들은 예산편성 과정에서의 재원배분

---

4) 세계 각국에서 국가채무가 누적되는 근본적 원인 중의 하나는 경제성장이 둔화된 때문이다. 일본에서 국가채무가 계속 팽창한 것은 일본 경제의 부진 때문이고 클린턴 대통령 임기 중에 미국의 재정적자가 재정흑자로 반전된 주된 배경은 신경제 등에 힘입어 미국경제가 고도성장을 이룩했기 때문이다.

5) 목적세는 두 가지 조건이 충족되어야 한다. 첫째 응익원칙(benefit principle) 즉

을 둘러싼 마찰과 갈등을 줄이면서 공공성이 높은 국가적 사업을 위해 세금을 거둔다는 명분을 이용하여 조세저항을 줄이는 하나의 방편이었다.

넷째 1980년대 정부가 택한 재정건전화 노력에 힘입은 바가 크다. 민주화의 진행과 중진국 진입 후 복지수요가 급격히 증대하는 시점에서 정부가 긴축재정을 강력히 추구하여 재정규모의 팽창을 막는 동시 재정수지의 흑자 전환을 강력히 도모했다. 전두환 대통령의 1984년 예산동결 조치와 재정수지 흑자 전환 노력은 정부의 세입확대가 아닌 정부 세출의 억제에 의존했다는 점에서 이례적이다. 1980년대에 이룩한 긴축재정과 흑자재정에 힘입어 오늘날까지 한국은 OECD 국가 중 가장 낮은 국가부채 비율을 유지하고 있다.

(4) 향후 재정 여건과 재정 건전성

한국 재정의 모습을 숲과 나무에 비견해 봤을 때 멀리서 본 숲의 모습은 대체로 훌륭하다. 결과적으로 상대적으로 작은 규모로 재정이 유지되어 왔고 재정 건전성도 지금까지는 크게 문제가 없다. 그러나 숲 속의 개개 나무를 살펴보면 잎이나 줄기 또는 뿌리가 일부 상해있는 형상이며, 숲 관리자의 관리 능력에 문제가 있으며, 앞으로의

수익자부담원칙이 지켜져야 하고, 둘째 특정조세를 특정지출에 연계되어 자원배분에 있어서의 효율성이 제고됨은 물론 세 부담에 있어서의 공평성을 동시에 확보되어야 한다.

재정 여건은 재정 건전성을 크게 위협하는 형국이다.

정부가 4개의 주머니를 차고 국가재정을 운영하고 있는데 그 주머니의 관리자가 각기 다르고 제합성이 결여되어 효율성과 효과성에서 문제가 크다. 앞주머니, 뒷주머니 옆주머니, 그리고 안주머니가 그들이다. 앞주머니는 일반회계와 특별회계이고, 뒷주머니는 기금이고, 옆주머니는 조세지출이며, 안주머니는 정치적 정책공약 공공기관 예산과 BTL 등 미래 예산이다. 사실 국가 운영의 총체적 관점에서 보면 이들 4개 주머니들이 통합적 관점에서 관리되고 있지 못하다. 농업 복지 산업 등 국가의 주요 부문별로 4개 주머니에서 각기 얼마큼 지원되고 그 상대적 규모가 우선순위에 부합되는지 여부는 아직 누구도 검토해 본 바가 없다. 디지털 예산회계시스템의 최종 지향점은 4개 주머니의 정보를 체계화 시켜내는 것이고 이를 바탕으로 통합적 재정관리가 이뤄져야 한다.

숲 속의 개개 나무의 잎, 줄기, 뿌리가 상해있는 형상은 재정의 낭비에 비유될 수 있다. 지금까지의 재정운용은 재정 투입으로 성과가 얼마나 나는지를 따지기보다는 특정 분야나 사업에 재원투입이 얼마나 필요한지를 따지는 방식으로 진행되었다. 그러다 보니 재정운용이 방만하고 낭비가 생각보다 많다. 사고의 전환이 필요하다. 통상적으로 우리는 정부가 무엇을 해야 하느냐를 중심으로 생각한다. 정부가 해야 할 일을 찾다 보면 모든 일이 정부가 해야 하는 것으로 결론이 나기 십상이다. 따라서 정부가 무엇을 하지 말아야 하는가를 살피고 이를 제대로 인식 실천하는 것이 필요하다. 개인, 민간 또는 시장이 잘 할 수 있는 일들에 정부가 개입하지 말아야 한다. 최소의 재정이 가장 효율적인 재정이다.

지속적 성장률의 하락과 인구 구조적 변화 그리고 남북 통일비용은 향후 한국 재정의 건전성을 위협할 세 가지 요인이다

성장 잠재력이 저하되고 있다. 경제가 성숙하고 혁신 동력이 하락함에 따라 경제의 성장률이 지속적으로 감소하고 있다. 1970년대와 1980년대에 연평균 경제성장률이 10.5%와 8.8%에 달하였으나 1990년대에 6.2% 수준으로 하락하더니 2000~2009년 기간에는 4.7%로 하락했고 2012년 이후의 경제성장률은 2.3~3.3%로 급락하였다. 성장률의 하락은 세입 기반의 낮은 확대를 의미하기에 재정 확대를 어렵게 하며 분출하는 복지 욕구를 충족시키기 위해서는 적자재정의 운용을 수용하거나 별도의 세수 확보 방안이 강구되어야 한다.

낮은 출산과 늘어나는 노인 인구라는 인구 구조적 변화는 재정운용에 엄청남 압력을 가하고 있다. 고령화의 진전은 연금급여, 의료비, 공적부조 복지서비스 관련 지출의 급격한 증대를 수반한다. 한국개발연구원과 국회예산정책처의 추계에 따르면 고령화 관련 지출이 여타의 지출보다 2배 이상 빠르게 증대할 것이라 한다.

통일은 언젠가 이뤄질 것이다. 통일은 명(明)과 암(暗) 양면을 갖는다. 자유민주주의와 자유시장경제로의 체제 통일은 한반도에 전대미문의 활력을 불어 넣고 동시에 큰 비용을 청구할 것이다. 통일은 엄청난 혜택과 비용을 수반하는 초대형 프로젝트이다. 통일은 남한

기업들에게 뉴 프론티어를 제공해 엄청난 투자기회를 제공하는 반면 남과 북의 생활환경을 비슷하게 만들기 위한 SOC투자는 물론 연금 의료 교육 등의 지출, 소위 통일비용은 상당한 희생을 강요할 것이다.

상당한 규모로 예상되는 통일비용과 저출산 고령화에 따른 복지비용이 재정규모의 팽창을 강요하는 상황에서 저성장에 따른 세입기반 약화는 재정 건전성과 지속가능성을 근본적으로 위협한다. 재정 건전성을 보장하는 균형예산의 달성을 위해서는 세출증가의 억제가 최선의 정책방향이다. 현실에서 재정지출의 확대와 재정적자의 증대를 막아 재정 건전성을 유지할 수 있는 가장 확실한 방법은 제도나 법을 통해 재정지출에 특별한 제한 또는 제재를 가하는 것이다.

46. 자본형성과 기업가의 출현

김영용

(1) 자본형성

부(富)의 증가를 의미하는 경제 성장은 자본 축적 없이는 불가능하다. 잘 사는 나라와 못 사는 나라 간의 가장 큰 차이는 자본 축적 정도의 차이이다. 한국 경제의 성장 역사도 바로 자본 축적의 역사다.

후발국이 경제 개발을 시작할 때 당면하는 가장 어려운 문제가 '물적 자본'이다. 6·25 동란 후 한국 경제에는 인력은 많은데 비해 자본은 빈약하기 짝이 없었다. 소득 수준이 매우 낮아 자본재 획득을 가능하게 하는 국내 저축 규모가 일천했기 때문이다. 당시 자본가들의 자본이래야 겨우 토지 자본을 바탕으로 장사를 해서 번 소규모 상업자본을 산업자본화 한 것이었다. 따라서 한국은 외국 자본 유치에 힘을 쏟았다. 독일 차관, 한일 국교 정상화에 따른 대일청구권 자금, 베트남 전쟁에서 군인들이 받은 전투 수당, 중동 건설 붐 등에 힘입어 한국은 어려운 여건에서도 자본을 축적했다. 물론 '물적 자본' 외에 교육을 통한 '인적 자본' 양성과 고속도로를 비롯한 대형 댐과 항만 등의 사회간접자본의 건설도 빠른 경제 성장을 뒷받침했다. 각종 제도와 정책, 즉 사유 재산 제도의 확립, 수출 주도 전략, 금융제도 등도 사실상 모두 자본 축적을 위한 것이었다.

자본이란 미래지향적 관점에서 자본재를 평가한 총 화폐액이다. 따라서 자본재는 있지만 그 가격이 없는 사회주의에는 자본이라는 개념이 있을 수 없으므로 경제계산을 할 수 없다. 경제계산을 위해서는 사유재산제도에 바탕을 둔 소비재 및 자본재 시장과 화폐가 있어야 하지만, 사회주의에는 자본재 시장이 없어 그 가격이 없기 때문이다. 자본재 가격이 없으므로 무엇을 어떻게 해야 할지, 즉 어떤 방법이 가장 효율적인지를 알 수 있는 기준이 없다. 동일한 전력을 생산하는 수력, 화력, 원자력 발전소 중에서 어떤 것이 가장 비용이 적게 들 것인지를 추산할 방법이 없다. 사회주의가 필연적으로 몰락할 수밖에 없는 이유다.

(2) 기업가의 출현

한국에서는 정주영 현대그룹 창업자, 이병철 삼성그룹 창업자, 구인회 LG그룹 창업자, 최종건 SK그룹 창업자, 김우중 대우그룹 창업자, 조중훈 대한항공 창업자 등등, 동 시대의 걸출한 자본가-기업가들이 자본 축적과 경제 성장을 주도했다. 이런 기업가들의 존재는 한국에 커다란 행운이었다. 아무리 정부 당국자의 경제 발전 의지가 강하더라도 경제성장을 견인하는 자본가-기업가들이 없으면 소기의 목적을 달성할 수 없기 때문이다.

한국경제의 성장과 발전은 이러한 자본가-기업가들에 의한 자본축적과 상업 세계의 불확실성에 대한 성공적 대응에 힘입은 것이다. 한국경제를 압축성장의 역사라고 표현하는 것은 각종 소비재의 생산에서 시간을 절약할 수 있는 빠른 자본 축적의 역사라는 뜻이다. 자본축적으로 풍요한 생활을 뒷받침할 수 있는 대량의 소비재를 짧은 시간 안에 생산 가능하게 한 것이다.

그렇다면 자본 축적을 주도하는 자본가와 상업 세계의 본질적 특성인 불확실성에 직면하는 기업가는 어떤 사람들인가? 자본가와 기업가에 대한 이론을 개괄함으로써 이들의 자유로운 활동이 이뤄질 수 있는 자유시장과 기업 환경의 중요성을 살펴보자.

사람들은 1년 후의 100만 원보다 현재의 100만 원을 더 선호한다. 이와 같이 사람들이 현재의 자원을 미래의 자원보다 더 선호하는 것을 양(陽)의 시간선호(positive time preference)라고 한다. 즉 현재의 100만 원은 미래의 100만 원에 대해 할증되고 미래의 100만 원은 현재의 100만 원에 대해 할인된다. 그 할인 또는 할증률이 바로 이자율이다. 그러므로 이자는 시간의 비용이다. 현재(미래)의 자원을 더 선호할수록 미래(현재)의 자원이 할인(할증)되는 비율이 커지므로(작아지므로) 이자율은 높아진다(낮아진다).

자본가를 비롯한 모든 사람들은 자신의 주관적 시간선호에 따라 자신이 가진 자원의 일부를 현재의 소비에 사용하고 나머지를 미래를 위해 저축한다. 자본가는 자신의 저축(차입금 포함)을 바탕으로 시간이 저장되어 있는 자본재를 획득하여 짧은 시간 안에 대량으로 소비재를 생산함으로써 돈을 번다. 자본재에 시간이 저장되어 있다는 사실은 땅을 파는 삽과 굴삭기를 비교해보면 쉽게 이해할 수 있다. 중요한 사항은 저축이 이뤄지지 않으면 자본재를 획득할 수 없다는 것이다.

자본가는 자신의 저축을 바탕으로 근로자와 토지 소유자들이 식품, 의복, 주거 시설의 획득과 여가 활동에 당장 사용할 수 있는 '현재의 자원'을 제공하고 이들이 가진 노동과 토지 서비스라는 '미래의 자원'을 구입한다. 자본가는 이 미래의 자원을 시간이 걸리는 생산에 투입하여 미래에 완성되는 제품을 시장에서 팔아 시간에 대한 보상인 이자를 소득으로 얻는다. 자본가가 제공한 현재의 자원은 자본재로 사용되었으며, 이는 생산 과정에서 많은 변화를 거친다는 점을 기억하자.

기업가는 불확실한 상업세계에서 미지(未知)의 이윤 기회를 발견하고자 나서는 행동인으로 정의된다. 불확실성은 사례별 확률(case probability)과 관련되는데, 이는 어떤 사건이나 현상을 집단 내에 동질화할 수 없는 경우의 확률로서, 불확실성에 당면하는 사람의 주관적 판단에 의존한다. 예를 들어 정주영 회장과 이병철 회장의 사업 방식에는 유사한 점도 있지만 다른 점도 많다. 따라서 이들을 '자본가-기업가'라는 하나의 동질적 집단에 포함시킬 수 없다. 이들에게는 유사한 점도 있지만 각자가 고유하며 동질적이 아니기 때문이다. 따라서 기업 세계에는 '성공과 실패'에 관한 경험적 확률이 있을 수 없다. 기업의 세계에는 동질적 집단의 구성원들의 행태로부터 경험적 확률을 알 수 있는 손해 보험시장과 같은 보험 시장이 생기지 않는다. 기업가가 당면한 세계가 바로 이런 것이다.[1)]

(3) 기업가 정신

기업가 정신이란 불확실성을 떠맡는 정신이며 새로운 기회에 도전하는 투기적 모험심을 말한다. 투기적 모험을 위해서는 미래에 무엇이 일어날지에 대한 서로 다른 예상 중에서 선택을 해야 하는데, 선택을 하는 데 있어서는 이미 발견되어 널리 알려진 과학적 지식도 중요하지만, 더 중요한 것은 미래에 대한 통찰력이다. 당연히 기업가의 통찰력은 기업가 자신의 미래에 대한 주관적인 판단에 의존한다. 그러므로 아무도 가보지 않은 길을 처음 가는 기업가는 모험적이며 투기적일 수밖에 없다. 또 기업가는 다른 사람에 비해 불확실성에 직면하여 성공할 가능성을 실패할 가능성보다 더 크게 본다는 점에서 낙관적이다. 그리고 남보다 더 효율적인 방법을 찾지 않고서는 상업 세계의 경쟁에서 이길 수 없다는 점에서 경쟁적이다. 정주영 현대 창

---

1) Ludwig von. Mises, *Human Action: A Treatise on Economics*, Yale University, 1949, Chap. 6. Rothbard, Murray N., *Man. Economy, and State: A Treatise on Economic Principles*, Mises Institute, 2001[1962], Chap. 8.

업자의 "길이 없으면 길을 찾고, 찾아도 없으면 닦아 나가면 된다.", 이병철 삼성 창업자의 "기업가에게는 창조와 혁신감이 생동하는 과정을 바라볼 때야말로 더 없이 귀한 순간이다.", 구인회 LG 창업자의 "몇 년 해서 안 된다고 문을 내릴 수는 없다. 구름 뒤에 숨은 해를 생각해야 하는 기라.", 조중훈 대한항공 창업자와 최종현 SK 회장의 "10년 앞을 내다보고 준비해야 한다." 등은 기업가들의 그런 특성을 반영하는 것이다.[2)]

기업가의 이러한 제반 행동을 인도하는 것은 심리적·물질적 이윤 동기이다. 기업가의 이윤은 불확실성을 성공적으로 떠맡는 데 대한 보상이며, 실패하면 손해를 본다. 불확실성을 성공적으로 떠맡았다는 말은 기업가가 미래의 시장 조건들과 소비자들의 욕구를 옳게 예상하여 그들로부터 좋은 평가를 받았다는 뜻이다. 이와 같이 이윤과 손실의 궁극적 원천은 불확실성이다. 모든 것이 확실하다면 이윤이나 손실은 없다. 불확실성도 없고 변화가 없는 세계에서는 기업가가 할 일도 없고, 따라서 이윤이나 손실도 존재하지 않는다.

기업가는 시장에서 저평가(underpriced)되어 있다고 판단하는 생산요소를 발견하고 이를 이용하여 상품을 생산한 후 팔아서 이윤을 얻는다. 그런데 특정 생산요소가 저평가되었다는 기업가의 사전적(事前的) 판단이 옳았는지 아닌지는 생산한 상품을 시장에서 팔아본 후에 사후적(事後的)으로 알 수 있다. 미래에 대한 예측이 불확실하다는 뜻이다. 그런 예측이 사후적으로 옳은 것으로 밝혀지면 자원배분의

2) 월간조선사, 『한국 자본주의의 개척자들』, 2003.

효율성을 높이고 이윤을 얻지만 틀린 것으로 밝혀지면 자원배분의 효율성을 저해하고 손해를 본다. 따라서 자본가-기업가가 얻는 소득에는 자본가가 얻는 이자와 기업가가 얻는 이윤이 혼재되어 있다. 이자와 이윤은 합금처럼 뒤엉켜 실제로 분리하는 것은 불가능하다.

한국 경제는 자본 축적과 불확실성에 도전한 자본가-기업가들을 중심으로 숨 가쁘게 달려왔다. 이들은 캐치업(catch up)을 통해 시장에 존재했던 이윤 기회를 활용하여 부를 축적하고 한국의 경제 성장을 이끌었다. 그러나 이제 이들은 한국경제의 새로운 도약이라는 과제를 남기고 대부분 우리 곁을 떠났다. 새로운 도약이란 바로 새로운 기회의 발견을 의미한다. 지금 한국의 자본가-기업가들은 이제까지는 몰랐던 새로운 이윤 기회를 발견해야 하는 과제에 직면해 있다. 성장과 일자리 문제도 모두 이와 관련되어 있다. 한국 경제의 지속적 성장과 발전을 위해 기업가 정신이 자유롭게 십분 발휘될 수 있는 자유시장과 기업 환경을 조성하는 일이 중요한 이유다.

47. 1990년대 수입자유화와 시장개방

안재욱

(1) 시대적 환경과 정책의 배경

수입자유화가 시작된 계기는 1967년 4월 15일 GATT에 가입하고 케네디 라운드에 참여하면서다. 그 이전에는 건국 초기부터 수입허가제, 수출수입의 쿼타제, 수출입링크제 등의 제도를 운용하며 수입을 억제해왔다. 1967년 정부는 수입규제를 포지티브시스템에서 네거티브시스템으로 바꾸어 수출입에 대한 사항을 기별로 공고했다. 기존의 포지티브시스템 하에서는 명시된 품목만을 수입할 수 있었지만, 네거티브시스템 하에서는 수입이 금지되거나 제한된 품목만을 명시하기 때문에 명시된 품목 이외에 대해서는 정부의 승인 없이도 수입할 수 있게 되어 수입이 그만큼 자유롭게 되었다. 그 이후 수입자유화는 점진적으로 이뤄져 수입자유화율이 1967년 58.5%에서 1978년 68.6%로 높아졌다.

수입자유화는 1979년 제2차 석유파동으로 일시적으로 정체되었다가 1980년대 초반 개방정책이 실시되면서 본격적으로 확대되었다. 1983년 발표한 수입자유화5개년계획(1983~1988) 하에 1983년 23.7%였던 평균관세율을 1988년 18.1%로 낮추었고, 1984년 수입자유화예시제를 도입하여 수입자유화대상품목과 일정을 미리 고시하여 관련업자들이 시장개방에 대비할 수 있는 시간을 줌으로써 국내산업에 대한 충격을 최소화하도록 노력했다.[1] 이러한 정책과 노력으로 수입자유화율이 1988년 95.2%로 높아졌다. 그리고 1988년 정부는 평균관세율을 1993년까지 7.9%로 인하하고, 적어도 제조업 상품에 대해서는 100%에 가까운 수입자유화율을 달성한다는 제2차 수입자유화5개년계획을 마련했다.

그러나 이러한 수입자유화 조치 속에서도 수입선다변화제도는 지속적으로 운용했다. 수입선다변화제도는 특정국가와의 무역역조를 막기 위해 품목을 정해놓고 수입을 금지하는 조치다. 당시 한국의 대일 무역적자 규모는 매우 컸다. 그리하여 산업구조가 유사한 일본으로부터 수입품이 급증할 경우 국내 산업이 피해를 입을 것이라는 우려 때문에 지나친 대일본 무역역조를 막고, 국내 산업을 보호한다는 취지로 1977년부터 수입선다변화제도를 시행했다. 이 제도를 통하

---

1) 한 예로 상공부가 발표한 '1983년 하반기 및 1984년 상반기 수출입기별공고안'을 보면 90%로 결정되었던 가정용 냉장고(2백 ℓ 이상)와 전기세탁기 등의 관세율을 75%로 낮추었다. 그리고 수입이 제한되던 1,769개 품목가운데 305개 품목의 수입을 자유화한 반면 종전 수입자유화 5,791개 품목 중에서 새로 18개 품목에 대해서는 수입을 제한했다.

여 정부는 철강, 화학, 전자, 기계 등 주요 산업분야에서 품목을 지정하여 일본으로부터의 수입을 제한하였다.[2] 수입선다변화제도는 1977년 7개 품목에 대하여 처음 시행되었으며, 1978년 99개 품목을 추가시키면서 본격화되었다. 수입선다변화제도는 처음에 비공개로 운영하다가 1980년 11월 3일 「수입선다변화제도의 공개 운영」을 공표하며 공개적으로 운영하였다.[3]

한국의 개방정책기조는 1993년 12월 15일 제네바에서 협상이 타결된 UR(우루과이라운드)에 참여하면서 확고해졌다. 한국은 1990년부터 GATT 18조 B항의 원용을 중단하고 1997년까지 남아있던 수입규제를 단계적으로 철폐하기 시작했다.[4] 수입자유화율은 1981년

---

2) 수입선다변화제도의 지정품목은 이외에도 자동차, 섬유, 요업의 주요 품목은 물론 밀가루 같은 식용품도 포함하여 그 범위가 매우 넓었다.

3) 1980년에 적용품목을 206개까지 늘렸다가 1984년 초에 168개로 축소하였다. 그러나 1984년 7월 대일본 무역역조가 심화됨에 따라 대상품목 수가 다시 590개로 늘어났다. 그리고 대일수지 개선 등 여건의 변화에 따라 1987년에 379개로 다시 지정품목 수가 줄어들었다.

4) 1989년 10월말 GATT의 BOP위원회와의 합의에 따라 우리나라가 GATT(관세 및 무역에 관한 일반협정) 협약18조 B항(개도국에 대해 국제수지 방어를 위한 수입제한 허용) 적용대상국에서 졸업하여 수입규제품목을 전면적으로 자유화할 의무를 지게 되었다. 다만 1997년까지 8년간의 수입자유화 유예기간을 부여받았다. 이에 따라 정부는 1997년까지 3개년 단위의 수입자유화계획을 공시 발표했다. 그동안 우리나라는 GATT 체제 내에서 개도국 예외 조항인 GATT 18조 B항을 원용하는 국가에 속했다가 1989년 합의로 1990년 1월부터 GATT 11조를 준수하는 국가로 이행하였다. GATT 11조 1항은 GATT 회원국은 다른 회원국의 영역으로부터의 상품의 수입 및 다른 회원국의 영역에 대한 상품의 수출 또는 수출을 위한 판매와 관련한 할당제나 수입허가 또는 기타 조치 등을 불문하고 관세, 조세 또는 기타 과징금 이외의 금지 또는 제한 조치를 설정하거나 유지해서는 안 된다고 규정하고 있다.

74.7%, 1988년 95%로 상승하였고, 1993년 98%, 1996년에는 99% 수준으로 개선되어 제조업 분야는 거의 자유화된 상태에 도달했다. 그러나 수입선다변화제도는 매년 단계적으로 축소 운용하여 왔지만 여전히 개방정책의 회색지대로 남아 있었다.[5]

수입선다변화제도는 특정국에 대한 수입제한 조치라는 점에서 국제적으로 폐지압력을 받아왔었다. 그러다가 UR 이후 수입선다변화제도를 폐지해야만 했다. 새로이 출범한 WTO체제에서는 특정국을 대상으로 한 차별적 수입수량 제한을 모두 철폐하도록 규정(GATT 13조)하고 있기 때문이었다.[6] 그리하여 수입선다변화품목을 1996년 127개, 1997년에는 113개로 줄였고, 1999년 6월말에 완전 철폐하였다.

수입선다변화제도 폐지의 배경에는 국제적 통상압력 외에도 국내요인도 있었다. 우선 수입선다변화제도 실시에도 불구하고 일본의 해외직접투자 증가에 따른 제3국으로부터의 우회수입이 증가하고 있었고, 수출용원자재 수입 등 예외수입의 증가 등으로 다변화제도의 유효성이 떨어지는 상황이었다. 게다가 수입선다변화제도로 특정산업이 지나치게 장기간 보호됨에 따라 기업의 품질 개선 노력이 부

5) 수입선다변화품목을 1988년에 344개, 1990년 268개, 1992년 258개 품목으로 축소했다.

6) GATT 제13조(수량제한의 무차별 적용) 1항: 체약국은 다른 체약국 영역 산품의 수입 또는 다른 체약국영역에로의 산품의 수출에 대하여 모든 제3국의 동종 산품의 수입 또는 모든 제3국에 대한 동종 상품의 수출이 다 같이 금지되거나 또는 제한된 경우를 제외하고는 어떠한 금지나 제한을 과할 수 없다.

진했을 뿐만 아니라 저렴한 외국산 제품이 수입되지 않음으로써 소비자의 후생이 감소되는 문제가 존재했다.

(2) 목적과 주요 내용

1990년대 수입자유화와 시장개방정책의 목적은 그동안 보호조치를 취하였던 분야들을 과감히 개방하여 외국과 치열한 경쟁을 허용함으로써 가격과 품질 면에서 국제경쟁력을 제고시킬 뿐만 아니라 국내 소비자들의 후생을 증진시키는 데 있었다. 1990년대 수입자유화와 시장개방과 관련된 주요 내용에는 UR 협상에 따른 농산물 시장개방, 축산물 시장개방, 유통서비스 시장개방, 그리고 수입선다변화제도 폐지에 따른 전자, 캠코더, 대형TV 등 가전제품 수입제한 폐지 등이 있다.

정부는 1989~91년 「제1차 수입자유화 예시계획」에 따라 243개 품목의 농축산물을 개방했고, 273개 품목의 농수축산물을 92~97년 6년간에 걸쳐 각각 개방하기로 계획해 실행에 옮겼다. 그리고 유통시장은 1989년 1단계로 외국기업 국내지사의 수입판매업종을 확대하고, 의약품 도매업에 대한 외국인 투자를 허용했다. 1991년에는 2단계조치로 소매업에 대한 외국인 투자를 선별적 허용하였다. 1993년에 3단계조치로 외국인 투자를 도매업까지 확대했으며, 1996년에 점포수 및 매장면적에 대한 제한을 철폐하며 전면적으로 개방하였다.

한편 1995년부터 수입선다변화품목을 단계적으로 해제하여 오다가 대외무역법을 개정(1999. 2. 8)하여 앞에서 언급한 것처럼 1999년 6월 30일부로 수입선다변화제도를 폐지하였다.[7] 1998년 수입선다변화가 해제된 캠코더와 1999년 마지막으로 해제된 중대형 TV, 전기밥솥, 휴대폰 등을 비롯해 1998~99년간 최종적으로 48개 품목의 수입선다변화 지정이 해제되었다. 이로써 무역자유화는 거의 100%에 이르게 되었다.

(3) 수입자유화와 시장개방의 효과

수입자유화와 시장개방 정책이 발표되자 그에 대한 반대와 부정적인 견해가 많았다.[8] 농축산물 수입개방에 대한 반대시위는 물론, 농업과 축산업에 대한 비관적인 연구결과들이 많았다. 정부는 농민단체 등 이해당사자들의 반발을 무마하고 농업을 보호하기 위해 막

7) 외환위기로 말미암아 우리나라가 IMF의 자금지원을 받게 된 1997년 말 일본이 우리나라에 대한 자금지원을 약속한 것에 대한 반대급부로 한국정부는 당초 계획보다 6개월가량 앞당긴 1999년 6월 수입선다변화제도를 완전 철폐하였다.

8) 우리나라의 쌀 시장은 1995년 우루과이라운드에서 10년간 관세화 예외를 인정받았다. 관세화란 시장개방과 같은 것으로서 쌀 수입을 자유화해 관세 이외에는 아무런 무역장벽을 없애는 것을 말한다. 당시 우리나라는 국내농업의 피해를 우려해 예외를 요청했고 이것이 받아들여졌다. 2005년 우리나라는 또 한 차례 10년간 관세화 예외를 인정받았다. 쌀 관세화 유예기간이 2014년 말 종료되기 때문에 2014년 7월 18일 쌀 관세화 방침을 발표하고 2015년 1월 1일 관세화를 시행하였다. 정부는 수입쌀에 대해 513% 관세율을 책정했다.

대한 자금을 투입했다.[9] 그러나 평균 농가소득은 10년간 연 3,000만 원대에 머물고 있고(2017년 현재 32,517,000원), 농가부채는 2008년 가구당 2,578만원에서 2017년 2,637만원으로 오히려 늘어났다. 시장개방이 국내농가에 반드시 부정적인 것은 아니다. 시장개방으로 외국시장으로의 진출의 기회를 제공하는 긍정적인 면이 있다. 시장개방 이후의 새로운 상황에 적극적으로 적응하여 오히려 개방 이전보다 높은 소득을 올리며 국외수출을 확대하는 농가도 많다. 전체 농식품 수출액은 2004년 20억9,000만 달러에서 2017년 68억3,000만 달러로 연평균 16% 정도씩 증가했다. 농림축산식품부는 신선농산물 수출 확대로 농가소득 증가에 기여한 것으로 평가하고 있다.[10]

한우산업도 마찬가지다. 시장개방으로 국내 한우산업이 거의 무너질 것으로 예상하였지만 구조조정과 품질개선 노력으로 살아남았다. 2001년 개방 이후 쇠고기가격(도·소매가격)은 지속적으로 증가해 현재 한우고기 값은 수입쇠고기의 4배 정도 비싸지만 초과수요 상태다. 개방 이후 경쟁력 강화, 브랜드육 개발 등으로 한우농가의 가구당 소득이 증가했다. 한편 2001년 개방 이후 수입 쇠고기 가격은 한우가격의 1/4 수준으로 하락하였다. 저렴한 가격으로 쇠고기 소비와

---

9) 김영삼 정부는 농어촌 구조개선 사업을 추진하며 42조원을 투입했고, 김대중 정부는 농업 농촌 투·융자계획 하에 45조원 정도를 투입했다. 노무현 정부 역시 농업에 10년에 걸쳐 119조원을 투입하는 계획을 세웠다. 이명박 정부와 박근혜 정부도 농업발전을 위한 5개년계획을 수립하고 매년 수조원의 보조금을 지급했다.

10) 농림축산식품부, "2016년 농식품 수출, 전년대비 5.9% 증가한 65억불 달성", 2017년 1월 23일 보도자료.

선택의 폭 확대로 소비자 후생이 증가했다. 축산농가의 소득은 2003년 3,660만원에서 2016년 7,743.3만원으로 100% 이상 증가하였다.[11)]

유통시장 개방에 대해서도 부정적인 견해가 많았다. 자금력, 상품력, 운영노하우, 물류시스템 등에서 국내기업을 압도하고 있는 다국적 유통기업들의 국내진출로 국내 유통업체들이 고사할 것이라는 우려의 목소리가 높았다. 실제로 유통시장 전면 개방 이후 글로벌 대형 할인점인 카르푸가 1993년, 월마트가 1998년에 국내시장에 진출했다. LG경제연구원이 유통시장이 완전 개방되는 1996년 1월 국내 유통업계 실무담당자들을 대상으로 한 설문조사 결과, 전체 응답자의 약 45%가 유통시장 개방으로 국내 유통기업들의 피해가 클 것으로 예상했고, 9.7%는 심각한 피해가 우려된다고 응답했다.[12)] 그러나 이러한 우려와는 달리 글로벌 대형마트들은 국내에서 적자를 견디지 못하고 철수했다. 2006년 까르푸가 이랜드 그룹에 인수되었고, 월마트 역시 국내 기업인 신세계 이마트에 인수되어 한국을 떠났다. 지금은 이마트나 롯데마트 등 한국 기업이 수위를 지키고 있으며, 경쟁력을 바탕으로 외국으로 진출해 있다.

---

11) 통계청, "2016년 농가 및 어가경제조사 결과", 2017년 4월 24일 보도자료. 한편 글로벌 식품업체인 하림이 2016년 계열농가 319호 농가를 대상으로 농가당 평균 사육소득을 조사한 결과 1억9,100만원으로 전해에 비해 1,000만원 증가했다고 보도하고 있다.

12) 조선일보, "유통시장 개방… 현장의 위기감 매우 심각", 1996년 1월 19일. http://biz.chosun.com/site/data/html_dir/1996/01/19/1996011970191.html

TV, 전기밥솥 등 전자제품에 대한 시장개방에 대해서도 마찬가지였다. 품질 좋고 경쟁력을 갖춘 일본산 전자제품이 국내시장을 잠식할 것이라는 우려가 많았다. 실제로 1993년 6월 산업연구원(KIET)이 수입선다변화 품목을 생산하거나 수입하는 58개 국내업체를 대상으로 실시한 설문조사에서 수입선다변화제도의 존폐에 대한 물음에 조사기업의 51.6%가 "계속 유지해야 한다"는 견해를 밝혔고 "즉시 폐지해야 한다"는 기업은 3.6%에 불과했다. 나머지 44.6%의 기업은 "장기적으로 대일역조가 개선되는 시점에가서 폐지해야 한다"는 다소 유보적인 입장을 취했다.[13)]

그러나 그로부터 10여년이 지난 2010년 말부터 지금까지 한국 TV시장의 99%를 국내 기업인 삼성전자와 LG전자가 장악하고 있다. 과거 명성을 날리며 한국 시장을 석권했던 소니, 파나소닉 등 일본산 TV는 국내에서 찾아보기 어렵다. 그리고 2017년 삼성전자와 LG전자는 각각 20.0%와 12.6%의 점유율을 보이며 연간 130조원 규모의 세계 TV시장에서 10년 넘게 세계 1·2위를 점유하고 있다.

밥솥시장에서도 마찬가지다. 시장개방 직후 일본산 '코끼리 밥솥' 수입이 300% 이상 급증하기도 했지만, 1999년 개방 당시 연매출 300억 원의 중소기업에 불과했던 쿠쿠홈시스가 개발한 압력밥솥이 2002년부터 일본에 역(逆)수출하고 있다. 쿠쿠홀딩스의 국내 시장점

---

13) 한국경제신문, "대일역조개선위해 수입선다변화 불만 있으나 즉각 폐지는 반대", 1993년 6월 13일.
http://news.hankyung.com/article/1993061300771?itemcode=028150&type=0&

유율은 70%에 달하며 쿠쿠홀딩스의 2017년 매출액이 3,955억 원에 이른다. 이외에도 삼성전와 SK하이닉스 등 우리나라 기업들이 메모리반도체 시장에서 차지하는 점유율이 58%로 세계 1위이며, 휴대폰 시장에서도 삼성전자가 2018년 1분기 시장점유율이 22.6%로 세계 1위를 차지하고 있다.

(4) 수입자유화와 시장개방의 의미

수입자유화와 시장개방의 가장 중요한 의미는 국내 생산자들과 기업들을 외국생산자들과 기업들과의 경쟁에 노출시킨 것이다. 경쟁이 중요한 이유는 그것이 기업과 기업가들로 하여금 가능한 한 낮은 가격으로 소비자들이 원하는 품질의 재화와 서비스를 제공하는 노력을 기울이도록 만들기 때문이다. 그런 과정을 통해 기업의 경쟁력이 제고될 뿐만 아니라 소비자의 이익이 증가한다. 경쟁 활동이 활발할수록 경제는 그만큼 더욱 성장하게 되고 구성원인 국민들의 소득도 증가하게 된다.

수입자유화와 시장개방 이후 우리의 유통산업과 전자산업이 급격히 성장하고 세계적인 경쟁력을 갖게 된 것은 바로 경쟁에 노출되었기 때문이다. 기업과 기업가들이 생존하기 위해 시장에서 무엇이 부족한지, 소비자들이 무엇을 원하는지를 고민하고 연구 개발에 투자한 결과다. 경쟁이 경쟁력을 높인다는 것은 농업과 다른 산업의 발전 정도를 봐도 알 수 있다. 물론 시장개방 이후로 농업 역시 그전보다는 발전했지만, 정부의 보호를 받아 경쟁에 덜 노출된 농업이 경쟁에 더 많이 노출되어 있는 다른 산업에 비해 낙후되어 있다는 것은 시사하는 바가 크다. 농업 역시 더 발전하기 위해서는 정부의 보호를 줄이는 것이 중요하다.

한편 수입자유화와 시장개방은 시장크기의 확대를 의미한다. 시장의 확대는 그 자체로 이득이다. 시장이 확대로 규모의 경제가 생겨 생산자의 입장에서는 생산비가 절감되는 이득을 얻을 수 있기 때문이다. 그리고 시장이 확대됨에 따라 기존에 있던 시장의 품목뿐만 아니라 시장이 존재하지 않았던 품목의 생산과 거래가 촉발된다. 이런 과정에서 생산과 거래, 소비, 그리고 후생이 늘어나 이득을 본다.

수입자유화와 시장개방의 또 다른 이점은 국내 기업들이 선진 외국기업들의 기술과 지식을 접하고 습득할 수 있는 기회를 가질 수 있다는 점이다. 선진 기술과 지식이 국내 기업과 산업에 전파되어 생산성이 향상되고 기업의 수익성이 증가될 뿐만 아니라 경제전반의 효율성이 증가해 경제가 성장하게 된다.

(5) 맺는말

정부가 경쟁을 막고 기업과 산업을 보호하면 기업가에 의한 새로운 제품, 새로운 생산 방식, 새로운 경영방식 등 혁신이 일어나지 않는다. 정부가 기업 간 자유경쟁을 막으면 비효율적이고 소비자를 만족시키지 못하는 기업이 퇴출되지 못한다. 그 기업이 시장에 존속하게 되어 우리의 귀중하고 희소한 자원을 계속 사용함으로써 자원의 낭비가 발생하여 경제가 쇠퇴하게 된다. 더욱 경제를 발전시키려면 기업과 산업들을 보호하는 정책을 줄여 경쟁에 직면하도록 하는 것이 바람직하다.

한국 경제가 오늘날 세계 10대 경제대국의 반열에 오르고 1인당 국민소득이 3만 달러에 이르게 된 가장 중요한 요인 중 하나가 바로 1990년대 획기적으로 이뤄진 수입자유화와 시장개방이다. 그로 인해 우리 기업들이 경쟁에 노출되어 혁신활동이 급격히 증가해 기업과 산업의 경쟁력이 향상되었던 덕분이다. 뿐만 아니라 시장개방으로 시장이 확대되고, 우리 기업들이 선진 기술과 지식을 습득할 수 있었기 때문이다.

48. 시장개방: GATT WTO FTA

정인교

(1) 시장개방과 국제무역질서

2017년 우리나라의 수출은 5,736억 달러로 세계 7위 수출국가로 기록되었다. 내수규모가 작은 우리나라가 수출주도 경제성장을 통해 '한강의 기적'을 이룰 수 있게 된 가장 중요한 배경으로 지난 60여 년 간 세계무역이 단계적으로 자유화되어 왔다는 점을 들 수 있다.

전통적으로 국제무역질서는 "관세와 무역에 관한 일반협정(GATT)"와 세계무역기구(WTO)로 대변되는 다자무역체제에 의해 지탱되어 왔으며, 1990년 이후 자유무역협정(FTA) 체결이 전 세계적으로 늘어나면서 세계무역에서 경제지역주의의 중요성이 커졌다. 즉 오늘날에는 다자무역체제와 경제지역주의가 국제무역을 관할하고 있다.

우리나라는 1990년대까지 다자체제에 의존하다가 이후 지역주의에 참여함으로써 통상국가로서의 기틀을 다지게 되었다. 통상국가 자체가 개방을 전제로 하고 있고, 국제경쟁력이 취약한 국내 농업과 서비스업의 반발이 적지 않았다. 하지만, 동아시아 금융위기 이후 역대 정부들은 개방적 통상정책기조를 유지함으로써 우리 경제의 선진화 및 수출시장 확대를 도모해 왔다.

(2) GATT

제2차 세계대전 종전 직후인 1947년 미국을 비롯한 서방의 자유주의 시장경제 국가 23개국은 GATT 출범에 합의했다. 미소 냉전체제하에서 출범한 GATT는 관세 인하와 비관세장벽 완화를 주도하여 국제무역을 활성화시키고, 서방세계의 시장경제질서가 옛 소련이 주도했던 사회주의 계획경제보다 나은 체제임을 보여주고자 했다.

광복 후 정부 수립, 6·25동란, 4·19혁명, 5·16 군사혁명 등 국가적 혼란이 이어졌고, 원조경제에 의존하고 있던 우리나라는 GATT 협상에 관심을 가질 형편이 되지 못했다. 군사혁명으로 해외원조가 감축되면서 경제위기를 맞게 되었고, 수입대체산업 육성을 주요 내용으로 하는 제1차 경제개발계획(1962~1966)의 문제점을 파악하게 되었다. 제2차 경제개발계획(1967~1971)에서는 철강, 조선, 석유화학 등 중화학공업 육성과 수출진흥을 통한 공업화 전략이 본격적으로 추진되면서 기업의 해외시장 진출이 필요했다. 케네디라운드(Kennedy Round, 1964~1967)가 막바지로 치닫던 1967년에 우리나라는 GATT의 71번째 회원국이 되었다. GATT 가입에 힘입어 제2차 경제개발계획 기간 중 우리나라의 수출은 연평균 38.0% 증가했고, 1971년 수출액은 11억 3천만 달러를 기록하였다.

GATT는 8차례의 다자간 협상('라운드'라고 함)을 통해 세계무역을 자유화시키고 공정한 무역질서 확립에 기여했다. GATT 마지막 협상이었던 우루과이라운드(Uruguay Round, 1986~1994)에서 시장경제 국가들은 기존 GATT 협정 내용을 획기적으로 바꾸기로 합의하였고, 기반이 취약한 GATT를 대신하여 WTO를 출범시켜 세계무역의 자유화 및 다자간무역협정의 이행역량을 확충시켰다.

우루과이라운드 협상 기간 동안 우리 농업계와 서비스업계의 반발이 심했다. 농민운동과 연계된 농업계는 전국적인 연대를 형성하여 개방정책에 저항했고, 각종 규제로 경제지대(economic rent)를 누리던 서비스업계는 대정부 로비를 통해 대외개방을 최소화하고자 했다. 농업계에 대해서는 수십조 원의 농업분야 지원대책을 제공함으로써 반발을 줄일 수 있었으나, 이후 FTA 개방에서도 유사한 지원을 하게 됨으로써 정부는 적지 않은 재정부담을 갖게 되었다.

(3) WTO

70년대 초만 하더라도 우리나라는 최빈국으로 분류되어 있었고, 냉전체제 하에서 한반도 안보상황을 고려하여 미국을 비롯한 자유주의 진영은 우리나라의 수출주도 경제성장정책에 심각한 무역제재를 하지 않았다. 하지만 80년대가 되면서 신흥개발도상국으로 발전한 우리나라에 대해 내수시장 개방과 수출주도 무역정책의 수정을 요구하기 시작하였다. 특히 1986년 시작된 우루과이라운드에서 우리나라는 농업분야 및 서비스 시장개방을 약속해야 했고, 지식재산권(IPRs) 보호 등 새로운 통상규범을 수용해야만 했다.

원칙적으로 WTO 회원국은 모든 상품에 대해 관세화, 즉 관세를 매겨 시장을 개방해야 하며, 수입품이 국내 상품과 동일한 법적인 대우를 받도록 해야 한다. 우리나라 관세화 정책에서 가장 애로가 컸던 분야는 농업이었다. 지금도 주요 농산물에 대해서는 높은 관세가 부과되고 있고, FTA 협상에서 농업 시장개방은 최대 쟁점분야가 되곤 한다. 농업분야가 시장개방의 피해업종이므로 국가적으로도 많은 예산을 농업계에 지원해 왔다. 우루과이라운드 이후 총 200조원의 예산이 투입되었지만, 농업개방에 대한 반발은 결코 약화되지 않았다.

이와 관련하여 우리나라 쌀 시장개방은 많은 논란을 거친 대표적인 사례이다. 농업계의 반발을 우려하여 우루과이라운드에서 우리나라는 쌀 관세화를 2004년까지 10년간 유예하는 대신 최고 41만 톤을 수입해주기로 했다. 이는 최소시장접근(MMA)이라고 불리며, 향후 관세화를 하더라도 의무적으로 수입해야 하는 물량이다. 2004년 우리나라는 또다시 10년 유예와 82만 톤의 쌀을 수입해주기로 국제사회와 약속했다. 우리나라와 비슷한 상황이었던 일본과 필리핀은 늘어만 가는 쌀 MMA를 감당하기 어렵다는 판단 하에 관세화를 조기에 실시했지만, 우리나라는 2015년에야 쌀 관세화를 실시하기로 뒤늦게 결정했다. 참고로 국내 쌀 공급이 수요를 크게 초과하는 상황에서 국내 쌀 소비의 10% 내외인 82만 톤의 쌀을 국내 수급과는 무관하게 매년 의무적으로 수입해야 한다.

(4) FTA

90년대 하반기 세계적으로 확산되던 지역주의에 우리나라도 적극 동참해 세계 최고 수준의 자유무역협정(FTA) 네트워크를 구축했기에 배타적인 지역주의 확산으로 인한 피해를 줄일 수 있었다.[1] 동아시아 외환위기 극복에 주력했던 1998년 당시 김대중 정부는 시장개방 반대가 심했던 국내 상황에도 불구하고 칠레와의 FTA 정책 추진을 전격적으로 결정했고, 노무현 정부는 한미 FTA 추진 결정과 협상 타결로 우리나라 FTA 정책의 핵심근간을 마련한 것으로 볼 수 있다.

많은 국가들이 FTA 협상에서 우리나라 농업시장 추가개방을 요구했고, 이로 인해 다수 FTA 협상이 파행을 겪기도 했다. 세계 최대 농산물 수출국인 미국과의 FTA에서 우리 통상당국자들은 협상 상대국인 미국과의 FTA 협상보다는 국내 농업계와 협상이 더 힘들었다고

1) 당시에 FTA 체결에 적극적으로 뛰어들어야 했던 이유는 첫째 다른 경쟁상대국들이 FTA를 통해 개방에 적극적으로 나서는 상황에서 동참하지 않는 경우 경쟁국들에 비해 차별을 받고 성장잠재력을 훼손당할 위기에 직면했고, 둘째 우리의 무역 규모가 국내총생산의 80%에 달한 상황에서 기존의 수출시장을 유지하고 새로운 시장에 접근하기 위해 불가피했고, 셋째 FTA 추진으로 효율적인 통상체제가 구축됨으로써 적극적인 시장개방과 자유화가 이뤄져 결국 국가 전반의 시스템이 선진화되고 선진경제로의 질적인 도약이 요청되었기 때문이었다.

한다. 협상 개시 시점에 쌀 개방의 민감성 및 협정 제외에 대해 양측의 공감대가 형성되어 있었지만, 쇠고기와 오렌지는 협상 막바지에 타결될 정도로 양측 간 입장 조율이 쉽지 않았다. 한미 FTA에서 농업에 대한 폭넓은 시장개방이 이루어지면서 우리 농업계도 개방체제에 다소 적응할 수 있게 되었고, 유럽연합(EU), 캐나다, 호주, 뉴질랜드 등과의 FTA 협상은 상대적으로 순조롭게 진행될 수 있었다.

(5) 시장개방의 평가와 과제

경제발전 단계를 막론하고 시장개방은 정치적으로 쉽지 않다. 국민경제 전체로 보면 개방정책의 이점(利點)이 크지만, 개방정책은 경쟁열위 산업과 종사자에게 피해를 줄 수 있기에 정치인들은 꺼리기 마련이다. 특히 전통적으로 농업보호 인식이 강한 우리나라에서 주요 시장개방 결정을 앞두고 피해업계의 반발이 적지 않았다. 그럼에도 경제발전 단계에 따라 적절한 수준의 개방정책을 추진했기에 우리 경제도 발전할 수 있었고, 주요 교역대상국과의 통상마찰을 줄일 수 있었다. 특수한 상황이 아닌 이상 국제무역은 상호주의에 따라 이루어진다. GATT-WTO 국제적 시장개방 논의에 참여하지 않고 수출을 늘려갈 수는 없기 때문이다.

현재 세계무역은 크게 WTO 다자통상체제와 FTA 지역주의 체제 하에서 거래되고 있다. 2001년 시작된 WTO 첫 다자협상인 도하개발의제(DDA) 협상은 부진을 면하지 못하고 있으나, 그 공백을 FTA

협정이 채워나가고 있다. FTA 지역주의에 지각생인 우리나라는 지난 20여 년 동안 적극적인 FTA 정책으로 주요 교역 대상국과 FTA 협정을 발효시켜 우리 기업의 수출을 측면에서 지원하고 있다.

최근 우리나라 수출이 꾸준히 증가한 이면에는 우리 기업의 국제경쟁력 향상 외에 정부의 꾸준한 개발정책이 기여한 바가 크다. 1994년 총수출액은 960억 달러로 천억 달러를 밑돌았으나 1995년 1,250억 달러로 늘어났고, 2006년 3,000억 달러대, 2011년 5,000억 달러대를 돌파했고 2018년에는 6,000억 달러를 초과할 수 있을 것으로 예상된다. 내수경제가 바닥을 치고 있는 현 상황에서 수출의 중요성은 아무리 강조해도 지나치지 않을 것이다. 정권에 따라 통상정책에 대한 관심이 약화되어 통상정책을 관장하는 통상교섭본부가 폐지되기도 했다. 2017년 부활된 통상교섭본부의 위상과 역할을 강화시켜 보호무역주의 확산, 미중 간 통상갈등 등 어려운 통상현안을 슬기롭게 풀어나가도록 해야 할 것이다.

49. 공정거래법 제정과 이후 대기업정책

김영용

(1) 공정거래위원회와 공정거래법

공정거래위원회(공정위)는 공정거래제도는 시장경제체제의 기본원리인 "'기업 간의 공정하고 자유로운 경쟁'을 보장하기 위한 경제활동의 기본질서를 확립하기 위한 것"이라고 밝히고 있다.

공정거래법은 1963년에 발생한 이른바 '삼분(三粉) 파동' 이후 몇 차례 입법 시도되었으나 시기 상조론과 재계의 반발로 무산되었고, 1975년 '물가 안정 및 공정거래에 관한 법률'이 제정되었으나 공정거래 정책은 부수적 역할에 그쳤다.[1] 이후 1980년대에 들어 한국경제의 운용 틀이 정부주도에서 시장경제로 바뀌고 있다는 인식에 따라 1980년 12월 공정거래법이 제정(1981년 4월 시행)되어 오늘에 이

1) '삼분 파동'이란 시멘트, 밀가루, 설탕 생산업자들이 독과점을 만들고 담합하여 가격과 시장을 조작했다는 사건을 말한다.

르고 있다.

공정위는 1985년 하도급법, 1986년 지주회사 설립금지와 출자총액제한 등의 경제력집중억제 시책, 1997년 이후 진입장벽 및 경쟁제한을 시정하는 독과점 시장구조 개선 시책 등을 도입·추진했다. 또 공정위는 1997년 국제통화기금의 구제 금융을 계기로 기업구조 조정과 시장개혁을 통한 시장경제 주창자로서의 입지를 구축했으며, 2008년 이후에는 경제력집중 억제 시책 등의 사전규제 방식에서 탈피하여 사후적 규율로 정책의 무게 중심을 옮기고 대·중소기업 동반성장과 진입규제 개선 작업 등을 통해 명실 공히 경쟁정책과 소비자정책 부서로서의 위상을 확립했다고 자평한다.[2)]

그러나 공정거래법은 여전히 경제력집중 억제를 목적으로 자산규모가 큰 대규모 기업집단(재벌)을 규제하는 것을 주요 기능으로 하고 있다.[3)] 경제력집중 문제는 대규모 기업집단이 아닌 여타 기업에는 해당되지 않기 때문이다. 이는 "사업자의 시장지배적지위의 남용과 과도한 경제력의 집중을 방지하고…"를 명시하고 있는 법률의 제1조에 잘 나타나 있다. 상호출자제한 기업집단 지정, 시장지배적 지위의 남용금지, 기업결합의 제한 및 경제력집중의 억제, 경영조직 및 출자 규제, 금융계열사의 의결권 제한 등이 골자다.

그렇다면 공정위는 이러한 규제를 바탕으로 과연 시장경제체제의

---

2) 공정거래위원회, "공정거래제도 30년의 발자취와 주요성과 및 특징,", 2011년 3월

3) 법률에서 말하는 경제력 집중이란 용어는 다소 모호한 점이 있지만, 여기에서는 기업의 절대 규모에 따른 일반집중을 의미한다고 해석한다.

기본 원리를 확립하고 있는가? 즉 공정거래법은 경쟁촉진법인가? 결론부터 말하면 공정거래법은 자유 시장에서 정의의 행위 규칙에 위배되는 행위를 규제함으로써 경쟁을 촉진하는 것이 아니라, 그러한 규칙 하에서 나온 결과를 기준으로 규제함으로써 '경쟁' 자체가 아니라 '경쟁자'를 보호하는 경쟁억제법이다. 자유 시장에서 행위 규칙을 준수하면서 얻은 결과는 정의나 부정의 또는 공정이나 불공정의 판별 대상이 아니기 때문이다.

(2) 상호출자제한 기업집단의 지정

2018년 5월 현재 자산 총액 5조 원 이상인 공시 기업 60개 중 자산 총액 10조 원 이상의 상호출자제한 기업집단은 32개다. 규제의 대상이 되는 상호출자제한 기업집단을 지정하는 목적은, 법률 제1조에 밝힌 바와 같이 경제력집중을 억제하려는 것이다. 이는 대기업이 '효율'이 아닌 '힘'을 남용하여 불공정한 행위를 할 것을 우려하는 것이지만, 자산 규모 등을 기준으로 기업집단을 구분하는 것 자체가 공정거래법이 천명하는 '공정하고 자유로운 경쟁'에 위배된다. 효율이 아니라면 물리적 힘이나 정부 특혜 등으로 대규모 기업집단이 될 수 있는데, 한국과 같은 자유 시장경제에서 이는 불가능하다. 따라서 기업집단 지정은 '경쟁'을 보호하는 것이 아니라 경쟁의 승자를 규제하는 것이다.

(3) 시장지배적 사업자와 경제력 집중

시장지배적 사업자는 개별 상품 시장에서 우월적 지위를 점하고 있는 기업들의 지배력 정도를 나타내는 시장집중 문제에 해당한다. 법률에서는 일정한 거래분야에서 1 사업자의 시장 점유율이 50% 이상인자와 3 이하의 사업자의 시장 점유율의 합계가 75% 이상인 자를 시장지배적 사업자로 추정한다. 시장지배적 사업자는 단독 또는 다른 사업자와 함께 상품이나 용역의 가격·수량·품질 기타의 거래조건을 결정·유지 또는 변경할 수 있는 시장 지위에 있으므로 기업간에 경쟁제한적 행위를 할 수 있다는 점을 우려하는 것이다.

시장집중 척도로서의 높은 시장점유율을 차지하는 방법에는 두 가지가 있다. 하나는 정부 특혜에 따른 진입장벽의 산물인 경우와, 다른 하나는 양질의 상품을 낮은 가격으로 공급함으로써 소비자들을 만족시키는 경우이다. 전자의 경우라면 이를 제거하는 것은 당연하다. 그러나 후자의 경우에는 문제될 것이 없다. 정의의 규칙 하에서 경쟁을 통해 얻은 높은 시장점유율은 자원배분을 왜곡하는 것도 아니며 소비자 후생을 해치지 않고 도리어 높이기 때문이다. 따라서 그런 사업자를 시장지배적 사업자로 추정하여 규제하는 것은 경쟁의 승자를 처벌하고 경쟁에서 뒤처진 사업자를 보호하는 것이다. 또한 시장점유율을 판단하기 위해서는 지리적·물적 등의 차원에서 관련시장을 획정(일정한 거래분야)해야 하는데, 어떤 재화나 용역이 동일한 것인지, 대체재인지, 보완재인지 등은 소비자의 주관적 판단에 의존하므로 '일정한 거래 분야'는 과학적으로 정의될 수 없다는 점을 고려하면 더욱 그러하다.

LG유플러스와 KT가 "2010~2013년 기업메시징시장에서 시장지배적 지위를 남용했다"며 공정위로부터 지난 2월 시정명령과 과징금을 부과 받은 사건이 하나의 사례다. 최근에는 공정위가 네이버를 시장지배적 사업자로 추정하고 과징금을 부과했으나 대법원은 시장 획정을 문제 삼아 공정위의 판단을 기각했다. 그러나 규제가 존재하면, 비록 명시적 결과로 나타나지는 않았다고 하더라도, 이를 회피하려는 과정에서 자원배분이 왜곡된다. 이 또한 시장지배적 사업자 규제로 인한 폐해이며, 이로 인한 폐해가 명시적으로 나타난 것보다 더 클 것이다.

(4) 기업결합의 제한과 경제력 집중

법률이 금지하는 기업결합은 '일정한 거래 분야에서 경쟁을 실질적으로 제한하는' 것과 강요 등의 불공정한 방법으로 이뤄지는 것들을 의미한다. 예외는 효율성 증대효과가 경쟁제한 효과보다 큰 경우와 회생불가 기업과의 합병 경우이다. 강요 등의 불공정한 기업결합을 금지하는 것은 당연하다. 문제는 전자의 경쟁제한 효과에 관한 것이다. 공정위가 우려하는 경쟁제한 효과는 기업결합으로 시장점유율이 높아져 시장지배적 지위에 오른 사업자의 불공정 행위에 따른 것인데, 기업결합 후 그런 행위가 발생하면 사후 규제로 시정 조치할 수 있다. 따라서 불공정 행위의 적발이 매우 어렵지 않다면, 경쟁 제한 효과를 우려하여 기업결합을 사전적으로 금지할 이유가 없다. 또한 기업결합 후 높은 시장점유율을 가진 거대 기업이 되더라도 소비자에게 충성하지 않는다면 퇴출의 운명을 면할 수 없다는 점, 넓게 열린 자유 시장에서는 장기적으로 거대 기업도 신규 진입자에 의해 대체될 수 있다는 점, '일정한 거래분야'는 과학적으로 정의될 수 없다는 점을 고려하면 기업결합을 사전적으로 금지할 이유는 더욱 없다.

악기 제조업 분야에서 대기업이라고 할 수 있는 삼익악기의 영창악기 인수에 대한 공정위의 불가 결정으로 발생한 영창악기의 부도 사례가 대표적이다. 공정위는 "삼익악기가 영창악기를 인수할 경우 시장점유율이 업라이트 피아노 기준으로 92%에 달해 사실상 독점이 형성된다"며 인수를 불허했다. 그러나 개방경제에서 국내외 기업은 국내외 시장에서 서로 피아노를 판매한다는 점, 피아노 간에는 물론 피아노와 다른 악기 간에도 대체재가 널려 있다는 점만을 고려하더라도 공정위가 판단하는 '일정한 거래 분야'는 과학적 정당성이 없다. 현대자동차가 회생 불가하다고 판정된 기아자동차를 인수한 후 현대기아자동차는 세계 5대 자동차 그룹으로 도약했다. 이는 곧 기업결합과 관련하여, 예측하기 어려운 미래에 대한 공정위의 판단이 자의적이라는 사실을 반영한다.

(5) 경영조직 및 출자 규제

지주회사 규제, 상호출자 및 순환출자 금지, 출자총액제한, 채무보증제한 등은 모두 경영 조직과 출자에 대해 규제함으로써 경제력 집중을 방지하려는 것이다. 그러나 이는 대규모 기업집단의 확장을 규제하는 것이므로 경쟁정책에 위배된다. 이 역시 경쟁을 보호하는 것이 아니라 경쟁자를 보호하려는 것이기 때문이다. 글로벌 경제에서 경쟁하고 있는 기업들은 경영조직이나 출자 형태 등에서 자신에게 최적인 것을 선택할 수 있어야 한다. 실제로 세계 6대 자동차그룹에 속하는 토요다와 현대자동차는 순환출자 구조다. 일본에서는 토요타와 계열기업 간의 상호출자도 허용함으로써 적대적 인수·합병에 대비하고 있다. 한국에서 가장 큰 기업집단인 삼성그룹도 순환출자 구조다. 이들 기업집단은 경쟁제한적 행위가 아니라 효율성을 바탕으로 경쟁을 통해 다른 기업들보다 소비자를 한결 더 잘 만족시킨 결과로 글로벌 기업집단이 된 것이다.

그럼에도 불구하고 공정위는 연일 삼성 그룹과 현대자동차 그룹의 순환출자 고리를 해소하라는 압박을 가하고 있다. 출자구조가 왜 문제가 되는가? 적은 지분으로 그룹 전체를 지배한다는 비판이 있지만, 주식회사 제도에서 사실상의 주인(de facto owner)은 그런 것이다. 또한 미래에 대한 뛰어난 통찰력을 바탕으로 소비자의 욕구를 더 잘 만족시키는 자본가-기업가에게 자원 사용이 집중되는 것은 '차이'에 의한 현상일 뿐, 하등 잘못된 것이 아니다. 출자 구조를 개편하여 사업을 더 잘 할 수 있다면 그렇게 하지 않을 기업집단은 없을 것이다.

(6) 금융계열사의 의결권 제한

법률은 대규모 기업집단이 금융계열사인 금융회사 또는 보험회사가 고객 자산을 활용해 지배력을 확보할 수 없도록 이들 회사의 의결권 행사를 원칙적으로 금지하고 있다. 다만 임원 선임·해임, 정관 변경, 합병·영업 양도 등 경영권 방어와 관련된 의사 결정에서는 15% 이내의 의결권을 행사할 수 있다.[4] 그러나 이런 규제는, 취득한 주식의 의결권을 제한하는 것은 주식회사의 본질에 어긋난다는 점, 기업에 대한 재산권을 의미하는 경영권 방어가 어려워진다는 점, 금융사 고객들은 어느 회사에 투자하든지 높은 수익만을 원한다는 점, 국내 기업의 외국 기업에 대한 역차별이라는 점에서 경쟁제한적이다.

현재 공정위가 삼성생명과 삼성화재 등의 금융계열사가 보유하고 있는 삼성전자 지분을 매각하도록 압박하는 것이 대표적 사례다. 개인 및 비금융계열사가 보유한 삼성전자 지분이 15%에 미치지 못하면, 삼성생명과 삼성화재가 보유하고 있는 삼성전자 지분은 그 부족분에 대해서만 의결권을 가질 수 있고, 15%를 초과하면 전부 의결권

4) 예를 들어 특정 비금융계열사에 대한 개인 및 다른 비금융계열사의 지분의 합계가 12%이고 금융계열사가 가진 지분이 7%라면, 금융계열사는 15%에 미치지 못하는 3%만 의결권을 행사할 수 있고 나머지 4%는 의결권을 행사할 수 없다. 개인 및 비금융계열사의 지분이 15%를 넘으면 금융계열사 보유 지분의 의결권은 없다.

을 상실한다. 외국인 지분이 50%를 넘는 삼성전자의 경영권 방어에 어려움이 있을 수 있다. 공정위의 권고대로 지분 매각 시에도 삼성전자의 경영권 방어가 어려움에 처할 수 있다.

(7) 결어

경쟁은 동적인 '시장 과정'을 의미하는 것이지 특정한 정태적 '상태'를 의미하는 것이 아니다. 시장 과정이 아닌 특정 시공간에서의 상태를 기준으로 '시장지배적 사업자'를 판별하는 오류, 소비자들의 주관성에 의존하고 과학적으로 정의할 수 없는 '일정한 거래 분야'를 자의적으로 정의하는 오류, 자유와 풍요를 혼동하는 '실질적 경쟁 제한' 개념의 오류 등으로 말미암아 정의의 행위 규칙 하에서 다른 참여자들보다 소비자들을 더 잘 만족시킴으로써 경쟁에서 이긴 승자를 규제하는 공정거래법은 경쟁억제법이요 승자처벌법이다. 공정거래법은 시장경제체제의 기본원리를 확립하는 것이 아니라 파괴하는 법률이다. 소비자 후생도 감소하고, 대규모 기업집단과 복잡한 협동 관계를 유지하며 사업하는 중소기업들에게도 해를 끼친다. 인류의 긴 역사를 통해 축적된 경험과 지혜가 배어있는 '시장'을 개혁한다는 발상 자체가 치명적 오만이다. 한국 경제의 지속적 성장과 발전을 위해서는 개념적 오류로 뒤범벅된 공정거래법을 폐지하거나 대폭 개정해야 한다.

50. 경제력집중에 대한 우려와 대기업정책

황인학

(1) 한국식 예외주의

우리나라는 경제력집중에 대한 인식론과 정책 접근의 양면에서 매우 특이하다. 특이하다는 것은 경제학 이론과 다르고, 세계적으로 유례가 거의 없다는 뜻이다. 기업에 관한 경제력집중은 시장집중, 소유집중, 복합집중, 일반집중의 네 가지 유형으로 구분해 볼 수 있다. 이 중에 자원배분 효율, 소비자 후생, 창조적 파괴의 시장과정 등 경쟁과 직접적 관련이 있는 유형은 시장집중이다. 경제학의 독과점 이론이나 미국 및 유럽 각국의 경쟁당국에서 주목하는 것도 이 부문이다. 그 밖에 일반집중, 복합집중, 소유집중은 이들이 시장 독과점의 문제를 야기하지 않는 한 굳이 정책적 규제 대상으로 삼을 이유가 없다는 게 세계 보편적 규칙(global standard)이다.

그러나 우리나라는 경제력집중의 4유형 모두를 정책 대상으로 포섭하고 있다. '한국식 예외주의(Korean exceptionalism)'로 표현해야 할 만큼 특이하다. 이런 전통은 1981년 '독점규제 및 공정거래에 관한 법률(이하 공정거래법)'이 처음 제정될 때부터 형성되었다. 공정거래법은 제1조에서 "이 법은 사업자의 시장지배적 지위의 남용과 과도한 경제력의 집중을 방지하고, … 경쟁을 촉진함으로써 … 국민경제의 균형 있는 발전을 도모함을 목적으로 한다"며 경쟁 촉진 외에 경제력집중의 방지를 처음부터 별도로 분류해서 규제대상임을 명시하고 있다. 경제력집중이 구체적으로 무엇을 의미하는가는 법령에 명시하지는 않았지만 공정거래위원회에서 발간한 보고서는 다음과 같이 '한국식 예외주의'를 설명하고 있다.

(2) 공정거래법과 경제력집중

"일반적으로 경제력집중은 …기업집중(일반집중), …시장집중(산업집중), …소유집중, 업종다각화 등 다양한 관점에서 정의되고 있다. 우리나라에서의 경제력집중도 이와 같은 관점을 포괄하고 있으며, 특히 소수특정인이 혈연을 중심으로 다수의 대기업들을 중심으로 사실상 소유·지배하는 가운데 개별기업의 독립식 경영이 아닌 선단식 그룹경영으로 계열사를 확장하고 영위 업종을 다각화하여 시장을 독과점적으로 지배하고 있는 것이 특징이다[1]

1981년에 제정한 공정거래법에서는 경제력집중의 방지를 천명했

1) 공정거래위원회, 『공정거래연보』, 1996, 115쪽.

을 뿐 규제 수단을 두지는 않았다. 출자총액제한제도, 지주회사 설립 및 전환 금지, 상호출자금지, 상호지급보증 제한, 금융보험사 의결권 제한 등 경제력집중 억제시책이 도입된 것은 민주화 운동이 한창이던 1986년 말에 제1차 공정거래법 개정을 통해서였다. 경제민주화를 위한 규제와 조정이 가능하도록 헌법을 개정했던 바로 그 무렵이었다. 그 이후 출자총액제한은 2006년 노무현 정부에서 대폭 완화되며 규제로서의 기능을 상실, 형해화 되고 2009년 이명박 정부에서 완전 폐지되었다. 그리고 설립·전환을 금지했던 지주회사 제도는 외환위기 당시의 구조조정의 필요성 및 일본의 선례에 따라 김대중 정부에서 제한적 허용되기 시작했고, 노무현 정부에서는 규제를 더욱 완화하면서 지주회사로 전환을 적극 유인하는 정책을 펼쳤다.

그렇다고 정부가 경제력집중 규제의 고삐를 놨다고 보면 오산이다. 정부가 지주회사 금지를 풀고 제한 허용했던 이유 중 하나는 행렬식의 복잡한 출자구조를 갖는 기업집단에 비해 모회사→자회사→손회사의 수직 방향으로 3단계까지 출자가 허용되는 지주회사가 구조가 투명하고 경제력집중 방지에 더 효과적이라고 기대했기 때문이었다. 1987년 이후 기업집단 소유지배구조와 계열거래에 대한 규제는 계속 확대되었다. 김영삼 정부는 계열사 간 부당지원행위에 대한 규제를 도입했고, 김대중 정부는 대규모 내부거래의 이사회 의결·공시를 의무화했다. 그리고 경제민주화를 공약했던 박근혜 정부는 총수 일가의 사익편취거래를 금지하는 사전 규제 조항을 도입하는 한편, 기존의 상호출자 금지 외에도 신규 순환출자 금지를 제도화했다.

(3) 계속되는 우물 안 개구리식의 규제

한국식 예외주의는 계속 진행형이다. 현 정부는 경제력집중과 총수 일가의 편법적 지배력 확대에 대한 규제를 계속 강화해 가겠다는 방침이다. 그러나 돌이켜 보면 한국식 예외주의를 유지한지도 어언 30년이다. 강산이 세 번 바뀌는 긴 세월 동안에 대내외 여건과 기업 환경은 상전벽해만큼 바뀌었다. 1987년 당시의 국가 GDP는 불과 1천억 달러 정도였지만 지금은 그보다 15배나 많은 1조 5천억 달러에 이른다. 그 당시 주력 수출상품은 섬유·가죽·신발이 고작이었으나 지금은 석유화학, 반도체, 철강 등으로 고도화되었다. 이제는 경제규모가 세계 10위권이며 무역규모는 세계에서 7번째로 많다. EU 28개국, 미국, 중국 등과 체결한 자유무역협정(FTA)에서 보듯이 한국 기업의 대내외 경쟁여건은 30년 전과 딴판이 되었고 주요 활동무대는 국내에서 해외로 이동했다. 이런 변화에도 불구하고 30년 전의 한국식 예외주의, 또는 우물 안 개구리식의 규제를 계속하는 것은 차라리 불가사의(不可思議) 하다.

이제는 한국식 예외주의에서 벗어나야 한다. 경제력은 집중 그 자체를 사전에 규제하기 보다는 경제력의 남용행위를 적발, 제재하는 것이 합리적이고 경제학 이론에 부합하며, 세계 보편적 기준에 일치한다. 경제력집중을 사전에 막겠다며 다른 나라에 없는 복잡한 규제로 국내 대기업에게 족쇄를 채우는 것은 지난 30년의 경험이 말해주듯이 효과는 낮고 추가 투자와 성장, 일자리 창출의 기회를 봉쇄하는 자승자박(自繩自縛) 행위와 진배없다. 이와 관련 주목해야 하는 사실은 이른바 경제민주화 조항으로 불리는 헌법 제119조 2항에서는 규제의 대상을 경제력의 남용으로 명시하고 있다는 점이다. 다시 말하면 '과도한 경제력집중을 방지'한다는 공정거래법의 제1조(목적)는 현행 헌법에서 명시하고 있는 '경제력의 남용 방지'와 상충된다. 위헌 소지마저 없지 않은 것이다. 헌법 정신에 비추어 봐도 공정거래법의 목적을 '경제력집중의 방지'에서 '경제력의 남용 방지'로 개정하는 것이 올바른 수순이다.

그러나 우물 안 개구리 식의 규제라는 비판에도 불구하고 한국식 예외주의는 계속되어야 한다고 믿는 이들이 여전히 많다. '재벌은 경제력집중의 화신(化神)인가, 성장의 주역(主役)인가'라는 이분법적 논의 구조에서 보듯이 우리나라는 재벌이라는 특이 조직이 존재하기 때문에 경제력집중이 유난히 높을 수밖에 없고 그래서 재벌에 특화된 경제력집중 억제시책이 필요하다는 논리이다. 그러나 재벌 같은 기업집단 조직이 다른 나라에 없을 거라는 주장은 1980년대의 낡은 지식이다. 기업집단에 대해 호의적이지 않은 캐나다의 경영학자 랜달 모크(Randall Morck) 조차도 기업집단은 선진국, 후진국을 막론하고 전 세계에 다양한 형태로 존재하는 사실을 인정한 지 오래이다. 우리가 예전에 글로벌 표준으로 알았던 미국식 사업부제 복합대기업 모형은 미국이나 영국 같은 앵글로 색슨 국가에서만 존재한다고 해서 미국식 예외주의(American exceptionalism)라는 표현도 생겼다.

(4) 경제력은 집중 방지보다는 남용 행위를 규제해야!

경제력집중이 유난히 높다, 계속 증가한다는 주장도 사실 관계를 면밀히 따져봐야 하는 문제이다. 어떻게 측정하느냐에 결론 및 해석이 달라질 수 있기 때문이다. 흔히 사용하는 방법은 재벌의 자산총액(분자)을 GDP(분모)로 나눠 보는 것이다. 그러나 자산은 해마다 누적되는 저량(貯量, stock) 변수이고, GDP는 한 해 동안 창출된 부가가치를 합계한 유량(流量, flow) 변수이다. 이렇게 성질이 전혀 다른 변수를 비교하는 것은 통계적으로 올바른 방법이 아니다. 또한 자산총액은 GDP보다 빠른 속도로 증가하는 경향이 있기 때문에 이 방법을 사용하면 경제력집중의 수준은 물론이고 연도별 증가추세를 과대평가하는 문제가 심각하다.

만약 이 방법 그대로 다른 나라와 비교해보면 우리나라 경제력집중은 미국, 일본, 독일보다 높지만 대만, 스웨덴, 네덜란드 등보다는 낮음을 알 수 있다. 그럼에도 경제력의 집중을 예방 규제하는 나라는 한국 외에 없다. 예를 들어 대기업의 확장을 막겠다고 투자를 못하게 규제하는 경우를 생각해보자. 투자 규제 때문에 발생하는 사회적 비용은 일자리 창출의 기회 일실, 경쟁 확대 기회의 일실 등 분명한데 비해 규제를 통해 기대되는 공익의 실체가 분명하지 않은 것은 또 다른 문제이다. 경제력집중 규제는 소비자와 국민경제에는 득보다 실이 많은 제도이다. 심하게 말하면 경제력집중 규제는 규제 신설·강화 법안을 놓고 저울질하는 정치권, 중소기업보다는 대기업을 상대로 규제 권한을 행사하는 행정부, 그리고 아무나 준수할 수 없는 복잡한 규제의 그물망이 선사하는 진입장벽 효과 때문에 시장 지배력의 기득권을 누리는 일부 재벌을 위한 정책일 뿐이다. 경제력은 집중을 사전 예방하는 규제가 아니라 경제력의 남용 행위를 엄중하게 규제하는 것이 올바른 방향이다.

51. 부동산정책의 성공과 실패

-투기억제는 실패 서민주택 공급 확대는 성공-

김정호

(1) 한국의 부동산정책

한국 부동산 정책의 큰 줄기는 투기억제책과, 정부 주도의 주택공급정책, 그리고 그린벨트 등으로 통한 엄격한 도시성장 억제정책의 세 가지로 볼 수 있다. 투기억제책에 포함시킬 수 있는 정책으로는 1가구 다주택 소유 억제책, 토지거래 허가 및 신고제, 투기지역 지정, 주택가격 급등 시 국세청의 선별적 세무조사 등이다.

정부 주도의 주택공급정책이란 주로 공영 개발과 주택청약제도를 말한다. 신규주택의 공급에 있어 택지 공급이 필수적인데 한국에서는 택지 공급을 주로 토지공사나 지방의 도시공사들이 담당해왔다. 그 택지 위에 주택을 짓는 것은 민간 건설업자들이지만 신규 택지의 규모와 위치 그리고 용도가 모두 중앙이나 지방정부에 의해서 결정된다. 그렇게 지어진 신규 주택은 청약예금 가입 등 정부가 정한 우선순위에 따라 소위 실수요자에게 분양된다. 한국의 신규주택 공급은 사회주의적 성격이 매우 강하다.

한편 주택 상가 등 도시용지의 공급을 위한 농지나 임야의 전용은 그린벨트 및 농지 규제에 의해서 강력하게 규제되어 왔다. 대도시 주변은 도넛 모양의 그린벨트가 둘러싸서 도시의 팽창을 막는다. 그린벨트 밖은 농업진흥지역 규제 등 농지규제가 막고 있다. 도시의 확장은 그것을 피해서 이루어져왔다.

(2) 투기억제책의 성과

투기억제책은 기본적으로 선량한 실수요자와 투기꾼의 이분법에 근거해 있다. 실수요자는 보호와 지원을 하고 투기꾼에 대해서는 징벌한다. 신규주택 공급을 무주택자에 한정하는 제도, 토지거래 허가제, 투기지역 지정, 보유세 및 양도소득세에서 다주택자에 대한 징벌적 세율 적용, 주택가격 상승 시 주택거래자에 대한 선별적 자금출처 조사, 부동산거래업소에 대한 단속 등은 수많은 투기억제책 중의 일부이다.

한국의 투기억제책은 다른 나라들과 비교해서 강력하고 방대하다. 〈표〉는 부동산정책에 있어 실수요 투기꾼을 구분하는 정책이 실시되는지의 여부를 도시별로 보여준다[1]. 보여준다. 신규주택의 공급을 무주택자 등 실수요자에게로 한정하는 나라는 싱가포르와 한국

1) 김경환, 말페지, 김정호 『재산권, 규제, 주택시장』, 자유기업원, 2008.

두 나라다. 양도소득세 다주택 중과세 조항은 한국만 있으며[2], 토지 거래 허가제는 한국과 더불어 사회주의 국가인 중국과 폴란드가 가지고 있다. 일본에도 제도가 있기는 하나 한 번도 적용해 본적이 없다. 택지소유상한제를 가지고 있는 나라는 인도와 중국인데 한국도 이 제도가 있었다가 폐지되었다. 이 모든 수단들을 거의 다 가지고 있는 나라는 한국뿐이다. 한국은 자본주의 국가 중 가장 강력한 실수요자 보호-투기꾼 징벌정책을 가진 나라일 것이다.

〈표〉 실수요자-투기꾼징벌 제도의 국제비교

	주택 실요자 분양	양도세 다주택중과세	거래 허가제	택지 소유상한제
암스테르담	×	×	×	×
베를린	×	×	×	×
런던	×	×	×	×
마드리드	×	×	×	×
부다페스트	×	×	×	×
바르샤바	×	×	○	×
로엔젤레스	×	×	×	×
토론토	×	×	×	×
상파울로	×	×	×	×
시드니	×	×	×	×
도쿄	×	×	△	×
싱가포르	○	×	×	×
홍공	×	×	×	×
상하이	×	×	○	○
뭄바이	×	×	×	○
서울	○	○	○	△

자료: 주택실수요자 분양, 거래허가제, 택지소유상한제는 김경환, 스티브 말페지, 김정호(2008)의 여러 페이지에서 인용. 양도세다주택중과세는 필자가 직접 조사.

2) 다른 나라들도 자가 주택에 대한 면세조항은 가지고 있다. 그러나 다주택자라고 해서 누진적 세율을 적용하는 나라는 한국뿐이다.

방대한 투기억제책들이 총체적으로 어떤 영향을 주었는지에 대한 상세한 실증분석은 아직 이루어진 바 없다. 다만 미국, 일본 등 몇몇 나라들과 주택가격 추이를 비교했을 때 한국의 주택가격 등락폭이 비교적 작고 지속적인 상승세를 보인다는 점에서 차이가 있다. 이렇게 된 데에는 거래에 직접 관여하는 방식의 투기억제책이 상당히 작용했을 가능성이 있다. 그러나 영국과 프랑스처럼 투기억제책이 강하지 않은 나라도 등락이 없이 한국과 비슷하게 지속적 상승세를 보이는 것을 보면 투기억제책이 주택가격의 진폭에 어떤 영향을 줬는지 분명하게 단언하기는 어렵다.

〈그림 1〉 주요국의 주택가격 추이 국가간 비교(1986~2017)

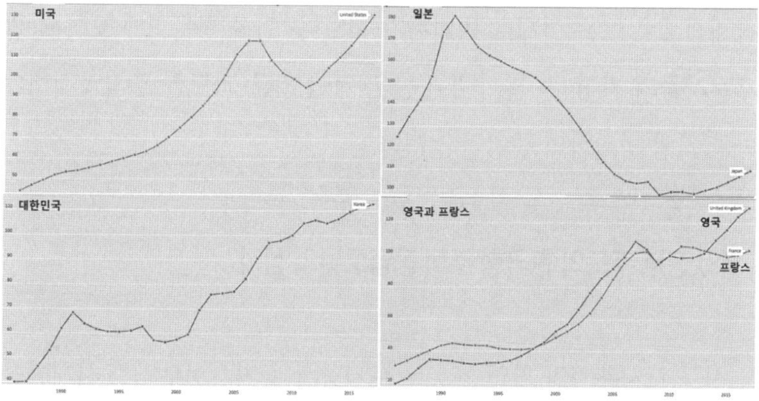

자료: OECD. https://data.oecd.org/hha/housing.htm

주목을 잘 받지는 않지만 투기억제책이 의도하지 않은 효과가 있다. 주택임대업의 영세화를 탈피하지 못하게 해온 것이다. 한국의 자가 점유율은 56.8%인데(2015년 기준)[3] 나머지 43.2%는 임대주택에 살고 있다는 말이다. 그 임대주택을 공급하는 사람들은 대부분 다주택자들이다. 문제는 세놓고 있는 주택의 숫자가 1채 또는 2채인 경우가 대부분이고 3채인 경우도 드물다. 이는 한국의 주택임대업이 매우 영세한 규모임을 말해준다. 때문에 주택임대업이 전문화되기도 어렵다. 임대보증금을 떼일 걱정, 집이 팔릴까봐 걱정 등이 심한 것은 임대업의 영세성에서 비롯된 부작용일 것이다.

부동산 소유 및 거래 활동이 쉽게 범죄로 간주되는 것도 큰 부작용이다. 한국인이 소유한 자산의 75%가 부동산이다. 금융자산은 25%에 불과하다. 따라서 부동산을 소유하고 거래하는 것은 자연스럽고 불가피하다. 그런데 그 활동이 엄격히 규제되다 보니 많은 사람들이 잠재적으로 또는 실제로 범법자가 되었다. 인사 청문회에 오른 장관후보자들의 가장 큰 흠이 부동산 투기인 것은 과도한 투기억제책에 따른 과잉 범죄화의 증거일 것이다.

(3) 정부 주도의 한국형 주택 공급모델의 성과

신규 도시용지의 거의 80%는 토지공사나 지방정부의 도시개발공사들에 의해서 공급되어 왔다.[4] 이렇게 개발된 택지들은 정부가 직

---

3) e-나라지표. http://www.index.go.kr/potal/main/EachDtlPageDetail.do?idx_cd=1239

4) 베르토에 의하면 77.5% 이다. Alain Bertaud, *Land Markets, Government*

접 지어서 분양하거나 민간 건설회사가 인수한 후 주택을 지어 분양한다. 공공부문의 주택은 물론이고 민간이 분양하는 주택들도 분양가가 시가보다 낮게 규제된다. 분양 받을 자격은 정부가 정한 기준을 충족하는 무주택 실수요자에게만 주어진다. 세계적 도시계획 전문가인 알랭 베르토(Alain Bertaud)는 이와 같은 제도가 매우 이례적이라면서 한국형 모델이라는 이름을 붙였다.[5)]

〈그림 2〉 주요국의 소득 대비 주택가격 비율

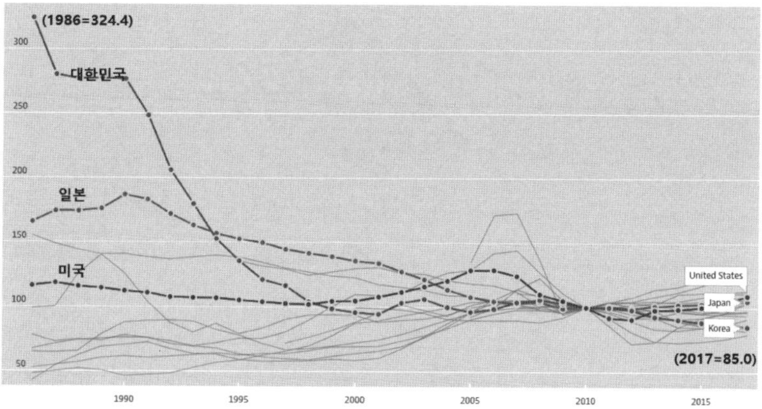

자료: OECD, https://data.oecd.org/hha/housing.htm

최소한 양적인 면에서 이 정책은 상당한 성공을 거둔 것으로 보인다. 〈그림 2〉의 소득 대비 주택가격 비율(PIR: house price to income ratio)이 그 성과를 보여준다. 이 비율이 떨어진다는 것은 주택정책 또

Interventions, and Housing Affordability, Brookings, 2010, p. 27.

5) Bertaud, 전게서, 같은 쪽.

는 시장이 성공하고 있음에 대한 증거라고 볼 수 있다. 한국의 PIR은 2010년의 비율을 100으로 봤을 때 1986년에 324였다가 2017년에 85로 떨어졌다. 즉 소득 증가율에 비해서 주택가격 상승은 크지 않았다는 말이다. 같은 기간 동안 큰 변화폭이 크지 않은 미국이나 일본에 비해 큰 성과이다.

그러나 소위 서민주택의 공급에만 치중한 나머지 고급주택지의 공급은 등한시하는 문제가 발생했다. 1990년대 초 분당신도시 이후 강남을 대체할 주거지 또는 신도시를 공급하지 않았다. 거의 모든 신규택지들은 '서민'주택 공급에 집중되었다. 그 결과 '서민' 주택의 가격은 상당히 안정되거나 낮아졌지만 강남으로 대표되는 고급주거지의 가격은 더욱 올랐다(〈그림 3〉 참조).

1986년 1월을 1로 봤을 때 30년 후인 2016년 말 강북연립주택의 가격은 1.6, 강북의 아파트는 3.6, 강남 아파트는 5.9이다. 이중에서 서민주택이라는 개념에 가장 맞는 것은 강북연립주택이고 다음이 강북 아파트일 것이다. 강북연립의 경우 30년간 1.6배가 되어 실질적으로는 가격이 떨어진 셈이다. 즉 서민주택의 가격은 안정되거나 또는 떨어졌다. 반면 고급주택지라고 할 수 있는 강남 아파트는 그보다 훨씬 높은 5.9배가 되었다. 신규택지의 거의 모두를 서민주택 공급에 쏟아 붓느라고 강남에 대체될 신규주택지를 공급하지 않은 결과라고 봐야할 것이다. 사정이 이런 데도 부동산정책은 강남에서의 투기억제에만 초점이 두어져왔다. 그나마 재건축이 유일한 고급주택지 공급확대의 통로였는데 그것마저 더욱 강력한 규제의 벽에 쌓여가고 있다. 서민주택과 고급주택 사이의 가격 격차는 앞으로 더욱 벌어질 것으로 보인다.

〈그림 3〉 주택 종류별 강남 강북 매매가격 추이

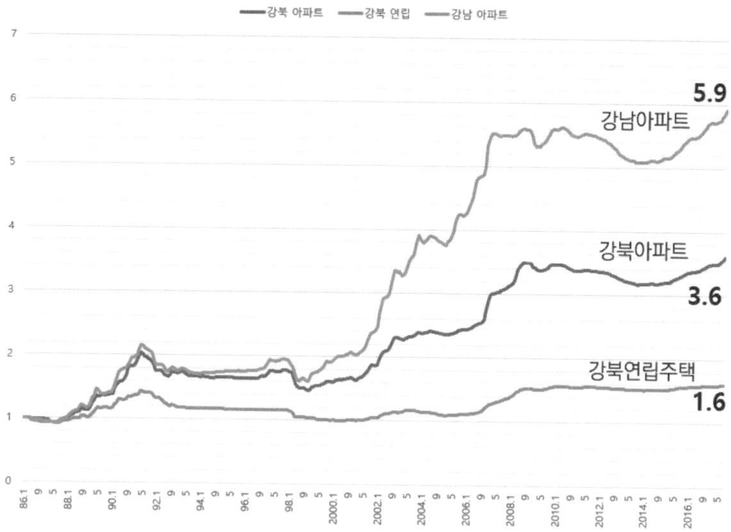

자료: 월간KB주택가격동향 시계열 자료를 필자가 가공.
http://nland.kbstar.com/quics?page=B046962&cc=b057528:b057528

(4) 그린벨트 등 도시성장억제정책

수도권집중억제책은 이제 세계에서 한국만이 유지하고 있다. 그린벨트를 전국적으로 실시하는 나라는 한국과 영국뿐이다. 한국은 가장 강력한 도시성장억제책을 쓰는 나라인 셈이다. 도시민의 농지 소유에 대해서도 강력한 규제를 하고 있다.

이와 같은 규제는 도시용지 협소 현상을 초래했다. 베르토의 조사에 따르면 서울은 1인당 가용지 면적이 31㎡로서 홍콩, 뭄바이와 더불어 세계에서 가장 작은 수준이다. 싱가포르의 1/3, 런던의 1/5 수준에 불과하다. 가용지의 부족은 홍콩처럼 절대적 토지의 부족 때문이 아니라 그린벨트와 엄격한 농지규제가 만들어낸 결과다. 그린벨트나 농지 규제가 느슨했다면 지금보다 훨씬 많은 땅들이 도시용도로 쓰였을 것이다.

가용자의 부족은 건물의 고층화로 이어졌다. 서울을 비롯한 도시 전역이 고층아파트로 채워지고 있는 것은 가용지의 공급부족을 고층화로 극복해나가는 과정이다.

또 다른 결과는 도시 내 녹지의 부족이다. 그린벨트로 인해서 도시 밖의 숲은 많이 풍성해졌다. 그러나 그 숲들은 도시민에게 금단의 구역이다. 즉 우리나라의 녹지정책은 녹지에 다가가지 못하도록 금지하는 것을 기본으로 한다. 도시 내에 방대한 공원녹지를 두거나 교외 주거지에 전원주택 타운이 형성되도록 하는 선진국들과는 상당히 다른 구조다. 우리나라의 그린벨트, 농지규제 등은 도시성장을 억제하고 도시용지의 공급 부족을 초래했지만 도시민들에게 실질적으로 녹지의 혜택을 늘렸는지에 대해서는 의문의 여지가 있다.

52. 영화산업 진입자유화와 천만 관객 영화의 등장

김정호

(1) 한국 영화의 과거와 현재

한국 영화도 케이팝(K-POP)과 함께 이제 상당한 수준에 올랐다. 관객 수 1,000만 명을 넘는 한국 영화들이 자주 등장하고 중요 국제 영화제에서 상을 받기도 한다.

1970년대 초 필자가 중학교 다니던 시절만 해도 한국 영화는 형편없는 수준이었다. 무협영화는 대만영화가 최고였고, 느와르 영화는 단연 홍콩영화였다. 물론 할리우드 영화의 수준은 이런 것들과도 비교를 못할 정도로 수준이 높았다. 볼만한 한국 영화를 찾기 힘들었던 당시의 상황과 비교하면 한국영화의 현재 상태는 엄청난 성공이 아닐 수 없다.

이는 관람객 수의 추이를 통해서도 확인할 수 있다. 1980년대 이후까지 침체를 면치 못하던 상황이 1990년대부터 바뀌었다. 1998년

멀티플렉스의 등장을 계기로 관객 수는 급격히 늘기 시작한다. 비슷한 시기 영화 '쉬리'가 빅 히트를 기록하면서 한국영화도 볼만하다는 인식이 생겨난다. 그 후 관객 수는 급속히 늘어서 2004년 1억 명을 돌파하게 된다. 2017년 총영화관객수는 2억 2천만 명이고 한국영화의 관객 수는 그 절반인 1억 1천만 명이다.[1]

〈그림〉 한국영화 주요 사건과 관객수 추이

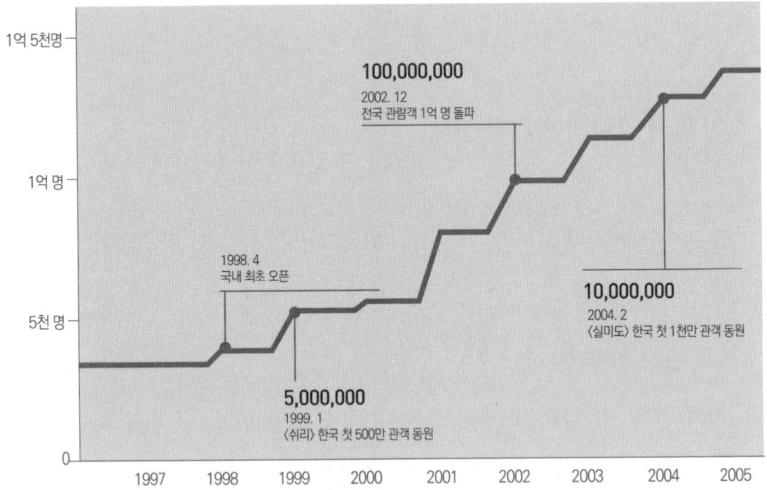

자료 : 고성연, 『CJ의 생각』, 열림원, 2016.

어떤 과정을 거쳐서 이런 일들이 일어나게 됐는지 정책을 중심으로 살펴보자.

1) 영화진흥위원회, 『2017 한국영화산업 총결산』, 2018, 5쪽.

(2) 한국 영화 정책의 변천사

한국 영화의 본격적 시작은 6·25 전쟁 이후라고 봐도 될 것이다. 그 전에도 영화가 없었던 것은 아니지만 전쟁을 거치면서 거의 초토화되었다. 전쟁이 끝나고 열악한 상황이었지만 영화의 양과 질 면에서 한국 영화는 빠른 성장 가도에 들어섰다. 당시의 중요한 정책은 국산영화 제작 편수에 외화수입권을 부여한 것이었다.

박정희 정부는 1961년 출범과 더불어 영화를 통제의 대상으로 삼았다. 영화사 등록기준을 강화를 통해서 영화사 숫자 자체를 줄였다. 1959년 71개이던 것이 1963년에는 6개만 남게 된다. 외국영화의 수입을 국산영화의 제작편수에 연계하는 제도는 계속되었다. 내용에 대한 검열도 극심해져서 엔터테인먼트라기보다는 계몽적 성격이 강했다. 이처럼 통제의 대상이 되다 보니 한국 영화는 열악한 수준을 벗어나지 못했다.

1981년 신군부정권은 영화제작에서의 자유를 늘려주었다. 영화사 등록 요건을 완화했고, 독자적인 외화 수입도 허용되었다. 영화사의 숫자는 빠르게 늘어나 1986년에는 등록된 영화사가 61개에 이르렀다. 내용면에서도 정권 비판을 제외하면 통제가 느슨해져서 에로티시즘 영화들이 급증하는 계기가 되었다.

외화수입에 대한 규제완화는 국산 영화 제작 자본의 축소로 이어졌다. 흥행수입이라는 면에서 국산 영화는 외국영화에 비할 바가 아니었다. 영화 흥행업자들이 국산영화의 제작에 투자를 했던 것은 외국영화의 수입권을 따기 위해서였다. 그런데 외국영화 수입권과 제작 사이의 고리가 끊어지자 국산영화 제작에 돈을 댈 이유가 사라졌다.[2] 1985년부터 시작된 수입자유화와 뒤이은 직배체제로 인해 한국산 영화는 투자자를 구하기 더욱 어려워졌다. 1993년 한국영화의 시장점유율은 15.9%까지 떨어졌다.

이 무렵부터 삼성, 대우 등 대기업의 영화 제작 참여가 시작된다. 케이블TV 방송사를 중심으로 제작과 배급의 수직계열화가 이뤄진다. 주먹구구식 제작에서 시장조사에 기초한 체계적 기획과 경영이 시작된 셈이다. 1997년 사전심의제가 폐지되고 내용상의 금기가 깨진다. 1998년에는 CJ가 멀티플렉스 영화관을 선보인다. 내용 선택의 자유와 자본 및 기획력이 결합되면서 1999년 드디어 '쉬리'라는 대작이 빅 히트를 기록하게 된다. 김대중 정부는 영화를 중요한 성장산업으로 삼기 시작했다. 영화투자조합을 허용하면서 영화 제작 자금도 상당히 증가한다.

(3) 투자, 제작의 자유화와 그 성과

1990년대 이전 한국 영화를 늪에 빠뜨렸던 가장 큰 요인은 영화산업에 대한 통제였다. 영화사를 세우는것부터 어려웠다. 내용에 대한 통제 때문에 영화가 엔터테인먼트로서의 역할을 하기도 어려웠다.

---

2) 좌승희·이태규, 『한국영화산업 구조변화와 영화산업정책- 수직적 결합을 중심으로』, 한국경제연구원, 2006, 106쪽.

그 후 점진적으로 이루어진 자본참여의 자유화, 내용의 자유화가 한국의 영화인들이 가진 잠재력을 발휘할 수 있게 해줬다. 특히 대기업의 참여는 자본 유입의 증가뿐 아니라 영화 제작에 시장조사와 기획 등 체계적 경영 방식의 도입을 가능하게 했다.

CJ, 롯데와 오리온 그룹의 쇼박스를 한국 영화산업에서의 전략적 투자자라 부른다. 이들이 하는 일은 작품의 기획과 감독, 배우 섭외 및 비용 관리 등 제작 전반을 관리이다. 제작비에 대해서는 먼저 20~30%의 선투자를 하고 창투사, 투자조합, 지자체 등의 투자를 받아내는 역할을 한다.[3] 이들은 자체의 멀티플렉스도 보유하기 때문에 배급과 관객유치까지도 담당한다. 즉 이들 대기업 영화사들이 없었다면 한국 영화 산업의 성공도 누릴 수 없었을 것이다.

이와 관련해서 우리가 간과하고 있는 것은 영화수입 자유화의 영향이다. 많은 사람들이 외국 영화 때문에, 특히 직배체제 때문에 한국 영화가 침체되었다고 생각해 왔다. 그러나 필자의 생각은 다르다. 외국영화 수입자유화가 이루어졌기 때문에 대기업의 영화산업 참여도 가능했다고 본다. 수입자유화 이전 한국의 영화 제작사들은 매우 영세한 수준이었다. 만약 이런 상황에서 대기업의 영화산업 진입이 거론되었더라면 기존 영화사나 영화인들의 반발, 그에 대한 언론이나 여론의 동조가 대단했을 것이다. 외국영화 직배에 대해 국내 영화

3) 매일경제신문, '한국 영화산업 투자구조, 이대로 지속해도 좋은가', 매일경제신문, 2016년 5월 25일.
http://premium.mk.co.kr/view.php?no=14925&cc=110006

인들이 보였던 반발을 기억해보면 쉽게 상상할 수 있는 시나리오다. 국내 대기업들의 영화 산업 참여를 허용하는 문제라면 정부로서도 굳이 그런 정책을 밀고 나갈 이유가 없었을 것이다. 영화산업은 중요한 국가적 의제가 아니었기 때문이다. 그런데 국내의 대기업과는 무관하게 미국의 영화시장 개방 압력이 밀려왔고 할리우드 영화사의 직배까지 받아들이게 되었다. 외국 영화사까지 허용되는 상황에 국내의 어떤 누구라도 진입을 막아야 할 이유도 명분도 사라지게 되었다. 결론적으로 원치 않았던 외국 영화사의 국내진입 덕분에 국내 대기업의 영화산업 진입이 가능해졌다고 본다고 해도 큰 무리는 없을 것으로 보인다. 그 덕분에 한국 영화산업의 도약도 가능했다. 그래서 오늘날 한국 영화산업은 경쟁력을 갖게 되었다.

53. 자유방임 하에서 이뤄진 케이팝(K-POP)의 성공

김정호

(1) 문제제기

한국 경제는 정부 정책 덕분에 성공했다는 고정관념이 널리 퍼져 있다. 그러나 필자는 정부 지원 때문이라기보다는 기업가정신 때문이었다고 본다. 하지만 아쉽게도 심증은 있지만 구체적 증거를 대기는 쉽지 않다. 성공한 산업들에는 대부분 정부의 강력한 지원 정책, 지원 받는 기업들을 보호하기 위한 진입제한 등 보호책 등이 주어졌기 때문이다. 따라서 기업가정신의 효과와 지원책의 효과를 정책 효과로부터 분리해내는 것이 거의 불가능하다.

그런 면에서 케이팝 산업은 예외적이다. 상당한 성공을 거둔 산업인데 정부의 지원은 거의 없었다. 99% 없었다고 봐도 된다. 기업가정신만에 의한 성공 케이스라고 봐도 큰 무리는 없다. 이 글에서는 케이팝이 성공하는 과정을 보이는 동시에 그 과정에서 정부의 지원이나 개입은 없었음을 보이고자 한다. 이를 통해서 산업의 성공에 정부의 지원과 보호가 필요한 것이 아님에 대한 한가지의 증거를 남기고자 한다.

(2) 케이팝의 성공 모습

케이팝 밴드인 방탄소년단이 빌보드차트 1위에 올랐다. 미국을 비롯한 전세계의 젊은이들이 한국 출신 보이밴드인 그들에게 열광한다. 얼마 전엔 싸이가 그랬었고 샤이니, 빅뱅 같은 그룹들도 전 세계에 팬덤을 형성하고 있다. 20년 전만 하더라도 상상조차 하지 못했던 현실이다.

경제적으로도 성공을 거뒀다. 음원 판매 수입, 공연 수입, 광고 수입 같은 것들이 대표적이다. 방탄소년단의 가치가 1조원을 넘는다는 계산이 나올 정도다. 그러나 그들이 벌어들이는 수입은 그 성공의 모두 크기를 반영하지 못한다. 그들의 성공으로 인한 한국인, 동양인에 대한 이미지 개선 효과, 그들로 인한 관광객의 증가, 연관 산업에로의 긍정적 파급효과가 당사자들이 벌어들이는 수입보다 훨씬 크다고 봐야 할 것이다. 전자산업이나 자동차산업의 성공에 버금할 정도의 성공이라고 말해도 과장은 아니라고 본다.

(3) 케이팝 산업의 형성 과정

케이팝은 단순히 한국의 대중가요를 뜻하는 것이 아니다. 다음과 같은 특징을 갖춰야 케이팝이라고 부를 수 있다. 첫째 케이팝은 보는 음악 즉 비주얼적 특성이 강한 음악이다. 둘째 케이팝 퍼포머들은 걸 그룹 또는 보이밴드 등 여러 명의 그룹 형태를 취한다. 셋째 치밀하게 사전 조율된 댄스, 즉 칼군무가 퍼모먼스의 중요한 부분을 차지한다. 넷째 글로벌 시장에서의 수용성을 높이기 위해 단순한 멜로디, 단순한 가사의 반복적인 훅을 자주 사용한다. 다섯째 퍼포머의 개성보다는 기획사의 개성이 강하게 드러난다.

비주얼적이고 글로벌 지형성을 가진 케이팝 음악은 이수만으로부터 비롯된다. 이수만 이전까지 한국 가요는 소리 위주였고, 내수용이었다. 이수만이 비주얼이 강한 음악을 제작해야겠다고 결심을 굳힌 계기는 1980년 미국 유학 당시 MTV 즉 뮤직텔레비전을 보게 되면서다. 이름은 뮤직 텔레비전이었지만 미국의 젊은 시청자들은 음악 소리보다는 화면 속 가수들의 패션과 댄스에 매료되었다.

이수만도 비주얼 음악을 해야겠다고 결심한다. 한국에 돌아가서 그런 가수를 길러내고 싶었고 그러자면 돈이 필요했다. 학위를 마치고 귀국한 후 인천의 월미도에 헤밍웨이라는 카페를 열었다. 방배동 압구정동에서 젊은이들 대상으로 홍보한 덕분에 헤밍웨이 카페는 큰 성공을 거두었다. 1989년 그것을 밑천 삼아 SM기획을 세웠다. 곧 고등학생 나이의 현진영과 구준엽, 강원래 등을 발탁해서 힙합 댄스곡으로 데뷔를 시켰다. 시장에서 인기가 오르려던 차에 현진영의 마약 복용이 드러나 그간의 투자가 물거품이 되어 버린다. 실패를 겨우 수습한 후 고등학생 다섯 명을 훈련시켜 HOT로 데뷔를 시켰다. 빅 히트였다. 본격적인 비주얼 음악 시대가 열린 셈이다.

다음 단계는 해외 진출이었다. 세 명의 여고생으로 SES를 구성해서 일본에 진출시켰지만 반응은 기대에 못 미쳤다. 다시 초등학교 5학년 권보아를 뽑아서 국내 훈련과 더불어 일본에 보내서 현지화 훈련을 거치게 한다. 이번에는 대성공이었다. 보아는 일본 최고의 가수로 등극했고 SM도 궤도에 올라섰다.

SM은 상시 연습생 시스템을 구축하고 실력과 시장상황을 고려해서 보이그룹과 걸그룹들을 구성해서 시장에 내보냈다. 그러자니 막대한 투자가 필요했다. 이수만은 SM을 코스닥에 상장시켰다. 주먹구구식으로 운영되어 오던 대중가요 산업으로서는 획기적 전기를 마련한 셈이다. 이와 더불어 글로벌한 색채를 강화하기 위해 전 세계에 작곡가와 안무가들의 네트워크를 만들어 곡과 안무를 아웃소싱했다.

이런 기반 위에서 동방신기, 천상지희, 슈퍼주니어, 샤이니 등이 배출됐다. 소녀시대라는 대형 성공도 거둘 수 있게 됐다. 원래 이수만이 주된 타겟으로 생각한 시장은 중국이었으나 정작 큰 반응은 오히려 유럽과 남미 같은 곳으로부터 왔다.

SM이 큰 성공을 거두자 뒤따르는 사람들이 나타났다. 박진영은 JYP 엔터테인먼트라는 기획사를 세웠다. 국내에서의 성공을 바탕으로 미국진출을 꾀했으나 실패로 끝났다. 하지만 국내 사업은 여전히 괜찮다. 양현석은 YG 엔터테인먼트를 세워 힙합 계열의 자유분방한 음악을 추구했다. 지누션과 빅뱅, 투에니원이 큰 성공을 거두든 차에 싸이의 강남스타일이 YG에 메가톤급 성공을 가져다준다. 한편 JYP의 수석 작곡가 출신 방시혁이 독립해서 빅히트 엔터테인먼트를 세웠는데 방탄소년단이라는 엄청난 성공을 가져다 줬다.

기획사들마다 나름의 개성과 특색이 있지만 케이팝의 기본 색채는 공유하고 있다. 비주얼, 칼군무, 단순한 훅송의 반복, 글로벌 지향성으로 대표되는 이 속성은 이수만에서 비롯되었다.

(4) 기존 주력 산업 발전과정과의 비교

케이팝의 발전은 기존 산업들과 상당히 다르다. 특히 정부의 개입이 거의 없는 상태에서 이뤄졌다. 현재 주력산업이 되었던 조선 전자 자동차 철강 같은 업종들은 중화학공업화 선언 당시 정부가 직접 선정한 업종들이다. 반면 대중가요는 한 번도 한국의 주력산업으로 선정된 적이 없다. 오히려 억압의 대상일 때가 더 많았다. 금지곡 지정, 대마초 사건, 외국 이름 금지 등의 조치는 가요산업 발전의 걸림돌들이었다.

당연히 자금 지원도 없었다. SM 기획의 초기 자금은 이수만이 월미도의 헤밍웨이 카페를 하면서 번 돈으로 충당했다. 소속 가수의 마약 사건으로 지게 된 빚은 그 카페를 팔아서 갚았다. 보아의 일본 진출에 필요한 자금은 HOT의 성공으로 번 것이다. 그 후 사업 확장을 위한 큰 자본은 코스닥 상장을 통해서 마련했다. 어느 것 하나 정부의 도움이 없었다. 오히려 상장 과정에서 회계 처리의 실수로 실형을 받는 지경에 처했다.

사실 정부는 음악인의 정당한 권리조차도 보호해주지 못했다. 1998년부터 초고속인터넷이 보급되면서 음원의 무단복제가 급증했다. 가수들, 기획사들의 수입도 이전의 1/5 수준으로 떨어졌다. 하지만 음원의 무단복제를 막기 위한 정부의 노력은 미온적 수준에 그쳤고 음원 수입은 회복되지 못했다. 그 속에서는 케이팝이 성공을 이뤄낸 것은 기획사들의 적극적 해외진출 노력 덕분이라고 봐야 한다.

정부 역할을 강조하는 사람도 있다. 메셀린과 신원규는 한국의 우수한 인터넷 인프라 덕분에 케이팝이 잘 전파될 수 있었다는 주장을 편다.[1] 인터넷 속도가 전혀 관련이 없는 것은 아니겠지만 매우 설득력이 낮다. 유니홍이라는 재미교포 작가는 『코리안 쿨』[2]이라는 책을 써서 상당한 인기를 모았다. 케이팝의 성공 스토리를 담은 이 책에서 그는 SM의 파리공연 성공이 당시 한국문화원장의 노력 덕분이었다는 설명을 한다. 그의 역할이 있었음을 부인하지는 않지만 케이팝의 성공에 중요한 일이라고는 보기 어렵다. 한국인의 성공에 굳이 정부의 역할을 끌어들이는 마음의 습관을 보는 것 같아 마음이 불편하다.

---

1) P. Messerlin and W. Shin,, The Success of K-pop: How Big and Why so Fast? *Asian Journal of Social Science*, Vol. 45 No. 4~5, 2017, pp. 409~439.

2) 유니홍, 『코리안 쿨』, 원더박스, 2015.

(5) 결론

전자산업이나 자동차 산업, 조선산업의 성공에서 정부 정책의 역할을 배제할 수 없을 것이다. 그러나 대중가요에 대해서는 정부의 지원이 거의 없었다. 오히려 규제와 천대가 있었을 뿐이다. 그렇기에 케이팝의 성공은 온전히 민간의 성공일 수밖에 없다. 정부의 지원과 보호가 없이도 기업과 산업이 성공할 수 있음을 보여주는 좋은 증거인 셈이다.

집필진 소개

강영욱

저자 강영욱은 미국 조지타운대학교 경제학과 졸업, 렌슬러경영대학원 석사, 시카고대학교 정책학 석사, 뉴욕대학교 행정학 박사. KDI국제정책대학원 조교수 역임 후 현재 아시아개발은행 근무. 미국 NASPAA학회 Executive Council Member(2011~2014). 주요 논문으로는 소득불평등에 대한 논문 다수. 「제1, 2차 경제개발 5개년계획의 수립, 집행 및 문제점」, 「1980년대 한국의 안정화 정책」, 「지식공유 모듈화사업보고서」(공저) 등이 있음.

권혁철

저자 권혁철은 성균관대학교 행정학과 졸업, 독일 쾰른대학교 경제학 박사. 현재 자유기업원 부원장. 자유민주연구학회 회장, 노사정위원회 고용유인형사회안전망위원회 위원, 행정자치부 지방공기업혁신단 위원, 방송문화진흥회 이사 등 역임. 주요 저서와 논문으로 『한국의 국제경쟁력 강화 방안』, 『자유주의 사상가 12인의 위대한 생각』(공저), 『자본주의 오해와 진실』(공저), 『법과 입법의 구분과 의미』, 『민주주의, 복지, 그리고 사회주의』 등이 있음.

김승욱

저자 김승욱은 중앙대학교 경제학과 졸업, 미국 조지아대학 경제학 박사. 현재 중앙대학교 경제학부 교수. 유엔공업개발기구(UNIDO) 국제전문가, 중앙대학교 동북아연구소 소장, 고용노동부 장애인고용촉진전문위원회 위원, 보건복지부 국민연금기금 의결권행사 자문위원회 위원, 경제사학회 회장, 기독교경제학회 회장, 자유기업원 이사, 국사편찬위원회 역사 국정교과서 집필자 등 역임. 주요 저서로 『제도의 힘』, 『시장인가 정부인가』 등이 있음.

김원식

저자 김원식은 서강대학교 경제학과 및 동대학원 졸업, 미국 Texas A&M 대학교 경제학 박사. 현재 건국대학교 경제통상학부 교수. 한국사회보장학회장, 한국연금학회 초대회장, 한국재정학회 회장, 노사정위원회세대간상생위원회 위원장, 고용보험평가전문위원회 위원장 등 역임. 주요 저서로 『통일복지, 무엇을 어떻게 할 것인가?』, 『지속가능한 국민건강보장시스템의 구축』, 『지속가능한 평생복지사회의 구축』, 『재정학과 시장경제』(역), 『개인연금제도의 정착을 위한 정책방안 연구』, 『통일독일의 사회경제적 변화』, 『외국의 고용보험제도』 등이 있음.

김영용

저자 김영용은 서울대학교 공과대학, 고려대학교 대학원 경제학과 졸업, 미국 오하이오 주립대학교 경제학 박사. 전남대학교 교수 역임 후 현재 전남대학교 명예교수. 한국하이에크소사이어티 회장, 한국경제연구원장, 자유기업원 자문위원, 국민경제자문회의 위원 등 역임. 주요 저서로 『기업, 그 본질을 바로 알자』, 『생활 속 경제』, 『방송과 시장경제』, 『재산권, 주식회사, 대규모 기업집단』, 『헌법재판소 판례연구』, 『지식인과 한국경제』, 『의료면허제 비판과 대안』, 『자유와 시장』 등이 있음.

김이석

저자 김이석은 서울대학교 경제학과 졸업, 미국 뉴욕대학교에서 「하이에크의 지식의 문제(Hayekian Knowledge Problem)」로 경제학 박사 학위를 받음. 현재 아시아투데이 논설심의실장으로 활동하고 있으며, 시장경제제도연구소 소장을 맡고 있음. 주요 저서로 『번영은 자유주의로부터』, 『시장경제원론』 등이 있고, 역서로 『노예의 길』, 『화폐와 신용의 이론』, 『인간·경제·국가』(공역), 『자유의 윤리』(공역), 『국민경제학의 기본원리』(공역) 등이 있음.

김정호

저자 김정호는 연세대학교 경제학과 졸업, 미국 일리노이대 경제학 박사, 숭실대 법학박사. 한국경제연구원 연구위원, 자유기업원장, 연세대 경제대학원 특임교수 등 역임. 주요 저서로 『대한민국 기업의 탄생』, 『땅은 사유재산이다』, 『왜 우리는 비싼 땅에서 비좁게 살까』, 『사유재산권과 토지공개념』, 『다시 경제를 생각한다,』, 『짝퉁 시장경제는 가라』, 『법, 경제를 만나다』, 『K-POP, 세계를 춤추게 하다』, 『통하는 시장경제』, 『자유민주주의와 시장경제』(공저), 『블라디보스토크의 해운대행 버스』, 『누가 소비자를 가두는가』 등이 있음.

남상우

저자 남상우는 서강대학교 무역학과 졸업, 미국 M.I.T 경영학(금융) 박사. 한국개발연구원 선임연구위원, 부원장 및 KDI국제정책대학원 원장 역임 후 현재 동대학원 명예교수. 경제기획원장관 자문관, 세계은행 이코노미스트, 아시아개발은행 연구소(ADBI) 선임연구원, 베트남 기획투자부 자문관, OECD대한민국정책센터 소장 등 역임. 주요 저서로 『한국기업의 재무행태』, 『한국의 금융발전』(공저), 『Corporate Governance in Asia』(공저), 『Corporate Governance of Banks in Asia』(공편) 등이 있음.

박동운

저자 박동운은 전남대 문리대 영문학과 졸업, 미국 하와이대 대학원 경제학석사 및 박사. 전남대 경영대 교수, 현재 단국대 경제학과 명예교수. 주요 저서로 『노동시장 유연성』, 『시장경제인가 반시장경제인가-김대중 정부의 구조개혁 평가』, 『개방경제 거시경제론이론과 정책』, 『Q&A 형식으로 엮은 시장경제 이야기』, 『대처리즘: 자유시장경제의 위대한 승리』, 『위기의 한국경제 시장경제가 돌파구다』, 『장하준 식 경제학 비판』, 『좋은 정책이 좋은 나라를 만든다』, 『노동시장 개혁은 슈뢰더처럼, 대처처럼』, 『성경과 함께 떠나는 시장경제 』 등이 있음.

송원근

저자 송원근은 연세대학교 경제학과 졸업, 미국 일리노이대학교 경제학 박사. 한국경제연구원 공공정책연구실장, 전경련 경제본부장 역임 후 현재 한국경제연구원 부원장. 국민연금기금운용위원, 관세청 규제심사위원, 최저임금위원회 위원, 건강보험재정운영위원회 위원, 고용보험위원회 위원 등 역임. 주요 저서로 『장하준이 말하지 않은 23가지』(공저), 『세계 경제를 바꾼 사건들 50』(공저), 『새 경제학원론』, 『대중영합주의의 경제정책에 대한 영향 분석』, 『통상정책의 결정요인의 정치경제학적 분석』 등이 있음.

안재욱

저자 안재욱은 경희대학교 경제학과 졸업, 미국 오하이오 주립대학교 경제학 박사. 현재 경희대학교 경제학과 교수, 경희대학교 부총장. 한국하이에크소사이어티 회장, 한국제도경제학회 회장, 한국경제신문 객원논설위원 등 역임. 주요 저서로 『한 권으로 읽는 국부론』(역서), 『세계경제를 바꾼 사건들 50』(공저), 『자본주의 오해와 진실』(공저), 『흐름으로 읽는 자본주의 역사』, 『새경제학원론』(공저), 『시장경제와 화폐금융제도』, 『응답하라! 자유주의』, 『얽힌 실타래는 당기지 않는다-시장경제와 정부의 역할』, 『피케티의 〈21세기 자본〉 바로읽기』(공저) 등이 있음.

유정호

저자 유정호는 서울대학교 법과대학 행정학과 졸업, 미국 위스콘신대학교 행정학 석사 및 경제학 박사. KDI 연구위원 및 부원장, 현재 KDI국제정책대학원 초빙교수. 위튼대학(매사추세츠 소재) 교수 및 아메리칸대학(워싱턴DC소재) 한국학 석좌교수, Brookings 연구소 초빙연구원, 경제기획원장관 겸 경제부총리 자문관, 재경원 관세심의위원, 외교통상부 정책자문위원 등 역임. 주요 저서로 『산업보호와 유인체계의 왜곡』, 『한·대·일의 수입의존구조 비교』, 『관치청산-시장경제만이 살 길이다』 등이 있음

이영환

저자 이영환은 고려대학교 경제학과 졸업, 한국외국어대학교 경제학 박사, 서울시립대학교 세무학 박사. 국회예산정책처 조세분석심의관, 기획재정위원회 조세개혁위원회 위원, 한국연구재단 관리위원 등 역임. 현재 계명대학교 회계세무학부 교수, (사)한국조세연구포럼 회장, 자유와창의교육원 교수로 근무 중이고, 저서로는 『재정과 국민경제』, 『조세와 국민경제』, 『세금콘서트』, 『세금입문』, 『재산세 이론과 실무,』, 『세법개정과 세수효과』, 『기본소득 논란의 두 얼굴』 등이 있음

이영훈

저자 이영훈은 서울대학교 경제학과를 졸업, 동 대학원에서 경제학박사를 취득. 한신대학교, 성균관대학교, 서울대학교 경제학부 교수와 경제사학회, 한국제도경제학회 회장 등 역임, 현재는 이승만학당 교장. 주요 저서로는 『조선후기사회경제사』, 『한국 시장경제와 민주주의의 역사적 특질』, 『한국의 유가증권 100년사』, 『한국의 은행 100년사』, 『대한민국 건국 60년의 재인식』, 『대한민국 역사』, 『수량경제사로 다시 본 조선후기』, 『대한민국역사』, 『한국경제사 1, 2』, 『세종은 과연 성군인가』 등이 있음.

정기화

저자 정기화는 서울대학교 경제학과 졸업, 서울대학교 경제학 박사. 해군사관학교 전임강사 역임 후 현재 전남대학교 교수. 한국경제학회 부회장, 한국하이에크소사이어티 편집위원, 삼성미소금융이사 등 역임. 역서와 저서로 『알기 쉬운 경제학』, 『법 경제학』, 『지적재산권법의 경제구조』, 『한국헌법, 무엇이 문제인가』(공저) 등이 있음.

정인교

저자 정인교는 한양대학교 경제학과 졸업, 미국 미시간주립대 경제학 박사. 대외경제정책연구원 연구위원 역임 후 현재 인하대학교 국제통상학과 교수. 국제통상학회 회장과 한국협상학회 회장, 외교통상부(외교부), 산업통상자원부, 기획재정부 등 정부기관 자문위원 역임. 주요 저서로는 『FTA 통상정책론』, 『신보호무역주의』, 『동아시아 경제통합: 주요국 입장과 경제통합 이슈』, 『한미 FTA, 하나의 협정 엇갈린 진실』 등이 있음.

조동근

저자 조동근은 서울대학교 건축공학과 졸업, 서울대 경제학과 석사, 미국 신시내티대학교 경제학 박사. 명지대학교 경제학과 교수 역임 후 현재 명예교수. 한국재정정책학회 회장, 한국하이에크 소사이어티 회장, 시장경제제도연구소 이사장, 바른사회시민회의 공동대표 등 역임. 저서로 『IMF개혁정책의 평가와 한국경제의 신(新)패러다임』, 『혼란과 좌절, 그 4년의 기록: 참여정부 4년 평가』(공저), 『주한미군의 경제적가치 추정』, 『기업 소유지배구조와 기업가치 간의 관계: IMF외환위기 이후 한국의 경험』, 『퓰리즘의 덫: 세상에 공짜는 없다』(공저) 등이 있음.

최 광

저자 최광은 서울대학교 경영학과 졸업, 메릴랜드대학교 경제학박사. 와이오밍대학교 교수, 한국외국어대학교 교수 역임 후 현재 성균관대학교 초빙교수. 한국재정학회 회장, 한국조세학회 회장, 한국조세연구원 원장, 국회예산정책처 처장, 국민연금공단 이사장, 보건복지부장관 등 역임. 주요 저서로 『한국의 지하경제에 관한 연구』, 『경제 원리와 정책』, 『자본주의 시장경제와 정부』, 『한국재정 40년사』, 『한국의 조세정책 50년』, 『Theories of Comparative Economic Growth』, 『Fiscal and Public Policies in Korea』 등이 있음.

황인학

저자 황인학은 연세대 경제학과 졸업, 미국 워싱턴 대학교 경제학 석사 및 박사. SERI 수석연구원, 한국경제연구원 연구조정실장, 전경련 경제/산업본부장 역임 후 현재 한국기업법연구소 수석연구위원, 한국산업조직학회 이사·감사, 한국규제학회 이사, 한국제도경제학회 부회장, KBS 시청자위원, 소비자분쟁조정위원, 기업지배구조개선위원 등 역임. 주요 저서로 『시장구조와 경쟁효율』, 『경제력집중, 한국적 인식의 문제점』, 『한국기업 지배구조의 현재와 미래』, 『인포그래픽 한국경제 100』, 『자본주의 오해와 진실』(공저), 『기업가 정신의 실상과 과제』 등이 있음.

기적의 한국경제 70년사
– 농지개혁에서 K-POP까지 –

초판 1쇄 인쇄 2018년 10월 15일
1쇄 발행 2018년 10월 20일

편 저 | 최 광

펴낸곳 | 북앤피플
대 표 | 김진술
펴낸이 | 김혜숙
디자인 | 박원섭
마케팅 | 이종률

등 록 | 제2016-000006호(2012. 4. 13)
주 소 | 서울시 송파구 성내천로37길 37, 112-302
전 화 | 02-2277-0220
팩 스 | 02-2277-0280
이메일 | jujucc@naver.com

ISBN 978-89-97871-35-3 03320